藝術文獻集成

印人傳合集

上

〔清〕周亮工 等

浙江人民美術出版社

圖書在版編目(CIP)數據

印人傳合集/(清)周亮工等撰;于良子點校.—杭州:浙江人民美術出版社,2019.12
(藝術文獻集成)
ISBN 978-7-5340-7498-1

Ⅰ.①印… Ⅱ.①周… ②于… Ⅲ.①篆刻家-列傳-中國-古代 Ⅳ.①K825.72

中國版本圖書館CIP數據核字(2019)第152766號

印人傳合集
〔清〕周亮工 等撰
于良子 點校

責任編輯 霍西勝 張金輝 羅仕通
責任校對 余雅汝 於國娟
裝幀設計 劉昌鳳
責任印製 陳柏榮

出版發行 浙江人民美術出版社
（浙江省杭州市體育場路347號）
網　址 http://mss.zjcb.com
經　銷 全國各地新華書店
製　版 浙江時代出版服務有限公司
印　刷 三河市元興印務有限公司
版　次 2019年12月第1版・第1次印刷
開　本 880mm×1230mm 1/32
印　張 25.75
字　數 370千字
書　號 ISBN 978-7-5340-7498-1
定　價 168.00圓（全二册）

前言

中國印章藝術開始於實用，先秦至宋基本上是以官私印爲主流的名章，而製作這些印章的工匠是往往不入史傳的，或有如漢代的楊利和宗養等見諸記載也屬鳳毛麟角。因此，明代之前，作爲印章藝術的創作主體，印人的生平及其創作思想尚未形成一個系統的研究領域。

至周亮工的《印人傳》出，印人研究方稱蔚爲大觀。周亮工（一六一二—一六七二），字元亮，號櫟園，别署陶庵、減齋、諒公、櫟下先生等。祥符（今河南開封）人，後移居金陵（今江蘇南京）。明崇禎進士，授監察御史，仕清後任户部右侍郎等職。周亮工收藏書畫、古器物甚富。同時，其精研六書之學，交往當時篆刻名手，興起所作，亦頗顯古意，同時特嗜藏印及印譜。著有《賴古堂印譜》、《賴古堂印集》、《賴古堂印人傳》及《讀畫録》、《閩小記》、《因樹屋書影》、《尺牘新鈔》等。

《賴古堂印人傳》原爲周氏未竟之作，一六七三年由其子周在浚從其著述和印譜題跋中手自繕録，編成三卷，並付梓行世。後簡稱爲《印人傳》。《印人傳》的主要刊本有：康熙十二年周在浚《賴古堂别集印人傳》本、「篆學叢書」本、「風雨樓叢書」本、「篆學瑣著」本、「翠琅玕館叢書」本、「四庫全書本」和西泠印社刻「印學叢書本」等。

《印人傳》主要論述了明清印人之生平事略、傳聞軼事、印學見解及流派嬗變等。《印人傳》内容相當豐富，如《書文國博前》一節，記述了印石進入篆刻領域之契機：「余聞國博在南監時，肩一小輿過西虹橋，見一蹇衛駝兩筐石，老髯復肩兩筐隨其後，與市肆互詬。……公遂得四筐石，解之，即今所謂燈光也。……自得石後，乃不復作牙章。……於是凍石之名始見於世，豔傳四方矣。」再如《書金一甫印譜前》記金氏治印觀，述「六書」之要與漢印三昧之妙：「嘗謂刻印必先明筆法，而後論刀法，乃今人以訛缺爲圭角者，爲古文又不究六書所自來，妄爲增損，不知漢印法，平正方直，繁則損，減則增，若篆隸之相通而相爲用，此爲章法。筆法、章法得古人遺意矣。後以刀法運之，斲輪削鐻，知巧視其人，不可以口傳也。」」。《印人傳》不獨記録印家的篆刻技藝，還處處體現周氏崇尚「運以己意」、追求本色的印學觀。

乾隆時期，篆刻鑒賞家汪啟淑擬周亮工之體而撰《飛鴻堂印人傳》八卷，後《篆刻瑣著》將其收入並名爲《續印人傳》，共輯録周書以外的篆刻家一百二十九人。汪啟淑（一七二八—一八〇〇），字慎儀，號秀峰，又號劉莽，號訒葊，自稱印癖先生，安徽歙縣人，久寓杭州，與丁敬、金農友善。家有開萬樓，藏書逾萬卷，尤酷嗜印章，搜羅自周秦至元明古印至近萬鈕。彙編《訒庵集古印存》三十二卷，又編輯《飛鴻堂印譜》《漢銅印存》《漢銅印原》《退齋印類》《錦囊印林》印譜等二十多種。著有《訒葊詩存》《水曹清暇録》。

《續印人傳》是以飛鴻堂印譜》所載作品的印主爲主要綫索，考其印人行跡、性情、藝術技巧及師承關係等。「或藻望爛然，或趣尚耿介」，意在「發揮原委，討溯實隱，與印存相表裏」（王鼎《續印人傳敘》）。

自周亮工開印人傳先河，有汪啟淑續之，到近代又有葉爲銘更爲擴而廣之作《再續印人傳》和《廣印人傳》，可謂蔚爲大觀。

葉爲銘（一八六七—一九四八），字葉舟，又字品之，浙江杭州人，西泠印社創始人之一。有感自周、汪之後無賡續者，因旁採博搜史傳志乘以及私家紀述，自元明至近代而成《再續印人小傳》三卷，《補遺》一卷，共收印人六百餘人，於一九一〇年付梓。同年冬，其在此基礎上汲取周汪二傳，反復修訂，增編爲《廣印人傳》十六卷，又《補遺》一卷。共收録古今篆刻家一千八百餘人。吴隱在其敘中稱：「僂指六百年來嫥門名家，浸以大備，網羅之富，編集之工，茂矣媺矣，蔑以加矣。」《再續印人傳》和《廣印人傳》均有西泠印社刊本。

馮承輝（一七八六—一八四〇），字少眉，又字少麋，號伯承，别署老麋、眉道人、梅花畫隱、古鐵齋、棕風草堂、十二長生長樂之齋等。江蘇婁縣（今上海松江）人。貢生。閉門研學。工篆隸，精刻印，取法秦漢，旁及浙、皖兩派，所作能出新意，自成面目。著述甚富，著有《古鐵齋印譜》、《印學管見》、《歷朝印識》、《國朝印識》、《題畫小稿》、《石鼓文音訓考證》、《古鐵齋詞鈔》、《棕風草堂詩稿》、《兩漢碑跋》等。

《歷朝印識》二卷，作於道光九年（一八二九），收集自秦李斯至明代印人小傳爲一卷；至道光十七年（一八三七），又增輯了清代始至當時的印人小傳三百餘人爲一卷並《近編》一卷，統稱《國朝印識》。有「江氏聚珍版叢書」蘇州文學山房本和西泠印社刊本吴隱《遁庵印學叢書》本兩種。

史以人系，人以史傳，縱觀歷代印人傳，書中隨處可見印人的各種文化生活、性格稟賦和傳聞軼事，猶如一幅趣味盎然、活色生香的藝術生態圖卷。不獨可見印史之流變、印技之傳承，更爲重要的是可以感受到許多印人的德行操守與印外功夫之修養，感受到方寸之間中國印文化的萬千氣象與深厚積澱。

爲「歷代印人傳」作點校，是胡小罕學兄的命題。當時，雖深感不克此任，但考慮到未曾完整地閱讀過這些資料，權當是個句讀作業和温故知新的機會，因此斗膽應承了下來。本書策劃伊始，小罕學兄即提出增加索引的想法，此「索引」由霍西勝、張金輝編製，對方便閱讀、提高資料的使用價值和研究價值，必大有裨益。在收集資料及至最後清樣期間，承編輯雍琦先生的反復悉心校核，修正了不少錯誤。此外，在點校過程中，也參考了不少相關的研究成果，恕不能一一羅列。對以上諸君的幫助，在此一併表示衷心感謝。倏忽三載，當作業不得不上交的時候，內心更是惴惴不安，因水準之限，其中定有不少錯誤，責任應由我負，敬請讀者同仁予以批評指正。

于良子

二〇一四年七月於茶墨軒

凡例

一、周亮工《印人傳》以《篆學瑣著》本爲底本，參校康熙原刊本（簡稱「康熙本」）、《四庫全書》本（簡稱「四庫本」）和西泠印社刻《印學叢書》本（簡稱「西泠本」）。

二、汪啟淑《續印人傳》以《篆學瑣著》本爲底本，參校乾隆五十四年刊本（簡稱「乾隆本」）。

三、葉銘《再續印人傳》和《廣印人傳》以西泠印社刊本爲底本加以標點。

四、馮承輝《歷朝印識》以《江氏聚珍版叢書》蘇州文學山房本（簡稱「文學本」）爲底本，參校以西泠印社刊本（簡稱「西泠本」）。

五、底本有明顯舛誤、顛倒者，據參校本改回並出校；　有避諱字、異體字、古今字，一律改回不出校。

總目

印人傳

序

《印人傳》，櫟園先生未完之書也。先生故精深於六書之學，四方操是藝以登其門者，往往待先生一裁別以成名。先生於其患難相從、退食平居之隙，薈蕞其印，列於左方，人冠之小傳，大要指次其印學之所以然，而其人之生平亦附著。然書固未完也。予受而考之，先生且百歲，操是藝以登其門者奚窮，先生往後，有作者既不幸而不在此族矣。若夫先生知其人得其印，而又爲之傳矣，其人之幸也；知其人得其印而傳不暇以爲者，猶數十人焉，先生皆手書其人姓字以有待，猶不幸之幸也。書雖未完而三善備矣。有技若己有，一也；其有功於六藝，二也；讀先生之傳，庶幾知有是人者，蓋其文之著也，三也。或問於余曰：「《春秋》之例，微之故人之。先生曷微乎是人乎？」余曰：「非也。先生人其印爾，非人其人也。且印人其詞也，傳則既書其字矣，或書其里矣〔二〕，或書其世矣，抑間書其人之爲人矣。如之何可以微之例例之？」余曩聞諸先生曰：「文生於字者也，字之縱横曲直，相銜而生，有子有母，有音有義，先生三歲一同之〔二〕，豈細故乎？秦漢到今，聲之誤，體之變，不知其幾。今藉印文以稽古，學者之職志也。且謂子雲雕蟲小技，而不知其《太玄》、《法言》，庸謂知子雲之人乎？吾庶幾俾後人因印以知其人。且人盡相望而盡於百年之内，即印寧獨在者？而文字之傳稍遠，庶幾俾後人因傳以知其印，因印以知其人云爾。」余以是知先生之不微其人也。雪客曰〔三〕：「先公每嘆漁洋《感舊集》爲未完之書〔四〕，今不幸而類是。」余又曰：「非也。衣之脱其襻帶，器之損其邊與當者，猶爲完衣完器物。何者？不傷於用也。」余考《感舊集》，所收詩數家耳，間有評跋數言耳，家先生發端於此，未什之一也。而《印人傳》不然，得其人與印而未之傳者十之二耳，又其及見於先生之傳者，文字之美則既洋洋灑灑矣，猶爲完衣完器物也。比之石倉〔五〕《歷代詩》之小序，其例也，得其人與印而未之傳者，君皆仍其目，罔有出入焉。得藉手笙詩之缺，附於《小雅》，甚善。故曰非《感舊》例也〔六〕。《感舊》不可續〔七〕，《印人傳》不必續也。或聞余與雪客之言嘆曰：「審爾，謂《印人傳》爲已完之書而可。」年家同學晚生錢陸燦書。

校勘記

〔一〕「或書其里矣」，康熙本作「書其里矣」。

〔二〕「先王三歲一同之」，「生」，康熙本作「王」，據改。

〔三〕「雪客曰」，底本作「雲客曰」，據康熙本改。

〔四〕「漁陽《感舊集》」，康熙本作「牧齋《吾炙集》」。

〔五〕「石倉」，康熙本作「吾家」。

〔六〕「感舊」，康熙本作「吾炙」。

〔七〕「感舊」，康熙本作「吾炙」。

目録

印人傳卷一

櫟下周亮工減齋撰〔一〕

書文信國鐵印後

宋信國公文丞相諱二字，鐵鑄，侯官農夫野田中耕出，歸一老儒。予入閩時，欲以金易之，執不可，復增以多金，執如故。予門人陳濬告予曰：「此老儒負郭田也，詎肯易，老儒得此印，凡家有疫祟者，或瘧者，持此往鎮之輒愈，得厚償。後購者紛紛，或道途遠，老儒不能往，印一紙給之，傳黏於户或瘧者額上亦輒愈。每紙定價一星，老儒負郭田，那肯易？」予於是不忍復言，買得數紙歸。此印不知何時遺田間，其在厓山兵敗走安南時耶？丞相死柴市，張千載自燕山持丞相髮與齒歸。嗟夫，此亦丞相之髮與齒也，此丞相所謂蘇武節、嚴將軍頭、嵇侍中血、張睢陽齒、顏常山舌也，鬼神那得不欽？後聞得印者輒不靈異哉。

書海忠介泥印後

金陵一老友持一函，以泥印贈予，云其祖曾給事海忠介公，印，忠介公故物也。予祈夢於吕公祠，見忠介公來顧，未幾得此印，心異之，因再拜而受。啟視之，其質以黄泥爲之，略煅以火，文曰「掌風化之官」。觀之覺忠介公嚴氣正性，肅然於前，凜不敢犯，敬藏於笥中。予友何次德之子大春名延年者見之，作爲長歌，頗淋漓盡致，録於後：「周公祈夢吕公祠，夢中恍惚遊天池。旁有大屋如官署，緋衣吏揖登堦墀。峨峨高堂設一几，几上圖書何纍纍。或金或石或犀玉，漢篆秦籀燦若綺。摩娑光怪意方快，門外傳來海忠介。刺書名字大如拳，回首圖章失所在。海公握手話生平，覺來夢景殊分明。階秩恰與海公合，公之入夢洵不輕。有客遠寄書札至，贈以一方小印記。非金非石非犀玉，不範不陶自成器。五字配就良可觀，乃是掌風化之官。紐作豸文簡而樸，四邊不窳堅且端。遍訊鑒賞訪博識，考稽知爲海公物。當年圖章積如山，一旦棄捐曾不惜。昨日公餘開華筵，手持此章誇客前。欲作長歌志緣起，誰人妙筆爲之傳。梁溪顧孝廉，毘陵吴太史，吾翁吾叔咸曰是。公遂笑向吾翁言，獨許能奇惟小子。前有海公後周公，直聲勁節兩人同。不然官舍如傳舍，雖有腰魚肘鵲安足風。」

書東林書院印後

右東林書院印，顧涇陽先生家故物也，何文端公孫次海藏之，以示予，予因得識之於譜。自東林書院毁，而逆璫之生祠作，予睹此印，蓋愴乎有餘恫也。吾師孫北海夫子言書院本末甚詳，備録於後。有明盛時〔二〕，各省俱有書院，自張江陵當國，始行嚴禁。江陵殁，復稍稍建置，一時著名者，徽州、江右、關中、無錫而四。至天啟中，京師始有首善書院。然人不知各處書院，而統謂之東林，又不知東林所自始，而但借東林二字，以爲害諸君子之名目。蓋東林乃無錫書院名也，宋楊龜山先生所建，後廢爲僧寺。顧涇陽先生自吏部罷歸，購其地建先生祠，同志者相與構精舍居焉。至甲辰冬，始與高忠憲數公開講其中，立爲會約，一以考亭《白鹿洞規》爲教，然躬與講席者僅數人。時涇陽先生已辭光禄之召不赴，於新進立朝諸公漠無與也。適忠憲起爲總憲，風裁大著，疏發御史崔呈秀之贓。呈秀遂父事忠賢，日嗾忠賢曰：「東林欲殺我父子。」忠賢初不知東林爲何地，東林之人爲何人，輒曰：「東林殺我。」既而楊左諸公交章劾璫，璫益信諸人之言不虛也。於是有憾於諸君子者，牽連羅織，以逢逆璫之惡，鋃鐺大獄，慘動天地，遂首毁京師書院，而天下之書院俱毁矣。及忠賢誅，公論明，廢籍遺佚，駸駸登用。適大言不慙之邊臣僨轅敗事，失志者乘機構釁，復倡黨説，謂庇護邊臣者，東林也。於是蒲州、高邑、大名一時俱去，朝廷之上，另用一番人，政事日新，議論日奇。刑尚苛刻，而以言寬大者爲東林；餉主加派，而以言減免者爲東林；賊議款撫，而以言戰勦者爲東林。至政本之地，司馬之堂〔三〕，前後閫凶，俱衣緋辦事，而以言終制、言綱常者爲東林。於時至清無徒、閉門博古之黄宫詹，且糾之爲老妖，誣之爲立幟。降謫不已繫逮之，詔獄不已廷杖之，煙戍不已永戍之。及劉總憲被斥出都，破帽蒙頭，舊部民京兆父老十餘人爲之牽驢灑泣，乃政本大老方侈以爲得計。嗟嗟，覆亡之禍，豈盡關氣數哉！予生長輦轂，於首善書院曾見其建，又見其毁，而冉冉老矣。思興復之無期，不能不於此憤惋留連，三致思焉。

敬書家大人自用圖章後

家大人每見小子愛弄圖章，輒戒曰：「一生著幾緉屐耶，纍纍胡爲者？此亦玩物喪志之一端，小子戒之。」又嘗教小子曰：「士人宦遊，圖章類多巨石，攜之輿篋，人恒疑此中爲何等物也。不若易象牙黄楊，可絶暴客念，且減輿儓力。此亦人子，身坐輿中，俾之肩復滋重焉，不憫然動耶？毋謂重寧幾，炎天遠道，減一分，力省倍矣。吾見文國博所鐫牙章最善，王禄之亦好作黄楊印，則知先輩亦不廢此。小子須識先輩隨事體恤處，毋謂老子作不韻語也。」小子奉嚴訓，時惴惴焉。家大人印多喜歙人方仲芝，以其工象牙黄楊也。所蓄不多，次第於左，手澤猶存，不能展視。

書靖公弟自用印章後

弟靖公亦嗜印，在揚署見梁大年爲予作印，輒時時向大年問刀法。但性躁，不暇細究原委，又豪於飲，一印未成，醉即磨去，日輒磨數十石，而卒無成。愛佳凍，得則手自摩挲[四]，或握之登枕簟，竟夜不釋，然見有健羡者，即脱手贈之，不置諸意中也。客秋弟以病卒，余命梁姪印其弗用之章登諸譜[五]。余嘗以一凍索友人作，久而不與。弟怒發，不令余知，力索䂓石歸，自劃數痕，示余曰：「此那得佳，兄大索胡爲者？」又余偶得一凍甚異，弟從旁睥睨久之，忽攫之去，余追之，弟急走，爲物所伴僕於地[六]，起視石碎，掌且血，相與一笑而罷。弟遂歿一載矣[七]，回思曩時嬉戲事，便已隔世，今日展此，爲之哀慟久之。弟可紀者甚夥，此等嬉戲事，亦易觸人懷抱如此也。

書許有介自用印章後

許宷，一名辛，字有介，候官諸生〔八〕，玉史學憲諱豸者之長子。有忌者謂其所改名犯家諱，以不孝聞之學使者，蓋閩音豸宷呼同，亦大可噱事也。遂更名曰友，字有介；已又更名曰眉，字介壽，亦字介眉。君性踈曠，以晋人自命，作字初喜諸暨陳洪綬，後變而從米，顔其堂曰米友。黄仲霖又不喜君，登其堂曰：「小子遂敢友米耶？」君復更其室曰箬繭。君名字數變，書亦數變，晚乃鎔匯諸家，一以己意行之，遂臻極境。予入閩，即首訪君，頗爲文酒之會，然與君數有離合。君大腹，無一莖鬚，望之類乳媪，面横而肥，不似文人，字畫詩文，恒多逸致，見其手筆者，擬其貌若美好婦人，亦異事也。君既負盛名，閩士多造之，恒不報謁，亦不省來者爲誰，以故人多憾之，即與君暱者，亦退多後言君但自放於酒〔九〕，一切弗問也。君爲子累，逮入都門，後無恙歸，别予去，復多所離合，久之遂無閒言矣。君歸未數年即歿〔一〇〕，其歿也〔一一〕，蓋只四十餘。予嘗評君，酒一，次書，次寫竹，次詩文。漁洋先生論詩最嚴〔一二〕，而特愛君詩，尤愛其七言絶句〔一三〕，手録之多至數十首，因裒集近人詩爲《感舊》一集〔一四〕。又有句云「許友八閩風」，其賞識如此〔一五〕。予亦欲刻閩中四亡友詩，陳克張、陳開仲、徐存永與君也。君學識或讓三君，而天資敏妙，三君不逮矣。患難疊經，此事遂不果成，至今尚令浚兒慎藏之。右所列圖章，皆君所恒用者。嗟夫，君不及見矣，見其恒用之章，輒如見君。繙閲諸章，如見君鼓大腹以巨觥合面上時，不禁潸然而涕下也。

書文國博印章後

文壽承彭，温州公孫，待詔公子，休承郡博兄，孫爲湛持相國，其行誼不待余述。但論印之一道，自國博開之，後人奉爲金科玉律，雲仍遍下天〔一六〕，余亦知無容贊一詞。余聞國博在南監時，肩一小輿過西虹橋，見一蹇衛駝兩筐石，老髯復肩兩筐隨其後，與市肆互詬。公詢之，曰：「此家允我買石，石從江上來，蹇衛與負者須少力資，乃固不與，遂驚公。」公睨視久之，曰：「勿爭，我與爾值，且倍力資。」公遂得四筐石，解之，即今所謂燈光也，下者亦近所稱老坑。時谼中爲南司馬，過公，見石纍纍，心喜之。先是，公所爲印皆牙章，自落墨，而命金陵人李文甫鐫之。李善雕箑邊，其所鐫花卉皆玲瓏有致，公以印屬之，輒能不失公筆意，故公牙章半出李手。自得石後，乃不復作牙章。谼中乃索其石滿百去，半以屬公，半浼公落墨，而使何主臣鐫之。於是凍石之名始見於世，豔傳四方矣。蓋蜜臘未出，金陵人類以凍石作花枝葉及小蟲蟢，爲婦人飾，即買石者亦充此等用，不知爲印章也。時凍滿觔值白金不三星餘，久之遂半鐶，又久之值一鐶，已乃值半石，已值且與石等，至燈光則值倍石，牙章遂不復用矣，豈不異哉。相傳谼中入都，某冢宰訝國博曰：「公索國博章纍纍，僕索一章不可得。」谼中曰：「郵寄浮沈耳〔一七〕。公誠嗜國博章，何不調而北？」於是公遂爲兩京國博。公左目雖具而不能視，如世人所云白果睛者。所爲印流傳甚多，今皆爲人秘玩，不復多見，亦由無譜也。印至國博，尚不敢以譜傳，何今日譜之紛紛也，亦自愧矣。國博工詩，吴人張鳳翼曰：「文太史詩未必上超開元，佳者亦不失大曆。」後生小子，信口詆呰，迨國博、郡博之作，謂之文家詩。今觀壽承「妾家住近江淹宅，曾讀銷魂别賦來」，休承「五百年來幾摹本，翠禽猶在最高枝」，可盡訾乎？因論印而漫及之，公亦何可及哉。

書何主臣章

何主臣震，一字長卿，亦稱雪漁，新安之婺源人。主臣之爲印，余與黄濟叔札子及它印引中論之備矣。世之豔稱主臣者，不乏其人，予不復論。主臣往來白下最久〔一八〕，其於文國博，蓋在師友間。國博究心六書，主臣從之討論，盡日夜不休，常曰：「六書不能精義入神，而能驅刀如筆，吾不信也。」以故主臣印無一訛筆，蓋得之國博居多。主臣之名成於國博，而騰於汧中司馬。汧中在留都，從國博得凍石百，以半屬國博，以半倩主臣成之。汧中意甚得，曰：「無以報，數函聊作金僕姑，盍往塞上？」於是主臣盡交蒯緱〔一九〕，徧歷諸邊塞，大將軍而下，皆以得一印爲榮。橐金且滿，復歸秣陵，主承恩僧舍。性好賓客，挾數寸鐵，而食客恒滿座，客至惟恐其去，久之客屢滿，前客乃得逸。又自奉饌非豐潔不舉箸，其食客亦如是，以故橐中金往往爲飲食盡，而顧不恤其家。子怨甚，來眎其父，主臣狀頭金餘無幾〔二〇〕，其子又負之去，主臣弗知也。知而病增劇，遂歿〔二一〕，囊無一錢，主僧爲之含殮。人皆憾主臣無子云。主臣印譜自鐫久之，而諸本互出，其嫡傳則獨有程孟長父子，予別有引，子濤亦能印。

書金一甫印譜前

金一甫光先，休寧人。家擁多貲，乃多雅尚，究心篆籒之學，嘗謂：「刻印必先明筆法，而後論刀法。乃今人以訛缺爲圭角者，爲古文又不究六書所自來，妄爲增損。不知漢印法，平正方直，繁則損，減則增，若篆隸之相通而相爲用，此爲章法。筆法章法得古人遺意矣，後以刀法運之，斲輪削鐻，知巧視其人，不可以口傳也。」以故所爲印，皆歸於顧氏之《印藪》。梁溪鄒督學彥吉曰：「今之人帖括不售，農賈不驗，無所糊口，而又不能課聲詩、作繪事，則託於印章以爲業者十而九。今之人不能辨古書帖、識周秦彝鼎，而思列名博雅，則託於印章之好者亦十而九。好者恃名，而習者恃耜；好者以耳食，而習者以目論。至使一丁不識之夫，取象玉金珉，信手切割，又使一丁不識之夫櫝而藏之，奉爲天寶〔二二〕，可恨甚矣。此道惟王禄之、文壽承、何長卿、黄聖期四君稍稍見長，而亦時有善敗。惟一甫兼有四君之長，而無其敗矣。」其推一甫如是。余喜其言切中今日之病，故採而録之右，皆其門人文及先授余者。一甫譜成，歲在壬子，余方落地矣〔二三〕，今六十年矣，余何由繼睹其全哉〔二四〕。

書胡中翰印章前

胡曰從正言印譜，舊名《印史》，吾友王雪蕉易曰《印存》，其以墨印者曰《元賞》，陳旻昭侍御、韓聖秋别駕、杜於皇司李與余序之，皆能及其生平。曾官中翰，最留心於理學，旁通繪事，嘗縮古篆籀爲小石刻以行，人爭寶之。余與瑶星張公備載其行誼於《江寧志》中，蓋曰從雖休寧人，而家於秣陵，故秣陵藉以爲重。今八十餘，神明炯炯，猶時時爲人作篆籀不已。仲子致果，名其毅，以詩文名，從予遊最久，博雅士也。

書梁千秋譜前

梁千秋袠，維揚人，家白下。余識其人於都門，以十數章託之，會寇變，乃不得其一。千秋繼何主臣起，故爲印一以何氏爲宗。華亭宋幼清曰：「於鱗於詩文輒言擬議以成其變化，惜乎吾見其擬矣。」予於千秋亦云。蓋千秋自運頗有佳章，獨其摹何氏「努力加餐」「痛飲讀騷」「生涯青山」之類，令人望而欲嘔耳。大約今人不及前修有二，文國博爲印，名字章居多，齋堂館閣間有之，至何氏則以《世說》入印矣，至千秋則無語不可入矣。吾未見秦漢之章有此纍纍也。欲追踪古人，而不先除其鄙惡，望而知爲近今矣。又國博當時自負家世，故非名人不爲作，即登膴仕而其人僉壬，亦婉辭謝絶。後則粟吏販夫，以及黨逆仇正輩，或以金錢或恃顯貴，人人可入鐫矣。江河日下，詩文隨之，圖章小道，每變愈下，豈不可慨也哉。予存千秋印，皆在其譜外，凡擬議何氏者盡乙之，故所存無多。千秋弟大年，立身孤冷，不甚與千秋合，朱蘭嵎史公甚重之。史公讀書小桃源，無大年不飯，大年卒以不能俯仰人，貧困死。千秋得名後，留心聲妓，一意自恣，得圖章輒恅慒應之，或倩之大年，而大年又不肯代斲，亦不恒造其門，以此人益多大年。千秋有侍兒韓約素，亦能印，人以其女子也，多往索之。得約素章者，往往重於千秋云。

書梁大年印譜前

梁大年年，其先蓋廣陵人，流寓白門。癯而修長，常有目疾，又短視。好作印，每構一印，必精思數時，然後以墨書之紙，熟視得當矣，又恐朱墨有異觀，復以朱模之，盡得當矣，而後以墨者傳之石，故所鐫皆有筆意。余致君於維揚署中凡數月，爲予作甚多，今散失大半矣。君又能辨别古器款識，家固赤貧，晚益窘。有王叔寶者，家多收藏，以十餘宣盤贈君，置几上，君以葛衣覆之，去乃曳衣，盤碎其半，瞪目向叔寶曰：「天欲貧死梁年，公安能生我哉？」乃盡碎其餘，不復顧，遂還廣陵，卒以貧死。大年生平不奔走顯貴，蘭嵎朱尚書獨欽重之。尚書習靜小桃源之玉樹堂，謝絶賓客，獨與大年遊，曰非大年不飯。嘗有從土中得一玉印，文不可辨，需數金耳，大年趣公急售之。後爲浣洗，辨其文，秦六字小璽也。人以數十金爭購，尚書固不與，後尚書之子無外以二百金售之歙人，人始服大年鑒賞之精。大年兄袠，即世所稱梁千秋者，亦以此名。予在都門，以數十章託千秋，會兵變，千秋狼狽南歸，客死於途。世人恒以千秋勝大年，予獨謂大年能運己意，千秋僅守何氏法，凛不敢變，不足貴也。

書方直之一印前

一印者，方直之爲予作。直之名其義，予同門進士以智，今青原和尚弟也〔二五〕。幼時同和尚有雙丁二陸之譽〔二六〕，才氣奔放，其性又不受拘縛，嘗遊雲間，與陳大樽、李蓼蕭輩置酒高會，即席爲詩歌，灑灑數千言立就。酒酣耳熱，慨然曰：「欲滅寇靖天下〔二七〕，舍義其誰耶？」軀不甚偉，然健有力，能挽數石弓，雙眸烱烱射人，醉後躍身登高屋，履萬瓦如平地，緣數丈竿直上如猿猱，諸君子駭觀之，咸曰：「欲滅寇靖天下，舍義其誰耶？」會寇益亂〔二八〕，起尊大人撫楚，乃更破家資，聘講劍道、精遁甲壬乙者，益募南北健兒，買名馬，多治好弓矢，將往助中丞公滅寇建功業。會中丞公爲讒言中，事乃無成。久之，中丞殁，其兄又去而遊方外。君鬱鬱居鄉里，多飲酒，與婦人近，遂以瘍卒。其卒也，年甫三十餘，世共惜之。予在維揚，君溯長江顧我，文酒留連就園者匝月。已乃謂予曰〔二九〕，所藏印不甚愜予意，遂自作此方相贈。欲更懇之，匆匆別去，然不意其即死也。存一印於譜，得藏梅道人一葉竹，勝藏他人千枝萬葉矣。君書撫魯公〔三〇〕，直得其神，曾爲予書數箑，藏之篋笥三十餘年，至今出之，尚儼如初贈時。殁後〔三一〕，和尚爲鐫其書於石〔三二〕，藏青原山中，人爭購之。予往來江上，數過浮山，聞諸父老言，直之居鄉里，好行義，愛護貧氓。鄉人耕其田者，歲收所入，或以艱苦告，輒倍免之，又多以金錢助無力者，以故人恒德之。桐民變，中丞家獨無恙者賴此耳。君舊刻詩數卷行於世，餘散見於《過江詩略》中。子中發，字有懷，數過予論詩，風格不亞其父。

書沙門慧壽印譜前

沙門慧壽，予友彭城萬年少壽祺也。年少後以一字字，字若。近以一字字者，予老友汝南秦先生京、同年友河陽范公正及若三人而已，皆一時聞人也。若庚午舉於鄉，時沈治先、眉生昆季，招維斗、卧子、駿公諸君子飲，予始識若。若名方噪一時，好挾斜遊〔三二〕，又甚工寫麗人，坐上妓以此索之，若輒爲吮毫，諸妓之有聲者皆匿就之。風流豪邁，傾動一時，同輩謝弗及也。滄桑後，罷公車〔三三〕，盡遣所買諸歌妓，冠僧冠，衣僧衣〔三四〕，遂自名曰明志道人、沙門慧壽云〔三五〕。避邳徐之亂，移家公路浦，即其家供古先生於中堂，客來坐之曲室中，然痛飲食肉則如故。酉戌間，予官維揚，王雪蕉官泗，數以事偕至淮，予同年陳階六飲予輩，必延若俱。雪蕉不能飲，而好爲詩，每飲恒分韻爲詩。若詩既工，書又美好，予得其箋子，輒藏弆之。後予頌繫生還，過隰西草堂訪之，則久歸道山矣。雪蕉既歿〔三六〕，與若相約共隱隰西之胡介，共若避地公路浦之翁陵，皆相繼化去。戊申予再過淮，飲階六越菴中，追念昔遊，獨階六與予在耳。予與階六效昔年酒間分韻事，予有「雨餘掃徑看黄葉，燈影含毫憶故人」之句，階六讀之，淒然不樂，爲之罷飲散去。若嗜圖章，復精於六書，自作玉石章，皆頫視文何，所蓄晶玉凍石諸章，皆自爲部署，一一精好，非世間恒有，對客每自摩挲，愛護如頭目。若既以此事自矜，竟不肯爲人作，予僅得一印，因以其自用之章附於贈予後。然若自用之章，實自爲之，不倩他腕也。予甥唐堂曰：「徐州萬年少，自詩文書畫外，琴棋劍器〔三七〕，百工技藝，細而女紅刺繡，觕而革工縫紉，無不通曉，此是何等慧性？」以堂言觀之，若豈不誠異人哉。有令子睿，吾友唐祖命倩也，能讀父書，爲名諸生，作字能亂若。吴人徐石林旃、夏邑陳簡菴希稷皆學若書，然皆不及若。己酉睿應舉人會城，以若所書《金剛經》并募《金剛古今解注疏》贈予，予共先所得箑子一一寶藏之。若所書經，每一弓今值數十金，予雖甚貧乏，終不忍棄去也〔三八〕。

書張穉恭自用印章前〔三九〕

張穉恭進士恂，涇陽人。詩筆皆凌一世，而尤工畫，自塞上歸，筆益勁雅，好圖章，多與黄山程穆倩隱君遊，畫遂似隱君，自爲小章，亦復似隱君。予得進士畫及圖章，不辨孰爲程張，持示座客，其莫能辨，亦如予也。兹序次其自用章於後，或曰隱君作，或曰半是進士作，予終不能辨也，俟他日詢之兩君。穉恭令子若水，名湛儒，其癖書畫，愛圖章，與穉恭同。

書文及先印章前〔四〇〕

余庚午、辛未間，與文及先比屋居桃葉渡口，其弟又時過余談藝，以故識及先最早。君蓋金吾世冑，家中落，督其弟輩，功苦筆墨，皆有聲藝林。君更留心風雅，篤好篆籀，年未三十，索其圖章者，屨恒滿户外。垂老，每論印輒曰：「吾得之吾師一甫金夫子，夫子得之何主臣先生。」今之習舉子業者，從一先生學，幸而通籍列膴仕，恒諱言其少時師，遇諸途，耻爲下輿，背且直呼其字若同輩者，比比矣。文章道德所關，而漫然如是。君所得於一甫者，僅一圖章耳，乃年且望八，猶向人稱吾師某公，吾師之師某公，源源本本，舉口不敢忘若是也，則君豈近今之人哉。君七十時，遊江以右，余寄以詩，不知爲誰何氏浮沉，君九年後始知之，向余悔謝。余復爲重書前詩於箑，君出入懷袖，意殊自適也。右諸章皆再見君時出以相示者。君之師既爲一甫，一甫之師又爲主臣，主臣又嘗師文壽承，源源本本如是，即其自作，不待見而知矣。君與人，望而知爲有道之士，則余之重公，豈僅僅在圖章間哉。

余交時，善飲多豪致，已乃罷飲講性命學。明年八袠，尚能燈下作蠅頭楷，健如中年

書程穆倩印章前

印章一道，初尚文何，數見不鮮，爲世厭棄，猶王李而後不得不變爲竟陵也〔四一〕。穆倩於此道實具苦心，又高自矜許，不輕爲人作，人索其一印經月始得，或經歲始得，或竟不得。以是頗爲不知者詬厲。然穆倩方抱其詩文，傲睨一世，不爲意也。予交穆倩垂三十年，得其印不滿三十方，因念所交友人工此者，黄子環、劉渙仲歸道山後，三山薛宏璧、莆田林晋白卒於家，歙人江皜臣卒於閩，平湖陳師黄歿於客，雉皋黄濟叔與予交最晚，偕予歸，亦歿於友人酒間。穆倩巍然獨存，亦老矣。圖章一綫，不絶如縷，嗟乎，後之癖此者，將索之誰何氏之手乎？子以辛，字萬斯，亦能作印。

黄山程穆倩邃，以詩文書畫奔走天下，偶然作印，乃力變文何舊習，世翕然稱之。

書鈿閣女子圖章前

鈿閣韓約素，梁千秋之侍姬，慧心女子也。幼歸千秋，即能識字，能擘阮度曲，兼知琴。嘗見千秋作圖章，初爲治石，石經其手，輒瑩如玉。次學篆已，遂能鐫，頗得梁氏傳。然自憐弱腕，不恒爲人作，一章非歷歲月不能得。性惟喜鐫佳凍，以石之小遜於凍者往，輒曰：「欲儂鑿山骨耶？生幸不頑，奈何作此惡譃？」又不喜作巨章，以巨者往，又曰：「百八珠尚嫌壓腕，兒家詎勝此耶？無已，有家公在。」然得鈿閣小小章，覺它巨鋟徒障人雙眸耳。余倩大年得其三數章，粉影脂香，猶繚繞小篆間，頗珍秘之。何次德得其一章，杜茶邨曾應千秋命爲鈿閣題小照，鈿閣喜以一章報之，今并入譜，然終不滿十也。優鉢羅花偶一示現，足矣，夫何憾？與鈿閣同時者，爲王修微、楊宛叔、柳如是，皆以詩稱，然實倚所歸名流巨公，以取聲聞。鈿閣弱女子耳，僅工圖章，所歸又老寒士，無足爲重，而得鈿閣小小圖章者，至今尚寶如散金碎璧，則鈿閣亦竟以此傳矣。嗟夫，一技之微，亦足傳人如此哉。予舊藏晶玉犀凍諸章，恒滿數十函，時時翻動，惟亡姬某能一一歸原所，命他人，竟日參差矣。後盡歸之他氏，在長安作《憶圖章》詩：「得款頻相就，低崇愜所宜。微名空覆斗，小篆憶盤螭。凍老甜留雪，冰奇膩築脂。紅兒參錯好，慧意足人思。」見錮閣諸章，痛亡姬如初歿也〔四二〕。

校勘記

〔一〕「櫟下周亮工減齋撰」，四庫本作「江南督糧道周亮工撰」。

〔二〕「有明盛時」，四庫本作「明初以來」。

〔三〕「司馬之堂」，康熙本作「馬司之堂」。

〔四〕「摩娑」，康熙本作「摩挲」。

〔五〕「弗」，康熙本作「串」。

〔六〕「爲物所伴」，「伴」康熙本作「絆」。

〔七〕「歿」，康熙本作「没」。

〔八〕「候」，康熙本作「侯」。

〔九〕「放」，康熙本作「效」。

〔一〇〕「歿」，康熙本作「没」。

〔一一〕「歿」，康熙本作「没」。

〔一二〕「漁洋先生」，康熙本作「虞山先生」。

〔一三〕「絶句」，康熙本作「截句」。

〔一四〕「《感舊》一集」，康熙本作「《吾炙集》」。

〔一五〕自「漁洋先生論詩最嚴」至「其賞識如此」共五十二字，四庫本缺。

〔一六〕「雲仍」，葉氏本作「雲礽」。

〔一七〕「郵寄浮沉耳」，「寄」，康熙本作「者」。

〔一八〕「主臣往來白下最久」，葉氏本作「主臣往來白下久」。

〔一九〕「盡交蒯緱」，「盡」康熙本作「㢟」。按：「㢟」，音遍，義同。

〔二〇〕「主臣狀頭金餘無幾」之「狀」，康熙本作「牀」。

〔二一〕「歿」，康熙本作「没」。

〔二二〕「奉爲天寶」，「天」四庫本作「至」。

〔二三〕「余方落地矣」，康熙本作「余方落地」。

〔二四〕「繼」，康熙本作「縱」。

〔二五〕「予同門進士以智今青原和尚弟也」四庫本作「桐城人，其兄與予爲同門進士」。

〔二六〕「幼時同和尚」，四庫本作「幼時同其兄」。

〔二七〕「欲滅寇靖天下」，四庫本作「欲滅賊立大功」。

〔二八〕「會寇益亂」，四庫本作「會賊益熾」。

〔二九〕「予」，康熙本作「余」。

〔三〇〕「撫」，康熙本作「橅」。

〔三一〕「歿」，康熙本作「没」。

〔三二〕「和尚」，康熙本作「其兄」。

〔三二〕「好挾斜遊」，「挾」康熙本作「狹」。

〔三三〕「滄桑後，罷公車」，四庫本作「後無志於功名」。

〔三四〕「衣僧衣」，康熙本作「衣僧服」。

〔三五〕「遂自名曰明志道人沙門慧壽云」，四庫本作「遂去而遊方外，自名沙門慧壽云」。

〔三六〕「歿」，康熙本作「没」。

〔三七〕「琴棋劍器」原作「琴棋劍器悉」，「悉」，康熙本無，且與文意不合，當爲衍文，據删。

〔三八〕自「百工技藝」至本節畢，原文缺脱，據康熙本補。

〔三九〕此節原缺，據康熙本補。

〔四〇〕此節原缺，據康熙本補。

〔四一〕此節標題至「猶王李而後」原缺，據康熙本補。

〔四二〕「歿」，康熙本作「没」。

印人傳卷二

櫟下周亮工減齋撰

書黄濟叔印譜前

黄濟叔經，一字山松，如皋人，身長，鬚不甚多，風拂之輒飄飄多逸氣。畫高簡，得倪黄遺意。留心篆籀之學，故印章入神品。予因方與三昆季得識君於福堂中，蓋君偶同人姓字，遂誤被收。與三語予曰：「子弟取名，須極奇異者，當免爲人累。」予曰：「不然。當取極尋常者，事發尚有濟叔一輩頂代耳。」濟叔聞之大笑。濟叔性崖異〔一〕，入白門，惟交杜茶邨、紀戆叟數君，他皆不妄造也。在請室，一故人思見之，予諷其往，君曰：「不可以先往，經在難，故人固當先經耳。」予曰：「不妨通一字。」君又曰：「亦欲投以書，但戴笠之誼不可先於乘車。」遂援筆而止，予以是益重君。予得君印章最多，君頗喜爲予作。嘗與君札，今備録之：「僕沉湎於印章者，蓋三十年於兹矣。自矜從流溯源，得其正變者，海内無僕若。間嘗謂此道與聲詩同，宋元無詩，至明而詩始可繼唐；唐宋元無印章，至明而印章始可繼漢。文三橋力能追古，然未脱宋元之習；何主臣力能自振，終未免太涉之擬議。世共謂三橋之啟主臣，如陳涉之啟漢高，其所以推許主臣至矣。然欲以一主臣而束天下聰明才智之士，盡頫首斂跡，不敢毫有異同，勿論勢有不能，恐亦數見不鮮。故漳海黄子環、沈鶴生出，以《款識録》矯之，劉漁仲、程穆倩復合《款識録》大小篆爲一，以離奇錯落行之，欲以推倒一世。雖時爲之歟，亦勢有不得不然者。三橋、主臣，歷下；子環、鶴生其公安歟？漁仲、穆倩實竟陵矣。明詩數變，而印章從之。今之論詩者，極口詆竟陵，然欲其還而爲黄金白雪，百年萬里，亦有所不屑。今之論印章者，雖極口詆漳海，然欲其盡守三橋、主臣之『努力加餐』『痛飲讀騷』，凜不敢變，亦斷有所不能。故漳海諸君甘受人符籙之誚，毅然爲之，死而不悔者，彼未嘗不言之有故而執之成理也。僕嘗合諸家所論而折衷之，謂斯道之妙〔一〕，原不一趣，有其全，偏者亦粹，守其正，奇者亦醇。故嘗略近今而裁僞體，惟以秦漢爲歸，非以秦漢爲金科玉律也，師其變動不拘耳。寥寥寰宇，罕有合作，數十年來，其朱修能乎？次則顧元方、邱令和〔三〕，次則萬年少、江皜臣、程穆倩、陶石公、薛穆生。諸君子往矣，存者獨穆倩、石公、穆生耳。然三君各有所長，亦有所偏，求其全者，其吾濟叔乎？濟叔能以繼美增華，救此道之盛，亦能以變本增華，爲此道之衰，一燈繼秦漢，而又不規規於近日顧氏木板之秦漢，變而愈正，動而不拘。當今此事，不得不推吾濟叔矣。」又答濟叔云：「先生近日作印章，不必用意，自有配合之妙，云得之不孝之詩，謬矣謬矣。不孝之詩文，近日少少曲折如意者，從先生之篆之鐫之詩畫之寥寥數語札子，種種悟入耳。爲此者，似吾兩人交相譽。吾兩人豈交相譽者哉？第不孝微窺先生所作，近來實更進數層；不孝動筆，亦實實有略異往昔。所以然者，吾兩人交相動耳。世間絶技，源流總同，世人所以不可傳者無他，坐使人無所動耳。不孝得先生一字而心動，先生得不孝一字亦未嘗漫然於中，交相動而交相引於幻渺不可測，惡有所謂譽哉？今人滿部詩文，大套印譜，細細搜尋，總如疲牛拽重車入泥淖中，自不能動，何處使人動？及讀班馬諸傳記，顧欲哭欲歌〔四〕，見坐火北風圖，便作熱作冷〔五〕，拾得古人碎銅散玉諸章，便淋漓痛快，叫號狂舞。古人豈有它異，直是從千百世動到今日耳。先生以爲然否？」予生還後，濟叔訪予情話軒，同坐卧者月餘。別去，在延令季氏家，方席間觀劇，忽向衆曰：「吾欲去矣。」遂呼其僕曰：「季公待我厚，我實坐脱，無他病，爲語家人，毋疑季公也。」復拱手向語君曰〔六〕：「便此等去，亦大快。人言死見鬼神，語謬耳。」遂瞑目。濟叔生平學佛，去來明白如是，真得大解脱者。没後，杜荼邨與予札云：「有久欲白先生者，故人黄經濟叔生平嘗論定六書二十卷，自謂頗極苦心，嘗以求序於濬。濬觀其書，一正諸家踳駁附會之陋〔七〕，洵爲許氏功臣。今濟叔死，而其嗣子謹願力田，然廢學已久，未必能護惜此書。濬己酉至東皋〔八〕，欲索得之，行復自念，赤貧無家之人，既力不能爲付梓以傳，又東西遊走，萬一放失其稿，或久閉笥中，徒飽蠹魚，又或僕婢竊之以易餅餌，則故人心血翻澌滅於吾手，罪過不小，踟躕而止。兹惟濟叔既嘗幸交門下，荷櫟園先生恩分不淺，而先生又嘗深賞其篆刻之技，贈以奇文，以爲直跨文何而上。濟叔在日，每酒酣則出以誇人，謂周先生一代法眼，品題如此，誰復能易隻字者？語次復乃昔日患難相同一段情事，則泫然而泣，已而更大笑，以爲非患難不得遇周先生也。夫以濟叔平日感先生破格如此，則其死後亦必蒙先生悼惜可知。悼惜之效，誠莫若爲傳此書。蓋先生聲華位望，欲傳則傳，非若濬之有其心而無其力也。由是言之，使濟叔有知，不以此望之櫟園先生，更誰望哉？濬嘗竊伏嘆先生古道獨行，誼篤死友，如向日於林宗、太沖兩先生，近日於孟貞、子一〔九〕、與治諸老友之遺文，皆不計有無，表章之不遺餘力。初非待人言之也，則今日又何待濬言？然濬又僅能言，則亦能其所能爲者而已，雖蛇足可也。況此書是正經史，嘉惠來學，較文人别集更爲切用。先生以斯文爲己任，諒在他氏，猶孜孜不遺，矧濟叔乎？惟先生旦晚留神，則濟叔生平得附知愛之末爲不虚，而士之刳心述作者，亦恃交道以無恐，甚盛軌也。」茶邨之屬予如此。濟叔無子，繼子愚魯，不能留心爲先人慎守遺書，又遷徙靡定，予固無能蹤跡。即予在請室與君數十札子，君裝爲一册，予書其上曰毋忘今日，急以歸君，而君亡矣，遂留予處。每展視之，未嘗不淚涔涔下也。每思爲君立傳而不果，冠五曰：「即此可以傳濟叔矣。」遂不復爲别傳。

書張大風印章前

張大風風，上元人，因自稱上元老人。予既載其行誼入《讀畫録》矣，復録其一二逸事於此。大風學道學佛三十年，不茹葷血，客有烹松江鱸魚者，因大噱曰：「此吾家季鷹所思，安得不噉？」遂欣然一飽，從此肉食矣。予被讒後，大風畫一人持劍〔一〇〕，以手摩娑，雙目注視之，佩一葫蘆，筆極奇古，題其上曰：「刀雖不利，亦復不鈍。暗地摩娑，知有極恨。」予感其意，至今寶之。大風作印章，秀遠如其人，予得其二，何省齋、周古郪得之最多。省齋爲醉僕跌損，古郪所得皆在好凍上，破家後僅存其一二，今録於後。予曾語黄濟叔曰：「印章妙莫過於市石，凍則其最下者。僕蓄老坑凍最夥，亦復最善，患難以來盡賣錢糊口，買者但欲得吾凍耳，豈知好手鐫篆，便亦隨之去耶。彼買凍者，即得妙篆，勢必磨去，易以己之姓名。故市石之形，百年如故，凍入一家，則矮一次，不數十年，盡侏儒矣。僕凍章無一存者，而妙篆反因市石巍然如魯靈光。君苟愛惜妙篆，當永永戒鐫凍，專力於市石。」以今觀之，予語豈信然哉。

書顧云美印章前

顧云美苓，吳門人，負奇癖，自闢塔影園，隱於虎邱側，蕭條高寄，俗客過輒趨避竹中，以故客難就之。君準甚頳，而飲不能一蕉葉。常語人曰：「事事虛名，視此準矣。」在白門屢過予恕老堂，茗飲唱酬，詩和婉有致，行楷仿趙吳興，最留心漢隸，凡漢碑皆能默數某闕某字，某少前碑，某失碑陰，某鷹〔一一〕，某爲重摹，其碑陰姓字皆能暗記。予姻谷口鄭簠以此名世，家多碑版，云美僦一小庵近谷口家，繙閱數日夕不倦，其篤志如此。作印得文氏之傳。予謂谷口：「今日作印者，人自爲帝〔一二〕，然求先輩典型，終當推顧苓。」谷口是予言。君許爲予倣文氏作牙章十餘方，具既備，而予難作，遂不果，故予僅存其一二。瞿稼軒一子十齡，流落於外，人無有過而問之者，君以夙誼收恤之，且妻以女，名曰鏡，字之曰端叔。人以此多君行誼云。

書陳師黄印章前

陳師黄玉石，自云平湖人，或曰陳非其本姓，亦不籍平湖，未能辨也。質癯弱，而氣好淩人，嘗同劉藥生在齊魯間登蓬萊閣，使酒駡坐，人不能堪，謀縛而投諸海，登守某公解之，師黄亦無所悔謝。予辛丑之秋，遇於明聖湖上，相與爲重七夕之會，師黄意氣猶自若。工圖章，不肯爲人作，顧予曰：「於公固無吝也。」刻章必深刓其底，光滑如鑑乃止。嘗目工印章者曰：「爾輩持刀，將用以削人足指甲耶？」其傲慢自矜如是，以故不爲同人所容，終以孱軀嘔血死，死蓋不滿五十云。後予過嘉禾，知師黄本陸姓。

書程孟長印章前

程孟長原，一字六水，新安人。自何主臣繼文國博起，而印章一道遂歸黄山。久而黄山無印，非無印也，夫人而能爲印也。又久之，而黄山無主臣，非無主臣也，夫人而能爲主臣也。予見摹主臣者數十家，而獨推程孟長父子。孟長負篆籀癖，而尤心醉於主臣。大索主臣篆滿篋笥。潘藻生自白門，茅次公自武林，或購石，或蒐譜，又盡以歸之，孟長復檄四方好事郵寄，共得五千有奇。命其子元素樸選千餘，力摹之，合爲譜。予得而覽之，喟然歎曰：「孟長父子之於主臣，可稱毫髮無餘憾矣。使人如孟長父子，吾又何憾於黄山之爲印者哉。」王弇州論臨書易得意，難得體；摹書易得體，難得意。離之而近者，臨也；合之而遠者，摹也。余於二程，喜其得主臣之體，而復得其意，蓋予惟見其合矣。沈啟南贗跡滿天下，晚來自收真跡，遂亦收得臨本。吾恐起主臣於地下，得程氏父子作，當復如啟南翁自收贗本也。吾不及見主臣，得程氏父子，當綏山一桃，足自豪矣。孟長家吴興。

書汪尹子印章前

汪尹子關，黄山人，家婁東。時其同里人詞客程孟陽亦家睝城，頗爲尹子延譽於四方，以故其手製甚爲時流所重。子弘度，亦以此名。婁東張彝令，爲大司空容宇先生之子，嗜印章，鐫有《學山堂印譜》。予聞尹子亦學山堂客，乃彝令於譜中注曰：「弘度爲杲叔子，杲叔素不解奏刀，每潛令其子代勒以溷世，遂浪得名。」尹子或晚年有不合於彝令歟？予不識尹子，不得而知也。尹子舊名東陽，字杲叔，後得漢汪闢印，少自治之，語人曰[一三]：「吾得漢汪闢印，合名闢。」遂更今字云。

書汪弘度印章前

汪弘度泓，尹子子，張彝令《學山堂譜》中言尹子治印皆屬弘度捉刀，尹子浪得名耳。予初疑其言然，未免有所惑，今觀弘度作，乃知羲獻大有分別在，誠如予所言，彝令必有私憾於尹子，故譽子以抑其父耳。吳人傳汪氏父子皆不鬻，而弘度尤風流自命，得錢不爲人奏刀，必散之粉黛，散盡，冀復得錢，始爲人作。然作又隨手盡，以此有大小癡之號。即此可想見其曠達之致，技固不得不佳也。

書顧築公印譜前

顧築公璞，一字山臣，武林人。立品高迴，不屑頫從流俗，作印恥雷同，余最好之，而苦無其一印。辛亥過湖上訪之，則久歸道山矣。索其手製，則一嫠婦藏之，或云其寡妻，或云其外家。婦女不知印章爲何事，恒悵悵日守此頑石胡爲者？豐非玉，凶非穀，守此頑石胡爲者？自予往詢後，婦乃訝曰：「是頑石乃致周公問。」遂高其直，一方動至數金，予笑謝之，已而但命其印數方爲傳於世。初索三數錢，已復悔曰：「非一星一方弗可得。」予又笑謝之。既乃從他所得數方，後又從曹秋岳使君得數方，雖無幾，然亦足以傳築公矣。予意欲傳君，故數訪之，婦女昧此，乃吝不以示。恐南陽劉子驥後無復有問津者，築公妙技，勢將永没，地下有知，應因予一歎。

書江皜臣印譜前

工石章者，予所見數十輩，求其合古人之法而能運以己意者，尚百不得一，至切玉則杳然絶響矣。近惟吴門周爾森以先父子以此名，然臨摹儘有可觀，一自篆便不堪寓目，以其不知篆籀也。即臨摹亦率皆沙碾，無能切玉，其他號能切玉者，亦皆倩爾森輩開其眉目，然後施以刀，詭語人曰吾切玉如泥，實不及碾者之工矣。獨皜臣則真能切玉者。予初聞其人於曹秋岳，知其常在嘉禾，過嘉禾訪之，則久入閩中矣。幸備員於閩，大索之，黄東厓閣學始以其人來，而陶石公隨之至，因得盡窺其所學，而爲予鐫亦甚夥。皜臣治玉章則真能取法古人而運以己意者，即其鄉人何雪漁尚不屑規模之，況其下者乎？皜臣用力如劃沙〔一四〕，嘗語予：「堅者易取勢，吾切玉後，恒覺石如宿腐，如公書惡縑素輒膠纏筆端不能縱送也，以故恒喜爲人切玉。」皜臣長軀偉幹，而氣韻恬愉，與予遊數年，未嘗一字相干，甘貧守道，非尋常遊士挾一技以遊顯貴者可比，予甚欽之。别予返丹霞，予尚期久與周旋，而皜臣死矣。皜臣在丹霞，東厓閣學贈以妾，後妾慎守其印譜一帙，予欲得之而未能。久之在白下，陶石公來訪，云其妾復死，譜乃從他所得之。石公因手以贈予，曰：「皜臣雖死，幸有此在，廣陵散不絶矣。」因銓次於後，而附以東厓閣學贈詩、程孟陽處士之跋。他日有餘資，當倩石公一一臨摹爲一譜，以傳其人。曹秋岳曰：「皜臣死，世無復有切玉者矣。」悲夫，世之得佳玉，而欲合以秦漢人之筆，求如皜臣，何可得哉？皜臣妾無子，閣學以皜臣無子，故贈以妾，或云皜臣尚有子在歙。皜臣歙人也，石公名碧，泉人，從學於皜臣最久，頗能得其傳，別有譜。予贈皜臣二截句，附録於後：「窺得軒皇寶鼎文，垂金屈玉更藏筋。分明五色仙人筆，劃取黄山一片雲。」「鳥篆蟲書總擅奇，興酣十指似縣搥。生平不學秦丞相，手搨衡陽峋嶁碑〔一五〕。」

書程雲來印譜前

程雲來林，歙人。予之交君，蓋在丙子丁丑間君遊粱時，後君見寇氛日熾，遂移家武林，得免於黄流之難，人咸服君有早見。君精醫，時時爲予講性命之學，乃好爲圖章，又以意爲花卉，悉皆有生致。予往來湖上，必訪君，君又嘗顧予於閩、於白門，故得其手製最多。君爲印隨手而變。近益精醫，能起人於死，人爭延致之，席不暇暖，遂不復唱渭城矣。譜中皆廿年前作。中子與繩，亦從君治印。

書程與繩印章前

程與繩其武，吾友雲來中子也。爲制舉業有聲，數不合有司尺度，乃退而從雲來治印，印隨雲來與年俱進，比乃一合古法。辛亥予在湖上，與繩過湖干，爲文酒之會，多爲予治印。近取士之額日隘，士無階梯者不得不去而工藝，故工書畫、圖章、詞賦者日益衆。嗟夫，此皆聰明穎異之士，世所號爲有用才也，不遇於時，僅以藝見，亦足悲矣〔一六〕。

書李耕隱圖章前

破屋老人李耕隱，維揚人，家白門。高懷古致，隱破屋中，蒔花種竹，蕭然自適，寒山子爲作傳，梅村先生爲之跋〔一七〕，一時重之。何主臣殁〔一八〕，叟繼起，遂以印章霸江南北。好畫竹，爲周墨農所嘆服。墨農固以竹名，然不耐索者，往往倩叟爲之。墨農嗜古玩器，非經叟目不易收也。而叟自負鑒家，不妄許可。予見叟於顧見山高會堂，垂廿餘年再見，叟已八十矣，步履甚健，不資扶老，而故使八九齡童子持一杖隨，望之肅肅，欽如古圖中人。予索其手製，僅得後數方。叟於市得漢耕隱章，喜其與名符，因以名字〔一九〕。已得一子母篆，曰李悦己，復得一篆，曰李尊，因以爲其子孫。余敘次叟篆於石〔二〇〕，因以叟所得三漢章附於後，以徵叟好古之癖云。

書沈石民印章前

沈石民世和，常熟人。印章漢以下推文國博爲正燈矣，近人惟參此一燈。以猛利參者何雪漁，至蘇泗水而猛利盡矣；以和平參者汪尹子，至顧元方、邱令和而和平盡矣。黄檗言：「大唐國裏無禪師。」又曰：「不是無禪，直是無師。」如石民，真能自得師，真能以一燈紹國博者。余嘗言字學迷謬耳，惟賴古印章存其一綫〔二一〕，然知篆籀矣，而雅俗等迷謬耳。國博胸中多數卷書，故能開朝華，以啟夕秀。石民掉臂諸家，直接嬴劉，蓋三折肱而始得之。石民書畫妙天下，即以縱横毛穎之法驅使銛刀，宜其獨據壇坫，俯視一切也〔二二〕。

書欽序三圖章前

欽序三蘭，吳門諸生。清臞如不勝衣，時時皺雙眉。工詩，畫亦楚楚，而尤留心於圖章，得文氏之傳，當時推元方、令和與序三爲華嶽三峰，今惟序三隻立耳。在都門，館於宋右之史公家。予有印癖，知序三久脱繫，即首訪君，君於予頗有知己之感，故爲予作甚多。後相值於湖上，又值於吳門，舟次卮酒，匆匆欲去，余固留之，乃曰：「食貧，謀一館不易。近讀書楓橋側，主人督責甚力，遲歸將見嗔，早去示勤，慎保此館耳。」予因詢之，乃知序三詩畫圖章，一切不爲，惟教授生徒，自度度人而已。歲儉，貧士謀食，其難如此，予爲感動者久之，而力不能振君之貧也。故予每過吳門，輒愧見序三云。

書王安節王宓中印譜前

王安節槩，其先醉李人，久占籍白下。與弟宓中蓍同受教於尊公左車先生，左車好奇，以丐名之，字曰東郭，以尸名其弟，字曰弟爲。久之乃改今名，字安節。幼癯弱，壯乃須眉如戟。負穎異質，詩古文詞及制舉業皆能孤行己意，避人居西郭外莫愁湖畔，罕與人接，然四方文酒跌宕之士至金陵者，無不多方就見之。安節以其詩文之餘，旁及繪事，水石人物、花卉羽毛之屬，動筆輒有味外之味。曾爲予兩作《禮塔圖》，兩作《浴佛圖》，狀貌皆奇古，略無近人秀媚之態，真足嘉賞，畫成輒自題識。予每謂人：「安節甫二十餘，分其才藝，便可了數輩，使更十年，世人不説徐青藤矣。」圖章直追秦漢人，亦肯爲予作，今銓次於後。予友方爾止一女，不輕字人，覓壻於江南久之〔一三〕，奇安節，遂以女妻之。爾止負一代名，不妄許可，至一見安節，即以女妻之，安節可知矣。宓中亦作印章，古逸無近今餘習，亦次於後。宓中不亞安節，繪事遂欲與兄并驅，同人咸曰：「元方季方，難爲兄弟也。」安節王母與兩尊人及安節皆落地不任葷，獨宓中微能食乾鮭，人稱其爲一門佛子云。

書吴仁趾印章前

仁趾吴麐，天都右姓，隸籍廣陵。有洗馬神清之譽，作爲詩歌，上邁曹劉，下掩王孟，超超絶無凡響。嘗以餘間，摹劃篆刻，不規規學步秦漢，而古人未傳之秘，每於兔起鶻落之餘，別生光怪，文三橋、何雪漁所未有也。予素負斯癖，時時博訪海內，遍爲參稽，少有當予意者。及一見仁趾作，則如探胸中故物，如再過宿生舊遊處，輒欣欣嘆觀止。嘗索仁趾爲予鐫製，予亦謬有所商，僅略舉其大意，而仁趾躊躇經營，落之金石，有十倍出予意想外者，仁趾爲不可及也已。予最好雉皋黄濟叔、黄山程穆倩印，兩君年皆近七十，蒼顔皓髮，攻苦此道數十年，始臻妙境，而仁趾以英髫之年，遂復及此，使其年與濟叔、穆倩齊，其所造當十百兩君無疑也。濟叔已矣，同穆倩後先，振起廣陵，舍仁趾，其誰與歸？因識之於此，使海內交口稱仁趾者，知予有先得，固已識之早也。

書錢雷中印譜前

錢雷中履長，吾友湘靈多慧男，雷中其第三子也。年未二十，留心風雅，能繼其家學，予甚愛之，亦知其戲作圖章，然非何次德示余，不知其精妙若是。此道必屬年少，以其腕力目力勝耳。雷中外，如吴仁趾、王安節、宓中、倪師留，皆以英妙之年，挾其穎異，直登作者之堂，此道不絶響矣。然遂欲逼殺許多老僧〔二四〕，亦大不仁哉。

書李雲谷印譜前

雲谷居士李根，字阿靈，閩縣人。性恬静，與物無忤，愛閉户獨坐，終身未嘗遠遊。工詩，小楷頗得晋魏遺意，畫佛像倣吴文中，人莫能辨，畫山水，不妄設一筆，恒能引人入淨地。尤留心篆籀之學，嘗同福清林朱臣廣《金石韻府》，增入删正，一無譌謬。余愛其書，攜副墨至金陵，爲補殘闕行之。君爲予言：「嘉隆而後，工印者但僞古數章〔二五〕，首列諸巨公數章，索李大泌、王太原一敘，便侈然成譜，以作者自命。

如今之以詩名者，首倣古樂府數章，次列贈送讌集數章，其贈送讌集姓字，務必名輩巨公，其名目次第，皆可臆而得也，此而便侈然成集，自稱名下士，豈不大可恥哉？」予旨其言，惜得其印不多。蓋君既精於六書，恒好議論人謁謬，自言：「吾不欲以此微技，供後來小兒指摘也。」其自矜慎如此，故不恒爲人作云。

書徐子固印譜前

徐子固堅，其先蓋吴門人，移家白下。予初從親串胡君念約園林中識其人，時但黯其人酒俱韻耳，而不知其工印事。閲十餘年，予集諸前修章，同里吴遠度始以其所製來，乃知子固苦心篆籀，非一日矣。予所見工此者固多，而求奏刀之合古，章法之無補湊，六書之不謬者，子固而外，未易多見也。至其倣古小秦印章，自朱修能外，不能多讓矣。子固大父巨川公，初諱君揖，嘉靖癸丑進士，擢爲侍御史。時方注河南道掌道印御史，都御史列名以上，世廟方懸筆擬議，而硃忽落公名上，世廟心喜，因爲更名曰仲揖，以此甚得主眷，公亦多補納，當時號爲名臣。子固既爲名家子，又發源於吴門，夫吴門固圖章之星宿海也，子固雖欲不迥出流俗〔二六〕，豈可得哉。

書鄭弘祐圖章前

鄭弘祐基相，歙人超宗之猶子行。圖章得何氏之傳，隱於秦淮，貧且老，不能以此技奔走顯貴門，向人亦絶口不言，非予固索之，亦秘不相示也，以故貧益甚。時愛弄小古玩，或易之人以自給，然終無濟於貧。予於此道見始終於貧，而其技確可傳者，梁大年及弘祐二人而已。

書胡省遊印譜前

予生平好圖章，見秦漢篆刻及名賢手製，則愛玩撫弄，終日不去手，至廢餐寢，以求騁其欲，不啻如時花美女，殆坡公所云未易詰其所以然者。雖當世宗公巨手以姓名見贈，點畫少未愜心，必面自商略，求爲更置而後已，而其人亦深頷余言，以爲識趣。其所與遊號相契合者，物故殆盡，惟吴仁趾振起維揚，此外寥寥無聞。今夏胡君省游來訪，贈以二章，出所爲《印嫡》見示，頗極秦漢之致，若余數十年來所未見，又若數十年意所中期者，頓還故物。與之語，頗與余合，因喜此道之有省游，無患中絶，而質之千百世無疑也。夫篆籀肇興，書文正嫡，猶西來秘義，旨要無多，具神解者直接聖宗，證斯果位，豈説玄説妙之所能競？彼夫六書八體之研窮，秦碑漢碣之摹勒，要皆從入之途，究非參微之的也。由此言之，則省游所造，豈特超越文何而已哉〔二七〕？黄山朱修能，前哲之解兹秘者，余既雅好此君，而省游適與同趣，此可見省游性情與余合，不自今日，獨怪余嗜圖章數十年〔二八〕，而與余同嗜好如省游者，相見乃在數十年之後，且非其鄉杜子茶邨言之，幾失省游也。省遊名阮，楚竟陵人。

書徐士白印章前〔二九〕

徐士白真木，一字白楡，嘉禾人。予知士白久矣，辛亥冬始見其子虎侯名寅者於湖上，因出士白印帙相示，乃知此君於漢白元朱皆嘔心苦臨，其得以傳之石者石傳之，不及傳之石者復以墨臨之，皆無毫髮失。乃知一技之傳，非三折肱，未能得也。

士白工草隸，真書摹顔歐，嘉禾碑石多出其手。惜哉，未五十而没。虎侯别有紀。士白作「次白」、「穉白」者皆誤。

校勘記

〔一〕「崖」，康熙本作「岸」。
〔二〕「道」，康熙本作「製」。
〔三〕「邱令和」，康熙本作「丘令和」。
〔四〕「顧」，康熙本作「便」。
〔五〕「作熱作冷」，康熙本作「乍熱乍冷」。
〔六〕「語」，康熙本作「諸」。
〔七〕「躋」，康熙本作「踦」。
〔八〕「己酉」原作「已酉」，康熙本作「己酉」，據改。
〔九〕「子一」，康熙本作「于二」。
〔一〇〕「予被讒後，大風畫一人持劍」，四庫本作「大風精繪事，常畫一人持劍」。

〔一一〕「鷹」，康熙本作「贗」。
〔一二〕「人自爲帝」，四庫本作「人自爲神」。
〔一三〕「語」，康熙本作「詒」。
〔一四〕「力」，康熙本作「刀」。
〔一五〕「陽」，康熙本作「昜」。
〔一六〕「近取士之額日隘……僅以藝見，亦足悲矣。」康熙本作：「近取士之額日隘……僅以藝見，孰使之然哉，亦足悲矣。」四庫本作：「近日文人才士其恬于榮利者，大都從事雕蟲篆刻，故工書畫、圖章、詞賦者日益衆。嗟嗟，與繩以聰明隸異之資，迺于斯藝亦復精妙如此，余故表而出之，以志後生之可畏耳。」
〔一七〕「梅村先生爲之跋」，康熙本作「虞山先生爲之跋」，四庫本此句缺。
〔一八〕「殁」，康熙本作「没」。
〔一九〕「名」，康熙本作「爲」。
〔二〇〕「石」，康熙本作「右」。
〔二一〕「惟賴古印章存其一綫」，康熙本作「惟賴古印章存一綫」。

〔二二〕「俯」，康熙本作「頫」。

〔二三〕「壻」，康熙本作「婿」。

〔二四〕「僧」，康熙本作「傖」。

〔二五〕「僞」，康熙本作「倣」。

〔二六〕「子固雖欲不迥出流俗」，康熙本作「子固欲不迥出流俗」。

〔二七〕「豈特超越文何而已哉」，康熙本作「豈特超何而已哉」。

〔二八〕「余」，康熙本作「予」。

〔二九〕此節原缺，據康熙本補。

印人傳卷三

櫟下周亮工減齋撰

書秦以巽圖章前

秦以巽漁，原名德滋，梁谿人。君以高閥負尤異才，少遊馬文肅公門，以制舉業名，中年與華聞修諸君以詩名，晚歲謝去一切，惟自適山水間，蒔花種竹，或與童子鬬蟋蟀、調鸜鵒爲戲，不問户以外也。君詩多香奩體，濃聲之中别有清芬〔一〕；書法顔褚，分君之才，足了十人。予癖印，錫山君盡出所藏，恣予擇取，無所吝惜，因得見其手製，遠追秦漢，近取文何，真苦心此道者。乃君殊不屑屑于此，自語予曰：「此三十年前遊戲爲之者，今并《淨名經》亦不知所在矣。」

書顧中翰印章前

顧中翰貞觀，字華峰，一字梁汾，以中翰爲名孝廉，端文公曾孫，夔州太守菲齋公孫，孝廉庸庵公子。以理學文章世其家，戲爲圖章，遂臻妙境。予與君爲莫逆交，嘗戲與君言：「君文藝棋酒，一時將去，以此讓人，小存廉名，未爲不可。」君亦爲予失笑。然君方究心經世大業〔二〕，亦不屑屑于此也。

書張江如印章前

張江如宗齡，梁谿人，張月坡嵋之子。月坡遴選制舉業，極爲同人所推。予泊舟慧山將兩旬，月坡始從山左歸，因爲訂交，因得見江如。江如方從其尊人學，制舉業最有聲，旁及印事，亦臻妙境。予笑謂月坡：「令子當爲其大者，請勿事此。」月坡首肯余言〔三〕，然江如卒不能自靳也。

書陳朝喈印章前

陳朝喈瑞聲，梁谿人，太守世涇公子。諸生中僑肸也。世其家學，工爲詩，嘗以詩顧我於白門。及舟過慧山，始知朝喈亦戲作圖章，固索之，乃得數方，敘次于左。太守公諱振豪，以名進士出守南陽。時唐藩好弄兵，所爲多不法，南陽幾不可問，公急以上聞，乃反爲所中，遂罹不測。久之藩逆狀露，公乃得釋歸。予過朝喈家，知朝喈以所居小地之半讓之高忠憲公〔四〕，池即忠憲盡節地也。朝喈守先人室廬，蕭然池畔，歌詠自得，蓋不愧清白吏子孫云。

書倪覲公印章前

倪覲公耿，梁谿人，雲林後。十三齡時偶左足少不良於行，君輒喜曰：「吾雙足尊矣。」隱居水邨，借以謝客，蕭然自適，真能以隱世其家者。余過梁谿，聞君精於篆籀，索得數章。君於余譜中獨醉心於侯官薛弘璧父子，余乃知君深心此道，非隨人泛泛者。薛氏父子生于海濱，多爲人所忽略，垂數十年，乃爲覲公嘆賞若此，地下默慰矣〔五〕。

書王文安圖章前

王文安定，梁谿人，庚午、辛未間，顧寅錫自梁谿來白門，與予商榷選事，攜有九龍社藝，予甚驚王人玉之才，舟泊慧山訪之，久已身殉一邑矣。見其令子文安，與其兄弟均有文名，乃文安獨留心圖章，似極醉心於元方、令和兩君，予甚愛之。更留心於製紐，與漳浦楊玉璇、毘陵張鶴千齊名，然自重其腕，不輕爲人作，亦不易以示人也。

書袁曾期圖章前

袁曾期魯，吴門人，予老友籜庵太守公猶子行也。性沉實，時時從籜庵公問六書之學，故所作圖章恒多正字。吴門自文國博開蠶叢于此道，顧元方、邱令和相繼而起。顧邱歸道山矣，繼國博一燈者，舍吾曾期其誰哉？曾期於予譜中亦心折侯官薛氏父子。

書須來西印章前

須來西仍孫〔六〕，毘陵諸生，制舉業爲時所推，而尤留心六書之學，反覆窮究，不得原委不止。嘗笑世人不識字，輒欲操刀登作者堂，夫誰欺？大小篆鐘鼎間雜，夫人知之，夫人犯之矣。甲申之變，絶粒死，志士哀之。予過毘陵，莊澹庵史公出其手鐫見示，并述其行誼。予因得敘次於後。

書袁卧生印章前

袁卧生雪，吴門人，梅村先生題其譜曰〔七〕：「私印之作，莫盛於元人，如吾子行之論《三十五舉》，溯源極流，後人用爲指南。而吴孟睿、朱孟辨之流，楊鐵厓、曲江諸公，咸交口推服。蓋其人皆博雅通儒，深究六書三倉之學，而於印章見其一斑〔八〕，非以雕蟲篆刻爲能事也。今人從事於斯者，往往侈談篆籀，而忽略元人，正如詩家之宗漢魏，畫家之摹荊關，取法非不高，而致用則泥矣。卧生好學深思，精工篆刻，而尤於元朱文究心，吾以爲三橋後當爲獨步。」予喜先生論印之確，故備録其語，不獨爲卧生也。卧生爲文氏兩葉之甥，故能精文氏之學如是。

沈逢吉

沈逢吉遴，婁東人。予未識其人，但聞年已望七矣。數十年來，工印事者舍古法變爲離奇，則黄子環、劉漁仲爲之倡，近復變爲婉秀〔九〕，則顧元方、邱令和爲之倡。然離奇變爲邪僻，婉秀變爲纖弱，風斯下矣。逢吉一以和平爾雅出之，而又不失古法，故其里中張彝令於《學山堂譜》中極推重之，梅邨、秋岳咸爲許可。秋岳每語予曰：「眼中之人，畢竟以逢吉爲正法眼藏。」逢吉爲名流所重若此，足以傳矣。壬子春盡，櫟下惰農書於紅菱舟中。是日目忽疼甚，遂誤三字，逸二字，老態畢見矣，放筆一歎。

書吴頌筠圖章前

吴頌筠明玗，一字虎侯，梁谿人。諸生中最有聲，留心撰著，篤志古學，倣《通典》、《通志》，作《典林》一百四十餘卷，有杜鄭之備而去其繁，增其所未盡，於前賢之論，頗有所衷，誠爲大儒有用之書。予得竟觀一過，惜無力爲之梓行。頌筠蓋不屑屑以制舉名者，而制舉業則大爲時流所貴，每一榜發，所謂新貴者，競乞其焚餘之稿，冒以行世，而其人輒大有聲譽。世之讀頌筠之文者，竊其一鱗片甲，便亦布爪牙於盛雲濃霧中，而頌筠則猶然一老布衣，蠖屈蜩縮于蓆門土銼間。嗟夫，豈非命哉。滄桑後，頌筠棄去儒衣冠，爲野人服，不甚與人見。其所爲古文詞日益富，秘不示人，人亦無從物色之。予同年顧君修遠館頌筠於家，令子天石師之，予因得交君，得少聞君行誼。君自謝儒服後，寄情篆籀，戲倣秦漢諸印，亦藉砉然金石聲，少洩其拔劍斫地氣耳，乃其所爲圖章，則已駕文何而上之。予過梁谿，從修遠索得君舊作，敘次於後。展祝之餘〔一〇〕，覺頌筠嶽立島峙之象，肅肅在吾目前也。

書張鶴千圖章前

張鶴千日中，毘陵人，舊家子。學書不成，棄而執藝，從蔣列卿學雕刻，鳥獸龜魚之紐，比方漢人，多以牙與木爲之，間出新意，贔屭蜿蜒之狀，蝺蝺欲動。以予所見，海内工此技者，惟漳海楊玉璇璣爲白眉，予《閩小紀》中稱爲絶技〔一〕。鶴千亦何讓玉旋哉？鶴千篆印全摹文國博，大爲三吴名彦所重，家赤貧，有欲得其手製者，伺其食闕，則攜糗糧謀之，亦遂肯爲人作，若窺瓮有少粟，則又揮不顧矣。方侍御邵村語予如此。玉璇年七十餘矣，此技恐終當屬鶴千耳。

書吴仁長印章前

黄山吴仁長山，常往來白門、維揚間，與垢道人爲兒女姻，而作印不規規模垢道人，亦筆性之所成，不可强也。其印甚多，余删其有縱横習氣者，聊存數方於後。仁長一字拳石，子萬春，字涵公，亦能作印，即垢道人婿也。

書陸漢標印譜前

陸漢標天御，鹿城人。予嘗笑近人於圖章，高者至摹擬漢人而止，求其自我作古者未之見也。吴門人極推顧元方能肖漢，然擬議有之，未見其變化也。金孝章爲予言：「元方取漢印各爲一類，既姓分之，如某人之印某印，某印之類又各分之，印以單葉薄側理，既正窺之，復反視之，得一印即以某印合之，故往往不失古人意。」予曰：「此元方之所以爲元方也。元方法漢矣，漢人又安得能前乎此者〔一二〕，如元方各爲一類摹之耶？」陸漢標以予言爲是，故作印能運以己意。能運以己意，而復妙得古人意，此漢標之所以傳也。

書林晋白印譜前

林晋，字晋白，閩莆田人。予因宋去損，招晋白在百陶舫。晋白善鎸晶章，既工又甚敏，嘗爲予言：「鎸晶章易事，而人難言之，高自造作耳。」然晋白好酒，醉後縱横任意，雖一往有奇氣，而當其意到神來時，目乃不知有晶，故往往多驚壞其紐，壞則匿之，輒出囊中錢易他晶以償。予知之獨不令償，曰：「無紐更自佳，但須平其傾欹，雅勝紐也。然公爲他人作則不可，曷止少飲？」晋白曰：「不飲則腕殊無力，奏刀遂惛惛有俗心。」於是飲如故，壞人紐如故，得錢别易晶以償如故。人笑之，予以此多之。惜哉，予未出閩而晋白卒，或云卒於酒。

書薛弘璧印章前

弘璧名居瑄，其先蓋閩之晋江人，後籍侯官。予之遇弘璧也，弘璧已七十餘。先是，侯官有以圖章名者爲藍揮使，知予癖此，致數方來，頗愜予意。已復以數方命之，益復工。後有見者，曰：「此非揮使作，弘璧作也。今賓王乃不遇何中郎將耶？」因以一章試弘璧，其工如揮使，而章法刀法又無小異，竊訝之。乃召致弘璧詢其故，弘璧恂恂不竟言，已乃數爲予作數十方。間嘗過予節松堂，泫然泣下，曰：「瑄老矣。工此技垂四十年，顧無一人知瑄者。家貧無從得食，藉此飽妻孥，日坐開元寺肆中，爲不知誰何氏之人奏技。來者率計字以償，多則十餘錢，少則三數錢一字，體少不正，尚命刓之，如此垂數十年。不意今得之公。」語畢復泣下，點點沾所鐫印上。已乃晤弘璧子穆生銓，侯官諸生，其癖印章似弘璧，而體製如之。後予去閩，弘璧遂作古人，從閩中續寄者，皆穆生作。今譜中所作，皆其父子撰，予不欲辨，世固有能辨義獻者。予獨歎承平之日，何主臣、吴午叔、朱修能諸君以此技奔走天下，士大夫皆以上賓事之，跽奉金錢，得其一章，喜掛於睫，而諸君益復傲睨其間。以予論弘璧之技，直入秦漢人室，遠出諸家上，而名不出里巷，致日坐肆中，受不知誰何氏之揶揄，豈非命哉？閩人以弘璧之遇予，如會城之江瑶池得予而顯。嗟夫，予何足以重弘璧哉？會城江瑶池〔一三〕，予别有紀。

書黄子環子克侯印章前

漳浦黄子環樞，以圖章名，凡金石典册，靡不精研辨證，其譜名《款識録》。在閩署爲予作百十方，予既爲專譜，序而傳之矣。其子克侯，名炳猷，與沈鶴生使君善。

鶴生亦善印，每有鐫事，與克侯互相訂正，一印成，即繫一説於上，皆有雋永之旨，亦鐫行於世矣。漳浦黄先生絹素箑子上所用圖章，咸出子環手。劉漁仲以此道名，而其源實出於子環。後程穆倩出，因子環而變之以雅，世人遂但知有穆倩，并漁仲亦不知之，况子環耶？銓次子環父子作於後，克侯手筆如其父，予遂不復分列之。子環七十餘始殁〔一四〕，克侯尚壯，時出遊吴越間。

書陶石公印譜前

陶石公碧，晋江人。嘗從江皜臣學印章，而固不拘拘皜臣一家。尚氣誼，遠自丹霞，顧予金陵，值予罷官。時薗次方守湖州，慕石公招之甫至，而薗次亦罷官。石公寄語予曰：「鈍秀才所值如是〔一五〕，吾將不復出矣。」

書楊叔夜印章前

楊叔夜玉暉，閩之長汀人。以孝行爲鄉里所推，詩文皆能獨出己意，汀士多從之學，黎司李媿曾、鄭大令健也輩皆出其門。晚以明經作教南靖，以文字交於予，不甚留心於印章，偶一爲之，遂臻上品。予在繫所，媿曾來顧，出一印，鐫眉山句「走馬聯翩鵲噪人」，云：「楊夫子以此兆公也。」不三日，予蒙國恩生還，至今感其意。予所得叔夜印最多，患難中散失殆盡，惟餘數方，敘次於左。

書吴平子印章前

莆田吴平子晋，初作印多用莆田派。莆田人宋比玉者，善八分書，有聲吴越間，後人競效之，至用於圖章，古無是也。平子從予遊，見其所藏銅玉章及日今名印譜〔一六〕，遂一洗其舊習，久客都下，名重一時。平子豪於飲，每當風日晴好，策蹇從一童子，醉遊西山，竟日忘返。兒子浚近從都門歸，云平子娶妻生子，老在燕市酒徒〔一七〕，不復憶故鄉矣。

書林公兆印譜前

公兆林熊，莆田人。久棄家遊吴越間，住醉李最久，予因醉李彭孝先司李識之。孝先，予同門友也，以故爲予致公兆刻印最多。後公兆遊齊魯間，取婦東萊，過青州，與予盤桓久之，得其手製益夥。公兆爲印，動爲以漢人爲法，不妄奏一刀，詩畫及分書皆楚楚可人。閩自海上亂，文人墨士，多有避地不能歸，如平子、公兆輩者，不可枚舉，可悲也夫。

書吴秋朗印章前

吴秋郎暉，閩樵川人。予丁亥自維揚量移入閩，阻寇樵川者八閲月，日從事雉堞間。樵在萬山中，四方玩好之物，不入士人聞見，士遂無他好以紛悦其心志。間有以五七字投余者，余輒磨質墨答之〔一八〕。予爲刻《萬山中詩》，至今姓氏咸朗朗在予意中，垂廿餘年。秋朗見余於白下〔一九〕，予在樵固未識，秋朗尚少耳，故未能見，非失秋朗也。秋朗能詩工畫，行楷亦多逸致，印章好倣文何〔二〇〕。樵在萬山中，士無他外好，而秋朗多技如此，詎不異哉。詢樵士，知鄭胎聖倫、楊淩飈翰、龔而雅宜、鄧生公林，久化爲異物矣。見秋朗，不勝并州感也，因摘其圖章一二附譜中。

書吴尊生印譜前

六書之學亡，賴摹印尚存其一體。予嗜此最癖，廿年來致此亦最富，然見他人所有配合奇稱如天位地設者，顧予名字不如是，憾不移易以就之，逢人大索，不知生平能著幾兩屐也。倪鴻寶太史嘗誚今之爲時藝者，先架骸結肢，而後召其情。予謂今之爲印章者亦然，日變日工，然其情亡久矣。予今年再入榕城，得吴尊生手鐫數方，蓋真能自致其情者。篆籀之學，將賴尊生以傳。大江老人常稱尊生工詞，箬藟生亦爲余言〔二一〕：「尊生自爲樂府，擘阮度之，嗚嗚自適也。」古學幸留於今日者，篆籀在圖章，律吕在齣曲耳。觀尊生所爲，其有微尚也夫。尊生名道榮，新安人，今家於閩。

書顧元方印章前

顧元方，吴門人，亦字元芳，舊字不因。吴越人但知爲元方，而不能舉其名。予家有一印曰「顧聽」，篆類元方，意即其人，而群以爲非。後秦以巽以元方所臨漢章譜相示，乃知果聽也。元方爲印，直接秦漢，意欲俯視文何者。予索其譜於吴門，一目不識丁之子守其數十方譜，貴於拱璧。予以其中有予友萬年少跋語，欲購之，其人便索多金，及予再索，則非百金不可。予乃嘆吴兒之狡獪，真不可語也。後從他所購得百餘方，乃大勝吴兒所藏。袁籜庵幼與元方同學，語予云，元方性好潔，室中器具，皆有别致。家貧，賴治印生活，垂老不能博一博士弟子員，亦足悲矣。

書邱令和印章前

邱令和晈，吴門人。令和作印，全倣顧元方，幾幾乎神似矣。元方吾不得而見，令和固余同時人，予亦未之識。辛卯春，予托從兄禹圖走吴門市佳玉，命周爾森父子盡倣漢玉作紐，篆文雖出令和手，然實爾森父子碾成。今但以令和著者，以爾森父子不知篆籀，不足書也。令和所篆，其紐之佳者，予患難中盡爲他氏有。予嘗諷人，好篆勿鐫之好玉好凍上，以此其爲予作之外，皆得之九龍秦以巽先生〔一三〕。

書不知姓名一印前

丁亥之秋，余量移入閩〔一四〕，至梁谿，客有投我以此印者，不知客爲誰，或誰何氏浼客作以貽我耶？顧其刻則甚工。惡篆日來，而此君終不可見，二十餘年徒往來於胸而已，時復自解曰：「秦漢人銅玉章，傳世者比比，一無款識，又安能知其誰作？」予先是聞昭陽李映碧有《不知姓名録》，載前人有姓著而名亡、名著而姓逸者，以字行而無名者，并無名姓者，心極慕之，而未見其書，因筆之《書影》中。映碧感予意，即以此録寄我，約千葉鈔本也。予力不能爲之梓，因命兒子録之，以録本歸映碧，而存其原本，恐録本有誤字〔一五〕，映碧可自爲訂正也。何時晤映碧，遂添此君於中。或曰：「公固云秦漢人印不知姓名者多矣，何獨載此君？」然君固子意中往來之人也，焉得不載〔二六〕？

書汪宗周印章前

自何主臣興，印章一道遂屬黄山。繼主臣起者，不乏其人，予獨醉心於朱修能，自修能外，吾見亦寥寥矣。歙人汪宗周皜京，頗以此自負，予録其一二於後，使世知主臣之後繼起者如是也。

書姜次生印章前

姜次生正學，浙蘭溪人。性孤介，然於物無所忤，食餼於邑，甲申後棄去，一縱於酒，酒外惟寄意圖章。得酒輒醉，醉輒嗚嗚歌元人《會稽太守詞》。又好於長橋上鼓腹歌，衆環聽，生目不見向人，聲乃益高。每醉輒歌，歌又必《會稽太守詞》，不屑他調也。方邵邨侍御爲麗水令，生來見，謂侍御曰：「公嗜圖章，我製固佳，願爲公製數章。正學生平不知干謁，但嗜飲耳。公醉我，我爲公製印，公意得，正學意得矣。」

侍御乃與飲，醉即歌《會稽太守詞》，於是侍御得生印最多，侍御署中釀亦爲生罄矣。一夕漏下數十刻，署中盡熟寐，忽剥啄甚，侍御驚起，以爲寇且發，不則御史臺霹靂符也。驚起詢，則報曰：「姜生見。」侍御遣人謝曰：「分夜矣，請以昧爽。」生訇訇曰：「事甚急。」侍御以生得他傳聞意外也，急趨迎之，執手問故，曰：「我適爲公成一印，殊自滿志，不及旦，急欲令公見也。事孰有急於此者乎？」遂出掌中握視之，侍御乃大笑。復曰：「如此印，不直一醉耶？」於是痛飲，辨明而去，去又於橋上歌《會稽太守詞》。橋側餅師腐家起獨早，競來聽之，謂此君起乃更早，遂已醉耶？生意乃快甚。生無妻無子女，常自言曰：「麯糵，吾鄉里；吾印必傳，吾之嗣續也，吾何憂？」別侍御返里，年八十卒。辛亥秋，侍御以生所爲印示余，予入之譜，復隰括樓崗太史述生事録之於前。侍御曰：「每展玩生印，覺酒氣拂拂從石間出，生歌《會稽太守詞》聲，猶恍惚吾耳根目際也。」

李箕山

海陵李箕山穎，予聞其名於程穆倩，老友紀蘐叟以其譜見寄，題其册曰：「箕山工詩畫，少精篆籀之學，考古金石之文，多人所未見，深思窮研，豁然有得，故點畫刀法之妙，洞微穿穴，人巧極而天工出。至於性情高澹，超然塵俗之外，尤不可及，觀命名可以知其人也。」予因得而敘次之。

校勘記

〔一〕「聲」，康熙本作「郁」。
〔二〕「經世大業」，四庫本作「經世之學」。
〔三〕「余」，康熙本作「予」。
〔四〕「小地」，康熙本作「小池」。
〔五〕「慰」，康熙本作「舉」。
〔六〕「仍」，康熙本作「礽」。

〔七〕「梅村先生題其譜曰」，康熙本作「虞山宗伯題其譜曰」，四庫本作「程穆倩題其譜曰」。
〔八〕「斑」，康熙本作「班」。
〔九〕「近復變爲婉秀」，康熙本作「近復變而爲婉秀」。
〔一〇〕「祝」，康熙本作「視」。
〔一一〕「閩小記」，「閩」原作「閩」，康熙本作「閩」，據改。
〔一二〕「又」原作「叉」，康熙本作「又」，據改。
〔一三〕「如會城之江瑶池得予而顯。嗟夫，予何足以重弘璧哉？會城江瑶池，予別有紀。」「池」，康熙本均作「柱」。
〔一四〕「殁」，康熙本作「没」。
〔一五〕「鈍秀才所值如是」，康熙本作「鈍秀才所值如是也」。
〔一六〕「日」，康熙本作「古」。
〔一七〕「在」，康熙本作「作」。
〔一八〕「質」，康熙本作「楯」。
〔一九〕「余」，康熙本作「予」。

〔二〇〕「印章」，康熙本作「圖章」。

〔二一〕「余」，康熙本作「予」。

〔二三〕本節「爾」，康熙本均作「而」。

〔二四〕「余」，康熙本作「予」。

〔二五〕「誤」，康熙本作「訛」。

〔二六〕自「予先是聞昭陽李映碧有《不知姓名録》」至本節末，四庫本作「余故載此印於卷中，不欲令此君無傳耳」。

跋

繪事圖章，皆先大夫所篤好，而好圖章微異。記先大夫自自用圖章外，凡名人鐫製，有得其印者，有得其譜者，更有印與譜俱不可得，而亦必多方搜索，從人印數章或數十章以歸，錯列之册子上，時時展玩不釋。至舉生平著作一切焚棄後，人有以文字請屬者，先大夫多不之應，惟愛玩圖章不少異。因更取前之所集，依人爲類而鱗次之，各識其槩於首，一如《讀畫録》之傳其人之家世之里第，所自訂交，與夫染翰之時之地云者。但《録》成於未焚書之前，而《傳》成於既焚書之後耳。然一以人未全而得全其書，一以書得全而未全其人，正復相等。不孝在浚從卷册纍纍中[一]，手自繕録，敬而登之梓。後之君子，其亦知先大夫謝絶文字因緣時，猶不忘情筆墨若此乎？嗚呼，先大夫是時固以隨手筆記自娱樂，不復作文字觀，而數月之間遂成一書若此。使先大夫得至今日，觸緒俯仰，抒寫胸臆，即可爲志林説部之編者，當不知其幾矣。

而遂絶筆於此焉，能無感痛於中腸也乎？ 康熙歲次癸丑清和，不孝男在浚記於讀畫樓之廬屋〔二〕。

校勘記

〔一〕「不孝在浚從卷册纍纍中」，康熙本作「不孝在浚等從卷册纍纍中」。

〔二〕「不孝男在浚記於讀畫樓之廬屋」，康熙本作「不孝男在浚、在延、在建、在都、在青等記於讀畫樓之廬屋」。

續印人傳

目録

續印人傳卷一 …… 九三

續印人傳卷二 …… 一〇八

續印人傳卷一

古歙汪啟淑訒菴撰

徐夔傳

古來才人，文詞卓然可傳，不必有其遇，不必永其年，獨挾此區區，爲世俗所不能爭，而賢豪差足以吐氣，余于徐君龍友重有感焉。徐君名夔，長洲諸生，龍友其字也，前明通政徐如珂之曾孫。素性伉直，戚友有過恒面斥之，而不存蔕芥。著有《裒爽亭詩集》，寡女以女工所入壽剞劂而行之，歸愚沈宗伯爲之序，嘗稱其論詩有曰偏峰側出〔一〕，皆在所貴，而獨疾夫平易枯淡以自蓋其陋者，此實詩人之金鍼也。序中評其詩曰：「摭拾奥博而能探其原，馳騁變幻而不傷顛蹶、不淪荒怪。」蓋龍友詩之定論云〔二〕。年四十餘，始一遊京師，不屑時趨，不向貴人門投刺，時論高之。龍友既目空一世，世亦目龍友爲狂生，群起毁之，獨居旅邸，至炊烟不續，困而歸，乃自悔其北遊之大謬也。調膳養母之餘，結城南詩課，與張子永夫、陳子有九、丁子樹芳諸人，聚飲酣嬉，别白流品，縱論古今成敗，山川形勢，旁及刀槊馳射，神仙雜藝、荒怪之事，高談雄辨，往往驚其座人，其豪宕不羈如此。甲辰三月，應廣南學使之聘，甫及匝歲，竟卒於粤，年僅五十。龍友於書無所不窺，詩文悲壯，間作金石篆刻，蒼健秀雅，得文何二家法。余嘗從歸愚宗伯處獲其數鈕，今登于譜，然世多不知其學殖之厚、文辭之豪，而但稱其藝事之殊絶。爲述其生平梗概，俾後世知龍友不專以印人見也。

高西園傳

高鳳翰，字西園，號南阜山人，山東濟寧州人也。自幼穎異，好讀書，長而博學經典，究精藝術。負超卓之才，尤豪於詩，酒酣耳熱，揮灑烟雲，往往千言立就。究心繆篆，印章全法秦漢，蒼古樸茂，罕與儔匹。山水極縱逸，不拘於法，以氣勝。草書圓勁飛動，有生趣。具經濟才，聲華籍甚，以諸生舉賢良一等，分發安徽，歷署歙縣丞、績溪令，均有政聲。及題授儀徵縣，忌者讒之，謂與盧運使見曾結黨，掛名彈章，故南阜有詩云：「幾曾連茹茅同拔，却爲鋤蘭蕙并傷。」又云：「不妨李固終成黨，到底曾參未殺人。」對簿日，陳詞慷慨，有戴就風概，事終得白。會抱痺，廢諸事，尚左手，感鄭元祐尚左故事〔三〕，更號尚左生，漂泊江湖間，放於詩酒。性嗜硯，所藏皆手琢，自爲銘詞。卒年六十一。著有《硯史》、《擊林》、《湖海》、《岫雲》、《鴻爪》、《歸雲》等集。

周頓菴傳

周整，字頓菴，浙江仁和縣庠生，銀臺公之裔也。其先本鄞縣，高祖遷杭，遂卜居焉。家世甲科，清白相嬗。頓菴賦性聰穎，孟年對賓客，詩文操觚立就，老師宿儒皆憚之。遊黌舍，有名於時，然性不喜帖括，以爲敲門磚不值餗，未嘗留意焉。惟專力於古文及六書，與穆門徵君京爲雁行，相與切磋討論，譽隆隆日起。所爲文奇奧深峭，有孫樵、劉蜕風，俗眼觀之，輒掩口胡盧而去。秋闈鏖戰不下數次，而解名時每落孫山外，久之不耐場屋，乃絶意自適〔四〕。晚耽禪理，珠宫梵宇，一笻一笠，往往托迹焉，壽至八旬而卒。其所製印不自愛惜，時人亦無有知之者，未獲彙成一譜，殊可惜耳。

黄孝錫傳

孝錫姓黄氏，字備成，號約圃，吴縣木瀆鎮人。木瀆雖吴之一隅地，而人烟稠密，商賈輻輳，士斷者豪侈耽逸樂，日徵逐于飲食聲伎間。而約圃超然特出於塵埃之外，所居左圖右史，花藥盈階，香爐琴薦，忘其在闤闠間也。蚤歲席前人遺貲，頗饒于財，約圃厚自奉養，性拓落，不繫心於米鹽零雜。先習舉子業，不喜爲帖括之學，獨裒集兩漢六朝及唐宋以下大家詩文，讀之輒有所得。生平好結客，客之遊玄墓者經木瀆，必訪約圃先生，繫籬畔之舟，投井中之轄，流連款洽，相與擊鉢飛觴，以爲樂事。家有小樓，可登眺具區，烟波泱漭，七十二嵐光明滅，皆在履舄之下。每酒酣耳熱，與客踏梯桄，踞檻楯，商榷文藝，賞鑒尊彝罍洗、法書名畫，從容寄興，意甚得也。客有陳陽山者，精篆刻，工雕鏤，蜚聲藝苑，常主其家，討論古今，晰其源流支派，獨有悟入處，遂棲情鐵筆。其所宗尚，大約瓣香云美，沈歸愚宗伯及家山樵亟稱之。後屏棄一切，專精三十年，藝益工而家日益落，聲名藉甚，吴會間得其一波一磔，莫不珍庋以爲枕秘，求之者屨滿户外，然不屑爲俗子一奏刀。以是譽之者半，毁之者亦半，欲避謗而家置一喙不能也。友竹徐君，約圃甥也，予因徐君得交於約圃，嘗造其居，縱譚秦漢以來金石文字及後世印譜得失，有針芥之合。于時樓外梅花盛開，香雪霏霏，飄墮巾袂，新月在檐，一杯在手，友朋聚處之樂，無過於此。年華炊黍，彈指俱成往事，約圃歸道山已二十餘年，舊雨飄零，墓草已宿，能無慨然。著有《棣花堂印譜》、《篆學》二種，令子能梓以問世否？惜予猶未之見也。

朱介傳

朱介，字公放，初名杏芳，字雲栽，歸安縣人。弱冠即補湖州府學官弟子，有聲庠序，久困場屋，息機摧橦。甲子後，不復再赴棘闈，遂改今名，字山漁，自號莢稗道人，蓋自寓其意也。放情山水之餘，不治生計，肆志於金石篆刻，猶不足以寄其崎嶔歷落之概，乃從事於音律，凡五聲相逐，七均相轉，十二律相終始，以及九宫三變之微旨，數百年來因革是非，皆能指析其毫芒。故雖身落江湖，而名蜚京國。辛未春，翠華南幸，莊滋圃大中丞撫全吴時，延譜《迎鑾新曲》，膾炙人口，一時爲之紙貴。盧雅雨運使再至兩淮，館于署齋月餘，成《玉尺樓傳奇》一部，授之梨園，揚州人争購之，于是有井水處，莫不知有朱公放矣。倘令得志於時，獲賦鐃歌法曲，歌詠太平，則周邦彦之領大晟樂府，詎能專美於前耶？惜乎畢生偃蹇，未伸初志〔五〕，詞人少達多窮，古今同慨。著有《摹印篆》一卷、《印譜》一卷〔六〕、《山漁刻印稿》一卷、《宫調譜》八十卷。

袁三俊傳

袁君三俊，字籲尊，號抱瓮，江蘇長洲縣人也。生而炯介〔七〕，篤志古學，居葑門，與沈文慤公歸愚師同里閈，有戚誼。童時在邨塾中即喜篆刻，父師訶責不能止，宿火瓮中，人静後，鏗鏘有聲，便楚楚可觀，故早有聲譽。不樂爲科舉文，惟肆力六書，研究豐豊東宗之訛〔八〕，章法秦漢，兼得顧苓、陳炳之神韻。品高潔向人，不名一錢，非可以貨得，更爲時賢所重。文慤公嘗有寄懷抱瓮詩云：「比鄰兼戚友，憂喜兩家同。我作移枝鳥，君疑斷梗蓬。相思俱異地，相見各衰翁。魂夢難忘處，依依葑水東。吴中談篆刻，此事獨推袁。温潤存剛健，支流會本原。古文人莫識，小道爾能尊。何日分斯籀，樽前聽細論。」予前在薛徵君雪南園中得識之，求篆十餘鈕，迄今鈐用，時猶想見其古心古貌，求之當世，殊不可得已。著有《抱瓮印稿》，亦文慤公爲之序。子孝詠，字慧音，能世其業。

沈皋傳

沈皋，字聞天，浙江歸安縣竹墩人。生而警敏，讀書一目數行，脱口輒能成誦，博聞强記，蜚聲黌序間。性峭直，與俗人處，夷然不屑，不爲脂韋絜楹之行，人多忌之。絲竹篆刻，無不精妙，而尤工筆刀。終歲浪遊，田衣山屐，相羊於湖山烟水之中，至名勝處，輒縱酒高歌，聲出金石。不沾沾科舉業，故屢踏省門，輒暴腮而返。其鐵筆最工白文，絶類何雪漁、蘇嘯民。所著有《六泉印譜》四卷。

聶際茂傳

聶際茂，號松巖，山東長山縣人也。性淳篤，博學經籍，及爲學官弟子，終歲潛閉著書，不爲苟合詭隨取悦於當世。留意六書，寄情鐵筆，師安邱張卯君，以蒼深雅健爲宗，高自標許，不輕爲人奏刀，遇書畫家則欣然鐫贈，否則酬以兼金不可得也。文戰屢擯於主司，居閒處約，恒以潔白自守，斗室蕭條，灑然超絶。德州宋蒙泉弼廉使官編修時，招至京師，河間曉嵐紀侍郎昀一見獨心賞焉，逢人説項，遂得游公卿間，名譽鵲起。畿輔總制桐城方觀承問亭先生好秦漢印，聞松巖名，延之鈐閣，松巖草服敝屩入見，長揖就坐，總制公以其樸直，甚優禮之。著有《司空表聖詩品印譜》，北平黄大中丞叔琳爲之序。予因其同鄉方主政昂，得乞所製數鈕焉。

黄吕傳

黄吕，字次黄，號鳳六山人，安徽歙縣潭渡人，白山先生之嗣君也。白山著作等身，名藉藉大江南北間，兼通六書，工篆刻。鳳六舞象時，素稟庭訓〔九〕，所製即多遒勁蒼秀，有秦漢遺風。兼精繪事，山水人物，花鳥蟲魚，縱筆所如，皆臻絶妙。書法晋人，晚年益樸茂，每作畫成，輒題詩幀首，以自所鐫印鈐之，人謂具四美焉。鳳六詩謝去雕飾，天真爛漫，惜不自收拾，傳者蓋寡焉。其及門有名宗繹字仲皋者，亦自幼嫺習篆刻，工寫漢隸，章法古健，索其書者殆無虚日，又手畫印章二帙，幾與印者無別。丙子菊秋，予歸耕綿上，往還甚密，得其詩畫頗夥，貯敏書樓中，鄰人不戒于火，盡爲鬱攸奪去〔一〇〕，良可歎也。

胡志仁傳

胡志仁，字井輝，號曙湖，晚號華顛老人，浙江山陰布衣。詩有逸材，天然高澹，不琢不雕。工篆刻，家貧不治生産，輒藉此爲八口衣食，得百錢敷日給，則如嚴君平之賣卜，便垂簾讀書，類退院僧矣。非其意者雖餌以重貲，不能得也。晚年選漢印之精者五百鈕，手自摹勒成譜。又喜周櫟園《印人傳》，爲各篆名字印二方，作一譜以傳世。剞劂成，忽中風卒，卒年八十有二歲。曙湖具數十年苦心，殫精竭思，可謂三折肱矣，乃黄金擲虚牝，垂老無一知者，即有一二能道其姓名，而要不出於越之間，其亦可悲夫也。其弟子趙芃若亦善製印，欲得其所刻印彙譜以傳，而寡媳秘不與，後數年家益貧，聞悉出以易米于市，惜哉。

陳錬傳

錬玉道人陳錬，字在專，號西莽，閩之日安縣人，流寓華亭，樂峰泖之秀，遂家焉。幼清羸，弱不勝衣，事帖括輒爲二豎侮，乃歎曰命也夫，遂甘心爲山澤癯。性嗜古，每入市見鐘鼎盤杅，摩挲不釋手，然貧無力購，惟嗟惜而已。書法懷素，有古致可觀。學鐵筆，悟少陵書貴瘦硬通神之語，有所得，已而得朱修能譜，師其指授，以爲篆刻之能事畢矣。一日過予，予出先秦兩漢銅章數千鈕示之，不覺拍案驚駭，若遊山者之忽然而登岱，觀水者之忽然而汎瀣也。則且窮搜博採，冥思默會，得之心而應之手，遺其象而追其神，於是篆法刀法遂直造於古，而不拘乎一格，時作小詩，服膺温李詠物諸什，每摘清新句，且吟且讀，静坐小窗，聲琅琅出環堵。第善病，經年强半在藥裹中。又復米鹽零雜，經營八口，悴心勞神，而且在貧如客，無故於親知間作一稱貸謀，夷然不屑也。當其寂處無聊，偶或寄情弦索，然歌場酒座，則堅匿其技，耻爲人知。江蘇方伯吴公壇雅慕其鐵筆，兼高其品，介沈明經珠南屢招之，并以屬予，西莽以山人不宜干謁貴官，卒不往。與予交二十餘年，始終無間言。有愛子聰穎獨絶，年方舞象，即能繼其學，且署款極精雅。患小疾，爲庸醫所殺。益悒鬱無聊，病更劇，乙未秋竟下世，年僅四十有六。所著《超然樓印譜》、《秋水園印譜》，又與杜葭軒有《印譜合璧》之刻，皆已風行海内。其《西莽詩鈔》若干卷，猶藏于家，惜無力付剞劂氏。

顧光烈傳

顧光烈，字開周，號楓林，世居浙江之錢塘縣。賦性高潔，恬澹寡欲。幼讀書不喜章句之學，惟研究六書篆刻，凡有所作，精心扣擊，必窮極其根源，務取合於古人，加以晝夜思索，遇會心時，始奏刀騞然，故求之者不可驟得，每云能事不受相促迫也。家素饒於貲，後中落，又善病，然淡泊自甘，屏除塵累，非知己好友，即壽以多金，不輕受。晚得異授，鈎稽壬遁之術，其推算刻應，無不響驗，晨光始通，占問者屨滿户外，日亭午即垂簾讀《易》，不妄交遊。乙亥春，曾爲余鐫大小石印十餘鈕，風韻在蘇泗水、吴亦步之間。杪秋，余歸歙掃墓，楓林忽得噎膈症，賫志而没。今每過其所居，緬懷雅度，不勝有人琴之慨云。

嚴源傳

嚴源，字景湘，號素峰，江蘇常熟縣人，前明相國文靖公後裔也。性資瀟灑，薄利禄，幼習舉子業，不耐場屋苦，遂棄去，肆力於詩古文詞，尤工集唐，天衣無縫，一時稱之。嗜金石文字，究心《説文》、《玉篇》等書，且得文靖公家傳古銅玉印暨譜八卷，昕夕摩挲，食古已深，又親承浩菴徐太史指授，遂以鐵筆寓其寥落不偶之踪，師尚秦漢，不屑屑法唐宋也。年既長，親串多慫恿其入都希際遇，顧數奇，相識中能領方銅紅沬之趣者無幾，矧長安居大不易，烏能俾旅食峥嶸？困而歸，爰輯其平生刊印彙爲譜，又力綿不能付剞劂，錦帙牙籤，惟自珍襲之。丙子秋，予薄遊金閶，邂逅素峰於萃古齋書肆，傾蓋有水乳之合，詫謂肆中人曰：「源平生今得一知己，可不恨矣。」詰朝，予過訪其寓齋，琴樽楚楚，無一俗物，洵可人也。舉所藏古印稿并自鐫印譜石章相贈。時已老病羸甚，自言：「一生耗心血習此技，今識君，宜以付託。」辭氣慷慨欷歔，予亦深嗟異之。時以他冗，越一宿即解維别去，其後浪跡萍蓬，不至吴中者數月，而友人來，有識素峰者，云已歸道山矣。惜哉。因攜其所惠譜返新安，擬暇日録識數語存其略。辛巳戊子，兩遭祝融之厄，凡所筆述或未竟者，咸被六丁取去，致蹉跎彈指，頃忽數十年，未補一傳，深悵負此良友。頃曝書，忽得伊譜副墨，展誦其駢體自序，恍接謦欬於虎溪烟月間也。嗚呼，其可感也夫。

蔣元龍傳

蔣元龍，字乾九，一字雲卿，號春雨，浙江秀水縣人也。予於丙子歲秋杪，從治堂范明經、孝廉魏松濤兩君處早聞其名，習知篤學嗜古，工詩文，精賞鑑，究心金石書畫，出其餘技，寄興於鐵書，喜用釘頭隨意鐫刻，多白文，不假修飾，頗饒古趣，蓋私淑丁龍泓隱君耳。嘗館予宗人鶴儀堂，予過訪，因得識荆州，叩其所學，殊有本源，益信兩友之賞識不謬。春雨隨出眎《戴笠圖》行看子屬題，曾走筆率成五古一章，春雨亦以其所製印見貽。後予入都，別來二十餘年，惟聞於辛卯歲僅得副車，未獲一第，俾其賡歌廊廟，良可惜也。然其門下士濟濟，入詞垣者不一其人，且春雨著述甚富，信其爲傳人必矣，安得遇好事者謀壽諸梨棗，流播藝林哉。

校勘記

〔一〕「峰」，乾隆本作「鋒」。

〔二〕「蓋龍友詩之定論云」，乾隆本作「蓋龍友之定論云」。

〔三〕「祐」，乾隆本作「佑」。

〔四〕「乃絶意自適」，乾隆本作「乃絶意于進取矣。彈琴詠詩，寄情篆刻，逍遥自適」。

〔五〕「伸」，乾隆本作「申」。

〔六〕「《印譜》」，乾隆本作「《印律》」。

〔七〕「介」，乾隆本作「戒」。

〔八〕「朿」，乾隆本作「束」。

〔九〕「稟」，乾隆本作「秉」。

〔一〇〕「奪」，乾隆本作「化」。

續印人傳卷二

古歙汪啟淑訒菴撰

丁敬傳

丁隱君敬，字敬身，號龍泓山人，一字鈍丁，其讀書之齋曰無不敬，浙江錢唐人。起闤闠中，而矢志嚮學，於書無不窺，嗜古耽奇，尤究心金石碑版，務探源流，考同異，使毫髮無遺憾焉。時杖履兩峰三竺間，凡遇磨崖嵌壁篆刻，莫不手自摹搨，著有《武林金石録》，該博詳審，頗有裨志乘之遺漏。性狷介，不妄取與，人以是高之。詩古文筆力超雋，迥出輩流，兼有皮陸之博奥，不襲郊島之寒瘦，信可流傳不朽矣。以其餘緒，留意鐵書，古拗峭折，直追秦漢，于主臣、嘯民外另樹一幟。兩浙久沿林鶴田派，鈍丁力挽頹風，印燈續焰，實有功也。乙丑春，予因柳漁夫子，闌入西湖吟社，得訂交於先生，垂三十年，心折其爲人。他不具論，跡其長揖果毅訥公之堂，力却苑卿江潁長之幣，堅辭制府方問亭之徵，高風卓然，如野鶴山麋，不可羈勒。所著詩古文集甚富，鄰人不戒，災及其廬，罄所藏弆，盡化黑蝶，所流播者，蓋幾希矣。晚歲學愈老而家愈貧，抑鬱無聊，往往使酒罵座，忌之者亦不少云。卒年六十有四。

强行健傳

强行健，字順之，號易窗道人，占籍松江之上海縣。幼孤家貧，志學弗倦，母氏篝燈夜績，於紡床之側讀書，宵分忘倦。數奇，不得一青衿，慨然曰：「落落研田，坐荒歲月，不謀生計，何以爲甘旨之奉耶？」同邑有李揆文者，名醫也，順之從之遊，究心《靈》、《素》，及張長沙脉法精微，方論閫奥，盡得其傳。是以出而爲人治病，單方重劑，應手立瘥，一時求療者輻輳其門，得所酬，悉以奉親。然意薄時趨，興與古會，書類鄭谷口，詩法陸劍南，應接稍暇，輒弄筆墨，祛塵俗而悦性靈，不求人知，然聲譽已藉藉矣。篆刻一道，師何主臣、蘇泗水，著有《印管》十二卷，復著《印論》二千餘言，多所發明，海内薦紳名流，争與結納，咸爲之序。歲丙寅，浙江潘絜堂方伯慕名禮延之。未入幕前[一]，館余開萬樓，昕夕暢論，上自秦漢，下逮元明，印學淵源，凡目睹心存，互相參訂，頗相浹洽。余往來於九峰三泖間[二]，順之聞余至，必過寓存問，劇談竟日，爲余鐫大小石印甚夥，已選入《飛鴻堂印譜》。其自著則有《易窗小草》、《警心録》、《醫案》、《學吟小草》、《傷寒直指》等書，惜無力梓行。

徐堂傳

徐堂，字紀南，號秋竹，又號南徐，浙江仁和縣人。幼孤露，家素饒裕，然好讀書，儲字畫，廣交遊。弱冠補博士弟子員，名噪黌宫。既而負笈堇浦杭太史之門，得其指授，學業日進。吟詠餘閒，講習篆籀鐵筆，常語人曰：「鐵筆雖雕蟲之技，然究心於此者，必須先識篆法、筆法、章法，而後縱之以刀法，非徒尚殘缺粗劣爲蒼古也。」其議論頗正。年來家事漸落，又困場屋，不獲展其才，輒縱情杯斝，湖山雪月，一篷雙屐，往往倒載而返。其所製印，類皆秀整中含蒼勁。昔人云：「頽若黍稷之垂露，藴若蟲蛇之棼緼。」此二語可以移贈南徐矣。卒年未及五十。所著有《藉豁古堂詩集》二卷，西泠吴隱君穎芳手定者。

潘西鳳傳

潘西鳳，字桐岡，號老桐，浙江新昌縣人，僑寓廣陵。性篤實方古，愷悌無甚，識見卓越。曾受業於良常王虚舟澍之門，虚舟摹《十七帖》成，命桐岡書丹，以竹簡勒之，名曰《竹簡十七帖》，後歸大内。雍正甲辰，客大將軍年公羹堯幕，時多匡助，後有獻可不納，即拂衣辭歸，矢志以布衣終。亡何還越東，掃黄岡嶺太保公祖墓，偶得奇竹於山麓，裁以爲琴，而闋其徽，爰以竹鬚代，調之成聲，且清以越，蔡邕焦尾不能專美於前矣。以其餘技，鐫製印章，貽諸戚友，一時尚之，好古之士争購焉。其同與遊者爲費執玉、鄭板橋、李復堂、楊吉人、顧于觀、李嘯村、吴重光諸君也。子封，號小桐，亦善製竹印，能傳家學云。

劉虛白傳

劉淳，字叔和，號虛白，鐵嶺人。曾祖秉權巡撫粵東，謚端勤；祖思儼侍御史，康熙乙未科武狀元；雲南開化鎮總兵官劉賽都，號研齋，其父也。虛白生而穎慧，雅好讀書，習詩賦，學篆隸，以漢文秀才赴鄉科，不屑爲卑鄙時藝，屢爲有司所擯。研齋公望子成名心切，遂令改途，由武生歷雲麾使兼佐領。公退灑掃一室，惟作畫賦詩，以陶寫其性靈。兼究心於篆籀，摹古印章，專意師法秦漢，高古蒼健，可方駕錢塘丁龍泓，且善琢硯。後以督造金器虧缺，致遭城旦通州，杜門焠掌，鐵筆更神妙，詩文益豪放，畫愈奇逸，天殆玉成之也。瓜期得釋寧家，猶自以爲不足，遍遊海宇，尋師訪友，致家業蕩然亦不悔。倦歸，戢影蓬廬，酒盃詩卷，超然自得。所著有《虛白印稿》及《虛白詩鈔》。

李石塘傳

李德光，字復初，號石塘，江蘇華亭縣人。有負郭田，粗可給衣食，少年鋭意功名，赴童子試不利，即納粟入國學，就京兆試，屢困省闈，遂絶意進取，縱情麴蘗，不問家人生産，家漸落。繼乃耽玩篆刻，好金石文字，肆力摹古，銅玉牙石莫不精妙。乙亥秋，江蘇遇偏災，盎無餘米，桁無完衣，窘迫殊甚，而債主就索者屨滿户外，因盡棄其産，以償夙逋。薄裝單舸，浪遊浙中，愛西湖之勝，解榻四聖菴，邂逅丁隱君敬，一把袂訂爲莫逆交。極賞其刀法蒼秀，屢言於予。延致開萬樓，盡出所藏古印及諸舊人譜，昕夕討論，技益進。其鎸玉章與牙石無異，不崇朝輒成一鈕，腕力最猛。然孤潔傲兀之性，殊不易近，予雖遍爲稱譽，而賞音落落。期年歸三泖，教讀以餬其口，然日遊醉鄉，生徒星散，人多尤之。晚年愈侘傺無聊，竟窮困以死，年已七十。其鐵書之衣鉢相傳者，聞有十餘人，予所知者鍾敬存、錢世徵而已。

姚鼐傳

姚鼐，字季調，自號樗園居士，江蘇長洲縣人也。賦性孤冷，不苟然諾，然有雅淡趣，工詩文，善草隸，不喜習帖括，絶意進取。家素清寒，掩關讀書，庭蕪繞户，夷然不屑除之。親串有規其應試者，便自笑曰：「吾賦形癯陋，非簪紱中人。」偶寄興鐵筆，宗云美顧氏，摹漢工整一派，然不輕爲貴人富翁奏刀。適逢舊雨雲客薛君子升官蘭溪少尹，素風雅，樗園因裹糧往遊金華三洞。予因雲客，得與樗園聯榻衙齋，唱和頗洽，曾爲予鐫十數鈕，逮予里門遭回禄恨，散失已過半。樗園亦終潦倒，年未五十遂卒，吟稿亦零落。惜其高逸乏知音也，亟登諸譜，而爲之傳其梗概云。

張慶焘傳

張慶焘，字裕之，一字拙餘，嘉興諸生，實嬾先生之冢孫也，經笥相授，名噪黌宫。居張山之麓，因自號張山樵夫。童時即不好弄，愛讀書，凡九流百家之説，靡不心遊目覽，工詩古文，爲人倜儻有奇氣。善水墨花卉，膠山絹海，充牣户牖間，而畫蘭尤爲世所稱，人因號爲張蘭云。兼精通六書，專參文氏一燈，雅尚秀勁，絶無塵氛氣〔三〕。少遊方朴山〔四〕、諸草廬兩先生之門，主吟坫、登選拔，俱不脛走千里。家貧，爲人作嫁衣，船唇鞍背，裹糧而遊，嘗經年不歸故里。所爲文孤高峻拔，不合時眼，文戰每不利，遂侘傺以終其身。所著有《苕雲詩鈔》、《北征》、《楚遊》、《中州草》暨《玉楮文集》、《群仙繪幅樓詩餘》、《拙餘印譜》行世。

陳浩傳

陳浩，字智周，號芷洲，江蘇嘉定縣諸生。負超卓才，志氣宏放，數奇，屢試於鄉不得舉，因從辟書佐，當事咸器重之。後患肺疾而歸，棄舉子業，養疴林泉，爐香茗盌，惟考核三代古文、秦漢篆隸以寄興，而摹印尤得同里張紫庭秘授，取法漢人撥蠟鑄印一派，心摹手追，積有歲月，於汪杲叔、王梧林之外，能自成一家，幾可媲美趙松雪，良常王蒻林題其所著《古藤齋印譜》曰「吴興復見」。又跋《印譜》云：「陳君特起南服，續千載不傳之緒。」洵非虚語也。性恬澹，澄瑩蕭散，不慕榮利，家貧無子，與二三朋舊豪吟沉飲，以陶寫其磊落壯懷。晚年撰《篆隸源流》、《印章典則》二編，甫脱稿即下世，惜未壽之梨棗焉。

俞元之傳

俞元之，字貞起，號介石，浙江金華縣學官弟子，餼於庠，有聲譽。然性豪邁，不屑屑尋行數墨，羈束才華。終歲棲心古籍，耻於苟合，知交絶少，無所標榜，詩歌俊逸超群，與其品埒。間寄情鐵筆，頗高古有致。余客蘭江，一見結牙期獲石之契，且深知予苦心，欲續印燈一焰，蓋非故爲白眼傲世者也。惜竟以諸生老焉。

沈世傳

予初識沈卜周於友人處，見其落拓不羈，無塵俗氣，談及篆書古文，元元本本，頗爲淹貫，意其爲士人也。遂直造其廬，懇爲篆石印數十鈕，皆蒼秀淳樸，蓋用中鋒鈍刀也。甚愛玩之，爲選入《飛鴻堂印譜》。既而知其隸於方伯署，祖父即居錢塘沈周巷，世爲伍伯。卜周獨賦性孤介，幼讀書，而域於令典四色人不許應試，故上進無階，家貧無以餬口，勉承舊業，稍藉工直所進，以給事蓄。然惟究心翰墨，書法得晋唐人風味，詩亦臻宋元家數，著有《鼓泉集》幾卷。敝衣糲食，怡然自得，於隨班應役後，歸輒閉户焚香，不問外事，同類争非笑之，而士君子皆樂與之爲友，不以身賤而言論或有謟屈也〔五〕。前方伯潘公曾物色之，俾鐫名印二方，賚以四金，辭弗受。後令改從纖媚，以逐時尚，卜周即於廳事前階下磨去之，辭以不能，潘公知其素性，亦不加譴責。年甫三十有七，抑鬱而死，嗟乎，欒郤之後降爲皂隸，今卜周好學如此，特以處賤而不得一伸其志，念夫花落茵厠之喻，能不重可慨耶。卜周名世，又字瘦生。

印茅齋傳

印學禮，字庭，又號茅齋，江蘇嘉定縣人。少問學於玉峰朱徵君以載，工吟咏，善書法。繼從陳智周游，究心摹印之學，所製多天趣。其生平契合者求其技，輿酣援筆，咄嗟立就，非其意者，即勢脅之，利誘之，岸然不顧也。性懶慢，客有談及朝市事輒掩耳。喜結方外交，每過琳宮梵宇，必流連浹旬不去。終身不娶，後得峪血疾，卒于海濱。

俞珽傳

俞珽，字君儀，號笏齋，初名培廷，同郡婺源人。工制藝，垂髫應童子試不售，即入粟成均，以國學生赴棘闈，仍見遺，遂決志棄舉子業。酒酣耳熱，發爲聲詩，以寫其崎嶔磊落之槩。留意吏治，講習律例，遊江浙當事間，所至争延入幕，聲譽籍籍。暇復肆力於六書古文，師法雪漁、爾宣，深鄙俗刻纖媚，有《上諭十六條印譜》一卷行世，自言冀以化俗勸善。間亦游戲作指頭畫，可頡頏且園高公。後僑居姑蘇之胥門，與予族兄芝谿有媚誼，相契好，芝谿訪舊遊吴，必下笏齋之榻，抵掌縱論古今，輒窮晝夜。予因芝谿，得締交于君。乙亥春，予從蘭溪歸浙，笏齋扁舟過訪，爲予篆大小石印數十枚，相與提壺六橋，散策兩峰，極清遊之興。次年夏，遽得凶問，年僅五十餘爾。

張燕昌傳

張燕昌，字芑堂，號文魚，浙江海鹽人也。幼從笠亭朱明府琰，資穎敏，讀書日記千言，過目輒成誦，長而蜚聲黌序，品學粹然，爲韓城王偉人先生所賞識，丁酉以優貢舉於鄉。平生深致雅量，與俗殊趣，慕其鄉孫太初、許竹雲之爲人，著《金粟逸人逸事》。性好金石，自周彝漢鼎，禹碣宣鼓，以及近代高人韻士之遺刻，殫心搜羅，不遺餘力，聞有殘碑斷字在荒煙滅没中，往往襆被越千里，窮危崖，涉深箐而求之，摩挲不忍去，集所見爲《金石契》，補前人所未備。嗜篆刻，爲丁龍泓徵士高弟，瓣香何主臣、蘇嘯民，蕭疏宕逸，真能以鐵爲筆，詩家所云「羚羊掛角，無迹可求」，而款識樸茂，尤可觀。又工飛白書，古致磊落。所著有《續鴛鴦湖櫂歌》、《芑堂印存》。

方薰傳

君名薰，字蘭坻，號樗盦，浙江石門縣人也。早歲清寒，能厲志折節讀書，然性不慕浮榮，儉約瑟居，布衣疏食，宴如也。惟日以詩文自娱，尤愛丹青，每見前賢真迹，臨摹至酷肖方已，苦學有年，頗得畫家三昧。但見時下刻印罕蒼勁古雅者，不稱伊所潑墨，爰博覽《宣和印史》、《顧氏印藪》、潘雲傑《印範》、甘暘《印正》、羅王常《印統》、蘇爾宣《印略》、《鴻栖館印選》，心領神會，遂自解奏刀，天資既穎，用力又勤，不數月即闖入文何之室，製名印則專宗秦漢，隱迹鄉閭，人鮮知之。桐鄉雲莊金員外都門歸，一見有水乳之契，延至家下榻焉。雲莊家藏書畫最富，相與考訂鑒賞，蘭坻畫遂日益進。然體清羸善瘁，人求之者不易得。所著有《蘭坻詩鈔》八卷、《山静居緒言》二卷、《井研齋印存》四卷。

陸頤齋傳

丹叔侍郎本姓費，上祖嗣於陸，遂以陸費爲複姓，字丹叔，一字硜士，號頤齋，晚年自稱吴涇灌叟，浙江桐鄉縣人。三世祖以後，代有偉人。頤齋生而穎悟，學語時曾祖抱於懷中，教以門閭春聯十字，即能識。及長，教授經書，常出意解，業師朱開周許其必能顯揚。乙酉春，聖駕南巡，召試一等第三名，恩賜舉人、内閣中書。丙戌成進士，官翰林院庶吉士。己丑授編修、方略館纂修，八月恩科充順天鄉試同考官，山左周永年先生出其房，時稱衡鑒精確。甲午正月，賜内廷大臣茶宴，丹叔和詩稱旨，於常賜硯石、茶甌、如意外，又賜唐寅《梧竹圖》一幀。乙未陞翰林院侍讀學士，丙申晋詹事府少詹、提舉文淵閣，甲辰陞禮部侍郎，丙午轉左。後以四庫書有撤毁未經奏明，落職家居，闢一閣曰枝蔭，左圖右史，匜鼎羅列，庭中富佳卉奇花，極享文雅之福。庚戌秋，進都恭祝萬壽，將及歸，以微痾卒於京邸。丹叔自幼讀書，清暇寄興丹青，究心篆刻，所見古章既多，故奏刀深得秦漢人法。以予爲知音，曾鐫數紐見貽。然丹叔文章事業，炳照青史，豈合置於《印人傳》中，蓋不忍没其知己之誼耳。所著有《頤齋賦稿》、《枝蔭閣詩文集》。

校勘記

〔一〕「入」原作「人」，乾隆本作「入」，據改。

〔二〕「九」，乾隆本作「五」。

〔三〕「絶無塵氛氣」，乾隆本作「絶無塵氛」。

〔四〕「朴」，乾隆本作「樸」。

〔五〕「屈」，乾隆本作「絀」。

續印人傳卷三

古歙汪啟淑訒菴撰

沈祚昌傳

沈祚昌，字乘時，原名御天，居木瀆之虹橋，因自號虹橋居士，爲江蘇吴縣學名諸生。自幼穎異，嗜古文，不屑爲科舉學，研討六書，究心碑版金石，篆刻師法顧云美、陳虎文，蒼勁中含秀雅，深得古趣。詩宗王韋，古澹高華，麗而不雕，濃而不膩，絶無酸寒蔬笋氣，有集藏於家。隸書臨《曹》《孔》，楷法摹褚柳，皆能窺其堂奥，非僅得皮毛而已。弟兄三人極友愛，尋山釣水，蕭然自得。吴中詩人黄野鴻，性極嚴冷，傲睨絶俗，不輕許可人，見虹橋所製印，輒嘖嘖稱羨不已，作詩以贈，并丐其篆法，争藏弆之。其技足珍於人，蓋可知矣。予因蘭初沈君天中，得訂交契，得其所製甚夥。辛巳春，山齋被鄰火所延，鬱攸收去幾半。後其門人范立方叢集伊所鐫印成譜，曰《虹橋印稿》。

張鏡潭傳

張鏡潭，名鈞，字右衡，安徽歙縣水南鄉人，去予邨甚邇，家世力田，淸白相嬗。鏡潭生而頭角崢嶸，舞勺時甫入家塾，即有志古學。稍長，經書外惟洛誦史漢古文，師傳授以制義，不樂也。然室無奇書，又苦貧困，偶負笈遊漢上，遇一道人笑謂之曰：「子好古而不識字，將何所入門耶？」因稱貸戚友，購覓陳倉《石鼓》、《禹穴》、《嶧山》諸碑，忘餐廢寢，昕夕研究而討論焉，遂兼工製印，刀法即蒼勁古雅，殆天賦也。性復淳樸，取與不苟，有邗溝族人某雄於貲，重其誠實，延佐理財，鏡潭亦藉以少裕，遇親串近支，竭力推解，絕不吝。與予交幾十五載，所倩鐫印甚夥，惜遭胠篋，亡失過半。後復不戒於火，災及伊室，所藏古碑舊刻、周匜漢鼎、法書名畫，所留娛老之資，盡化黑蝶飛去。由是抑鬱憤懣，境漸艱窘，不數年遂病卒。所著有《鏡潭印賞》

十卷。

王青山傳

王公子順曾，號青山，直隸宛平縣人，敬哉相國之曾孫也。幼岐嶷負儁才，讀等身書，任情不羈，性機警，詩文倚馬立成。赴童子試，一不售即納粟入成均，才豪氣猛，自謂科名可唾手致，乃屢躓棘闈，遂屏棄舉業〔一〕，放懷於山條水葉間，日飲酒賦詩。以其餘暇，棲情篆刻，弋志丹青，意度灑落。生產事絕不營念，中年家遂落，益抑鬱無聊，冀得禄養，以太學生考職得候選州司馬，待久未銓，常自戲鐫一印曰：「何州司馬。」境雖艱而詩筆益進，飲量愈洪，惜無好事常得載醪問字者。每杖策浪遊，有笑語投洽者，酒酣耳熱，無論夙好，亦爲奏刀染翰，苟逆其意，即豪華賞鑒家，亦唾棄不顧，故衆論常少之，然寔嶔崎磊落無城府人也。丙寅秋，予從錢塘王澹園明府席上訂交，曾爲予製數印。别忽三十餘年，音塵闃如，其近况未知能較勝於前否？當訪悉而續書之。

王小山傳

王燮，字理堂，號小山，安徽蕪湖縣人。少年任俠負氣，呼盧縱博，臂鷹走犬，白打之戲、抛堶之事無不爲之。又嗜飲，使酒罵座，旁若無人，兄弟妻孥，殊不堪之，瑟居無俚，仰屋咨嗟。因游戲於篆刻，師法程穆倩，得其遺意，挾三寸鐵，繫鞋出門，楚尾吴頭，燕南趙北，踪跡殆徧焉。通州牧龍公舜琴，其同鄉也，寓書招之，館于州廨，勸其折節讀書，兼習司空城旦之業。然性喜金石文字，而薄刑名法術爲不足學，乃浪游燕京，僦一廛於修門，白眼視人，無所遇。甲午春，予抵其寓訪焉，見其章法刀法近爾宣，因出《蘇氏印略》俾摹仿。不浹旬，盡通其義，用刀亦蒼莽，署款頗饒古致。著有《理堂印譜》八卷。

沈硯亭傳

沈承昆，號硯亭，浙西烏程縣人。世居烏戍，家傳清白，力田讀書。硯亭生而岐嶷，性復澹蕩，十餘齡即好遊，每杖藜獨往，尋壑經邱〔二〕，日暮始返。愛讀書，不耐爲淹通貫串之學，涉獵薈蕞，得其大凡而已。屢赴童子試不售，遂棄帖括，學丹青篆刻，頗能深入堂奥。然厚自矜貴，俗人以金帛餌之，岸然不顧也。至於絲竹管絃，彈棋六博，莫不嫻習。時爲小詩，便娟妙麗，直通中晚，多不存稿，亦不輕示人。予曾記其《秋望》一律：「閒折花枝作酒籌，醉來獨倚水邊樓。鴻飛碧宇新排字，月印澄江笑學鉤。叢鞠散金三徑晚，井梧零葉一聲秋。西風吹斷高城角，吾且微吟遣四愁。」辛卯秋，慕長安之樂，西向而笑，襆被入京，無所依，僑寄僧寮，有求其鐵筆者，奏刀割然，皆臻絶妙。但賞音落落，技雖工，曾不能以餬其口，性兀傲，不肯投刺豪貴門，即鄉人之宦於京者，裹餼往則受之，無端而乞監河之米，攫諛墓之金，不屑也。生平未嘗名一錢，乞一絲，山雌捽茹，泊如也。戊戌冬，竟窮餓客死旅邸，鄉人醵金以殮之。嗚呼，此誠古之所謂獨行君子也。

唐材傳

唐材，字志霄，號半壑，江蘇嘉定縣學官弟子。幼孤，遭家難，流離萬狀，四壁蕭然，泊如也。年十三，自知向學，刻苦忘勌，執經芷洲陳浩之門，作時藝，吐辭命意，迥絶流俗，膠庠頗有聲譽。間爲聲詩，愛賈島、孟郊寒瘦之體。習鐵書，博考篆隸及秦漢唐宋以來諸印譜，析其源流，窮其正變，考求章法刀法。沉潛日久，彙所製印文若干，就正於王虚舟先生。虚舟嘆曰：「此松雪真傳也。」即書額以弁其首，并示一切寫篆隸法。退即深思力索，又積有年，乃不懈而及于古。往歲從其兄宦遊畢節歸，詩益宏放〔三〕，學業愈進，仿吾竹房《學古編》意，作《游藝贅筆》四卷、《摹印説》一篇。年未及五旬即下世，未能大成，爲可惜耳。

范治堂傳

范君治堂，名安國，祖籍廣陵，僑居浙江秀水縣之韭溪橋，治堂其自號也。幼穎異，讀書五官并用，博聞强識，《十三經注疏》皆成誦，旁及諸子百家，莫不留意，補博士弟子員，即食餼，高文巨製，名雋一黌。凡操琴彈碁，寫生八法，風鑒堪輿，方診六微，河洛推步，悉心領神會，其鐵筆尤動與古合，即專門名家者不能過也。入棘闈，屢薦屢躓，遂縱情詩酒，一寓其卓犖不羈之氣，雖儒素舌耕爲常，然風流跌宕，頗多逸致豪情，絶無寒儉態。晚遇親串以私財委代持籌，歲久而不欺，其親感戢，乃分潤之，家得饒裕，鶴田酒庫，日就月增，且書籍甚富，有南面百城之樂。予自戊寅春與松濤魏君攀龍同訂交誼〔四〕，越二十載，得所製印較多，今皆登之《飛鴻堂譜》云。

吴鈞傳

吴鈞，字陶宰，江蘇華亭縣人，詩人六益先生之元孫也。性閔默，終日可不語，尚節介，不爲苟合詭隨取容於當世。家世工詩，陶宰復肆力於漢魏，力超六朝，尤工樂府，脱去幾社壬申習氣。隸法初唐，亦蒼勁秀潤，摹印則專師何雪漁，僕嘗謂當世惟吴漫公可方駕之。賦性淡泊寡營，不屑爲科舉之學，昕夕究心古籍，退藏山澤，率然而吟，蕭然而詠，境雖困乏，鍵户讀書，勤處隱約，耻問家人生産，日卓午，爨突無烟，晏如也。曾偕予遊白岳、黄山，故得所製印甚夥。欲選《泖峰真氣集》、《樂府篋中集》諸書，百里借書，徒步往還，重繭而累蹠，真有心好事者，惜貧無力授梓。著有《獨樹園詩稿》、《鼠樸詞》、《陶齋印存》若干卷。

金嘉玉傳

金嘉玉，字汝誠，世居安徽之新寧，祖業鹽筴，因僑寓浙江之仁和縣。嘉玉性愛澄寂，榜其讀書處曰静齋，自號静齋居士。從父爲納粟入國學，居恒誦習，不以佔畢爲事，唯究心六書，嘗曰：「士人爲學，必先窮理，必先讀書，必先識字明六書，然後能讀六經也。」嘉玉既雅無雜好，惟時以鐵筆爲遣興，取法何雪漁、蘇爾宣，刀法蒼莽，其得意之作，古勁嚴整，即雜置蘇氏《印略》中，不復能辨。尤善擘窠篆書，有求之者，對客援筆立就，擬諸王虚舟，不少遜也。然賞音未遇，寥落不偶，納粟得巡司小職，授江右都昌縣周溪司斗粟，淹留幾二十年，竟未展其所藴，爲可惜耳。

桂未谷傳

桂馥，字冬卉，號未谷，山東曲阜縣人也。髫齡負岸異姿，性機敏捷，爲學官弟子，有聲黌舍。嗜古學，以爲讀書必先識字，歎近世小學多忽略，因研究八體源流。寄興鐵筆，慨摹印一燈欲絶，譌僞日滋，得見秦漢風範者惟銅玉章，遂集録古印得若干字，以唐韻次之，釐爲五卷，存繆篆之一綫，甚有功於藝苑。愛藏書，硯田所入，悉置縹緗，與同志周編修永年竟集至數萬卷，以一儒士而好古不勌者如此。由明經貢於京師，授官學教習。時留心六書者爲筍河朱學士筠、東原戴吉士震〔五〕、懷祖王吉士念孫諸君子，皆心折之。撰《續三十五舉》以補吾子行之不及，爲文何功臣。然不輕易爲人奏刀，予幸同官，又同痂嗜，放丐得其所製數鈕焉。

朱宏晋傳

朱宏晋，字用錫，號治亭，江南長洲縣詩人朱惺若先生之子。性機靈巧，温厚和平，與人交不翕翕熱，亦不落落涼，以故人多樂就之。家貧親老，不得已擺棄舉業，服賈江湖間，藉餘資以奉甘旨。然孜孜好古不少輟，尤嗜籀隸摹印，凡見篆書，雖斷碑蠹簡，必購得之，心識手鈔，寒暑無間。鐵筆之技，日臻工妙，於是求索者嬲之不置，户限幾損。繼因給事大中丞署中，戟門森嚴，優游清暇，焚香摹帖，洗竹科松，屏居謝客，或有責其嬾散者，遂榜坐卧處曰敏齋，擬諸韋絃之佩，其虛衷受善又如此。中年專肆力於摹印，凡金銀瓷竹牙角，無不擅長，而刻玉尤精絶，江皜臣未許專美於前也。予初從醫士孫君慶增處見其一斑，因造其廬，坐談甚洽，旋招遊武林，冶亭惠然肯來，爲予製大小石印數十枚，皆有款識，余已登之譜，其金玉諸刻則另列《印類》一編。余奔走南北，别冶亭已久，近聞其年雖邁，精神日旺而技日工，凡刻玉、款識、花草及雕漆諸作，皆妙入纖微，不可方物，古所稱刻楮之巧，偃師之藝，不是過矣。每酒闌燈灺，展玩其摹印，輒緬懷風格，獨嘆其有才如此，困於境而不得使杜門養高，爲可惜云。著有《潄芳草堂印商》四卷，李客山、虞縵堂、吴敬亭皆爲之序。

嚴鐵橋傳

嚴孝廉者，浙江仁和縣人，名誠，字力闇，一字立菴，號鐵橋，幼即穎異，好讀書，家貧，其尊甫急圖治生，置鐵橋於市肆習會計。暇仍讀書，日爲制藝，灑灑千言，因反儒服列膠庠，聲譽藉甚，尤孳孳不勌，研經讐史，旁及諸子百家，莫不肆力焉。文師韓昌黎，詩法韋蘇州，畫宗黄大癡，隸學蔡伯喈，咸古致秀勁，澄瑩蕭散，非僅得皮毛者。繼而究心六書，寄興篆刻，見龍泓丁隱君敬身所鐫印，遂規摹之，便能逼肖。後過予開萬樓，縱觀所藏秦漢銅玉章，其技益進，而另變創一格，頗蒼潤古雅，但不輕爲朋侣奏刀，惜所留傳者甚少。性豪飲，精通音律，醉後常高歌以自適。乙酉秋舉於鄉，北上就禮部試，一時名公鉅卿見其著作，多願與遊。有高麗使臣之從子洪大容者，亦極嗜經藝，一日遇諸書肆，就坐各相問難，遂訂交契，共數晨夕，後與哭别，有願他生同聚首之約，哀其疏筆述唱酬諸稿，名《日下題襟集》。歸而得咯血疾，屢治不瘳，踰二載卒，年僅三十有六。所著有《小清凉室遺稿》，乃其友人朱生文藻編次者，藏於家。

吴士傑傳

吾友吴漫公者，名士傑，字雋千，居歙之邑城。性傲兀，耻受塵縛，人因目之曰漫，而澆薄輩遂稱之曰漫兒，君亦無所嫌，竟自號漫公云。幼從同邑吴天儀，通六書，精篆刻，復善於詼諧，其瀟洒不羈，一見而知爲高人韻士，於是争相結納，一郡莫不知有漫公者。座屨恒滿，所入金多購法書古物，亦隨手施去。不治生産，有時炊烟不舉，枯坐終日，晏如也。庚午春，予以事牽，歸歙對簿，閉關却軌，謝絶親朋，而漫公謬信時譽，數叩門欲見。一日直入寢榻前，余方抱痾，力疾與之討論者竟日。漫公以平生無知己，獨許余爲賞音，於印章一道，名雖藉藉，然好之者盡如葉公龍耳，惟余識其派别高古，刀法秀雅，迥異時流，相與抵掌歡笑，竟忘在憂患中。凡爲余作大小十餘印，自具本來面目，頗臻三橋、主臣妙境，絶不類天儀之作，所謂冰寒於水、青出於藍者耶。余事白後歸錢塘，而漫公亦改業授徒，時戲爲人鎸剜硯銘，亦超出時輩，求之者復紛然，幾欲鐵爲户限矣。復不樂，去客金陵，日被酒遊于桃葉渡、燕子磯、雨花臺下，襆被蕭然，影質幾盡，而不倦也。友人某勸之歸，遂附其舟而返。乙亥秋，予歸省墓，君重訪余于綿上，迫歲除始別去。其製印更蒼老，而各體俱工，於文何兩君外另開生面，且金玉晶牙瓷竹，無所不善，其款識尤精絶，皆可傳也。曾許余爲購月中娑婆木，經時杳然，人皆以爲妄，無何而一緘突至，木亦與之偕來。片言必踐，雖倜儻不羈，而硜硜之信又如此。

仇塏傳

仇塏，字遐昌，自號霞村，湖州歸安人，滄柱先生曾孫也。幼負不羈之才，立身孤冷，攻舉子業，一不售即掉頭棄去。寄情篆籀，肆力聲詩，刀法蒼勁中饒秀雅，一見而知出文人之手，兼能刻晶玉章，絶不假借藥術，而游刃有餘。乙亥冬，偕沈宗伯歸愚之維揚，適雅雨盧公得程荔江所藏漢銅印千餘枚，將欲充貢。霞村曰：「若入内庭，人間安得復覩耶？」呵凍編成印譜，攜之歸，寢食坐卧，未嘗少釋手，其篤好也如此。詩筆清遠，五言尤圓潤，有王孟風。著有《霞村印譜》，歸愚宗伯既爲之序，復題二絶云：「禹碑宣碣劫灰餘，誰剔荒崖訪漢書。賴有霞村琱玉手，赤文緑字見黄初。」「君家祖德本儒宗，遊藝功深與道通。删盡俗書摹古篆，肯拋心力事雕蟲。」然霞村初不以目前聲譽自足，金石文字之外，濬經穴史，孳孳力學不倦，蓋未可限其所至。明德之後必有偉人，信不誣也。

陳詩桓傳

破瓢陳君者，名詩桓，字岱門，自稱石鶴道人，江蘇華亭縣人。兄枚精於繪事，蒙憲廟賞識，供奉内苑。石鶴亦工丹青，兼善章草，髫年氣秀烟霞，發情聲詩，才思敏捷，從兄客修門，早有聲譽。然性孤潔傲兀，不諧於俗，鬱鬱而歸。家徒四壁，閉門飲水，讀書好古，昕夕不怠，親串間不聞石鶴齒及阿堵物，亦未嘗以學問眩人，故名不顯於閭里。久之，有見其零縑尺楮者，莫不訝嘆。至於鐵書，特其寓懷遣興之作，然已高古蒼雅，闖入兩漢閫奥。晚歲專作水墨畫，非宣素名箋，不苟寓筆。所著有《禅堂詩略》，惜貧無以付梓。所膾炙人口爲《十破詩》，而《破瓢》一篇更精緻，人因呼爲破瓢先生，亦因之自號云。

校勘記

〔一〕「屏棄舉業」，乾隆本作「屏棄舉子業」。

〔二〕「尋壑經邱」，乾隆本作「丘」。

〔三〕「詩益宏放」，「宏」，乾隆本作「洪」。

〔四〕「同」，乾隆本作「仝」。

〔五〕「東原戴吉士震」，「原」乾隆本作「園」。

續印人傳卷四

古歙汪啟淑訒菴撰

欽岐傳

欽岐，字維新，號支山，世居浙江吳興縣之任安山，徙烏墩。少跅弛不羈〔一〕，就家塾，鄙章句，不肯竟學，喜拳勇，與武林之行教者金石雲、王大倫相友善，講明內家外家之學。執友張師范規其所爲近於游俠，不足以嬗後，乃大悔其少年跋扈，凡一切瞋目語難之輩，謝絕不與往還，薰其和者，皆折節爲善，究心六書。有族人名蘭者擅摹印，維新傳習其章法刀法，遂工篆刻，得心應手，傾其時輩。後抱奇疾，十年始瘳，終身不娶，貌羸瘦，頎然而長，骨稜稜見衣表，力敦古處，遇公憤則義形於色，怵以利害，屹不爲動，以朋友爲性命，俗流委瑣，揮絕限域。小阮名羲，字師王，緝《寶鼎齋印組》，多經其訂正，不失雅飭云。

朱文震傳

朱文震，字青雷，號去羡，山東歷城人也。早孤，家徒四壁，然岐嶷好學不倦，尤肆力於六書八分，不屑作科舉文字。獨遊曲阜，徧觀孔廟秦漢碑刻，如歐陽率更之見索靖書，布毯坐卧其間者累月，由是篆隸益精。歸復就學於族叔祖冰壑先生家，更得指授用筆用刀之法，技益進，名亦鵲起。慕太學石鼓，杖策來京師，爲紫瓊巖主人所賞識，而所見古人法書名畫遂廣。初學寫意花卉翎毛，繼則擅長山水，幾奪麓臺、石谷之席。其卓犖不羈之才，一寓於詩。以太學生充方略館謄録，議敘州同，選授廣西西隆州州同知，政聲甚美，上游方器重，欲卓異之，去羡以路遥，母老不能迎養，恒感感。及乞養歸，斑彩板輿，奉侍數年，克盡子職。旋丁内艱，服闋北來候銓，會開四庫全書館，需善校篆隸之員，本館總裁保奏，改授京員，得詹事府主簿，充篆隸校對官。卒年六十。予恨相識甚晚，僅同官者匝歲，故所得無多。著有《雪堂詩稿》若干卷。

周蘭坡傳

周芬，字子芳，號蘭坡，浙江錢塘縣人也。家素業工技，芬生而凝重，雖處闤闠〔二〕，好讀書，近筆墨，其父兄因附鄰塾習儒業，惜不遇名師，迄無成。棄而學鐵筆，試奏刀輒與法合，似有夙契者，不數年其技大進。會頓菴周君捐館，貞甫胡生未到省垣，頌之者頗多。予與其兄望衡對宇，故識芬最早，豐頤便腹，偶坐終日，無一言無一笑，其神情質樸如此〔三〕。予出所藏前賢印譜百餘種示之，樂而忘歸，下予飛鴻堂榻者數載，臨摹揣習，廢寢忘餐，工致蒼老，遂靡不能，其仿古尤逼真，毫髮無爽，署款亦蒼秀工謹。製鈕頗別致雅馴，人乍見，多笑其肥碩粗笨，而細玩則極見思致。兼善造巧樣錦匣，裝潢册頁，日久平正如故。鐫硯銘最得古法，迥異輩儕。與人交久而能敬，予相處幾四十年，未一齟齬。卒年七十有八。子咸，字啓賢，能世其業焉。

杜世柏傳

杜世柏，字參雲，江蘇嘉定縣南翔里人。祖父世居其地，種竹甚茂，里中所謂竹園杜氏也。屋東偏適際斷港，葭葵叢生，秋林蕭騷，故自號葭軒。髫齡即嗜篆刻，研究八體，探討石鼓壁經，冥收碑版。長而氣宇静樸，閉門屏息，惟文史是耽，其技遂日益工。家世寒素，自以筋力致養，潔白自持，檢身惜福，感異夢，常齋繡佛前，信果報輪迴之説。嘗析《陰隲》全文刻印，楷書釋文，以規勸人，頗稱精妙。近復工撥蠟法鑄銅章，直逼秦漢。今年僅三十餘，志力彌鋭，學古不勌，充其所造，不難於楊顧諸君之後高置一席也。所著有《葭軒印品》四卷，與陳西菴合刻以問世者名《合璧印譜》。

陳桐野傳

陳首亭，名渭，字桐野，浙江平湖縣人。幼失怙恃，養於兄嫂。桐野弱不好弄，賦性穎異，讀書無煩夏楚，目覽心記，日誦千言，尤好學古，究心六書，研討始一終亥之義。不喜作帖括，應童子試，一不售即棄去，寄情於聲詩鐵筆。詩格頗澹遠，五古近韋柳風旨，鐵筆宗何主臣、蘇嘯民，甚古健蒼秀。自以少遭孤露，風木銜悲，未遂烏鳥之私爲恨。兄嫂已有嗣，遂終身不娶，經歲舌耕，所入館穀，盡遺諸兄嫂。性雅馴，愛清遊自適，於山岨水涯，琳宫梵宇，恒托跡焉。得妙悟解，通禪悦，然豪於酒，能徹夜暢飲不醉。工隸書，不吝人求，興發頃刻揮灑百餘帋，檇李人家屏幛往往多其筆墨。卒年六十餘。所著詩數卷，其小阮緝而藏之家，惜其鐫印無好事者亦彙成譜云。

張錫珪傳

張錫珪，字禹懷，一字雨亭，自號遜雪，江蘇震澤縣學官弟子。氣尚剛傲，任情不羈，嘗陋近人以識字爲小學而易視之，於是篆學失傳，幾如廣陵散矣。惟印章一燈不絶如縷，因研講始一終亥、左形右聲之義，探本溯源，肆力甚專。暇以鐵筆自娱，師法顧苓、陳炳，心與古會，下視門攤市集耳傭目僦之夫，夷然不屑也。尤嗜漢章，見有藏者，必傾囊倒庋購之，雖家人告米盡不顧也。或勢不能得，必假歸，以素箋摹印，積久屆戹成册，朝夕把玩，尋繹其旨趣，於是騣騣技日上矣。繼館於蘇臺文氏，得盡觀其家藏先世印章，手摹心追，幾忘寢饋。大宗伯歸愚先生、彭大司馬芝庭先生交稱賞之，爲序其印譜。雨亭兼工韵語精書法，明窗晏坐，鐵筆與詩筒摩挲不去手。著有《印體便覽》若干卷，而名其譜曰《雨亭繆篆》。

王轂傳

王轂，予同郡黟縣人也，字禦軨，號東蓮。家素力田，轂生而好學，髫齔竊聽於鄰塾，歸執一卷效呷唔，其尊甫見之，因延師課誨。然性流動，泛覽九經，涉獵諸子，粗知大意，便另習他藝。又不愛作科舉文，入泮後有聲黌序，戚友咸規勸其專力帖括，而轂獨嗜臨池，精鑒賞，訪求周彝秦鼎，法帖碑版，不遺餘力。且復從事六書，棲情鐵筆，日與漫公吴兆傑、家明經肇隆遊，研究始一終亥之義、急鑿緩鑄之道，章法刀法，莫不大雅。丁酉秋，棘闈偶躓，即負篋北遊，冀以他途進身。會開四庫全書館，需工八法者，侍御硯廬張公霽見其書端謹莊秀，保送效力。筆墨餘暇，留神吏治，見事明敏，頗具判斷才。期滿敘勞得職，選授荷澤縣縣丞，年尚未及四十，學業政事，造詣正未可量也。

佘石顛傳

佘國觀，字容若〔四〕，號竺西，又號石癲，直隸宛平縣人，原籍安徽歙縣。父熙璋善畫，爲麓臺王司農高弟，供奉啓祥宫，遂寄居北平焉。石癲生而機巧，性流動，愛習六藝，遂世傳其家學，尤工蘭竹，兼好鐵筆，討論六書淵源，宗何雪漁、蘇爾宣，專尚蒼健秀雅，與朱青雷、聶松巖遊，聲華籍甚。以國學生給事平定準噶爾方略館，後議敘選授雲南曲靖府屬巡司，調繁及委署諸務皆稱職。大中丞午橋裴公宗錫雅有印癖，愛書畫，見其所鐫圖章，頗加賞識，惜羈職守，不能昕夕共事。會石癲困二豎，遂以疾退，中丞招入鈐閣養痾，得專力鐵筆，兼工鐫晶玉章。予於己亥秋，始相識於金臺。其所著有《石癲印草》。

徐友竹傳

徐堅，字孝先，號友竹，江蘇吴縣人。幼即機警穎異，讀書善於强記，好古學〔五〕，立志窮經，不屑習科舉帖括，舞象之年，便有能詩聲。居瀕太湖，穹窿縹緲，諸峰烟雲變幻，時在目前，遂工丹青，專宗大癡筆法。兼嗜六書，研究鐫印之藝，臨摹秦漢官私印幾千餘鈕。詩學盛唐，規模宏大，無纖巧卑弱句。性愛遊覽，復優濟勝具，武夷三竺，雪竇蘭亭，九峰三泖，在處有杖痕屐跡焉。乙未春，獨遊華山，布襪青鞋，窮極藍田、秦嶺之勝。舊識秋帆畢大中丞適撫全陝，聞其至，招留鈴閣，頗相推重。會其甥殿撰張公書勳聞知，寓書迎之入都，求詩畫鐵筆者户限幾斷。有欲薦之四庫全書館校對篆隸及繪圖者，以病辭，飄然出都去，其恬淡如此。所著有《友竹詩鈔》若干卷、《西京職官印譜》若干卷。

董石芝傳

董元鏡，字觀我，號石芝，漢軍正黄旗人。祖天機，直隸巡撫；父泗儒，户部江南司員外。石芝生而沉静警敏，長耽六書古文，終日臨池，孜孜沉研八體，專以漢印爲宗，兼師文氏純正一派。選入官學，頗有聲譽。時泗儒公乞休避静屯中，頻寢𤺋，石芝遂告假侍左右，備極奉養，温清之暇，惟以鐵筆寄情，章法刀法皆渾厚樸茂，技遂日進。乾隆戊辰春，特旨開《盛京賦》篆字館，家文端公由敦爲總裁，素器識石芝，因舉薦上館，仿寫道肯大師三十六種《金剛經》，効力者數年，書成議敘，銓授大理寺筆帖式。繼又以漢文應試得茂才，例可外選别駕，而石芝自以迂拙，向平之累未畢，甘守其舊。繼升都察院都事，歷户部陝西司員外。放衙歸坐斗室，仍於故帋堆中考訂蟲魚以遣興，與鑾儀衛雲麾使劉九淳、漢軍閒散甘大濬〔六〕、詹事府丞朱文震友善〔七〕，鐵筆各相雄長，絶意奔競，人以是高之。

汪桂巖傳

汪芬，字桂巖，蟾客其自號也。爲余族姪，世居歙之漳岐村。祖父素業鹽筴，贍於財，桂巖童時藉先蔭，絶不知世事之艱。後家日落，乃奮意讀書，制義之外，研究詩古文辭，旁及篆刻。歲乙亥春，應童子試，署令李公拔冠一邑，就學使試，屢被斥，年近三十，始得入泮。丙子秋，余歸綿津埽墓，桂巖過存，下榻予齋，朝夕相與討論，時有新意，發人所未發，作詩亦頗清晰。因將大小石印數十枚俾鐫刻，并語以考别古文繆篆，出示所藏古人印譜，而技益進，其印組〔八〕題跋亦瀟洒有致。閲歲聞失偶，更遭喪明之痛，窮愁落寞，境日潦倒，而閉户讀書學詩，好古如故，亦可爲知分安命，異於世之蠅營狗苟者矣。惜不永年，卒無所成耳。

王世宇傳

王世宇，字蘭亭，號寫蕉，湖廣東湖縣諸生。潛心學古，名噪膠庠，兼工彈棋、投壺、丹青諸藝事，荆楚號爲通材。少學琴於荆山陳君，尤嗜金石文字，真草隸篆，昕夕臨摹，硯石爲穿，追踪二王，蓋不忘高曾之規矩也。余從龔光禄學海處即聞寫蕉名，心竊嚮往。丁丑春，始獲見於蘇臺之仰蘇樓，初揖其風貌，次聆其緒譚，繼讀其篇章，藹如粹如，望而知爲瀟灑出塵之士。旋示予《自若堂圖書譜》四卷，頗具苦心，惜其僻處宜昌，未遇名師得參正眼法藏。予又匆匆邂逅，雖略引示摹漢一燈，次日爲余製數鈕，即漸近自然，其天分之高如此。别忽十餘年，未識其盡脱向時結習否，爰登予譜而爲之傳云。

董小池傳

董洵，字企泉，號小池，浙江山陰縣人。性機超穎，卓詭不倫，從鄉塾中即摹習篆刻。應童子試，一不售便棄去帖括，佐其嚴君宦遊平樂，簿書餘暇，研究聲詩，考訂摹印之學，及畫蘭竹、篆隸。後因給事部曹，優敘得銓授四川寶縣主簿，遇有檄委查勘田土，監散賑濟，不惜殫心力，頗著能聲。然性傲兀，終以失歡督郵，摭微過，厠名彈章，遂落職。蕭然携琴書，遍遊蜀中名山川，而詩益鴻放，畫逾雄奇。偶訪舊雨，重入修門，瑶峰梁相國、秋室余太史見其擘窠篆書，大稱賞之，一時聲名藉甚。酒酣耳熱，常以絲竹寄其慨慷，每度一曲，梁塵俱飛。與人交頗熱衷，故咸樂與結納。摹印上師秦漢，旁通唐宋及有明文何程蘇諸家，莫不精妙，而款識蒼古工緻，俱可愛。著有《小池詩鈔》、《董氏印式》諸書。

懷履中傳

懷履中，字庸安，一字慵菴，號蘭坡居士，江蘇婁縣人。生而岐嶷，就家塾，日課千言，留心經史子集，探源窮流，靡不該洽，作文貫串鎔鑄，深探理窟，能於章羅後自樹一幟。弱歲隸金山衛學，試輒冠其曹，然數奇，屢困場屋，因自謂境不能救貧，才不能濟世，非人傑也。遂專究治人書，於岐伯俞跗之旨有夙契，研精《内經·素問》，討論東垣、丹溪諸書，起人無算，遂以醫名。又性耽吟詠，得儲王神味，游戲丹青，所謂「樂意相關禽對語，生香不斷樹交花」，兼領其妙。素工六書，明始一終亥之義，善鐵梨棗。

筆，遇風人彥士，鐫贈不吝，否則兼金亦不可得也。年踰古稀而終，著有譜，惜未壽之

吴晋傳

吴晋，字進之，號日三，原籍安徽休陽，僑居江蘇婁邑。幼讀書，性淵雅樸茂，不喜帖括，屢躓童子試，因納粟入成均。然性嗜古金石之文，惟究心六書八法。禀尊甫衷白先生遺訓，貴尚清儉，雖籍豐履厚，而無紈袴裘馬習氣。時寄興於鐵筆，瓣香何長卿、蘇爾宣蒼勁一派，篆書宗王篛林，筆法清秀圓健。餘興亦畫墨筆山水，煙潤蒼雅，饒書卷氣，不輕與人。長日杜門，焚香啜茗，静居一室，手不釋卷，蕭然自樂，以致大損目力，遂謝絶交游，養疴索處，以蒔花種竹爲娱。逮後聖主右文，宏開四庫書館，從姪竹橋太史、槐江鴻臚少卿屢勸駕入都，冀圖際遇，日三保志安分，以疾力辭。所著有《分類印譜》四卷、《知止草堂印存》二卷。

錢雲樵傳

士有德醇養粹，而不爲之傳以述其梗概，致令一鄉善士舉世莫知，可乎哉？其人號雲樵，姓錢氏，名世徵，號聘侯，江蘇婁縣人也。居極西市梢，鄰并皆耕夫市儈。雲樵髫年知自立，願就塾攻書，性凝重，文章孤峭，屢應童子試不售，遂寄興於鐵書，研究始一終亥之旨。向爲余鐫石印甚夥，間寫蘭竹，雅韻可喜。及娶室朱静芳，亦通經，工有韻語，予已選入《擷芳集》中。家世清寒，爰就舍啓館，雲樵課徒於外。繼生子廷獻，偕嚴課督之，頗有文譽，而苦遭擯棄，不得已將所積修脯納粟入成均，裹糧赴北闈，試復顛躓。然思得寸禄以娱親。適宏開四庫館，寫書效力，事竣議敘，選授山左莒州吏目。廷獻乃迎養雲樵於署，會遇覃恩，贈如其子之職。莒州雖荒陋，雲樵結籬藝卉，居多暇日，爰理舊業，成《含翠軒印存》四卷，白華先生爲之序。今行年届杖朝矣，返櫂里門，付梓問世，以廣流布。雲樵行誼清超，胸次磊落，平居杜門却掃，不妄交遊，然遇人急難，則極力爲之排解，雖身未通籍，而賢嗣克振家聲，不可謂非種德績學之報，而亦雅託交契者之所當述也。

校勘記

〔一〕「蹠弛」，乾隆本作「蹠馳」。

〔二〕「處」，乾隆本作「出」。

〔三〕「情」，乾隆本作「清」。

〔四〕「容」，乾隆本作「顒」。

〔五〕「好古學」，「學」，乾隆本作「文」。

〔六〕「甘大澹」，「澹」，乾隆本作「源」。

〔七〕「朱文震」，乾隆本作「朱公文震」。

〔八〕「印組」，乾隆本作「印紐」。

續印人傳卷五

古歙汪啟淑訒菴撰

王睿章傳

王睿章，字貞六，一字曾麓，號雪岑翁，江蘇上海縣人，世居航頭鎮。髫年即采泮芹，有聲庠序，數奇，屢困場屋。家貧，藉鐵書以給饘粥，章法雅妥，刀法樸茂，純渾雖不能及何雪漁、蘇嘯民，然古氣磅礴，自具天趣。又工韻語，而嬾自收拾，存稿甚少，尚記其《賦得他鄉逢七夕》一篇云：「酒慣因人熱，愁偏逐我侵。一鈎今夜月，千里故園心。未乞天孫巧，徒穿少婦針。微凉生短葛，抱膝且長吟。」予初從黃唐堂先生席上相識，時貞六已年踰七十，而視聽不衰，陸續爲予製數十印，皆端莊大雅，無纖巧習氣。年幾百齡始化去[二]。鐫有花影集印譜。

閔貞傳

閔貞，號正齋，其先江西南昌人，祖某始遷廣濟縣武穴鎮。父崑岡，精青烏之術。貞生十二而喪父母，及長，痛不獲養其親，思繪形以奉之，由是學繪事，追摹其父母像，效丁蘭朝夕奉祀焉。間亦狀人形貌，無不酷肖者，近遠知名，且有孝子之稱。繼而旁通山水花鳥，設色別具幽趣，而潑墨尤高古澹雅，其白描羅漢士女，則幾奪龍眠之席。又寄情篆刻，專宗秦漢，《印史》《印藪》之後，不屑師承。用刀純正秀潤，絶無劍拔弩張之態。爲人敦厚温雅，一望而知爲古君子也。歲戊戌，思覩皇都之壯，遂裹餱杖策來日下，予始得訂交焉。朱竹君〔二〕、翁覃溪兩學士亦器重之，咸有《閔孝子傳》及詩歌贈之，其名譽遂噪修門矣。

余鵬翀傳

余鵬翀，字少雲，别號月邨，安徽懷寧縣人。家貧力學，九歲即善屬文，應童子試，邑宰疑其僞，命坐案前賦燕語詩一百韻，援筆立就，宰大奇之，由是遠近知名。年十七補博士弟子員，讀書研求精旨，爲文不屑膚末，兩赴鄉試不得志於有司，養親心切，乃橐筆從事幕府，遊四方，遍歷吴楚燕趙，款崤函，度沙漠，雖年甫弱冠，而車轍蹄痕已半天下。乾隆丁酉秋，入都遊成均，應北闈試，薦而不售。直隸制軍楊公景素延掌書記，繼而四庫全書館開，分命纂緝，諸君子争招致以分其勞。月邨性機警敏，雖筆墨叢脞，而揮灑自如，故能兼習諸材藝。年方二十有三，涉歷既廣，見聞益深，吾不知其所限量矣。

汪斌傳

族弟斌，字宸瞻，號芥山，家世古歙，六世祖愛錢塘西湖之勝，遂卜居焉。父椿，別字灝亭，精刑名之學，不苛不濫，一時稱善手，遊幕閩中，樂其土俗，遂占籍於侯官縣，曰：「自我爲此邑人可耳。」芥山生而聰慧，頭角崢嶸，灝亭筆耕所入，悉具膏火，延師教之。然芥山不煩課督，自刻苦勤學，甫冠即列學官弟子員，有聲庠校。繼而遭大故，家事漸凋落，不得已遂世其術，雖簿書鞅掌，月午更闌，孳孳習帖括不少倦。戊子登賢書，時主試者自詡得人，常以偉器目之。屢試禮闈，薦而不售。芥山恬淡自如，絶無毷氉態。性嗜韻語，時以吟詠適其趣，與大興方國學維翰曾同筆硯。維翰素工篆刻，因亦棲情六書，臨摹文何，却不落許有介、李根輩閩中窠臼，頗饒書卷氣味，不自以爲工，罕爲他友鐫刻。庚子春，公車北來，與予一見如舊相識，敘世數恰雁行。禮闈被放後，偕維翰弟維祺時相聚首倡和，故予得其手製有數十鈕。後大挑分發廣東，癸卯春題補曲江縣，頗著能聲。

程瑶田傳

程瑶田，字亦田，生而有文在手曰田，其尊甫故名之，五十以伯仲因字曰伯易，安徽歙縣人，世居縣城之荷花池，遂自號葺荷。性誠篤，髫齔歲凛然如成人，及就家塾，不待勉勵，卓然有志於學，讀書研求精藴，爲文根於性道，不肯作膚末語。弱冠補博士弟子員，與胡太史珊、潘孝廉宗碩、家副車肇瀶、吴上舍兆傑爲文字交。時朴山夫子掌教紫陽，於二胡三方之外，亦極稱其文筆高古。乾隆癸未春，過醉翁亭，時年三十有九，恰同歐公自號醉翁之年，且慕醉翁行誼文章，遂自稱葺翁。既而傷心怙恃，繫念蓼莪，間亦署葺郎，蓋欲終其身於子道之意。研討經史餘暇，棲情篆刻，一以秦漢爲法。又留心音律，考辨琴聲，著有《琴音備考》。素工八法，頗得晋人筆法，著書五篇，以概其指，其一曰《虛運篇》，次二曰《中鋒篇》，次三曰《點畫篇》，次四曰《結體篇》，次五曰《頓折篇》。庚寅秋恩科舉於鄉，次年赴禮部試入都，桐城張總憲若淮聞其名，延課諸子，遂留修門，聲譽品望，一時翕然。雖屢困春闈，而恬淡自如，安素樂天，人多稱其長者。戊申年春，大挑選授江蘇嘉定縣教諭。

甘源傳

我道人甘源，字道淵，號嘯巖，籍隸正藍旗漢軍。曾祖文焜官雲貴總督，殉吴逆之變，贈兵部尚書，謚忠果；祖國基官河南布政使；父士瑛官湖北同知，源其長子也。性喜讀書，恂恂儒雅，以騎射爲苦，然忼爽有志節，善詩古文詞，工行草書，與劉海峰、鷹青山人李鍇、陳石誾、鐵冶亭諸君唱和。興至輒寫山水以自娱，餘力摹刻秦漢印，然頗自貴惜，非其人不輕與。亦能飲酒，不甚好，雖終月不舉杯觴亦無嫌也。生平游歷幾半天下，再入蜀，留西域者四年，歸而某郡王重其才品，延至邸第衣食之，遂成其高雅。所著有《長江萬里集》、《西域集》。母張太夫人素工詩，遍覽百家之書，貫通諸史，人謂源之學其淵源蓋出母氏云。

戴厚光傳

戴厚光，字滋德，號花癡，安徽休寧縣人。幼習舉子業，父早世，養母乏甘旨，藉筆耕遊藝江湖間，船唇鞍背，仍孳孳讀書，學古文詩詞不倦，性機敏，落筆灑灑數百言。愧齒加長，不赴童子試，納粟入成均，又屢困棘闈。課弟引光，克紹書香，髫齡即采泮芹，花癡欣悦，遂肆志烟霞，放浪詩酒，興至則染翰寫山水人物花鳥，考究六書，仿古秦漢印，以寄其瀟灑雅澹之趣。癸巳秋，因家楞伽山人得相識於海湧峰頭，袖出《花癡印鏡》，下問於予，并乞弁言。適冗於事，未踐諾。乙亥夏五，偕其弟引光來應北闈試，過予寓，見其近製，則刀法更蒼勁秀雅，并讀新詠，極典雅流麗，竿頭日益進矣。年僅三旬餘，其所造正難量，定能爲傳人也。所著詩名《江湖賸稿》，予曾爲題二斷句。

黄易傳

黄易，字大易，號小松，浙江仁和縣詩人黄樹穀松石先生之子也。母梁孺人，亦能詩，名《字字香》。小松生而穎悟，又禀庭訓，自兒童凛然如成人，即知向學，然家徒四壁，松石歸道山後，仰事俯育無所獲，小松雖教讀以奉養而不能給，去習刑名之學，常佐人於蓮幕，藉藉有聲。善古文詞，又工丹青，得董北苑、關仝正法眼藏。研究六書，刻印專師秦漢，曾問業丁龍泓徵君，兼工宋元純整諸家，款識亦古雅。清苑素稱繁邑，小松入幕時，又届兵差，文移鞅掌，能以詩筒鐵筆與簿書律例迭進，仍不廢其風雅。居停甚德之，因資其行囊，遂急公川運軍需，得官山左主簿，歷署汶上縣尹及茌平尉，題補陽穀縣主簿，皆以廉能稱。愛才大吏拂而拭之，騰驤正未可限也。

蔣宗海傳

蔣宗海，字星嚴，號春農，江蘇丹徒縣人。體幹魁梧，性資靈敏，識量不凡，望而知爲棟梁之器。垂髫應童子試，輒冠其曹偶。乾隆壬申春，以恩科舉於鄉，是年秋即成進士，出江右裘文達公之門，官内閣中書，馴雅該博，聲譽噪日下。攻古文，師家鈍翁，隸書摹漢《桐栢廟碑》，精賞鑒，雖老骨董不及也。工篆刻，文秀精雅，蓋專摹文國博而參漢印之純整一燈者。不輕爲人製，獨許予爲知音，曾鎸贈數鈕。又善丹青，頗具蕭疏雅澹之趣，不屑蹈襲畫家窠臼，與同邑夢樓王太守文治齊名，爲時并重。尤篤内行，年僅四十，即乞養里居，歷二十餘年不出，或甘旨不繼，賣文以自給。所著有《春農吟稿》若干卷。

汪成傳

族姪成，字洛占，堂麓大兄之長嗣也。世居江南歙邑之䢻原，距予綿上舊居一峰之隔耳。天性聰敏，幼習舉子業，一試不售即撥棄，肆力古學，尤鋭意於摹印。甲子歲，予持服里居，時時過從，相與討論六書，獨於文國博一派更切嚮慕焉。丙寅秋，堂麓兄令蒼梧，洛占省親走萬里，假道錢塘，下榻予飛鴻堂者幾匝月，常面試之，其用筆布局，文秀中頗具古雅之趣。予因盡出所藏諸名人印譜，俾之流覽，得其竅奥，而技以日進。前後爲予作數十印，皆有可觀。後從父宦遊粤西，别將十稔，及堂麓兄去官，復隨侍，南逾嶺表，北度居庸，仰皇都之壯，溯江漢之廣，胸次豁然，得江山之助，復著爲歌詩，以寫其客懷鄉思，寓興而作，有清新可誦之句。自丙寅别後，雲散風流，竟未一晤。今年夏，洛占展墓旋歙，予適有事於五茸三泖間，而洛占乃息軫於金牛湖上以俟予，復得聚首者匝月，非特印章之章法刀法更臻妙境，而蠅頭小楷亦駸駸乎入古人之室矣。洛占年未三十〔三〕，凡所爲皆本乎性情，而又能篤好不倦，故其所成就，已有大過人者，因書以志喜。

南曉莊傳

南光照，字麗久，號鏡浦，一字曉莊，雲南昆明縣人。幼失怙，從其祖提督公宦遊，占籍湖北之江夏。母年十九即寡，矢志守節，教育曉莊，俾克成立，宗黨稱之。曉莊生而敦篤，自知向學，既長，氣度閒雅，澄之不清，撓之不濁。以蔭補官，得某州司馬，洊歷司曹。居恒好學，尤嗜金石文字，寓情摹印，刀法蒼莽，别具天趣。予從方介亭孝廉處得締交焉。

朱琰傳

笠亭朱明府，名琰，浙江海鹽縣人。舞象之年，即采泮芹，涵濡經史，志學古文，見異書，手恒鈔寫，較勘再三，丹黄滿卷。又以世俗少習小學，至遇古碑法帖則茫然如盲人，究心始一終亥之義，遂工摹印，宗師何主臣，而規摹漢印，頗蒼勁古雅。善丹青，尺紙小幅，有蕭疏澹遠之趣。詩學錢劉，而細膩刻削，不落晚唐窠臼。乾隆乙酉歲舉於鄉，丙戌成進士，出江右裘文達公之門，文名藉甚。歷主金華、吴江諸書院，孳孳教訓，日夕不倦，經其指授者，卓有可觀。乙未年，選授直隸阜城縣，專以撫字爲本，耻以奔走趨奉爲勤，期年而口碑載道。越兩載，方報最，遽嬰疾以卒，囊無餘資，闔邑欽其廉介。所著有《續鴛鴦湖櫂歌》、《金華詩粹》、《笠亭文鈔》、《詩鈔》若干卷，生前即壽梨棗，流傳藝林矣。

方種園傳

方維翰，字南屏，號種園，行二，直隸大興縣人。性姿伉直，最孝友，舞勺之年，隨父宦遊維揚，玉井閔徵君華、棕亭金博士兆燕咸賞歎期許之。既長，苦志力學，潛心經史，而敏捷超穎，才思騰逸，筆勢縱横，視青紫易如拾芥，屢躓場屋，鬱鬱不得志。寄興六書，棲情繆篆，與子聰吴某、小松黄易、霞村仇塏諸君子昕夕討論，其技遂臻堂奥。而種園思與諸子别開生面，見時下習程穆倩者絶響，因專師之，惟用九經及《孝經》等古篆，規摹酷肖，洵爲傳作，而印識小楷書尤精妙絶倫，殊鮮其偶。又明習吏治，比年佐其兄維憲任龍溪令，頗著廉能之聲，半由種園匡襄力也。後効力四庫館，得議敘選授浙江藩司經歷。女芬，八歲能詩，善畫，亦有聲藝苑。

夏守白傳

君姓夏，名儼，字□□，善公孫龍子守白之論，遂以爲號，浙江秀水人也。性誠篤，爲學官弟子，文品深湛峻潔，知音者希，以致屢躓棘闈，瑟居寡歡。遂襆被遊齊魯燕趙名區，酒酣耳熱，作歌詩灑灑千百言，間亦寄情鐵筆，陽文宗李長蘅、朱修能，白文宗王梧林、歸文休，古雅秀致。又善仿古製硯，藝進乎神，然不輕爲人琢。所著有《寒碧齋集》二十四卷、《桐下雜鈔》十三卷、《菭譜》三卷、《畫眉譜》二卷、《□□印譜》□卷。弟汝爲，字予宣，號鷗船，又稱笠漁散人。幼亦聰穎，博洽强記，惟不嗜制舉文，工韻語，愛丹青藻繪，見前賢真跡，臨摹忘倦，寢食幾廢，而求之者户外屨滿。然不屑易朱提，杜門養志，兄弟倡酬，惟以詩酒爲娱，亦嘉禾中兩奇士也。所著有《□□集》□卷。

嵇導崑傳

嵇承濬，字導崑，號□□，江蘇無錫縣人，相國嵇文恭公從子也。幼聰穎負高志，一經相嬗，耽學若天性，不勞督課。習舉業暇，有志於古，以爲讀書必先識字，遂究心六書，留意金石文字。從同邑華半江遊，半江爲虚舟王先生高足弟子，篆書甚工，因勸導崑精研經學，以證《說文》之義，博覽漢人銅玉古印，師承章法。及採芹，有聲庠校。繼得凡民沈司馬所搨贈漢銅印稿三千餘紙，昕夕摹仿，半江又授以鈍刀中鋒訣，順其自然，戒勿趨時俗，學遂大進。然遜志於制舉之學，日從事經生家言，不輕爲人製印。曩年予從文恭相國處求鎸數紐，今介松濤魏明府，更作馮婦之請，導崑欣然復爲奏刀，今皆登之《飛鴻堂譜》。導崑能詩，與晴沙顧觀察相酬唱，文亦高古峻潔，望而知爲學純養粹之儒。他日入窺中秘，翱翔禁闥，抉奇呈奧，月異而歲不同，其著述正未可限量，則余之愛而欲把玩之者，又將不一而足也。所著有《□□齋印譜》。

王游傳

王游，字景言，號鏡巖，一字素園，江蘇金匱縣人。幼受書法於虚舟王吏部、拙存蔣老人，又學鐵筆於同里侯君越石，苦心研究，造詣皆得神髓。而操行方直，姿性誠篤，相國嵇文敏公延入幕中。後相國尹公暨兩高公皆器重之，因勸入仕，乃就南河效力，官通判，鳩工集材，實心版築，頗著能聲。年届杖國，乃解組歸，尚手不釋卷，臨摹古帖二百餘種，裝潢成，名《青箱閣臨古帖》。與予訂交幾三十年，其居林下，予每過梁溪造其齋，談論輒竟日。己酉，邑宰郭公舉鄉飲，以鏡巖爲大賓，年至八十三而卒。有《四本堂印譜》。第三子霖，字雨蒼，號□□，能世其家學，官浙西少尹。庚子春，翠華南幸，敬鐫「古稀天子」小璽進呈，會邀睿賞，於是在浙當事争乞雨蒼印章焉。撫軍琅公招致署中，俾襄事筆墨，以卓異薦於朝，會丁憂去。亦爲予篆數紐，入《飛鴻堂譜》云。

校勘記

〔一〕「年幾百齡始化去」，乾隆本作「年幾百齡始化去，爲華亭王相國後人」。

〔二〕「朱竹君」，「君」乾隆本作「筠」。

〔三〕「洛占年未三十」，乾隆本作「年未三十」。

續印人傳卷六

古歙汪啟淑訒菴撰

黄景仁傳

黄景仁，字仲則，自號鹿菲子，江蘇武進縣人。四歲而孤，家徒壁立，母課之書，能刻苦力學，不沾沾帖括，古文則肆志《史》《漢》，詞賦〔一〕則專心《文選》。九歲應學使者試，寓江陰小樓，臨期猶蒙被卧，同試者趣之起，曰「頃得『江頭一夜雨，樓上五更寒』句，欲足成之，毋相擾也」。其恬澹之概如此。既入泮，名噪膠庠。少長，遍游閩浙諸名勝，以爲未足，每讀《離騷》欲弔屈原所自沉處，遂襆被獨遊楚南，經年始歸。著有《浮湘賦》，老宿咸稱之。年始二十餘，得詩已二千餘首。歲丙申，今上東巡狩，獻賦，蒙賜宫綺二端，得校録四庫館，遂留都門，時與朱竹君〔二〕、翁覃溪兩學士唱和。兼長鑒古，以其餘技，旁通篆刻，文秀中含蒼勁，間仿翻沙法製銅印，直逼漢人氣韻，惜天不永其年。所著有《鹿菲子詩鈔》若干卷，《西蠡印稿》若干卷。

梅德傳

梅德，字容之，號庾山，江西南城縣人。初就傅讀書，目數行下，誦習不出聲，以默識之，作爲文章，頗有奇氣，應童子試，受知蔣明府有道。年十五，隨舅氏宦京師，遂入成均肄業。舅氏亡，幕遊趙北燕南，爲餬口計。乾隆癸巳春，聖上巡幸天津，親閱永定河工，迎鑾獻賦，與召試，下第。重入修門，大司空裘文達公頗期許之，保薦四庫館謄録，遂移家累，僦居京華，五年期滿，議敘優等，以州倅分發山右。方其少時帖括之暇，酷愛鐵筆，寢饋其中者，歷幾寒暑，始宗三橋，繼仿梧林，刀法雅秀，款識亦極嫣潤。予得其數十鈕，已彙入《飛鴻譜》〔三〕中。其旅寓京邸也，八口之家，米薪糅雜，支撑不易，磊磊皆從十指出，不屑向親友乞貸一錢尺帛。迨得官後，貧無以就道，遂點檢舊時藏弆碑帖畫幀，割愛售去，終不肯以貧累人，其狷介亦足以風矣。

俞廷槐傳

鞏山俞文廷槐，字拱三，浙江嘉興縣人，世居甪里街。幼而岐嶷，入家塾即日誦千言，不數載，《四子書》、《易》、《詩》、《書》、《三禮》、《三傳》，盡通大義，爲文自出機杼，穿穴經籍。弱歲補博士弟子員，旋以高等食廩餼，自是每試輒列前茅，試藝恒膾炙人口。性躭六書，凡古文鐘鼎篆，岐陽石鼓，離奇光怪，手自規摹。工摹印，白文宗程穆倩，朱文宗朱修能，仿舊章，人莫能辨真贋。予曩年過禾中，往訪焉，已衰老，尚爲予製數鈕，已彙入《飛鴻堂譜》中。旁通星命象數之學，推算十中八九。爲人孤高耿介，家徒壁立，不名一錢，居常筆耕舌織，雖年逾杖國，猶授徒講貫不少勌。中年因人詿誤，髣髴秋谷，所謂斷送功名到白頭是已。著有《鞏山印略》。惜無嗣，惟一女，亦工篆刻。有女能傳業，故人擬叔皮之有班昭，中郎之有蔡琰云。

嚴煜傳

雲亭嚴子煜，字敬安，江蘇嘉定縣人，世居槎溪。幼失怙，年逾弱冠，未嘗學問，日遊嬉徵逐，與里鄙惡少蹴踘拳勇爲事，精悍强毅，人頗憚之。後稍稍自悔，就村塾師問字義，恍如㧢獲，遂娓娓不倦，刻苦自向學，數月熟《四子書》，又期年而習經傳，覆誦如瀉瓶水，因通文義，然不由教迪，其天分之高如此。中年肆力於金石六書，工摹印，凡岣嶁、蝌蚪、壁經、石鼓文，原原本本，考核精詳。刀法則宗何主臣，頗蒼古。又從周芝巖學刻竹器，盡得其秘，饒朱三松、李長蘅之精妙。比年旁及山水卉鳥，俱澹遠生動，不落畫家窠臼。爲人儻蕩無町畦，受人託必忠所事，不愧爲血性男子。予約略其生平，悔過似周處，晚學似蘇洵，頓悟似陳際泰，博古似吾邱衍。質諸同人，當不以予言爲河漢也。

黄掌綸傳

吟川黄生，名掌綸，字展之，福建龍溪縣人。世有隱德，鄉里稱通德黄家。自幼沉潛敦篤，層屋滿室，佔畢咿唔，歷寒暑不少勤，賦性和粹冲夷，人樂與之交。金石文字，尤所酷嗜，遠而石鼓壁經，近則《嘯堂集古》、吾邱《學古》諸書，枕葄其中，故鐵筆輒與古合，迥越時流，然非道義契交，不肯輕爲一製。工詩，參晚唐細膩一燈，樊川、丁卯之後，别竪旗幟。書法行楷俱有古致，刊有《香樨堂法帖》。旁及繪事，宗師荆關，取法甚高，用墨嫣潤，布局寛閒，頗饒大家風度。然數奇，屢躓場屋，因赴北闈，遂僑居宛平，與予寓爲比鄰，故得其所篆幾數十鈕，亦登諸《飛鴻譜》中矣。所著有《吟川詩鈔》若干卷。

花榜傳

花榜，字玉傳，江蘇長洲縣人，居蓬萊巷。吴門七子中有贈詩云：「人住蓬萊即是仙。」葢志美也。氣秀芝蘭，性鍾高潔，丰神娜婀中，剛健自存。所到處掃地焚香，亦濯濯如春月柳矣。予嘗艤棹胥江，步屧過訪，一畝之宮，環堵翛然，無闤闠市喧，小庭蒔花種竹，藥臼香爐、茗鼎詩瓢相掩映，具見雅人深致，予裴徊而不忍去。玉傳幼嗜六書，究心歷有年，所摹印宗三橋、杲叔娟秀一派，盎然溢書卷氣，雖小章必窮日方成，非至契不易得也。又嫻聲律之學，每當風清月皎，情往興來，則潘安仁所云「絲竹駢羅，抗音高歌，人生安樂，孰知其佗」。畢生劇饒清福，捐館時已年踰花甲。每出遊，必整飾衣巾，無點塵污，其耽潔愛好如此。

徐觀海傳

徐觀海，字滙川，又字袖東，號壽石，又號幼菴，浙江上虞縣人。僑居錢塘高士湖，烟霞嘯傲，頗得湖山之助。博學方聞，鈎深致遠，八法寫生，撫琴彈棊，莫不精妙。早年涉筆，突過耆宿，故有西湖才子之稱。又篤友誼，嘗有琴師張君泗水者客死錢塘，袖東爲之視含殮，具棺衾，招其子來，資以朱提，遣使伴送其櫬歸里，人多稱之。

庚辰領鄉薦，考充景山教習，旋徵入内廷方略館修書，銓授定邊縣，歷沔縣、安岳諸邑，革弊起廢，皆有治聲。安邑有唐詩人賈島墓，歲久湮蕪，冢傍地悉爲人侵占，袖東爲之清理，并築亭墓傍，顔曰「瘦詩」，白華吴庶子省欽撰文勒碑亭上，澹園沈清任太守爲作歌紀其事。金川小醜跳梁，袖東從參贊劉公以偏師駐促拉角克，軍書旁午，皆揮毫立就，見者咸服其才。會將軍温福師不戒，夜聞寇警，袖東以書生匹馬往返其間，凡三晝夜不食，幾瀕于殆，而卒以自全。既而金川平，袖東以從戎功，晉秩司馬。平居棲情籀篆，古樸蒼勁中，具文秀儒雅之致，誠印林中逸品也。著有《看山偶存》、《鴻爪集印譜》、《袖東詩話》諸種。與予有朱陳之誼，故知之稍詳。

許鉞傳

許鉞，字錫範，號□□居士，安徽歙縣人。髫鬌時即穎敏異常兒，出語能驚其長老，就傅後日課千言，弱冠通《十三經》，兼及史漢八家，下至刑名錢法之書，無不涉獵。以前茅補博士弟子員，有聲庠序，試輒高等。應省闈，屢擯於主司，因喟然曰：

「峩冠挾册，決得失于一夫之目；　縱掇青紫，無能捄旦夕緩急。」遂跳身出遊，挾司空城旦術，佐當事几案，大江左右，大湖南北，所至輒賓禮之，借前箸而籌，倚若左右手。昔崔翰在汴州則佐董晋，石洪、温造在河陽則佐烏重允，大用大效，小用小效，誰謂古今人不相及也？餘技兼工篆刻，規摹雪漁、穆倩、修能諸家，而能自出機杼，脱去作家窠臼，曾爲予製數鈕。聞今里居，技更精進矣。

毛紹蘭傳

毛紹蘭，字佩芳，號雲樵，一字溥堂，浙江遂安縣人，檢討毛際可之曾孫也。佩芳禀承家學，負岸異姿，研究經史，博通藝術，與中表弟金楹互相砥礪，詩宗益都趙秋谷及常熟二馮，麗而不雕，濃而不膩，第形貌清古，賦性孤潔，不屑與庸俗子爲伍。善摹印，一以秦漢爲法，用刀蒼莽，頗自珍貴，非素好及韻士，縱力求之，終歲惟庋寘而已。丁酉以拔貢入京師赴廷試，朱學士筠、王廷尉昶、吴通政綬詔、黄殿撰軒甚賞識之，後失意有司，賦詩四章，有「也將姓氏通前輩，終是頭顱媿後生」等句，嘖嘖人口。飄然去長安，病卒師張閒舟次。幸與金光禄棨、吴庶常蔚光偕行，皆係姻婭，爲經紀其身後事。初佩芳信輪迴之説，纂有《不疑録》，及病劇時，謂同舟人曰：「昨夢使者延至一所，具公案，就之讞獄五起，旁有披髮鬼卒侍立，殆不祥也。」古人有言，生而正直聰明者，死則爲神，其或然歟？所刊《雲樵詩鈔》，惜非全稿耳。

杜超傳

杜超，字越倫，一字月舲，號南岡散人，江蘇婁縣人也，世居壓蕩浜。杜氏自唐宋元明以來，科第蟬聯，簪纓鵲起，爲雲間巨閥。南岡生而恬退，性好閒静，視華膴蔑如也。養母居鄉，扃鍵茅舍，爇香彈琴，栽花種竹，遇良辰美景，風和日煦，奉板輿而尋樂，暇則二三知己，或挈榼，或提壺，擘箋分韻，角隻字之工，盡一時之興，醉墨淋漓，頗獲幽閒佳趣。又善培植盆樹，瓷斗中數寸之木，皆具拏雲干霄之態。平素究心六書，耽篆刻，凡《秦漢印藪》、《印統》、《宣和印史》諸譜，搜羅購覓，晴窗臨摹，深得昔賢三昧，以故章法筆法刀法，動與古會。著有《鏡園印譜》及《鑒定顧商珍冰玉齋印譜》行世。

井玉樹傳

噫，栢亭井君遷世已數年矣，予欲爲立傳，未悉梗概，遂閣筆中止。庚子冬，姪倩朱内史文翰赴補來京，自言得指授于井師，予因詢其顛末。先生名玉樹，字丹木，栢亭其自號也，順天文安縣之右族。尊人以明經舉于鄉，任學博，書名重一時。栢亭少即岸異，傲骨珊珊，博覽羣書，不屑爲舉子業，甘以布衣終老。工八法，精篆隸，與同邑紀王程三君子稱四大家，紀以詩名，王程以文詞雜藝名，栢亭獨以善書名。淵源家學，時人比諸恒之有玠、羲之有獻也。素嗜鐵筆，不規規摹仿，自合秦漢法度，刻有《栢亭鐵戲印譜》。居常求無不應，案積磊磊，奏刀殆無虚日。晚年兩臂力衰，患風痺不能舉，人謂技至超凡入神，造物忌之，厄以末疾，其信然耶。又善丹青，山水大幅尤妙絶。然能事不受相促迫，求之者每於净几明窗，挈榼提壺以俟，迨飲至半酣，濡毫噀墨，揮灑淋漓，若有神助，幾奪高南厓之席。舉丈夫子三人，皆有聲庠序，能以品學世其家。

姜煒傳

姜煒，字若彤，居江寧上元縣之杏花邨。性敦樸，弱不好弄，輟讀經書，惟嗜籀篆，於六書之法，討究甚精，摹印規摹，自先秦兩漢而下，靡不肆力焉。金陵故多收藏家，知若彤好古，皆樂與之交，時時出所蓄金石碑版，以資臨摹品藻，故若彤雖不能散金廣購，而所見甚夥，目耕心織，數十年不倦，遂得蜚聲藝苑。且子若女，習熟見聞，莫不工鐵筆焉。風雅萃於一門，亦足侈已。歲丙寅，予薄遊金陵，惜未知其人。後簡齋袁太史嘗爲予稱道弗置，欲一泛剡溪之櫂，以塵事牽率未果。戊子秋，族兄聞頤赴省試，予始寄花蕊石數鈕乞篆。若彤聞予名，不日皆爲鐫寄，且以印譜見遺，予時爲摩挲賞玩，想見其爲人。他日重過白門，把晤若彤於三山二水之間，傾倒當更何如也。

翟潢生傳

岸舫翟潢生，字客清，安徽涇縣人，岸舫其自號也。清閣公之第五子，世居桃花潭。岸舫生而敦篤，孝友性成，胸無町畦，又禀庭訓，潛心力學，且畊且讀，不慕榮利。家學工青烏之術，明撥砂倒杖諸法，爲人卜牛眠，頗有聲譽。繼而從金陵田公遊，究心六書，研討始一終亥之義，善書小篆，頗得杜少陵所云瘦硬之旨。非其人不輕爲奏刀，即厚聘亦勿往。啜粥咀虀，焚香賦詩，恬然自守。詩宗晚唐，清勁拔俗，不染肥穠。著有《岸舫詩鈔》、《語古堂印存》，以布衣終身。子賞祖，號懋齋。天性淳樸〔四〕，口無擇言，能讀父書，世其業，亦工鐵筆，有聲庠校。戊戌秋，予相識於金臺，謬許予爲知音，昕夕過從，不時爲予鐫十數鈕，兼得其尊人佳製焉。

金墜山傳

金鏐，字肅臣，號墜山，世居浙江山陰縣之觀仁里，傍徐天池青藤舊居。矢魚洗竹，相羊其間，家世青箱，藏弆甚夥。墜山幼年即補弟子員，聰穎强記，造詣日深進，尤嗜古文六藝，百家九流，昕夕枕葄涉獵，不沾沾制舉業，數奇不遇。伯兄昌世、季弟傳世，甲辰、戊辰先後成進士，墜山青袍黯淡，恬然安命，無旣毦容。愛蓄古硯，明窗凈几，羅列燦然，摩挲賞翫，竟日無勸也。暇則究心青烏之術，浼涓日者幾穿户限。又性耽謳吟，常擁鼻作洛下書生詠，詩專宗杜少陵，蒼勁工細，著成卷帙，惜無力壽梓，狼藉篋衍中，鼠齧蟫穿，其傳不傳，未可知也。至于鐵筆，乃其寓興餘事耳。

楊心源傳

楊心源，字復夫，一字修堂，號自山，江蘇金山縣人也。幼承家學，弱冠即遊邑庠，頗有聲譽。己亥歲，仲兄懌爨領鄉薦，自山亦爲碭山令黎陽董公所賞識，以額滿見遺，人多惜之。凡學使者校士，每列前茅，補廩膳，旋貢入太學。婁邑纂修縣志，總任採訪，殫心搜羅，發潛闡幽，當事稱其能事。自山有從祖鄉貢進士錫觀，精於篆隸之學，家藏碑版及明人印譜甚富，故少時即習篆刻，研究六書，前輩如覃溪翁侍郎、耳山陸大理見其所製，咸交口稱譽，而爲之序其印稿。顧性頗癖，初法蘇嘯民、何不違，旋學朱修能、梁千秋，而折衷於文何，上則窺測秦漢，許實夫以下皆鄙以爲不足觀，是故賞音甚稀。著有《修吉齋詩文類》十卷、《文秘閣印稿》四卷、《芸軒鐵筆》四卷。

校勘記

〔一〕「詞賦」，「賦」，乾隆本作「華」。

〔二〕「朱竹君」，「君」，乾隆本作「均」。

〔三〕「飛鴻譜」，乾隆本作「飛鴻堂譜」。

〔四〕「天性淳樸」，「淳」，乾隆本作「純」。

續印人傳卷七

古歙汪啟淑訒葊撰

楊汝諧傳

楊汝諧，字端揆，號柳汀，江蘇華亭縣人。生而警敏，髫髫時即頭角嶄然，讀書目數行下，强記博聞，尤嗜説部典故詞華之學。詩法香山、放翁，如彈丸脱手，不煩繩削而自合。家素封，以貲授别駕銜。居常遇古搨名畫，不惜重貲購膥，每當麗日和風，窗明几净，硬黄臨仿，或行或楷，居然入海嶽、香光之室。游戲丹青，涉筆便秀氣撲人眉宇，大癡、倪迂，繁簡皆工，饒書卷氣。飲興最豪，大似畢吏部之通侻瀟灑，共杯斝者不必盡屬鴻儒雅士也，即厮養狗屠，時亦略去形迹，脱巾歡呶，裸臂搏拳不少讓。精音律，幾於無絲不彈，無孔不吹，所謂揚激徵，騁清角，亢音高歌，爲樂之方者非歟？閒暇亦寄情篆刻，不專師秦漢，隨意揮灑，自以爲非專門，而丰致蒼秀，迥非俗流能及。所著有《冲簡草堂詩鈔》。

岳高傳

岳高，原名載高，號雨軒，浙西歸安縣人。世業醫，洞視垣一方〔一〕，邑人賴以存活者無算，每晨就診者切蹄摩肩，門庭如市。雨軒嗜潔，有米海嶽、倪雲林之風。髫年嚮學，躭于韻語，每届試期，始居户習佔畢。弱冠遊上庠爲高材生，視科第如摘頷髭之易，然命遭磨蝎，屢試秋闈，輒籠東而退。居常蒔花洗竹，蓺菊分蘭，鼓琴作畫，縱酒豪吟，風日閒美，則櫂雀舫，駕鹿車，翺翔乎白雀道場，烟霞之窟。清暇棲情篆刻，摹秦漢印以寄興，常與人言：「幸逢聖世，爲天地幸民，若不自樂，負此身多矣。」終日在醉鄉中，性寥蕭簡澹，不作求田問舍計，人以是高之。匄詩畫者往來如織，摇毫伸紙，頃刻立就，輒饜其所求而去。今聞年近杖國，而視聽不衰，神明湛然，真有谷神之養者。所著詩名《雨軒小稿》。

施景禹傳

施景禹，字濬原，號南畇，江蘇如皋縣人。髫齡即聰穎，日可誦千言，然不樂佔畢，無意進取，惟日以先世所藏古法書圖畫，昕夕仿摹，致忘寢食，家貧屢空，宴如也。尤潛心於篆學，習摹印，私淑文氏三橋，饒嫣潤秀逸之致。與朋友交，多肝膽氣誼，胸無町畦，人以是重之，爭延致蓮花幕中。客外者十餘年，既以親老，歸里奉養，卜居於鄉，搆竹籬茅屋幽静之室數椽，顔曰小停雲，曰寄廬。花樹分列，烟水環繞，門前有小橋三疊，因自稱三橋居士，蓋亦瓣香壽承家風耳。板輿將母，樂志之餘，月夕花晨，時集雅人墨客，歌嘯其中，日夜不知倦也。寫花卉，於徐熙没骨法尤妙，鮮艶如生。乙亥春，訪舊燕臺，余從春浦劉明府貢座上始相識之，其沖和淡雅，藹然可親，洵與平日所聞悉合。所著有《小停雲館印略》。

張梓傳

張梓，字榦庭，號瞻園，江蘇上海縣人也。性循謹，慎言笑，舞勺之年，不待勉勵，卓然有志於學，博聞彊識，詩宗勝國七子，摹揣初盛唐風氣，作古文寢饋歐蘇，無繁艷儕俗之語。隸書仿《曹全碑》，工謹而古致盎然。復精堪輿，向背陰陽，土脈水派，撥沙倒杖，刱解出人意表，非如世之規規八五經者。岐黄得李夔文衣鉢，訂經脈爲標之謬，揭肌胸腹胃限痒者日期之誤，正七情六氣房勞刀杖爲内外三因之訛，三折肱來，頗費苦心。尤篤嗜鐵書，究心大小篆，懸針臨摹，眠餐俱廢者幾三十年。刻印宗同邑沈學之，文秀嫣潤，繼仿王梧林、歸文休諸子，灑然超絶。積久成譜，婁東毛宣夔、吴門蔣恭棐〔一〕、嘉定王通侯、海上曹劍亭爲作弁言，咸稱許之。

鄭基成傳

鄭基成，字大集，號東江，先世家於閩，爲漳南長泰人，後遷江蘇青浦縣。齠齔時即矯矯不群，稍長益自顧藉，矩步規行，讀書枕經傳，葄子史，下帷攻苦，夜以繼晷，曉行者過之窗，燈熒然未滅也。每自謂作文之法，取材宜富，用意宜深，富則充實光輝，深則曲折沉著，然富非堆垛之謂，深非幽晦之謂，工於文者知之。早歲蜚聲黌序，歲科兩試，輒列前茅。屢困秋闈，每得而復失，嘗戲謂同儕曰：「吾小戰則勇，大戰則怯。」爲之軒渠。性躭金石文，二十餘年來，窮巖絶壁，披荆榛，剥落蘚，手自摹搨，證以志傳，以故篆刻私印，章有程，刀有法，字字師承秦漢〔三〕。

黄塤傳

黄塤，字振武，號丙塘，安徽歙縣人，胡太史珊高弟也。生而穎異，就傅後即能屬對，耆宿咸器重之。甫成童，九經史漢八家，不特覆背如瀉瓶水，且能貫串融會，妙義環生，目素明瑩，每以焚膏繼晷，枕經葄史，不辭劬劬〔四〕，視日以近，幾於覿面不識人。爲文取法過高，賞音者稀，致久困童子試。嗣因諸父業鹽筴于浙，以商籍補博士弟子員，然嗇於遇，省試屢薦屢躓，不獲一售，鬱鬱以卒，卒年只三旬外。爲人通侻瀟洒，胸中不設町畦，與人交，熱衷耐久。工大小篆八分書，畫墨菊頗饒幽致，寫蘭竹則又雙管交飛，解悟昔人怒喜行筆之旨。復寄興篆刻，宗蘇嘯民、吴亦步，章法刀法，古樸蒼勁。會館予家，故得其十數鈕也。

鄭際唐傳

鄭際唐，字□□，號雲門，福建侯官縣人。自幼頭角嶄然，負岸異姿，出語驚其老宿，刻苦向學，經史諸子百家，潛記默識，作爲文章，出入唐宋八家不懈而及於古，其他浸淫乎漢氏矣。書法由歐顔而米蔡，臨摹無間寒暑，幾於右手生胝，求之者户限爲穿。早歲登賢書，己丑入詞垣，聖天子慎選師傅官，劉文正公、于文襄公交章薦之，遂供職尚書房。清華則玉堂金馬，品學則師保疑丞，身置雲霄，望重泰山北斗，儒生稽古之榮，韓昌黎所謂「名聲隨風而流，功業逐日以新」〔五〕，豈不偉歟。少時曾隨其諸父鹺運副使肄業武林署中，游藝旁及摹印，貫串六書，沉思專精，章法刀法皆文秀，殊異於世俗之所爲鐵書者。然此亦雲門之餘藝耳。

黄鉞傳

黄鉞，字□□，號左田，一字左軍，安徽丹塗縣人。童丱時即穎慧過人，讀書日以寸計，作時藝不屑爲凡近語。補博士弟子員，才既高達，論尚新奇，名噪黌宫。善聲詩，樂府歌行，灑灑千言。左田亦自負不羈之才，莫肯俯首下心，由是見愠於先達貴戚，屢赴省試，而名頻落於孫山之外，與世濶疏，鮮所諧合。遂寄興於丹青，山水花鳥人物，點染咸有味外味。究心六書，明始一終亥之義。摹印師承秦漢，不尚訛缺剥蝕以爲古，娟秀中具剛勁，頗契文氏三橋真傳，得心應手，設起尹子汪君、雲美顧君於九京，亦應讓此君出一頭地矣。近充四庫館校録，然蛟龍終非池中物也。著有《左田詩鈔》若干卷。

吴樹萱傳

少甫吴太史，江蘇吴縣人，初名傑，更名樹萱，中翰蠡濤之胞弟。甲午北闈舉人，庚子恩科族姪如洋榜進士，授翰林院庶吉士。少甫自幼穎異，即能讀等身書，目數行下，過即成誦。性淳篤，遇不如意事，亦從無幾微鬱艴見於顔面，長身鶴立，玉瑩珠光，令人彷彿如見王恭雪下披鶴氅時。詩古文詞，鎔經鑄史，春容大雅，可以榮名，可以壽世，視島瘦郊寒，不啻淵霄之隔。己亥歲，楊制軍景素聘主保定蓮池書院，都講濟濟，不惜口授指畫，爲文章悉有法度可觀。異日銓掌文衡，爲國家樂育菁莪，送登楨榦，所謂桃李盡在公門者，余拭目以竢之。餘技工篆隸，摹印師承秦漢，尤愛顧云美《塔影園譜》，蒼秀古雅，洵足珍賞，然於少甫則爲賸事也。

高秉傳

高秉，字青疇，號澤公，一字蒙叟，漢軍鑲黄旗人。先世從龍，豐功偉伐，銘在旂常。王父恪勤公諱其佩，立朝敭歷，具有本末，事蹟詳載國史。父綱歷官太守。青疇生於華閥，幼即穎敏好讀書，不染紈綺習，由官學生得恩監，屢試棘闈不遇，遂飭身修志，樂於閒散，不作彈冠計。逍遥詩酒，託興丹青，春花挈榼，冬雪圍爐，夏招北户晚涼，秋挹西山朝爽，或聯屐分箋，或孤吟獨酌，自謂阮劉不足儔，蘇石不足侔也。其摹印雖不拘拘學步秦漢，而奏刀皆合古法，文三橋、何雪漁嫣秀蒼健，兼而有之。遊歷甚廣，輪蹄幾遍宇内。予官水曹時曾相識，因乞製數鈕。所著有《青疇詩鈔》若干卷，惜無好事者梓以壽世。

趙丙棫傳

趙丙棫，字芃若，號養拙居士，一字仰才，浙江山陰縣人。閥閲素封，綺年即好學，無紈袴習，從胡曙湖、劉楓山、童二樹諸君子遊。性嗜古，考覈精詳，商匜漢鼎，唐縑宋楮，名人筆跡，入手即能辨真贋，無論市集門攤，眼光所注，無留良焉。尤篤好古書，不惜重貲購得。惟躭麴蘖，止則操巵執觚，動亦提壺挈榼，殆劉伯倫所云捧甖承槽，銜杯漱醪，無思無慮，其樂陶陶者與。出則模山範水，不屑求田問舍，家遂中落，而技益工，小篆宗李陽冰，隸書仿韓擇木。嘗於卯酒初醒，湘簾棐几，臨摹古搨數十種，裝潢成册，二樹童君弁其籤曰：「金石文章。」摹印初師曙湖，繼學勝代朱修能，後又一變而宗程穆倩，古拙中含蒼秀。捐館時年五十餘。子不克家，所藏彝碑版書籍及文玩印章，半值鬻弃於人，良可惜也。

徐鼎傳 鈺附

徐鼎，字丕文，號調圃，江蘇華亭縣人，勝國文貞公後裔。父淞，字齊南，潛德不仕，精究象緯，於西洋測量制器之法，無弗洞徹。調圃髫齡即失恃，家又清苦，不獲專攻舉業以博科第，每鬱鬱焉。對客藹然可親，耽静退，斗室蕭條，寂坐終日。幼嗜六書，習摹印，兼善文何兩派，俊逸健雅，頗饒古趣，而於漢人翻砂撥蠟，淺深輕重，有得心應手之妙。早年喪偶，不復續絃，人以義夫目之。淡於名利，即米鹽偶缺，晏然自安。弟鈺，字席珍，號訥菴。性穎敏，能紹其家學，通勾股算法，凡樂鐘日表及日規扇，神工天巧，悉從十指出，分晷不爽絫黍。工刻石碣，波磔處毫髮無遺憾，兼善鐫晶玉銅瓷章，識高於頂，力大於身，可奪江皜臣之席。著有《訥菴印稿》四卷。

鞠履厚傳

履厚姓鞠氏，字坤皋，一字樵霞，又號一草主人，世居江蘇奉賢縣之南橋恬度里。夫里以度重，度以恬名，叩其里居梗概，亦可想見矣。樵霞弱不好弄，出語即驚其老宿，就傅後日課千言，經史子集，博洽淹通，爲文步趨八家，詩宗主《選》體。入國學，以攻苦得疾，中年羸弱愈甚，不能角逐名場。爲人謙和端謹，持身儉素，樸質無華，尚氣節，重然諾。至其孝友睦婣任卹，尤出天性，約指一二端，如創建家祠，以妥宗祏，刊修族譜，以篤本支，每遇奉賢邑人，輒嘖嘖稱譽，則其交孚者素也。夙躭六書，尤精摹印，瓣香三橋，追踪主臣，名噪一時。性好客，户外屨滿，樽中酒盈，况年僅不惑，其造詣正未可限也。所著有《印文考略》一卷、《坤皋鐵筆》二卷、《餘集》一卷。

江源傳

士有入孝出悌，非道義一介不取與，而其材藝之精能又有以異於人者，此固從古所難，而今世尤所希也。予於雲間得一人焉，曰江源。君名源，字豫堂，號修水。其先世與予同新安歙邑，高祖中理公始遷旌德，餼於庠，素有文名，國初再遷松江，專治喉科，世傳曾祖暨大父皆精其業，活人無算。父諱式之，松郡庠增廣生，好學工書，頗有聲譽。修水生而聰穎，讀書成誦後能不遺忘。甫髫齡，入婁學補增廣生，名雋黌序。然數奇，未遇賞音，君亦不急急榮名，日惟研究方診六徵之技，暇則寓興篆學，追摹秦漢，而瓣香前明朱修能、吴亦步。又善撫琴，純古澹雅，疏越遺音，感人獨至。其事繼母孝，撫弟友，立身大節又如此。若夫鐵書，特閒情之所偶寄耳。其所著有《□□印譜》□卷。

孫克述傳

孫克述，字汝明，號□□，安徽黟縣人。性嗜學，幼即通文史，所作必求合乎古人，不屑屑事帖括。年甫冠，已有詩文譽，姻族强之就童子試，瑶峯梁相國奇其才，拔列泮宫，愈益名噪。然終以所務高遠，不宜於時，輒困場屋，抑抑不得意，遂究心六書，栖興鐵筆。常至郡城，與吴漫公、家稚川、程易田、巴雪坪諸君子討論始一終亥之義，追踪秦漢，章法刀法，高古渾樸，超絶時流。暇則臨池學書，以晋人爲師，深鄙纖巧側媚之態。又善鑒古，求其審定者，户外屨恒滿。亳州梁進士巘，見其書與其所鐫印，心折之，嘗寓書極奬許焉。然非深相契者，求其隻字亦不可得，雖餽之多金，不受也。年來家計凋落，以舌代耕，一室之中，左圖右書，諷詠不倦。年僅三十有九，其所成就正未可料也。

曹均傳

曹均，字大同，一字治伯，號平階，祖籍上虞縣，高祖始遷居於秀水。曾祖暨祖與父皆列黌宫，克承家學。治伯幼孤露，母吴孺人通經籍，能詩文，以十指供家給，教之成立。弱冠深知刻厲，鎔經鑄史，授徒閭里，以佐饔飧。繼爲惺園王中堂賞識，拔置縣學，爲文討探源流，不蹈時趨，旋餼於庠，石君朱大中丞復舉優，一時聲名藉甚。然性嗜金石古文，精研考據，工八法，見舊石刻及前賢墨蹟，雖無資，必質衣相易，歸則昕夕臨摹，故小楷一時稱爲能手。間亦寄興篆刻，宗秦漢，不屑習時俗纖媚，書卷氣盎然流溢。春圃袁方伯贈詩有「芸閣香濃藏典册，墨池春暖走龍蛇」之句。今君年方壯盛，造詣所至，又烏可量哉。

袁阮山傳

袁君名宫桂，字□□，阮山其自號也，江蘇無錫縣人。尊甫上簡性倜儻，善劍術，從虚舟王侍讀遊，精小篆，工漢隸。阮山世承其學，兼擅帖括，早歲採芹，名振黌序，善體尊甫意，勿令分心鐵筆，惟專精制舉文字，刻苦研求。但文格峻潔孤峭，不合時眼，賞音甚寡。尊甫棄養，家中落，無以奉萱堂甘旨之需，乃課藝外遊，友人有乞其製印者，始勉應之，稍獲潤筆，以供色養，而自奉極薄，故人稱其孝無間言。後屢躓棘闈，益無聊賴，遂放情於酒，狂吟弄筆，每每闌入醉鄉，然賦質素稱醇謹，不類灌夫罵座。於刻印明大小二篆不可混而爲一，刀法甚蒼秀可愛，篆書彷彿虚舟。所著有《□□詩鈔》、《□□印譜》。

校勘記

〔一〕「洞視垣一方」，乾隆本作「洞視垣方」。

〔二〕「吴門將恭棐」，「棐」，乾隆本作「蜚」。

〔三〕「字字師承秦漢」，乾隆本作「字字師承秦漢不苟，爲炳炳烺烺者。爲予鐫數鈕，已入《飛鴻譜》中。旁及繪事，山水花鳥人物，悉能超超塵表。所著有《花甲》《壽言》二種印譜」。

〔四〕「不辭勸糺」，「糺」，乾隆本作「糾」。

〔五〕「名聲隨風而流，功業逐日以新」，乾隆本作「功業逐日以新，名聲隨風而流」。

續印人傳卷八

古歙汪啟淑訒菴撰

朱德玶傳

朱公德玶，字叔玉，號藉山，行三，世居江蘇碭山縣之蒲盧里。賦性敏慧，讀書頗强記，齠齡即嗜篆刻，摹秦漢印，奏刀輒與古會，學翻砂鑄銅章，頗蒼雅。少長，暢朗玉立，傲睨當世，雅好游藝，居恒投壺擊劍、彈棋縱博、賭酒藏鈎，日在歡場，間則控紅叱潑[一]，驟金埒，引十石弓，左右射無虚發，自喜機巧，見於眉睫。既而悔之，乃折節讀書，遂工韻語，兼善繪事，丹青潑墨，各臻其妙。繼而愛游，聞人説及名山勝跡，一笻一笠，悠然便往，終歲不問家人生産，其天懷浩落如此。以資得官浙江嘉興府司馬，勵志吏治，頗有能聲。且年未四旬，其造詣正未可限量也。

楊謙傳

楊謙，字吉人，江蘇嘉定縣人。少年力學，究心於詩古文詞，不拘拘爲帖括。家素封，入資授州司馬職〔二〕，好結納，交游遍江左，座客常滿，且不屑求田問舍，家計遂凋落。居恒抱膝，慨然曰：「士生一世，不能濟人利物，雖生何爲？」時岐黄家無精外症者，澂心研討，徧選良方妙藥，寄跡邗溝，凡疑難險惡之症，或以鍼，或以刀，或以藥餌，無不應手立愈，活人無算，竹西人無論知與不知咸德之。户大豪於飲，當夫簫笳發音於後，觴酌陵波於前，鳳觀虎視，旁若無人，竟能徹夜不醉。子建《與吴質書》云：「食若填巨壑，飲若灌漏卮。」頗可移贈。游戲篆刻，尤工牙竹印，師文三橋、汪杲叔秀雅一燈，然深自抑損，不以所長驕人，謙謙君子，其人其名，適相符契云。所著有外科諸集及某某印譜。

方後巖傳

後巖方成培，字仰松，世居安徽歙縣之横山。性沉默穎慧，髫齡即能文。體弱善病，日在藥裹間，父兄規其毋刻苦力學，遂閉關習道家熊伸禽戲導引之術，越十餘年疾始瘥。恥赴童子試，專肆情於詩古文，尤嗜長短句倚聲，筆力柔艷，才思幽麗，仿白石、玉田格派，雜之本集中，幾不能辨，且氣度閒雅，飄飄然有逍遥遠舉之致，一見而知爲雅人韻士也。又好游，雖乏濟勝具，遇名山佳境，策杖攜詩瓢茗盌，必黽勉峻陟，冥搜幽奥，累月經句亦忘返。暇則出其餘技，託興鐵書，工程邃一家，極古致磊落，然非賞音工書畫，佳石舊凍，不屑奏刀。以久病遂明岐黄之學，研討《内經》，考究四家所偏執，頗具卓識。所著有《聽奕軒詞稿》、《後巖印譜》。

金野田傳

野田金君者，名銓，字汝衡，直隸天津縣人也。生而謹信誠篤，雖家無居業，甘苦志力學，既采泮芹，品行爲膠庠冠，静居一室，研經讐史，糞除流埃，惟以爐香茗盌，暢其幽趣。性耽道藝，不屑屑於應舉文字，時游意六書章草[三]，寄情篆刻，一以秦漢爲宗，其刀法蒼莽秀勁，則絶類何雪漁、蘇嘯民，與李放亭定業、高青疇秉，爲時并重。年踰四十，即絶志榮念，不赴棘闈，舌耕自給，惟與念湖吴明府人驥相倡和，遇俗子傖父，縱餽以兼金，欲乞一鈕印、尺幅書，掉頭振手而去，杳不可得。予向從小池董主簿洵處即耳習其名[四]，壬寅秋乞假南歸，道經直沽，維舟訪之，其高致疎野瀟洒，溢於所聞。及見所著《野田印宗》，則名實相副，又承舉所製數章見遺，因登之譜而爲之傳略云。

陳元祚傳

陳元祚，字師李，號西麓，浙江嘉興縣新豐鎮人也。祖之濤，嘉興縣學官弟子；胞伯觀，歲貢生，均以工時藝教授生徒爲世業。西麓少穎敏，雅有思智，弱冠補博士弟子員，膠庠頗富名譽。於舉業之暇，棲情篆刻，弋興詞章，從崑臺徐廣文游，得其指授，復與同里曹種梅、江山毛天巖昕夕討論，益臻堂奧，頗饒蒼秀圓潤之趣，幾可接跡徐白榆、虎侯喬梓，求刻鈴記者，户外屨滿，因裒集爲《西麓印譜》〔五〕。嗜酒狂吟，家雖屢空，宴如也。及年踰不惑，潛心經術，殫心註疏，屏棄一切，鄙雕蟲小技爲不足傳，賦自述詩三十韻以見志。予耳其名，已非一日，今秋在金匱縣張公衙齋遇松濤魏明府，聞與西麓契好，正欲煩伊介紹，乞鐫一二鈕印。歸擢過鴛湖，晤海六鍾明經，始悉西麓亦雅慕予，曾將少壯所製花蕊石章十餘方交海六以見贈。蓋神交已歷寒暑矣，可不爲之立傳哉。

錢梅簃傳

錢樹，字寶庭，號梅簃，浙江仁和縣人，方伯湘蓴先生冢嗣也。生而穎異凝重，自兒童凜然如成人，不待勉勵，卓然有志於學。及長，負不覊才，方伯甚鍾愛焉，急欲見其成名，納粟入太學，屢赴北闈不得舉。因不自聊〔六〕，寄情韻語，斗室中屏絶纖塵，爐香茗盌，率然而吟，蕭然而詠。又善畫，終日沉酣於膠山絹海間。又嗜篆刻，私淑龍泓丁隱君，遍訪其所製，搨而裝成册，時臨摹之。終無以展其雋思，幽憂致疾，遂瘦類東陽，因自稱瘦居士。方伯愁之，會蜀中用兵，因轉餉急公，得分司滄州。方伯勉之曰：「司馬長卿亦由貲郎顯，幸自奮發以報國〔七〕。」梅簃屏去夙好，一肩行李遂赴任，即纖細公務，皆不假手友人。庚子秋，委解甘肅餉，於船唇鞍背，始復理吟事，得詩一卷，名《西陲紀游》。適逆回不逞，頓滯道路，頗著勤勞。其所著〔八〕印一以小心落墨大胆用刀爲則，而隸書款識最精，况年在方剛，其造詣當不囿於小成也。

樊紹堂傳

硯雲姓樊氏，名紹堂，一字箯香，江蘇長洲縣人，居楓橋漁航街。曾祖天溥，任河南汝寧府别駕；祖世楷，蘇州府學官弟子；父質煌，國學生。硯雲生而骨格聰穎，年十五習帖括，無時俗氣，暇則寓興丹青，弋情篆刻，又喜賦詩，落筆超逸，頗得前賢風趣，能三不惑。曾隨從父航海至日本，途中賦歌行近體成卷帙，歸遇颶風，漂入薩摩國，有乞其詩畫者，隨手揮洒應之，彼國甚爲珍度〔九〕。越歲始得歸，學益進，太府鑑泉胡公因延入署爲記室。逮錢唐簡齋袁明府遊吴門，見其詩亦稱許，録爲門下士，且採其詩入詩話。然硯雲體素羸弱善病，甲寅初秋以微疴，預作慰别詩十二章，以不獲終養嚴父爲憾，其餘與師友句多含悲緒，字字從至性中流出。及既望病劇，尚取素箋臨《曹娥》隸字碑貽其室人，中有誤筆，親洗刷而重書，書畢語其室人曰：「樊硯雲從此逝矣。」遂兀坐而瞑。嗟乎，硯雲有才無命，良可惜也。予始於竹堂吴山長處見硯雲所刻印，繼於簡齋袁明府寓中讀其詩，復於蘋洲林太守席間識其人，惜返櫂倥傯，不暇奮袖縱談，分牋角藝。丙辰春，薄游金閶，至楓橋訪焉，而硯雲已赴玉樓之召矣。尊甫耕蘭慨然以硯雲所鐫印數鈕見貽，亟登諸《飛鴻堂譜》中，而爲之傳以傳之。

迮朗傳

迮朗，字輝庭，一字卍川，江蘇吴江縣人。幼讀書强記，及爲學官弟子，蜚聲庠序，然文體尚刻峭峻厲，不合時趨，以致屢困場屋。繼聞宏開四庫館，裹糧北游，有援之者，得厠寫書，旅食辛勤數載，已獲議敘得官，而銜恤南歸矣。因歎命途多舛，自知非簪紱中人，服闋後遂伏處鄉里，日以香爐茗盌，詩文自娱，尤善駢儷，高者宗德六朝初唐，次亦不失陳其年、章豈績矩矱。又善丹青，獨出匠心，恥蹈俗人科臼。閒亦託興鐵筆，受業於雨亭張錫珪，守顧云美、陳陽山一派，望之知爲讀書人所製，無纖毫塵俗氣。予承乏農曹，因得聚首談藝，曾蒙鐫贈數十紐，已登《飛鴻堂譜》中。至伊所著，有《□□詩鈔》□卷、《□□印譜》□卷。

楊瑞雲傳

楊姬瑞雲，字麗卿，江蘇吴縣人。幼穎慧嗜學，針黹之餘，揭衍波臨池，摹唐賢小歐書，娟娟秀挺多逸致。癸未季春，歸予篋室，予以其嫺静，更字之曰静娥。時予有幽憂之疾，方寄情絲竹，以自陶寫。姬見獵心喜，偕諸姬肄習，不匝月，凡鼙婆、蕭阮、采庸之屬皆精通。從予受古才媛文百餘篇，自檢《説文》，釋其大義，歷歲餘，綫牋短牘，皆嫺雅可觀。隨予三次歸歙掃墓，道經佳山水，對林巒幽峭，溪流滎折，或禽鳥弄聲，野花争笑，輒低徊留之不忍去，與烟霞泉石若有宿契者。胡姬佩蘭，莊姬月波，皆余侍姬也。佩蘭嘗即景爲小詩〔一〇〕，姬羡之，思與抗衡，遂手抄唐宋詩，分古今體爲數帙，昕夕吟誦，講習研解，至忘寢食，遂有得，時與月波莊姬相唱和，刻意求工，慮佩蘭之竊笑，脱稿後輒焚棄之，故存者絶少。余所蓄歌兒，素雲欲習寫生，有工惲家法者單君書巖，因延致之，俾素雲學習，已浹辰尚茫然。姬旁睨皴染之法，會其微旨，壁間適有虞山蔣文肅相國宜男花條幅，姬諦視之，輒申藤吮翰，點渲合度。予奬借之，益專心臨摹，終日孜孜不倦。體素羸弱，又善病，針樓鏡檻間，畫幀筆牀，與藥裹參爐相錯置。因予有印癖，且時同檢校六書，故亦琢石學篆刻，頗秀潤娟静，楚楚可觀。後與予小住虎林，病日甚，而浙東苦無良醫，僦舟至吴門，從薛徵君一瓢求治，卒無效，不及至家，殁於舟，年僅二十有一云。

釋明中傳

大恒禪師，本名演中，後改明中，字大恒，號烎虚，浙江桐鄉縣施氏子。生而厭辛薙，七齡祝髮於秀水楞嚴寺，師祖含明教之讀儒釋兩家書，有宿慧，過目成誦。雍正甲寅，遊參輦下，受具皇戒，世宗憲皇帝於千僧中選留有根器者四人侍講佛樓，師在其列，聖意於師尤篤，手敕數千言，發明本地工夫，并賜杖鉢、如意、法帖等物，恩賚甚隆。今上龍飛六年，出而主席西湖聖因寺，繼移智杖乾峰、天竺、净燕諸道場，禪力堅凝，十方欽企。翠華南幸，三次賜禁〔一一〕，御製七律，彈指仰賡，并進《南巡頌》，皆蒙睿鑒，得邀賜詩一章，刊石净慈，穹碑矗立，雲漢昭回，從來住持未有之遭逢也。五十一臘示化時，有「披蓑赤脚千峰去，不問蘆塘舊釣舟」之偈。師秀而腴，天性沖和，能以儒通佛德〔一二〕。旁及繪事，大癡之縝密，雲林之疏秀，師兼有之。間亦寄興篆刻，古勁中含文潤。尤長於詩，發微妙音，證無畏義。乙丑歲，與予暨月田、江聲、穆門、樊榭、堇浦諸宗工結吟社，相酬倡。所著有《烎虛詩鈔》，堇浦杭太史詩序所云骨格蒼而思力厚，誠確評也。山舟梁侍講與恒公素莫逆，因鏤版行於世。

釋湛性傳

釋湛性，字藥根，一作湛氿，字藥菴，姓徐氏，江蘇丹徒縣人。幼祝髮棄家爲僧，後駐錫揚城祇園菴〔一三〕，狀貌清癯，容色爽朗。廣陵故繁華地，富商巨賈，𢹂財役貧，而富公之僑寄於斯，貴客之經行於斯者，冠蓋往來無虚日。藥根闔户禪坐，泊如也。然有文字結習，雅好與名流賢士游，東南名宿多與訂方外交。性尤嗜詩，所詣清雄雅健，悲壯激昂，無瓢鉢氣。又性敦孝友，其集中笑父、省慈、晤姊數作〔一四〕，皆近世衲子不能言者，至於懷古諸篇，則時出特識，得題之竅要，發前人所未發。書法精美，絶類秦劍泉，且工篆刻，蒼動中藴含秀雅，然頗自貴惜，不輕爲人落墨。生平訪參所歷甚廣，常從金陵迎江而上，來往湖湘，掃塔牛首，西禮五臺，道出燕東〔一五〕，文園李學士中簡邀館閣暨諸名士集就樹軒賦詩，以孟襄陽「微雲疏雨〔一六〕」句分韻，藥公拈得微字即席成五言古十四韻，一座盡傾，爲之斂手推服。後直隸方宫保宜田延主青蓮禪院，踰年圓寂，其徒歸骨，仍塔於南。論者謂藥根清才逸致，彷彿唐之賈閬仙，惜無韓退之爲收斂而冠巾焉，遂令放情世外，懷才終老，然其流風餘緒，亦可於祇林中高置一座矣。所著有《雙樹堂詩鈔》。

釋篆玉傳

釋篆玉字讓山，號嶺雲，浙江某縣某氏子。髫齡即從某師薙染，性敏悟，梵書經典，一覽瀏亮，兼通儒學，性嗜聲韻，柳柳州所謂以儒而通佛者，闡大乘法，排笮蔬筍，解脱繫縛，絶無寒乞之相。歲乙丑，月田顧明府之挺結西湖吟社，諸耆宿外，北山則恒公，南屏則讓師也。時予亦參末座聯吟，刻劃湖山之勝，極一時風雅，堇浦杭太史《墮話集題詞》中已詳言之矣〔一七〕。讓師道風秀世，戒律精嚴，發微妙音，得詩家正法眼藏。善書，深明撥燈之訣，由顔入手，摹《雲麾將軍碑》，雄健古致。間涉摹印，不沾沾於仿秦臨漢，别出機杼，有雪漁、嘯民蒼動之趣，而無劍拔弩張霸氣，真能以心印印世者。然不輕易贈人，予結香火緣幾二十年，亦僅得其數鈕耳。著有《讓山語録》、《墮話集》〔一八〕，皆梓以行世。

介菴上人傳

釋湛福，號介菴，雲南昆明縣某氏子。幼祝髮習浮屠，能參文字禪，桐山方望溪先生嘗稱許之。駐錫日下傳經院，作墨雨堂〔一九〕，歸愚大宗伯沈夫子爲之記。善八分，有《史晨》、《孔和》遺意，小楷絶肖鍾元常，恒書栗里《飲酒》《貧士》諸詩，勒諸貞珉，人争購之。鼎彝尊卣，名章古畫，寓目立辨真贋。間亦寄興鐵筆，惜無受之正傳，然别具天趣，頗自寶貴，非其人不輕與奏刀也。予因雲亭舒明府瞻，得訂交契，爲予曾製數鈕。介菴既擅衆技，復詼諧瀟洒，故王公貴人争樂與訂交，遂竊名一時云。

釋續行傳

釋續行，字德原，號墨花禪，俗姓羅氏，江蘇昆山縣人也。幼祝髮習浮屠學，掛錫於青浦縣珠溪之圓津菴，菴在闤闠中，禪扉晝扂，梵唄泠然。頌經清暇，得印心之解，擺脱塵凡，冥心獨造，遂工摹印，宗文三橋、汪杲叔秀潤一派，樂與文人墨士游，有文暢之風。雲[二〇]集生平所篆印爲《墨花禪印譜》，蘭泉王方伯昶曾爲作序，稱其人古質敦樸，足爲禪門圭臬，而於篆學淵源，頗有心領神悟之妙。師嘗謂予曰：「吾之於摹印也，未嘗規規焉摹擬分寸爲之。得於心，形於手，因以寄吾之興而已，豈與世之誇詡争名者比哉？」蓋師固超乎語言文字之外者，刻印特雕蟲餘技[二一]，禪悟之一端耳，未可以概其生平也。

釋佛基傳

瞿曇氏佛基，號糁花道人，安徽歙縣梅郚葉氏子。生而茹素，聞辛葷即作嘔，因祝髮於古巖寺，苦志焚修，兼有文字結習。中年遊參，徧覽名山古刹，愛浙西灵隱據明聖湖全勝，遂駐錫焉。時巨公方作道場主，佛力堅凝，文采豐贍，在彼法中爲獅子兒。交遊既廣，詩文竿牘，亦復不尠，巨公一切委掌之，翰札則下筆如飛，頃刻數十函，和句則短製長歌，以寒拾爲本師，以皎晝爲程式，遵華嚴之法界，衍魚山之梵音，既工且敏。午夜事佛子事，其供養，則蒼松瘦竹、白石清泉也；其功課，則經行晏坐、灑地焚香也。予託桑梓誼，又結文字緣，每出城相與對牀翦燭，瀹茗聯吟，在昔廬山心璧爲新城心折，盤山拙菴爲商邱、秀水忘年友，投契亦不過爾爾。迄今過冷泉亭，物是人非，不特湖山耆宿如穆門，如樊榭，如堇浦，零落凋殘，即方外之交，頽唐若是，輒不禁淒然淚下矣。

吴潤魏喬合傳

吴潤，字大潤，江蘇婁縣人。幼讀書不成，學丹青，父母故不能自立，鬻身予家，憐其羸瘦，且恂恂然，委典琴書，架上排甲乙，頗井井有條，使抄録書籍，遇訛處，解請商去取。見予嗜篆刻，座上恒多善鐵書者，遂學習摹印，似有夙緣，初爲落墨使之鐫，便能不失規矩，期月後便解章法，能自篆配，僅半年已楚楚可觀。又勤學，遍覽予所藏諸印譜，孶孶不倦。畫山水學陸日爲，蘆雁草蟲，頗得散逸雅趣。魏喬，字嵩年，號壽谷，江蘇如皋縣人，家樸莊觀察之青衣也。幼使伴讀，自知向學，遂粗通文義，小楷甚整齊，畫蘭竹亦具蕭疏之致。觀察素好客，有江寧筠溪左君名亭者，善八法，尤工六書篆刻，嘗客觀察家，嵩年從之受刀法，且能摹印，不染江湖習氣。觀察嗣君爲霖官比部，挈之入都，予因得倩鐫數鈕，附之譜中，蓋嘉其咸能有志耳。

金素娟傳

金素娟，江蘇長洲縣人。幼多病，弱不勝衣，既失父母，無以自存，鬻於予家。憐其羸也，不任洒掃織紝，使與侍姬葉貞爲女伴。葉姬素善歌，工絃索，暇時授之時曲，上口輒悟，教之操縵安絃，皆能領略，似具有夙慧者。比長，舉止嫺静，嬾傅脂粉，令識字作書，博弈投壺，稍稍涉獵，俱中程式。一日予偶以鐵筆遣興，素娟侍側，閽人報有客至，予遽起出外肅之，素娟乘閒取刀試續成之，雖人工未到，而天趣渾然，是性成者。因篆石命鐫，縱横如意，竟不失繩墨，及傳以小篆、章法、刀法，能解悟，期年後殊有可觀。特選其數鈕，亦登之譜中，并附小傳，蓋憐其有志好學，不自暴棄，非敢以康成之婢自詡也。

校勘記

〔一〕「間則控紅叱潑」，「潑」，乾隆本作「撥」。

〔二〕「入資授州司馬職」，「資」，乾隆本作「貲」。

〔三〕「時遊意六書章草」，「章」，乾隆本作「張」。

〔四〕「予向從小池董主簿洵處即耳習其名」，「董」原作「薫」，形近致誤，乾隆本作「董」，據改。

〔五〕「裒集」，「裒」原作「褒」，形近致誤。

〔六〕「因不自聊」，「因」，乾隆本作「困」。

〔七〕「幸自奮發以報國」，「幸」原作「韋」，乾隆本作「幸」，據改。

〔八〕「著」，乾隆本作「製」。

〔九〕「彼國甚爲珍度」，「度」，疑爲「庋」之誤。

〔一〇〕「佩蘭嘗即景爲小詩」，「嘗」，乾隆本作「常」。

〔一一〕「三次賜禁」，「禁」，乾隆本作「紫」。

〔一二〕「能以儒通佛德」，「德」，乾隆本作「法」。

〔一三〕「後駐錫楊城祇園菴」，「駐」原作「駝」，形近致誤。乾隆本作「駐」，據改。

〔一四〕「笑父」，「笑」，乾隆本作「哭」。

〔一五〕「道出燕東」，「東」，乾隆本作「京」。

〔一六〕「微雲疏雨」，「雨」原作「兩」，形近致誤，乾隆本作「雨」，據改。

〔一七〕「堇浦杭太史」，「杭」原作「抗」，乾隆本作「杭」，據改。

〔一八〕「墮話」，乾隆本作「話墮」。

〔一九〕「墨雨堂」，「雨」原作「兩」，乾隆本作「雨」，據改。

〔二〇〕「雲」，乾隆本作「嘗」。

〔二一〕「刻印特雕蟲餘技」，「刻印」，乾隆本作「此仍」。

再續印人傳

敘

葉葉舟，仁和人，工鐵筆，專宗西泠諸家。刻碑亦臻絶詣，摹拓彝器，尤得六舟秘傳，蓋其於金石之學殆有天授。嘗嘆「印人自周亮工、汪啟淑兩書之後未有著録」。乃搜輯史傳，旁采志乘以及私家紀載，昕夕鈔纂，孜孜矻矻，竭十餘年之力，上起元明，下至近代，得六百餘人爲三卷，補遺一卷，得一百餘人。上下六百年來浸以大備，網羅之富，編集之勞，蔑以加矣。夫吾人生於今日，不幸國家多難，士大夫方岌岌考求國際法政之不暇，而於金石六書之微，幾莫或措意，此印學之所以式微也。葉舟生長西泠，耳濡目染，見聞既夥，學養尤深。又况篤好印學，出於天性，積功既久，效力益顯，故能成此巨觀，蓋其所由來者遠矣。書成因記之於此，并告世之有同嗜者。宣統二年，山陰吴隱石潛甫拜敘。

目録

再續印人小傳卷一

仁和葉銘葉舟采輯

童昌齡，號鹿遊，冒襄《同人集·題印史册》云：「印史焜煌點畫新，射穿老眼見精神。知君絶藝能千古，一册能昭歷代人。」

童晏，子陶齋，號叔平，崇明人，松君先生之子。工畫，受業於任阜長，人物及雙鈎花卉均如其師。中年以後，書畫并摹惲南田，墨梅尤工，餘事刻印文何正軌，摹刻何雪漁七十二侯印譜。晚以病顛，人咸以童瘋子呼之。

馮墫，號訥哉，桐鄉人，孟亭先生之孫也。自幼即喜弄鐵筆爲印，得漢人遺意。

馮纑奎，字木天，號文甫，嘉興人，魯巖先生之曾孫也。生於華胄，年少翩翩，有雅尚，無紈袴。習工鐵筆，秀潤可喜。

馮承輝明經，字少眉，號伯承，婁縣人。嗜篆刻，上規秦漢，篆摹石鼓，隸學《史晨》、《校官碑》。旁通畫法，兼善人物、花卉，尤喜畫梅。著有《古鐵齋印譜》、《印學管見》、《歷朝印識》、《金石箚》等書。

馮大奎，字西文，號涇西，由廪生授例亳州訓導，保舉龍谿縣丞，署平和、詔安等縣。爲人通達明幹，豪邁自喜。鐵筆學文三橋，書法神似吴興。

馮時桂，原名霦，字璘友，號秋巖。工詩詞、篆刻。遊歷西江、南粵間，晚寓吴江之平望最久。

馮繼輝，字眉峰，涇西公仲子也。與笥山先生雨窗相對，治經之暇日，以摹印角勝爲樂事。省試得病，未幾遽赴玉樓，可勝浩歎。著《眉峰遺文》行世。

馮迪光，字惠堂，號蕙塘。幼時從涇西先生宦遊，頗得江山之助。爲人通倪明練，工鐵筆隸楷。

洪元長，武林人，洪太保兩峰之裔也。有印譜一卷行世。

翁方綱，字正三，號覃溪，大興人。乾隆壬申進士，官至内閣學士，左遷鴻臚寺卿，重宴瓊林。書學永興，長于考證金石，有《復初堂集》。

翁陵，字壽如，自號磊石山樵，福建人。善畫山水人物，尤善篆隸小楷。

翁大年，號叔均，廣平子，吴江人，居鶯脰湖。善刻印，工秀有法，出自漢印。與曹山彦同工而異曲也。

翁樂，字均儒，吴江人。與石門李笠漁遊，考訂金石，晨夕無間，刻印尤高古。

鍾浩，字養斯，號小吾，長興人，歷官全椒桑植縣。以指墨畫名，工詩，能篆隸，長鐵筆。

鍾沈霖，字雨林，嘉興歲貢生。鐵筆工候頗深，兵燹後，官廨廟宇碑刻多出其手。

鍾權，字石颿，諸暨人。壯歲猶及與鄉先輩陳曼生交，故刻印一以浙派爲宗，工分隸，著有《漱石軒印譜》。

江恂，字于九，又號蔗田，儀徵人。昱弟，貢生，官徽州知府，由選拔爲鳳陽知府。藕花華湛可愛，工詩善篆，自楚中謫官皖水，平反大案，廉使至，去位署亳州，地方陡遭水灾，報憲不候批示，開庫出錢買麪，覓小舟不畏風雨，赴鄉散給麪餅，活民無數，有《蔗畦詩鈔》。

江德量，字成嘉，號秋史，儀徵人。乾隆庚寅殿試第二人及第，官至監察御史。《蒲褐山房詩話》：「秋史爲江賓客昱從子，父于九好金石，秋史承其家學，蒼雅篆籀靡不綜覽，尤工八分，所書武成王廟碑爲時所貴，兼能人物花卉，以北宋人爲法。卒時年四十餘。」曾注《廣雅》，又輯《泉志》未成，藏有漢太尉劉寬碑及漢唐碑舊搨宋版書甚富，惜殁後皆散失。

江德地，字墨君，工篆刻，兼善隸古。

江士珏，字荔田，居徽州，善鼓琴，能擘窠書，精於刻石。住黄山數十年，號天都山人。

江濯之，字漢臣，徽州人。所刻晶玉印甚佳，名重公卿間，曹秋岳先生延之上賓。後遊閩卒，石刻不概見。

江介，字石如，杭郡學生，本名鑑工。寫生逼近白陽，書法歐陽率更，間作山水亦得元人閒冷之趣。兼工篆刻，詩入上乘，與仁和宋茗香相抗。

江尊，字尊生，號西谷，又號太吉，錢塘人。好篆刻，爲趙次閑入室弟子，浙中能刻印者故多，能傳次閑衣鉢者惟尊生一人而已。晚年寓吴中，壽至九十，康健不異少壯焉。

施萬，字大千，别字汗漫子，錢塘人。家祖虎林，棄韜鈐，尚四聲，當時藩臬若王世貞、李攀龍皆折節賓友之。萬以詩名，尤善篆隸，摹印在何震、陳士衡上。嘗隸八駿字與兄子之駿云：「異日見手澤，當知吾意。」傳明府巖，萬舊友也，走婺州，避跡山谷間，萬曆險往從之，知不可脱，與巖決别曰：「吾可以去，公不可以不勉。」其持正如此，卒無後，士類傷之。

施罄，字澗芝，石門人。喜吟詠，擅鐵筆，其詩阮文達公已采入《輶軒録》中。

施士龍，字石農，别字三復生，餘姚人，流寓杭州。刻印師鄧完白，兼善製印泥，至今浙人多取法焉。後卒於伏虎廟。

伊念曾，汀州伊墨卿太守子，字少沂，任浙江鹺倅。工隸法，善山水、梅花、篆刻。

祁豸佳，字止祥，山陰人，明天啟七年孝廉。論者謂其書不在董文敏右，畫則入荊關之室。詩文填詞皆有致，能歌善奕，尤工圖章，隱於梅市。

祁子瑞，字穀士，又字虚白，初名階蓂，松江貢生。擅篆刻，工山水，宗香光，寫雜卉翎毛得周服卿遺意，尤工繪貓。

歸昌世，字文休，崑山籍，移居常熟，太僕有光孫，工詩古文，書法晋唐，兼工印篆，與李流芳、王志堅稱三才子，蘭花、墨竹均臻神妙。

余鵬年，原名鵬飛，字伯扶，安慶懷寧人。乾隆五十一年順天舉人。豪飲能詩，善拳勇刺擊之狀。所著有《曹州牡丹譜》、《枳六齋詩稿》。

余應元，字守白，江都人。由縣佐從事軍營，殉節浦口。善於刻符，少時喜爲綺麗之詩。

徐貞木，字士白，號白榆，秀水人。性兀傲不苟同時趨，恒欲青白眼睨天下士。工於詩，周篔谷稱其典贍淹貫，非虚譽也。小楷法《黄庭》，可稱具體，至於篆刻，海内宗仰，實出程邃、許容之上。子寅，字虎侯，號秋田。能世其業，孫掄元，字不夜，號南薑，以文行著，歲貢，官寧海訓導。隸書法漢。魏照，字城玉，亦工篆刻，有印譜行世。

徐弈韓，號豫堂，婁縣人。以拔貢生官黟縣教官，工書、精篆刻。

徐堅，字孝先，號友竹，吴縣人。山水得子久意，工隸書，善篆刻，挾術遊公卿間，無不倒屣。工詩，有《梘園詩鈔》。

徐年，號漁莊，婁縣人。布衣，專心繆篆者五十年，得何雪漁、吴亦步兩家元朱文之妙，古逸秀潤，兩擅其勝，爲潘榕皋、王惕甫諸先生所稱賞。

徐霖，字子仁，號髯仙，金陵人。《韻石齋筆談》：「鐵筆之妙，如徐髯仙、許高陽、周公瑕皆係書家，旁及篆體印文，章法心畫精奇。李長蘅、歸文休以吐鳳之才擅雕蟲之技，銀鉤屈曲，施諸符信，典雅縱横。」

徐在田，號處山，婁縣人。工篆刻，畫梅花，作艱澀詩文。父母亡，衣墨衰，終身勿嗜酒，多放言。

徐寅，字虎侯，秀水人。白榆之子，名重京師，過於乃翁。其所刻印雖多斧鑿痕，未造自然，然循循乎規矩不失家學之傳。

徐鼎，字峙東，號雪樵，吴縣優貢生。穎敏好學，工鉛槧，敦氣誼，早歲即聲溢里鄁。曹地山宗伯校士玉峰，詩、古文、製藝、書畫皆第一，名重江左。薩公厚菴撫吴時，延爲西席，甚加敬禮，令嗣滕安、榮安從學多年，今皆貴顯。其寫山水得真髓于謝林村先生，鬆秀而不薄，沉著而不滯，胚胎一峰，别精締構，識者珍之。所著有《毛詩名物圖説》及《靄雲館詩文集》。予久熟雪樵名，而從未識面，庚戌夏五，始相晤于伯庭方丈。讀畫論詩，遂成莫逆。

徐必達，字東明，號星橋，華亭人。詩文外，旁及陰陽、樹藝、臨摹篆刻。未娶，卒年四十。

徐僖，字松坪，婁縣人。明司冠陟五世孫。工篆刻，子奕蘭世其學，并擅分書。

徐熙咏，字唐運，上海人。工詩善書，長於繆篆，性迂僻。乞其書，即素交亦不肯作，興至縱筆數十幅不倦。

徐念芝，浙人。《嘯虹筆記》：「念芝遇虎文於鄭中丞座，念芝固名手，即席從虎文學焉。」

徐錫可，字鄰哉，號可叔，嘉興貢生。工書法，得鍾王渾穆之氣，兼善隸篆，又精鐵筆，俱稱能品。以詩鳴于時，有《得洒趣齋詩草》。

徐鶴，號青田，終歲以訓蒙自給，擅刻竹木，所摹鐘鼎款識極精。

徐籀莊同柏，原名大椿，嘉興歲貢生。舅氏張叔未解元指授六書，研精篆籀，多識古文奇字，未翁每得古器物，必付籀莊考證。有《從古堂款識釋文》，援據博而甚辯，惜未梓行。未翁所用私印，多有出籀莊手者。又能詩，著《從古堂吟稿》。

徐楙，字仲繇，號問蘧，錢塘諸生。本名茂本，幼即與兄秋巢承叔祖心潛先生之教，嗜書畫金石篆隸，後更友人之力益進矣。著有《問蘧廬詩詞鈔》。

徐康，字子晉，號窳叟，長洲諸生。工詩畫，篆隸、刻印、岐黄靡不通曉。尤精於鑒別，凡法書名畫、金石碑版、古本書籍以及文房古器奇珍，皆洞悉源流。楊藐翁以宋商邱稱之。著有《前塵夢影録》、《神明鏡詩心》、《太平軒醫集》。子熙，字翰卿，别號斗廬，亦精刻印。

徐三庚，字辛穀，號井罍，又號袖海，上虞人。工篆隸，書王象碑尤佳，刻印上窺秦漢，於吴讓之、趙撝叔諸家而後别樹一幟，近時刻印多宗尚之。

徐惟琨，字鍔青，平湖人，諸生。工篆隸，兼工治印。子拜昌善問，饒有父風。

徐士愷，字子静，石埭人，官浙江候補道。嗜金石，精鑒别，清秘之富，足與兩罍軒、城曲草堂抗衡。晚寓吴下，與諸名流考訂金石以相娱樂，刻《觀自得齋叢書》。

諸葛胙，號永年，蕪湖人。能鐫銅章，練銅鋼皆自爲之，鹿文啟有詩云。

璩之璞，字君瑕，上海人。楷法妍雅，善畫山水翎毛及水墨花卉，筆致矜貴，精於摹印，在吴門文氏伯仲間。人品高潔，不趨榮利，士論多之。

朱之瑜，字魯璵，號舜水，明浙江餘姚人。父正字存之，母金氏，封安人，先生其第三子也。以萬曆廿八年生，穎悟夙成，九歲喪父，哀毁踰禮。及長，精研六經，特通《毛詩》，擢自松江府學學生，舉貢生。天啟以後，綱紀廢弛，絶志仕進，僑居舟山。時清兵渡江，天下靡然從風，先生義不食清粟，乃浮于東海，至天和二年四月十七日卒，年八十有三。

朱蔚，字文豹，泗涇人，萬曆廿九年武進士。善畫蘭，工篆刻。時姚裕字啟寧，善畫草蟲，有陳淳遺意。

朱鋐，字震伯，江都人。精隸書，篆刻法鄧完伯，筆意生動，殊有士氣，負性傲岸，不屑肩隨熙載之後。又不願見富室達官，以是揚人不甚知之。

朱欽，號逸雲，吴江人。工篆隸圖章。壬辰歲莫，蒙君見訪，以印投余，與之言，冷雋有味，畸人也。旋里月餘，遽聞道山之赴，惜哉。

朱鷺，字白民，吴江人。少有雋才，家貧，教授生徒以養父母，床頭恒貯數十錢，曰買笑錢，父死乃謝。青衿芒鞋竹杖獨遊名山，所至畫竹以自給。常遊華嶽，登天井，黄縚道服，長髯等身，見者皆以爲異人也。結茅蓮華峰下，年八十卒，葬華山，祀三高祠。其爲諸生時，每談革除事輒涕下，網羅遺佚，作《建文書法擬》又著《頌天臚筆》行世。

朱修齡，休寧人。倣漢銅頗入妙，但生動之中不無太過。

朱書麟，字詩舲，一字尼瑞，别號胥母山人，又號大悲庵主，洞庭人。工詩，善畫蘭，鐵筆不輕爲人作。得蔣山堂古茂樸雅之神，爲雲和典史。

朱鶴，字松隣，一字松齡，華亭人，徙居嘉定。工行草圖繪，尤深篆學印章之文，刻畫精工，旁及雕鎪小玩，罔不稱絶，以高雅名爲陸祭酒深客。

朱逢丙，原名伯鳳，號桐生，華亭人。性敏慧，鐫石幾奪簡甫之席，餘如印章刻竹無不精雅可人，書兼真行隸篆，比來槖筆出遊，有聲蓮幕，洵後來之秀也。余見其所刻吉金樂石圖屏幅，流傳頗廣。

朱藉山，碭山人，鐫古印一似漢人爲宗，嘗聚古銅而自倣鑄，號翻沙。刀法蒼勁，雜之漢印幾莫能辨。爲括蒼令。

朱爚，字郁文，號霞川，江寧人。徐承烈《聽雨軒雜記》：「郁文，明齊王榑十一世孫，世居秣陵文德橋，謙厚誠樸，古之君子也。詩文、音律、鐵筆、篆書俱妙冠當時。」

朱銘，字石梅，震伯之弟，工鐫碑版。

朱方增，號虹舫，浙江海鹽人，辛酉進士，官至閣學。爲人謙沖和藹，引掖後進惟恐不及。喜爲刻印之技。筮仕後，卒卒不暇，然茶熟香温，偶爾拈得，猶興復不淺。

朱簡，字修能，號畸臣，休寧人。訪漢銅頗入妙，但生動之中不無太過。傅汪如字無波，號桐阜，亦西門人。朱文圓勁生動，白文摹漢銅，精妙入神，可謂青於藍。

朱芬，號香初，官別駕，才華富麗，意氣慷慨，工古篆刻，嘗從軍黔中，遊華山，賦四支全韻，人呼爲朱四支。

朱應辰，字文奎，與楊維楨遊。洪武初，辟掌教，爲文繁而不猥，詩工長句。篆籀法古，嘗命書符印。

朱爲弼，字右甫，號茮堂，平湖人，嘉慶乙丑進士，官漕運總督。金石之學上追歐趙，刻印神似秦漢。又工花卉，得白陽逸趣，隸篆有渾厚勁折之致。

朱瑋，字皋亭，號季衍，嘉定人。績學敦孝友，家貧，客遊四方，所交多韻士，詩畫篆刻時稱三絶。

朱堅，號石梅，山陰人。工鑒賞，多巧思，沙胎錫壺是其創製，著有《壺史》一册。偶寫墨梅，亦具蒼古之致，尤精鐵筆，竹石銅錫靡不工。

朱熊，字吉甫，號夢泉，秀水人。工花卉，用筆爽健，可與奚蒙老頡頏。尤精篆刻，竹石瓷銅偶一奏刀，無不蒼秀得古法。

朱士林，字謏莊，湖州歸安人。江西知縣，歷任德安、新建，後以知府至廣東，被議留滬上。工分書，精篆刻，胎息秦漢，駸駸乎入撝叔之室矣。

朱志復，字遂生，無錫人，趙撝叔高弟也。工刻印，撝叔刻字曰遂生，印款云「蝨如車輪技乃工，但期弟子有逢蒙」之句。又贈魏稼孫詩云：「送君惟有説吾徒，行路難忘錢及朱。」錢謂錢式，朱謂朱志復也。

胡鍾，字蘭川，號晚晴，江寧人。乾隆丁酉舉人，官至遵義府知府。山水深得大癡法，而篆隸之妙，一時更無出其右。

胡光筠，字小秋，江都人。博學，精於隸古，尤嗜金石。

胡唐，又名長庚，號城東居士，歙縣人。宗法自秦漢而下至程穆倩，無不逼肖入微，篆學尤深。

胡琳，字與真，太倉人。工書畫，又善鐫刻圖章。

胡培，字養田，上舍西苓廣文之孫也。幼隨先大夫授經，工詩博古，印法曼生。

胡震，字不恐，浙江富陽人，别號胡鼻山人。好古文篆隸八分之學，習摹印，見錢塘錢松所作，乃大驚服。同治紀元六月卒。

胡義贊，字叔襄，號石查，晚號煙視翁，河南光山人。光緒丙子舉人，以大挑分發浙江知縣，歷權海寧等縣。書學趙吴興，畫學董香光，篆刻學陳曼生。搜藏書畫金石甚富，所藏九字齊刀、文潞公字卷、趙子固蘭花卷，并希世之珍。

胡良銓，字衡甫，績谿諸生，官廣東大浦縣，有政聲。工篆隸，治印得完白山人神似。

胡钁，字匊鄰，石門諸生。工詩書，治印與吴蒼石大令相驂靳，雖蒼老不及，而秀雅過之。嘗鉤摹宋拓《聖教序》、《仙壇記》、《醴泉銘》，均不失神韻。著有《不波小泊吟草》、《晚翠亭印儲》。子小匊傳緗，亦諸生，克承家學，媳吴氏静娥，伯滔之女，亦善刻畫金石。

屠宗哲，《列朝詩選》張宣鐵筆詩云：四明乃遇屠宗哲。

屠倬，字孟昭，錢塘人。原籍紹興之琴隖，即以爲號。嘉慶戊辰進士，官江西九江府。工詩古文，旁及書畫金石篆刻，靡不深造。著有《是程堂集》、《若邪溪漁唱》。

吴迥，字亦步，歙縣人。董玄宰書其譜曰：「亦步舞象時，氣已吞虎，今猶二十許人，試以其印章雜之長卿印章，不復可辨，不知異時復作何狀。大都翰墨之事不重久學，不輕新進，伏生皓首授書，何郎白面談易，何容置甲乙也。亦步才美，不名一器，吾就印章論亦步云爾。

吴履，字竹虛，又字公之坦，秀水新坊鎮人。善山水花卉，工詩能書，客山左，與黄楙穀齊名。鐵筆高古，款識絶似何主臣。考三字爲字者，《史記》則有程伯休甫，又張天錫字公純嘏，劉敞字中原父，古時原有之者。著有《苦槺庵詩》。

吴良止，《印章之學》曰：「吴良止，字仲足，與休人何長卿震齊名，時有品評之者曰：仲足無邪氣，長卿有逸品。」

吴暉，字秋朗，樵川人，工畫能詩，行楷多逸致，圖章仿文字，以多技稱。

吴坤，字皆六，紹興人，工山水印章。

吴逵，號心禪，婁縣人，禮部儒士。工書畫花鳥，尤善篆刻。

吴肅雲，字竹孫，號盟鷗，徽州人。工山水，能篆刻，爲人磊落不羈，隨父淮陰家焉。

吴鈞，字陶宰，華亭人。性孤癖，見人無寒暄問，窮搜秘籍，刻苦爲詩文，尤工篆隸入古，摹古名印，雖吴亦步、蘇爾宣未之或先，年逾五十遽卒。

吴鑄，號錦江，金匱人。朱海《妄妄録》：錦江弱而穎，七歲過目了了，工詩，精篆刻，年三十卒。

吴晋元，號錫康，工製印兼精醫。

吴晋，字目三，號進之，新安人，後遷婁縣。精研字學，洞悉大小篆隸源流，篆刻亦得古趣。

吴育，字山子，常州人。刻鄧派，兼與繪事，工漢隸。

吴儁，字冠英，江陰人。品醇性敏，以三絶擅長，寫真尤得古法，嘗遊京華，名動王公，自西園主人以下如戴醇士、何子貞、張石州諸先生深相器重，倦□□里，不名一錢，賸行詩畫滿篋笥，其高致如此。

吴南薌，字文徵，歙縣人。工書畫，善篆刻，極意摹古，皆得神味。嘗爲文達公作伯元小印，雅似穆倩。同時，長洲顧蘆汀文鉷、李鐵橋東琪皆精鐫刻。

吴文鑄，字子襄，安徽廣德州人。工鐵筆分隸，寄寓禾城，雅喜與畫家遊，學寫花果，濡染有致。

吴咨，號聖俞，武進人。少歲穎悞過人，從申耆先生遊。通六書之學，精篆隸鐵筆，畫花卉得雲溪外史神韻。弟儆號，子慎，亦擅鐵筆篆書。

吴廷颺，字熙載，號讓之，儀徵諸生。善篆隸書，於歷代碑碣窮源竟委，故能以碑刻摹印，傳鄧氏衣鉢，論者謂鄧派既行而皖派遂廢，理或然歟。偶作花卉亦有士氣。著有《師慎軒印譜》行世。子樣初，字雪陶，亦能刻印。

吴重光，字秋伊，錢塘布衣。博學工詩，善篆刻。早歲猶及與鄉先輩陳曼生諸公遊，故學有根柢。嘗以極薄劣石兩面摹漢印二千餘方，無不惟妙惟肖。居京師數載無所遇。光緒紀元，年七十餘，忽忽不樂，一日屑所摹印，徒步出都門去，越十餘年，有人遇諸峨嵋，鬚眉皆作紺碧色，後不知所終，或疑其仙去云。

吴廷康，字元生，號康甫，又號贊甫，又號晋齋，桐城人。篆隸鐵筆直窺漢人，有磚癖，所藏甚夥，輯《慕陶軒古磚録》。餘事寫梅蘭，寥寥數筆，金石之氣盎然。

吴鳳堦，字霞軒，仁和人，咸豐己未舉人，官工部員外，屢上春明不售。從吴曉帆方伯於滬上、范楣孫方伯於直隸，多所贊畫。性極明幹，鄉里義舉，勇於從事，不辭勞瘁。工畫蘭，神似板橋，尤工鐵筆。有《味蘭室詩鈔》。

吴伯生傳經，石門諸生。精治印，篆隸古雅有致。

吴誥，字子洛，號幻琴，錢塘諸生。工書畫，精篆刻，得丁蔣奚黄筆法，有《蘧廬印譜》行世。善倚聲，有《纖嫵詞》、《犀香館詩存》。

吴璠，字菊鄰，湖縣人，刻浙派，寓上海，善刻竹。

吴淦，字麗生，平湖乍浦人。專書畫金石，畫工治印。

吴溥，字苓香，歸安人，退樓子。工篆刻，吴讓之入室弟子，惜乎天不永年，流傳絶少。

吴大澂，字清卿，號窓齋，吴縣人。同治戊辰進士，翰林，官湖南巡撫。收藏彝器與濰縣陳氏、吴縣潘氏相埒，精繪事，少工刻印，尤能審釋古文奇字。所著《説文古籀補》、《古字説》、《古玉圖考》、《恒軒吉金録》。

吴俊卿，字蒼石，號苦鐵，又號破荷，别字缶廬，安吉諸生。入貲以知縣分江蘇權安東令越月。好金石，受知於沈仲復、吴平齋、陸存齋、楊藐翁諸公，故學有根柢。喜學石鼓，刻印專宗秦漢，渾厚高古一如其書。晚年兼工花卉，專以氣韻，在青藤白陽之間。

盧貝乘，鍾伯敬云有《語石齋印譜》。

蘇爾宣，名宣，一字嘯民，號泗水，新安人。姚士慎書其譜曰：「吾友蘇爾宣氏，縹[九]湘舊業，精六書，殘碑斷碣無所不窺，所至問奇字者屨相錯，其印章流遍海内，與文壽承、何長卿鼎足稱雄，然所刻夥，不能盡傳，聊取近歲遊吴所刻裒而輯之曰印略。」

瞿元鏡，字端淑，常淑人，爲忠宣公式耜子，喜花鳥，兼篆刻。

瞿中溶，字萇生，號木天，晚號木居士，嘉定人。錢竹汀宫詹婿，官湖南藩掾。博綜群籍，尤邃金石之學，藏弆甲於婁東。善花草，在白石青藤間，篆隸悉有法度，行楷學六朝，尤工篆印，深得漢人之髓。著有《湖南金石志》、《吴郡金石志》等。

瞿應紹，字月壺，號子治，晚號瞿甫，上海人，諸生，援例得同知銜。君生於華膴，恬雅性成，入其室法書名畫樂石吉金羅列左右，一牀一几不染纖埃。暇時藝花分韻，高卧其中，非勝流逸士輒拒不納。工書畫，翰墨流傳，人争藏弆。花卉行楷得南田之趣，蘭竹有檀園板橋之妙，近復專心鐵筆，可與朗公長孺争一席矣。

瞿樹本，字根之、木夫子，太倉人。師承庭訓，書畫皆佳，其篆刻多古趣可愛。

俞時篤，字企延，錢塘諸生。與章士斐諸君砥礪爲古學，同郡許光祚、嚴調御皆工書，時篤盡窮其妙，請乞滿門，至廢七箸，老而貧，頗資之。間學畫，遂與北苑南宫頡頏〔一〇〕，嘗自笑曰：此中山水清絶，僅供俞生饘粥耳。詩亦婉麗有法度。

俞企賢，字新巖，仁和人。工書畫篆刻，尤長於詩。梁同書《可儀堂詩序略》曰：「鄉先輩俞企賢先生工書畫篆刻，兼長於詩。俞氏世以科名顯，前則瞻白先生，萬曆間進士，歷宰七縣，有惠政，没而爲神；後則以徐先生父子迭興，文章推海内，先生四世從孫蒼石，少時即善爲詩，有啟觸輒於詩發之。困諸生三十年，挾筆硯衣食，東泝越江，北渡揚子，客金陵，泛秦淮水，可喜可愕，咸見于詩。」

俞廷諤，初名經，字夔千，又號葵軒。工書法，尚精篆刻，其得意作，入白榆刻中幾無辨也。

俞寰，字允寧，青邨人。樸願沉静，喜讀書，工詞賦，醫藥、卜筮、斲琴、刻篆無所不通，然不求人知，甘貧求分，終歲不一入城府，故人亦少知之者，世降俗末士大夫没溺聲利以失其真者何限。鴻冥陸沉，如斯人亦可尚己。

俞歗，字松楙，新安籍，仁和諸生。善醫，工治印。著有《續三十五舉》、《鐵筆十三法》，摘抉入微。

奚岡，字純章，號鐵生，又號蘿龕，别署鶴渚生、蒙泉外史、散木居士、錢塘布衣。九歲作隸書，及長工行草、篆刻。兼通詩詞，而於畫尤爲擅長，山水上溯元四大家，下逮董文敏、李檀園、王太常，皆心摹手追，獨得神髓，點染花卉亦生動有致，海外琉球日本皆懸金購之。

來行學，字顔叔，西陵人。著有《宣和印史》。

按《印史·官印》共六十卷，以漢剛卯冠其首，自序云：「余有印癖，每抱越楮一帙，遊於齊楚三晋燕趙之墟，總得官印四百有奇，已而石箐山畔，耕夫從桐棺丹筒獲《宣和印史》，更載官印千二百有奇，中間合者什四，爰摹勒石，草莽就緒。其他封建姓氏次第，未遑彙其甲乙，尚俟異日。」後尚有私印二册。

陳助，字賢佐，崑山人，正統初，以薦授桐廬縣丞，歷臨江、新淦、金谿知縣。寫喬柯竹石，精率更書，旁曉篆隸、漢晋印章，通理學，里中號爲十鋒。

陳豫鍾，字浚儀，號秋堂，錢塘廩生。書法工整，精六書，篆法摹李陽冰。尤精篆刻，趙次閑之琛深得其秘，與黄小松、奚鐵生、陳曼生齊名，時稱浙派。喜金石文字，氈蠟椎拓積數百卷，見名畫佳硯，雖重值必質衣購之。工畫蘭竹，嘗集古今畫人爲小傳《求是齋集》。

陳賓，字文叔，仁和人。朱高治復吕文倩書云：「弟向有譜序三五通，奉之同好，其中原流切要處，已少少盡之。大約此道登堂推文三橋，而何雪漁則敦龎變化，搜秦漢之理而舞蹈之至。陳文叔則精工盡美，更秀穩無疵，其原出自何而的系相沿，不得不以瓣香歸之。」

陳炳，字虎文，吴縣人。《吴縣志》：「虎文性狷介，不肯隨俗，而意致高逸。詩宗王孟，又好鐫印章，類顧苓，晚喜效趙宧光作草篆。年八十餘卒。」

陳洪疇，字畦旃，號息巢，所城人。性聰穎，凡真草、八分、篆刻無不精妙入神。

陳毓棡，字兩橋，蘭谿人，壬辰進士，授吏部主事，未及半載，以怪疾卒於都中。

陳蘊生，字英儒，邑庠生。畫墨蘭，能於何樗庵、徐他山二家外自成一格，兼擅工山水、花卉，兼治繆篆。

篆刻。

陳鍊，字在專，號西庵，華亭人。能詩善書，能以素師法寫古鍾鼎文，高古奇雅，章法絕妙，其得意者遠過金壽門。工篆刻，著有《秋水園印譜》、《適安堂詩鈔》。

陳祖通，字小鶴，泰州人，明經子也。少工刻符，用筆沉着，得種榆之遺風。

陳延，字遐伯，潛山人。折右臂，書用左腕，與蕭雲從稱畫院三妙。幼而多慧，見技之善即爲摹仿，尤精篆刻，著《孤行齋集》。

陳于王，晉江人，能詩畫，工篆隸，鐫刻圖章尤精雅絕論。

陳觀瀾，善印章，嘗自論曰：非僅以秦漢爲師，尤貴師其變動入神耳。

陳乾初，海寧人，精篆刻。

陳寅仲，海寧人，誰園次子也。工篆刻，蒼潤秀勁，雅似子昂，有《銅香書屋印譜》。

陳成永，號元期，庚辰進士。讀書中秘，篆法三橋，惜所作甚尠。

陳戴高，字山止，亦稱山朗，號鶴崖，仁和人。其篆刻的真三橋，雖與白榆友善而實私淑之。

陳王石，號師黄，作印頗秀婉可喜。

陳聲大，號虚谷，西庵先生哲嗣也。篆刻得之家學。子鳳，號竹香，印亦楚楚可觀。

陳佑，字維孝，常熟縣人。篆刻尤精，亦善鑒古，有小篆千文。

陳均，字受笙，初名大均，海寧人，嘉慶庚午舉人。工詩，善篆隸鐵筆，尤精山水，旁及花卉。又嗜金石文字，所至搜訪，手自椎拓〔一二〕，著有《松籟閣集》。

陳鴻壽，字子恭，號曼生，錢塘人，嘉慶辛酉拔貢，爲淮安府同知。詩文書畫皆以資勝，刻追秦漢，浙中人悉中之。宜興素産砂壺，製作精巧，鴻壽作宰是邑，辨别砂質，創製新樣，并自製銘鐫句，人稱爲曼生壺。著有《種榆仙館集》、《桑連理館集》。道光壬午卒於官。

陳春熙，字明之，號雪厂，又號膝安，秀水人。工八分、飛白等書，篆刻直追秦漢，與楊龍石、翁叔均、王石香齊名。

陳塤，字叶篪，錢塘人，寓吴中。刻浙派。咸豐庚申杭城陷，殉難。周存伯大令傳以紀之，刻入《范湖草堂集》中。

陳蟾桂，號子剛，秀水廩生。嗜金石，工篆刻，爲禾中曹山彦後一人耳。

陳祖望，字纘思，錢塘人。工篆刻，師趙次閑，得浙派正宗。尤工鐫碑，琳宫梵宇，無不有纘思手跡也。子光佐，字賓谷，亦能印。

陳允升，字紉齋，號壺舟，鄞縣人。善山水，氣韻高古，工八分書，餘事作印亦工整有法。著有《紉齋畫賸》行世。

陳雷，原名彭壽，字震叔，號老菱，因患大癭，又號瘤道人，錢塘人。少卓犖不群，既長，遨遊四方無所遇，以筆耕糊口食。嘗裹糧經華山，數月勾留，流連忘返，書學陳曼生，篆刻尤工。有《養自然齋詩集》。

陳治，字伯平，山陰人。善申韓之學，遊幕江西。篆書師事孫叔茀禄增。工畫，精篆刻。

莘開，字季張，號芹圃，歸安人。專志讀書，工八分繆篆，兼善寫真及花卉山水。尤精墨竹，爲沈芥舟入室弟子，篆刻亦有名。

文徵明，名璧〔一二〕，一字徵仲，以字行，長州人。《蝸廬筆記》：「文太史印章雖不能法秦漢，然雅而不俗，清而有神，得六朝陳隋之意，至蒼茫古樸，略有不逮。今之專事油滑牽强成字者，諸惡畢備，皆曰文氏遺法，致爲識古家所薄。夫文氏之作豈如是乎。」

文嘉，字休承，衡山之伯子也。工金石刻，爲明一代之冠，兼工墨蘭。

文及先，金陵人。自少年即好篆籀，從金一甫學印，每曰吾得之一甫金夫子，夫子得之何主臣先生，其不忘本源若是。

文鼎，字學匡，號後山，秀水人。精於鑒別，收儲金石書畫多上品。偶作小楷，并畫雲山松石，則謹守衡翁家法。篆刻亦工秀，得三橋遺意。

殷用霖，字柏堂，常熟人，官安吉縣典史。工篆籀，刻印私淑楊濠叟。

温純，字一齋，烏程人。幼即受畫法於沈芥舟，好儲古人法書名印，手自臨摹，故兼善篆隸真草，工鐵筆，詩古文詞，亦靡不究心。馮墨香云：一齋山水渾灝淵懋，力追董巨，爲吴興第一手。

温汝揚，字鳳庭，錢塘人。刻印師陳曼生，旁款尤精美絶倫，工楷法，然不輕爲人作，流傳極罕。

孫朝恩，字受廷，儀徵人。魯卿部郎女夫也。工刻印，喜效種榆，兼參龍泓，才範以法，韻含於刀，秀潤自然。

孫一元，字太初，號太白山人。印多自製。時有方唯一者，眇一目而善謔，孫爲製一印，唯一書輒用之，李獻吉戲題其上曰：「方唯一目，印制甚曲。信時盲人，罔覺其俗。」唯一知而亟毁之，印制乃朱文三字相連，而横界其中寓目字也。

孫衛，字虹橋，青浦人，能書工摹印。

孫鰐，字棣英，號漱石，又號怡堂，六合人。嘗得《宣和印譜》原本，簡練揣摩且十餘載，技遂大進。所著有《漱石印存》二卷，皆竹根印也。爲人雄偉有奇氣，負經濟才兼善琴工書，韻語絶佳，奕品第一，爲李書年、張古餘諸先生所賞。

孫坤，字慎夫，號漱生。工山水花鳥，長鐵筆，善製硯，士林争購之。

孫寧，字幼安，著有《印苞》。（按《漱芳齋印苞》二卷，俱摹名人印成於崇正間。）

孫光禮，崑山人，篆刻書畫爲時推重。

孫星衍，字伯淵，一字淵如，號季逑，陽湖人。乾隆丁未第二人及第，授編修，官山東督糧道。深究經史，研精金石碑版，工篆刻，隸校刻古書最精，詩文名著海外，所撰《平津館金石萃編》、《寰宇訪碑録》。

孫三錫，字桂山，海鹽人。工花卉，學江石如，疎朗可喜，兼善鐵筆。官盩厔縣貳尹。

孫均，字古雲，文靖公孫也。富於收藏，工篆刻，善畫花卉。官散秩太臣，中年奉母南歸，僑寓吴門，所交多當代名流，極一時文酒之盛。

孫錫晋，字次裴，仁和人。篆刻師趙次閑，工整爽逸，爲時所重。

孫義鈞，字子和，吴縣人。博覽群籍，卓有撰述，其學以經爲主，以小學爲從入之路。書品在晋唐間，隸古無近人畦逕。曼生司馬首推之，山水攀宋元，花草得南田新羅秘法，尤精天文律象，下至篆刻陶埴，靡不精曉。

孫雲錦，字質先，吴江人，書宗米漫士，兼法董香光，涉筆精腴，不詭于正，工鐵筆，得鄧完白家數。著有《印禪室詩集》、《印存》。

袁桐，字琴甫，錢塘人，又號琴南，簡齋太史從侄。能詩，善隸法，下筆奇姿，類曼生司馬。篆刻師鐘鼎漢磚，胎息甚古。工爲金碧山水，得仇唐遺法，亦善寫意花草。

袁馨，字茉孫，海昌人。工篆刻，竹木尤佳，浙中以刻竹稱者惟茉孫與蔡容莊兩人而已。

韓韞玉，字美斯，博學好古，精深篆刻。

韓潮，號蛟門，湖州人。工篆刻，兼精刻竹，蠅頭細字毫髪畢現，幾近鬼工，絶藝也。

韓鴻序，字磐上，秀水諸生。治印專學浙派，刀法修潔，書味盎然，邊款亦工，近時秀出流輩。

潘恭壽，字慎夫，號蓮巢，丹徒人。山水舊無師承，王震以「宿雨初收、曉[一三]煙未泮」八字真言授之，復取古跡證，其畫日大進。能詩，故畫多含詩意，兼寫生，濯濯如倚風凝露。善人物士女，秀韻合古，亦虔寫佛像。乾隆辛酉生，甲寅卒，年五十有四。

潘廷輿，字驤雲，元和人。金石工篆書鐵筆，折花卉尤有致，喜作焦墨蝴蝶，栩然飛動。

潘俊，字逸伯，餘姚人。工篆刻，得趙次閑衣缽正傳，所作尤能不差累黍，與笪曉山交最深，曉山印皆逸伯所刻爲多。

顔炳，號朗如，婁縣人。爲人虚懷若谷，恂恂自好，無縱横氣。習水得王茱畦孝廉之傳，一樹一石，幾乎神似，書亦如之。兼工篆刻，蒼潤有逸致。

再續印人小傳卷二

仁和葉銘葉舟采輯

錢思駿，字驥良，善篆書，兼工篆刻，有白榆山人家法。

錢元章，字子新，號拜石，嘉定人。工古篆隸，宗其家竹汀宫詹、十蘭別駕兩公法，兼精鐵筆，善山水花竹，俱清逸絶塵。著有《書三味齋稿》。

錢志偉，字峻修，號西溪，家吳江之珠溪。性沉敏，凡醫卜、音律、書數、篆刻之學靡不深造而窺其奥。尤精繪事，人物、花卉粗細皆工。晚年專寫山水，出入石田、石谷之間，蒼秀有法，著《無隱處題畫詩》。

錢仲，字子仲，善詩歌，精篆籀學，有李陽冰筆意。嘗遊陸詹事深、文待詔徵明之門，得所贈輒沽酒醉歌。

錢坫，字獻之，號十蘭，嘉定人。工篆書，兼鐵筆，亦善畫。

錢泳，號梅谿，金匱人，吴越王裔孫也。工書，隸法尤爲紙貴一時，作印有三橋、亦步風格。

錢善揚，字順甫，號几山，又號麃山，嘉興諸生，籜石宗伯之孫。刻印疎密相間，脱去時下町畦，一以漢人爲宗。兼工畫，而寫梅尤爲人所珍重。

錢以發，字金章，號寄坤，海鹽人。善研辨書畫金石文字，兼工篆刻。

錢松，字叔蓋，號耐青，晚號西郭外史，錢塘人。工書畫，山水仿江貫道，喜金石，精篆隸，嘗手摹漢印二千鈕，趙次閑見其印，驚嘆曰：「此丁黄後一人，前明文何諸家不及也。」咸豐十年，賊圍杭州，與家人同仰藥死。

錢式，字次行，號少蓋，叔蓋次子。秉承家學，夙工篆刻，後從趙撝叔遊，盡得其奥，與朱遂生并爲撝叔所賞。

全賢，字君求，錢塘人。有《集何雪漁印譜》二卷。

姚銓，字鶚升，號蘧溪，常熟人。構思敏巧，嘗從江聲畫竹，間寫花卉兼篆刻。

姚寶侃，字叔廉，秀水諸生。幼侍其舅朱翁夢泉，獲見漢印甚夥，授以刀法，力争上遊，不染時習。中年服官江蘇，後棄去爲人司質庫，遂善刀而藏。

姚孟起，字鳳生，吳縣人。工書，兼治印，酷摹山堂秀勁之氣。

喬林，字翰園，號墨莊，如皋人。工詩畫，善篆隸。至鐫刻，晶玉瓷牙圖章各臻其妙，而手製竹根印章，尤精雅絶俗。

喬昱，字丹輝，號鏡澤，墨莊長子。善水墨蘭竹，篆刻克承家學。

巢于，號阿閣，蘭陵人。《江上漁郎印律》，阿閣著，林佶爲序。

包容，字蒙吉，永嘉縣人，萬曆間授中書舍人，豫修《玉牒會典》。張江陵以玉章相屬，使者促之急，容怒而還之，遂拂衣歸就康氏廢園，構亞綽齋，磊石甃池，文窗堊壁，別具異致。

包世臣，字慎伯，涇縣人。所著《安吳四種》、《藝舟雙楫》，表章北碑甚力。

包子莊，字虎臣，初名乃錕，歸安諸生。篆隸宗完白山人，亦善治印，與徐辛穀最相得。孫諸生善承　，字纘甫，克承家學，作篆後法揚濠叟，益遒上有致，間作大篆。俞曲園太史極賞之，謂與吳清卿中丞相頡頏也。惜年不中壽卒。

陶竾，字若予，號甄夫，順德人。甄夫畫款自署陶者，或云湘潭人。世襲錦衣，晚居金陵。長花卉，初父浤殁於滇之教化長官司地，竾携幼弟徒步六千里歸楚，復隻身奉母歸。工詩文，精書法，能篆刻。年八十餘卒，稱南粤錚士也。

陶濬，字牧緣，秀水人。工書法，善篆刻，脱胎於吴讓之、趙撝叔諸家，而一以工整出之，故所作悉有矩度，一洗印人習俗。旁款亦工秀匀整，能品也。

曹宗載，號桐石，海昌人。桐石古道績學，尤工篆刻，著《東山樓詩》八卷。

曹世模，字子範，號山彦，秀水諸生。精於篆刻，專摹秦漢。咸豐辛亥，自浙藩劉晏亭方伯幕府歸，未幾而殁，年在花甲外。

曹世楷，號芹泉，山彦之兄。精於鐵筆，所鐫竹木諸品極盡工緻，聲價倍於常者。

曹大經，字海槎，秀水濮院諸生。工篆刻，碻守文何舊法，而刀法甚健。

高鳳翰，字西園，號南村，晚號南阜老人，亦稱老阜，山東膠州人。雍正間以生員舉孝友端方，任歙縣丞被劾。工篆刻，善書畫，用左手。有《南阜山人詩集》。

高翔，字鳳岡，號西唐，甘泉人。善山水，摹法漸江，又參石濤之縱恣，亦善于折衷者。能詩，工繆篆，刀法師程穆倩，諸藝均可觀。惜皆于近人問途徑，不若畹之之肯摹古耳。與石濤爲友，石濤死，西唐每歲春掃其墓，至死不輟。

高楨，號飲江，杭州人。以申韓之術遊幕江左。工書法，亦喜爲人作印，有浙中先輩宗風。嘗偕朱君桐生見訪，縱論篆刻源流，幾忘其日之移晷也。

高日濬，字犀泉，錢塘人，陳曼生大令妻弟，得其指授，故篆刻亦清勁不俗。

高徵，號茝舲，高郵人，僑寓邗江。工書法，揚州所刊《欽定明鑑》樣本是其手繕，曾蒙睿賞。間爲人作印，能絕去時下氣習，非僅涉筆成趣也。

高塏，字子高，號爽泉，錢塘布衣。精八法，書法褚柳，剛健之中復含婀娜，得力於小唐碑居多，繼梁學士同書之後，嘗爲儀徵阮太傅手寫薛氏鐘鼎款識釋文、題跋，時求書者日盈門，輒不暇給。

高心夔，字伯足，號碧湄，江西湖口人，咸豐己未進士，官江蘇知縣。工詩文善書，又擅篆刻，專主生峭，不落恒蹊，於浙皖兩派外別開生面也。

高行篤，字叔遲，號實甫，秀水人。

高邕，字邕之，晚號聾公，仁和人，入貲以貳尹分江蘇。書學李北海，得其神髓，寸縑尺素，人争寶之。兼善山水、篆書、刻印，輯錢叔蓋刻印爲《朱虛室印賞》。

毛庚，字西堂，錢塘人，毛宸之後也。年十三能作擘窠大字，比長遂以書名，尤工石刻。咸豐寇亂起，從戴文節公籌辦團練，嘗駐武林頭規制嚴密保訓導銜，十一年冬，城再陷殉難。

羅鴻圖，字文河，掖縣人。康熙壬子拔貢，屢試京兆不利，乃專精六書之學，工於繆篆，自號寓意子。其金石刻畫，士大夫争購而什襲藏之。有《鐵筆譜》二卷行於世。

羅聘，字遯，號兩峰夫，江都人，又號花之寺僧，冬心翁高弟。善畫，工詩，有《鬼趣圖》傳世，極爲名流稱賞。著《香葉草堂詩存》。

何通，字不違，太倉人。著《印史》。張彝令《學山堂印譜·姓氏附録》云：「不違，吾州王文肅公家世僕。」蘇爾宣序其《印史》云：「憶余自學書、擊劍，以暨脱身走江淮，曳裾大人先生門，操刀爍石，所接勝流有年，所梯層厓縋重淵有年，所手捫緑圖青字龍畫螺書有年，所所遇銅章玉璽，斑駁繡蝕，寶氣生白虹有年，所見好事家裒古綴今，點染丹素，曰格曰譜，爛然成帙，盛於海内有年。其于此道愧三折肱數，未有如不違《印史》之獨絶者。」

何鐵，字龍若，小字阿墨，鎮江人。流寓泰州，精詩畫，工篆刻。

何元錫，字夢華，錢塘人。博洽工詩，尤嗜古印，藏弆最富。與江秬香同鄉，尤深金石之契。

何其仁，字元長，海鹽人。由明經官崖州牧。長於畫，亦精篆刻。

何嶼，字子萬，號紫曼，又號印丐，松江人。工鐵筆，又善隸篆，皆有古趣。

何昆玉，字伯瑜，高要人。精岐黄，篆刻宗浙派，尤善摹拓彝器，與吴中李錦鴻并稱於世。客濰縣陳壽卿太史家，搜奇嗜古，見聞日廣，鑒别尤精。輯有《吉金齋古銅印譜》。

沙神芝，號笠甫，嘉興人，青巖子也。青巖有《藝文通覽》一書，神芝考據碑版，助父校讎而成。工篆隸，刻印有鶴千六泉風韻。

巴慰祖，字雋堂，號予籍，歙縣人，侯補中書。富收藏，通文藝，書畫擅一時，亦精覈古今文字。

查璇繼，字寅工，號介菴。孤貧積學，兼工篆籀，實著印譜，自大小二篆，上逮三代鼎彝銘志，源流正變，靡不悉具。

楊當時，字漢卿，甬東人。按潘氏《印範》成於萬曆丙午，共二千六百有奇，潘雲杰所集，蘇爾宣、楊漢卿同摹。

楊恩𢿝，號子珮，吴縣人，維斗先生裔孫。嘗館於劉小峰家，所見收藏名印，因工篆刻，其印譜，陳雲伯大令爲之序焉。

楊剛，號毅堂，吴江人。精摹印，頗自矜重，不肯輕爲人奏刀，以故流傳頗少。

楊心源，號自山，金山縣人，歲貢生。刻印仿何不違。

楊陛，字幼清，松江人。工金石刻，書法二王，沈文恪公徒步往訪焉。

楊式金，常州人。鐵書有逸致，著《渥雲堂印譜》。

楊敏來，吴人。《嘯虹筆記》：「敏來，汪虎文弟子也。」

楊法，字已軍，江寧人。工篆籀，至揚州寓地藏庵，與小山上人善。

楊謙，字吉人，嘉定人，中年客邗上。善詩畫，尤精篆刻，得李陽冰法。與一時諸名流相賡和。遇意所合，輒一奏刀，得之者咸以爲珍。其妻侄朱烜字丙南，傳其篆法，爲入室弟子。

楊大受，號復庵，嘉興人。工隸書，近以賣篆流寓婁東。印章多作邊款，字亦疎古。

楊澥，原名海，字竹唐，號龍石，吴江人。善篆刻，爲江南第一名手。晚病偏枯，不利捉刀，道光庚戌壽七十餘。

楊慶麟，字振甫，龍石子，咸豐翰林，官至廣東布政使。治印承家學。

楊辛庵，刻印專宗趙次閑，得其神似，旁款亦幾與亂真。浙中刻印家學次閑者實不乏其人，要未有如辛庵者也。

楊沂孫，字詠春，號子與，晚號濠叟，常熟人。善書，由鳳陽府歸來，專寫大篆，人亦彬雅邁倫。

楊峴，字見山，晚號藐翁，歸安人，工漢隸，所藏舊書終日手不釋卷。善與人交，高朋常滿座。

章壽彝，字伯和，善化人。書法宗鄭板橋，畫學陳白陽，精鐫碑版，少遊日本，通西學，善造木製紡織機器。篆刻亦師板橋道人。

張淵，字子静，號夢坡，《列朝詩集》云：「嘗夢東坡又性嗜坡詩，故號焉。」《書史會要》云：「張子静，吴興布衣，守道安貧，隱居鴻村之野，與沈石田友善。行楷規模玉局，翩翩有致。」今夢坡印存者數章，而中有自臨何雪漁者，其篆秀爽渾雅，非文何以前之人，况石田正德年間之人，今曰與之友善，則謂夢坡居士者，蓋與張子静别人矣。

張貞，字起元，號杞園，安邱人。康熙壬子拔貢生，舉博學鴻詞，召試授翰林院待詔。博學好古，能鑒别書畫鼎彝之屬，精金石篆刻。

張在辛，字卯君，號柏庭。《山左詩鈔》：「在辛貞子，康熙丙寅拔貢生，授觀城教諭，有《隱厚堂遺稿》。」《畫石瑣言》又云：「先生工鐵筆，嘗爲鐫小印，膠州高西園鳳翰閱予印譜，見即別之曰：「此非我卯君不能作也。」家有寶墨樓，藏書畫古玩，燬於火，詩文集亦燼，故傳世無幾焉。

張濬，號春水，吴江之盛澤鎮人。工詩善畫，兼精刻印，輯有《玉燕巢印萃》若干卷。其論印云：「秦漢之印，存世者剥蝕之餘耳，仿其剥蝕以爲秦漢，非秦漢也。譜之所載優孟面目耳，擬其面目，優孟之優孟矣。舊印可珍者，玩其配合之確，運斤之妙，樸實渾雅，法律森嚴，即本來之元氣也云云。

張熙，字子和，又號紫禾，山陰人。家巨富，寄居金陵，其别墅陶谷有六朝梅一本，湯雨生都督爲繪圖，後家中落，因出任溧陽、寶山、丹徒、興化等縣。素愛填詞，兼善隸，鐫章乃其餘事，頗得三橋宗派。生平以湖山自娱，詩酒爲樂。

張敔，字芷園，號雪鴻，又號木者，江寧人。先世桐城，遷江寧歷城籍。乾隆壬午孝廉，爲湖北知縣。畫無不妙，寫真尤神肖，往往不攜圖章，竟率筆作印亦精妙。爲人聰穎絶倫，精真草篆隸飛白書，至若左手竹箸，指頭書畫，無不造極。工詩。

張模，字東巖，號靈谿，平湖人。工篆刻，亦善蘭竹。子烜字掌秋，號淡山，能世其學，著有《喬梓合刻蕭閒居印草》二卷行世。

張圻，字仕一，吴興人。篆刻多巧思，製硯尤良，百工技藝，試手皆能意匠，優於師法也。高阜評云：張君之可愛處，正在通與不通之間。

張智錫，字學之，上海人。以鐵筆見稱，渾老遒勁，有蠆尾盤曲之勢。自謂秦章漢篆，得之心而應之手云。

張琛，字貞白，松江人。蘧仲玉名之璞，朱文豹名蔚，姚叔儀名秦，張公玉名其琛，楊長倩名士修，其中惟公玉不甚行世，余每惜之。長倩住泖上。所刻亦少。

張弘牧，號白陽山人，名譟儒林。刻印亦仿白榆，但刀法欠精神耳。

張濤，字青田，號子白，嘉興人。能篆刻，尤精刻竹，間作點染花卉，亦多韻致。

張安保，字石樵，儀徵人。刻印以秦漢爲宗，工詩，著有《味真閣詩集》十八卷。

張純修，字子敏，號見陽，古梗陽人。畫得北苑南宫之沉鬱，兼雲林之逸淡，蓋其收藏富而多所取資也。書法晋唐，尤精圖章。

張慶善，字心淵，嘉興人。篆刻工潤。著有《安雅堂印譜》八卷行世。

張溶，字鏡心，號石泉，婁縣人。工花鳥，無俗韻。精篆刻，鐫銅玉章稱絶，製鈕亦妙。

張文燮，號友巢，吴縣人，以醫名。摹印以圖整秀潤爲宗，晚年頗自矜重，不輕應請。

張曙，號玠菴，上海人。篆刻甚蒼老，名盛一時。

張與齡上舍，字芳遐，號杏初，又號涵虚，吴江人。子工寫生，似惲甌香，兼習分隸篆刻。收藏古人名印甚夥，輯《清承堂印賞》，錢塘趙次閑爲之序。

張繆，字子貞，號老薑，布衣。通篆隸，工鐵筆，善山水，筆意古秀，多參篆法。道光紀元陳雲伯大令宰是邑，欲以孝廉方正舉，辭不就，旋病歿。

張沇，字德容，號仲綏，叔未之兄也。性耆書畫，尤工篆刻，有《淳雅堂印譜》。

張逢源，字石渠，從公僑寓昭陽。善製印，法漢秦，意到筆先，摹皇象書尤爲古秀。鄧完白後，當爲嗣響。

張春雷，字安甫，邵埭人。畫梅法金壽門，亦善刻石，工穩秀麗，見賞曼翁，因以篆隱名其居。

張日烜，字載之，又字小同，叔未之姪孫也。長身玉立，聰穎過人，比長詩文之外兼善設色花果，亦妙解絲竹管弦，且精篆刻。有《同隱書屋印存》、《半野堂畫景》、《金石小補》諸書。

張奇，字心甫，廣陵人。善畫山水、人物、花卉，兼工篆籀印章。

張上林，字心石，叔未從子。好金石篆刻，喜吟詠。叔未有《清儀閣雜詠》，有和永寧磚詩。

張開福，字質民，號石匏，海鹽諸生，徵士芑堂先生子。家苦寒貧，時出遊吴會，所至搜訪殘闕於荒煙叢棘中，偶有所獲必欣然手拓以返。故論石匏之學，亦以考證金石爲深。少時工於韻語，頗爲前輩激賞，畫蘭克傳家法，歆毫瀋墨，清韻獨絶。

張嗣初，常熟諸生，私淑楊詠春。刻印能得漢法，早卒無嗣。

張瑜，字瑶圃，揚州人。篆刻古雅可喜。

張嶼，號玉斧，江陰人。恂恂儒雅，心細如髮，寫鐵綫篆刻顧云美一派，搨金石刻碑版。向館兩罍軒，刻適園宋元明畫册之萃山乃其父也。橋梓多材，後先輝映，吉金樂石中稱爲佳話。

張辛，字受之，海鹽人，芑堂從子。嘗爲張叔未先生刻印，先生極賞之。先生爲東南耆宿，清儀閣中收藏金石文字甚富，受之得窺珍秘，其業日進。後客京師，刻楊椒山諫馬市疏，工竣歿於松筠庵。

張定，字叔木，江蘇婁縣，諸生。善隸，工畫，刻印得秦漢法。

張□，字子和，海鹽人。石匏先生子，工篆刻，能鐫碑。

張熊，字壽甫，號子祥，又號鴛湖外史，秀水人。居毛家坊至道堂，堂右小室以有銀藤花一本，因名銀藤花館。工畫山水、人物、花果、蟲鳥，無一不精。至篆刻八分乃其餘技，所蓄名跡骨董甚夥，年八十有四卒于滬。

張光洽，字又峰，錢塘人。好金石，工篆刻，與次閑在師友之間。畫山水尤入奚鐵生之室，時戴文節以書畫爲海内所重，一見君畫稱爲畏友，片楮尺幅至今人争寶之。

張國楨，字鼎臣，錢塘人。以巡檢墮宦入閩，身弱多愁，幼遭亂離，納資爲末秩。工吟詠，善鐵筆。時趙撝叔在閩，名重一時，故刻印以撝叔爲師，頗有具體之譽。性簡傲，不輕爲人作，及壯年遽賦玉樓，故流傳尤少。

王寵，其先本吴江章姓，以父爲後於王遂爲姓，字履仁，後字履吉，號雅宜山人。吴人。以諸生貢太學，隨筆點染，深得倪黄墨外之趣。詩好建安三謝及盛唐文學，還固甚似之。書法酷摹大令，晚出己意，幾奪京兆價，徵明後推第一。讀書石湖之上，非省視不入城市。資性穎異，風儀玉立，温純恬曠，與物無争，人擬之黄叔度。弘治甲寅生，嘉靖癸巳卒，年四十。著《雅宜山人集》。

王穀祥，字禄之，號西室，長州人，嘉靖己丑進士，入詞選，仕至吏科代郎中，司選事。寫生渲染有法度，一枝一葉俱有生意，爲士林推重。中年絶不落筆，傳者贋本居多。書倣晋人，篆籀入體并臻妙，詞致清雅，抄録古文至數千卷。司選事時尚書汪鋐秉銓不公，穀祥持法不阿，因數與忤。念母老乞歸，而其兄故在，鋐用例格之，謫真定通判，遂歸養母，幾三十年。持身峻潔，不妄交一人。李默爲尚書，徐階當國，先後奏起之，不赴，或勸駕者，答曰：「豈有青年解綬白首彈冠者乎？」人有清望，年六十有七。

王時敏，字遜之，號煙客，又號西廬老人，太倉人，文肅公孫。以蔭官太常，兵後隱于歸村，畫山水法大癡，得其神髓，爲國朝畫苑領袖。工分隸，精鑒藏，有《西田集》。

王玉如，字聲振，號研山，松江南橋人。自題其譜云：余幼好觀古文奇字，既長愧學業無所就，輒因性所近，摹擬金石籀篆，試之以刀筆，聊用自娱。既又請益于從父曾麓翁，尤得擴所見聞。秦漢以來鐘鼎碑版暨元章、子昂、徐官、吾衍諸公所論著有通悟，親友因以朱白圖記見屬，謬爲稱譽。又云：吾家雪蕉中翰延曾麓翁刻花影集爲圖章，名其譜曰印賞，唐堂黄宫允序之，行有日矣，讀者當知余淵源所自云。

王兆辰，字康民，吴人，丁丑進士，現官潁州教授。工書法，摹印亦雅整。猶子心谷，諸生，亦擅是藝。

王澍，字虛舟，號篛林，金壇人。查昌岐論印絶句「鄭填徐貞木絶技擅同名，程邃許容他時號國工。最愛金壇王吏部，雕蟲遊戲亦通神」。

王錚，原名鑑，字幼瑩，號鞠人，上海人。善蘭竹，精篆刻，工詩。

王瑾，字亦懷，常熟人，其先自閩遷常熟。畫筆直入古人之室，王翬極稱之，兼篆刻。

王光祖，字雲湄，吴人。工山水，清腴可愛，兼長點染。作篆書鐫刻玉印，精琴理，通音律，明數術，醫復有名。

王旭，字赤城。書法類香光，鐫印似文三橋。畫不多作，露蟬煙柳，深得晚風殘月之致。

王桐孫，字穉堅，號約夫，長洲人，鐵夫先生之弟子也。工印刻之術，惜弱冠遽歿，名未甚彰。

王蔚宗，字亦顯，號春野，澮淵明府之父也。屢躓秋闈，僅以優貢生授宣城主簿。篆刻在雪漁、亦步之間。

王世永，號琴舫，直隸真定人，椒園廉訪之次子也，工鐵筆。

王宜秋，鎮洋人，喜篆刻，師王寄亭。

王錫泰，號秋水，吴江人，以孝廉官國子監助教。摹印蒼莽中有逸致，深自秘重，不輕爲人奏刀。

王錫璐，字均調，號墨癡，震澤人。幼入塾即好寫生，遊庠後歷試不得意，遂棄去。專心於畫，得白陽山人遺意，兼習篆刻。

王澤，字潤生，號子卿，蕪湖人。辛酉翰林，典試滇南，出守徐州，調江右，移疾歸。畫擅山水，精篆刻，著有《觀齋集》。

王用譽，字士美，號鷺客，嘉定人。以副貢就職指副揮。昔玉溪殿撰有畫狀元之目，君承家學，妙於點染，作印章亦古茂。

王素，字小某，維揚人。工士女花卉。

王應綬，改名申，字子若，麓臺司農第十九元孫。世傳畫學，海内推婁水正宗，兼擅篆隸鐵筆，皆能闖入古人堂奥。應萬廉山刺史聘，爲縮摹百漢碑於硯背，與原碑不差毫黍，誠傳世之作，墨林之鉅觀焉。

王雲，號石香，蘇州人。工篆刻，直逼元明。精書法，多宗六朝，爲吴中名手。生性孤介，終身不娶，嘗以道院爲家，亦奇癖也。

王道淳，字利仁，别字嚴求，江南人。少工篆隸，不輕以酬應。竹垞朱君往見，固請不可，人咸以爲迂細，詰其情，乃曰：「吾寶吾技，人知爲何哉？」後竟不復見人。悉心篆刻，删定史籀，年四十六歲以布衣終。

王禮，字禮仲，江都諸生。嗜古學，尤研心六書，篆宗張謙仲、吴承嘉，八分行楷擘窠正草靡不精妙，一時隴墓碑版金石之文多出其手。

王定，字文安，無錫人。更善製鈕，與楊玉璇、張鶴子齊名。

王爾度，字頃波，暨陽人。篆書刻印一以鄧完白爲師，嘗摹仿鄧印爲《古梅閣印賸》，絲毫無間。張玉斧嶼爲雙鉤邊款摹刻於木，時稱雙絶。

王同，字同伯，號肖蘭，晚號吕盧，仁和人，光緒丁丑進士，官刑部主事，以親老告歸。工篆隸，精小學，《石鼓》、《曹全》諸碑尤得神髓，長於校讐之學。著有《塘棲志》、《吕盧詩文集》。

方絜，字矩平，號治庵，黄巖人。精於鐵筆，刻竹尤爲絶技，凡山水人物小照皆自爲粉本，陰陽坳突，鉤勒皴擦，心手相得，運刀如運筆也。

方濬益，字子聽，桐城人。耑寫六朝藏金石，棄官後行道吴門。

方鎬，字仰子，號根石，又號敦讓生，儀徵人。篆隸刻印皆摹仿吴讓之，槖筆遨遊過吴門，見吴昌碩，能得其奥窔，搯金刻玉尤工絶，北魏書亦佳。有《敦讓生印譜》，惜早卒。

梁登庸，號惕菴，高郵人。著《陋室銘》、《九如》、《百壽》共三集，後附《篆要八則》。

梁雷，字曼雲，芷隣中丞之兄，文達公會闈所取士也。工書法，深於金石之學，兼精篆刻。又傍通繪事，偶作寫生花卉，以惲南田設色太濃，每以淡遠相勝，然不多作，零縑片楮，人皆寶之。

黄周星，字九煙，江寧人，崇禎庚辰進士，官户部，以文章名節自任。擅篆籀，工圖章，性骯髒難合，雖處困窮，不改其操，君子高之。後自溺水死。

黄宗炎，字晦木，一字立谿，餘姚人，人稱爲鷓鴣先生，忠端公次子。崇禎時明經甲經，後隱遊石門、海昌，賣畫自給，宗小李將軍、趙千里〔一四〕。工繆篆，善製硯，著有《周易象詞》、《尋門餘論》、《學圃辨惑》諸書。

黄庭，字夢珠，號寶田，錢塘人，樹穀子。著《蔗餘集》、《緑萍集》，江炳序略曰：亡友黄君松石有令子曰夢珠，年少勵學，才致横溢，發爲歌聲，駭奪時豔，以貧故奔走燕趙齊魯間，與四方前輩名宿上下，其議論排韻角逐，莫之或先也。朱文藻云：寶田先生居武林門外散花灘，嘗以事累遣塞外終，小松司馬兄也。

黄恩長，字奕載，號蒼雅，長洲人。花卉宗南唐徐氏，人物山水工細，學仇十洲。尤精篆刻，有《敦好齋印譜》、《千頃堂畫譜》。

黄德源，字茂叔。洞曉音律，嘗於市中得古鐵簫，品之有異聲，因爲號。工山水蘭竹寫生，善篆刻。

黄正卿，能詩，雅逸清超勝者儲孟之間，而古文摹印自成作者，近代何朱之學無以過之，要不離乎秦漢者近是。

黄壽鳳，號同叔，吴縣諸生。刻石仿文何，篆書學錢十蘭。

黄士陵，字牧父，安徽人。好金石，工篆刻，客吴愙齋中丞幕府。愙齋輯《十六金符齋古銅印譜》，裒集摹拓皆牧父與尹伯圜手定者也。

唐英，字俊公，一字叔子，號蝸寄老人。漢軍人，粵海關監督。工宋人山水、人物，能書，詩有清思，榷兩淮、九江、珠山、昌水，見之筆墨者爲多。曾主官窑事，製器甚精，今稱唐窑。嘗親製書畫詩，付窑陶成屏對，尤爲奇絶。著《陶人心語》。

湯綬名，字壽民，武進人，雨生長子，襲雲騎尉。工篆隸行楷、鐵筆、墨梅、山水，幼即工琴，年四十五卒。有《畫眉樓摹古印存》。

汪士慎，字近人，號巢林，休寧人，流寓揚州。善墨梅，又畫花卉，與張乙僧金勈齊名。工詩，有《巢林詩集》。

汪啟淑，字慎儀，號秀峰，又號訒菴，歙縣人，官至兵部職方司郎中。居婁縣金沙灘，癖愛古刻，家中開萬樓藏書數千種，兼喜篆籀，窮搜歷代圖章，編成《集古印存》、《飛鴻堂印譜》、《漢銅印叢》、《退齋印藪》以及各種印譜共成二十七種。

汪炳，字虎文，休寧人，其先人官京師，虎文又燕産也。于書法特有家學焉，甲申以後，挈家南還，僑居武林。見朱修齡印譜即仿之，一捉鐵筆即能度越其妙。再遊維陽，遇程穆倩，彼此出印譜相證，穆倩歎服，握其手曰：「子既以此得名矣，吾又攘其美，吾不爲也。」

汪徽，字仲徽，婺源人。詩極壯麗，工八分書，性傲岸，時以方盧梗云。

汪以滂，休寧人。篆刻爽秀精勁，尤工鐘鼎。

汪濤，字山來，休寧人。多膂力，人呼爲夢龍將軍，真草隸篆以及諸家法書，無所不精，大則一字方丈，小則徑寸千言。鐵筆之妙，包羅百家，前無古人。岳陽樓額字徑丈，乃濤所書也。

汪士通，字宇亨，號東湖黔人，爲蕭山知縣。山水仿董巨，精真草篆隸、鐵筆。居官頗著循聲，崇祀鄉賢，私謚文潔先生。

汪鴻，字延年，號小迂，休寧人。錢塘陳曼生官溧陽，袁浦、小迂皆客幕中，故其所學咸得力於曼生。工鐵筆，凡金銅瓷石竹木磚瓦之屬，無一不能奏刀。花鳥尤長，以南田新羅爲師。

汪之虞，本名照，字翳卿，桐鄉人，爲徐問蘧婿。少年好學，嘗從西梅、石如、次閑諸君遊，書畫鐵筆俱有師承，惜早卒。

汪潭，字静淵，號夢鶴，錢塘人。工於刻竹，與同里虞君倩相伯仲，偶涉筆石章亦佳。

汪西谷，又字快士，以賣印篆爲遊，貲既足即不能得矣。著有《黄山印篆遺册》。

汪文錦，字繡谷，善詩詞，書篆籀精於鐵筆。

汪鏷，原名蔚，字嘯霞，長沙人。精鐫碑版，善篆刻，嘗以丁黄印摹刻爲帖，并旁款均不差累黍，名曰《壽石山房印存》。

汪行恭，字仲行，號子喬，錢塘人。光緒乙亥舉人，官内閣中書。廣交遊，善飲酒，意興豪邁。精於許氏學，下筆無俗字，説經專主鄭司農。庚辰卒於都門，年僅二十有九。著有《景高密齋經説》。

彭年，字孔嘉，號隆池，吴人。以文行舉郡諸生，尋謝病免。書法初工小楷，繼習行草，酷類子瞻，兼精繆印。

荊青，字藥門，丹陽人。能詩，工篆刻。

程以辛，穆倩先生仲子也，字萬斯。工篆刻，頗克承乃父之志。

程士璉，字商始，號松庵，常熟人。工寫墨蘭竹，精篆刻兼詩。

程德椿，字受言，歙縣人。工篆刻，有《十友齋印賞》、《四執園印林》。

程坎孚，吴江人，居吴江之平夢。從籜石先生學，寫花卉并善人物篆刻。

程東一，字桐生，號萍薌，吴江人。工古隸，善鐵筆，尤長於畫，山水花卉人物靡不佳妙。

程庭鷺，字序伯，號蘅鄉，嘉定諸生。畫清蒼渾灝，逼近檀園，輯《練水畫徵録》一書，尤有裨於文獻。兼擅鐵筆，由丁黄以溯秦漢。

程嶠，字方壺，歙縣人，官浙江鹽場。工摹印，爲趙撝叔大令門下。

程培元，字浣芝，嘉善諸生，又韋孝廉之孫。工書畫，富收藏，治印摹元人法。

程兼善，字達卿，嘉善明經。工篆書詩文，治印長於工緻。子康年，茂才有父風，惜早世。

程兆熊，字孟飛，歙縣人。工書翰，於大小篆、八分、行草皆妙。

丁元公，字原躬，嘉興布衣。工書，精繆篆，善寫意山水。晚年爲僧，名淨伊，字願庵，嘗遍訪歷代佛祖高僧真容，迄明季蓮池大師，繪爲巨册。

丁元薦，號長孺，長興人。著有《名山言海》印譜二卷。

丁柱，字徵庵，泉唐人。刻印蒼勁，賣篆市中，問奇者履常滿焉。

劉衛卿，字夢仙，南街人。博識古篆，刀筆古樸，傳趙時朗、趙端、汪以滂。時朗，字天醉，舊市人。書畫入妙，同姪又吕則古樸渾雅。以滂西門人，秀爽精勁，尤工鍾鼎。

劉運齡，號小峰，吴縣人，諸生，蓉峰觀察子也。蓉峰營園林於吴門花步里，曰寒碧山莊，延王苿畦孝廉於家，肄書讀畫，討論風雅，小峰耳濡目染，遂以翰墨名家。刻印古雅有法，得其鄉先輩停雲風韻。

劉穉孫，字復孺，又號七芝居士，吴縣人。得蘇眉山先生書法之奥，尤工秦漢篆刻，名擅一時。

劉漢，字倬雲，儀徵人。摹印古峭。

劉鳳岡，字鳴玉，能詩兼工篆。

周亮工，字元亮，號櫟園，又號減齋，河南祥符人，移家白下。明崇禎庚辰進士，由濰縣令行取御史，國朝授兩淮鹽運使，歷户部右侍郎。好古圖史書畫方名彝器，著《讀畫録》、《印人傳》、《賴古堂詩文集》。

周天球，字公瑕，號幼海，長洲人，文待詔之弟子。

周道，號瑶泉，華亭人，諸生，鞠人學博之弟。工書畫圖章，所居有看山讀畫樓，昆季讀書其上，王子卿侍御繪爲圖，一時名流題詠殆遍。

周蓮，字子愛，又號己山，婁縣人，戊辰副貢生。鐵筆秀潔，婉轉多姿，畫兼山水，書兼真行篆隸。

周昉，字浚明，崑山人，原籍錢塘。寫山水人物花鳥，兼工詩文，書法褚虞，花卉參顔柳，能篆刻。

周紹元，字希安，松江人。爲思兼子，早孤，攻苦績學，年二十困于病，杜門學詩，隱居自娱。工八分，精篆刻，所著有《我貴編》。

周閑，字存伯，秀水人，官江蘇新陽令。善畫花卉，渾樸高古，性簡傲，喜遠遊，家鄉鮮有識之者。著有《范湖草堂詩文稿》。

周丹泉，吴門人，能燒陶印，以堊土刻印文，或辟邪、龜象、連環、瓦紐，皆由火範而成，色如白定，而文亦古。

周經，字權之，揚州人。與北湖楊秋江，以寸石刻《漏室銘》，鬼斧工，誠絶技也。

周之禮，號子和，長洲人，王石香入室弟子。專刻牙竹，有阿芙蓉癖，故刻甚少，吴門舊家間有所藏。

侯文熙，字曰若，一作越石，無錫人。精篆刻，宗文三僑而蒼勁過之。都下王宗立度得其傳，前此以鐵筆名者，有倪雪田，以晶玉擅能者，吕柏庭高培，青田凍石，尤極千古。

林嶶，字質夫，號石峰，閩縣人，通篆籀，正德丁丑進士，授大理評事。

林應龍，字翔之，温州永嘉人，精於篆隸，爲印局大使。

林鴻，字茶生，江都人。刻印法陳曼生，善畫。

林皋，字鶴田，一字鶴顛，常熟人。虞山張若雲序其譜曰：「林君莆田苗裔，海嵎僑宗，少耽古芬，長具逸翮，吞丹篆一弓於夢中，走青蚓百枚於腕下，五都索厭，時呼抛磚，半夜鐫狂欲撾鼓，蓋人之求者如鐵網珊瑚，而君之秘焉等金壺髓汁矣。」

金湜，字本清，號太瘦生，又號朽木居士，鄞人。正統辛酉舉於鄉，以善書授中書舍人，至太僕丞。竹石甚佳，鉤勒竹尤妙，善法篆隸，行草綽有晋人風致，善摹印篆。

金農，字壽門，號冬心，又號司農，又稱稽留山民，錢塘布衣。書得古趣，在隸楷之間。工畫梅、寫佛像，自署昔耶居士、心出家盦粥飯僧。印章擺脱文何，浸淫秦漢，著有《冬心集》。

金申之，工詞賦，善篆刻，字皆絶人。

金作霖，號甘叔，吴江人，諸生。與春水諸人結香詩社，詩筆書法皆工，篆刻仿漢，平生不妄交，不輕奏刀，以故知者頗少。

金雲門，精於鐵筆，鐫石刻竹均能摹古，而筆法之妙，結構之精，種種耐摩揣。

金邠居，字嘉采，號曹門。善金石，出遊東瀛，以賣字爲生計。生平爲人落拓不羈，故後料量俱出朋友，管鮑之風猶有存焉。

金度，字公度，嘉興布衣，業醫。入陳蓮舫比部之室，詩書畫篆皆出自天然，力矯時習。

金鑒，字明齋，錢塘人。性躭書畫，精鑒别。工書，似梁山舟學士。善圍棋，江浙中幾無與匹敵，亦能刻印。

金爾珍，字吉石，號少芝，又號蘇盦，秀水人。書學鍾王，尤喜學蘇眉公。山水雅有宋元人風格，嗜金石刻印，亦工緻有法〔一六〕。著有《梅花草堂詩》。

談懷壽，字壺山，德清人。善八分，絶似伊墨卿太守。能治印。

甘暘，字旭甫，號寅東，秣陵人。著《甘氏印正》，其書後曰：「暘癖古印久矣，摸擬間有不得者，雖廢寢食，斯必得之。古人心畫神跡，遂慧與千之一二矣。」

嚴栻，字子張，大學士訥之孫，中書舍人澤之子。少穎悟，工書畫，篆刻，兼善騎射。崇禎甲戌登進士，知信陽州。

嚴坤，字慶田，號粟夫，歸安人。工繆篆，詩筆倔強，著有《溲勃叢殘》。君爲人沖和樸實，論印一以鈍丁、曼生爲宗。

嚴翼，字晴川，號退廬，爲兆騏子。工畫，兼善篆隸鐵筆，惜不永年。

嚴漢生，鄞縣人，遊四方數十年，以篆印名於時。

閻左汾，王士禛《蠶尾文集》跋左汾印譜云：「左汾文章妙一世，遊藝篆刻，不肯屈曲以趨時好，而唯古是師，其於文章亦猶是矣，藝云乎哉。」

再續印人小傳卷三

仁和葉銘葉舟采輯

董漢禹，字滄門。善寫松竹，精治端硯，工篆刻。

董熊，號曉庵，湖州人。善篆刻，爲人誠謹真率，無趨炎之態，每爲知己所作必精心摹仿。咸豐辛酉卒於滬。爲曉庵知己者，無不爲之垂淚。

孔千秋，號瑶山，江陰布衣，敦行好古，精究六書，著有《説文疑疑》。偶遊城市，見漢銅印一方曰孔千秋，愛不能釋，解襆被易之歸，遂自名千秋。又得奇石高尺許，巒壑甚美，文徵仲署刻瑶山二字其上，因自號瑶山。其刻字與俗工異，畢氏《經訓堂帖》多出其手，以鐵筆世其業。子昭孔，號味茗；孫憲三，字省吾；省吾之子曰慶鬚，爲申耆先生弟子。

項炳森，字友花，吴興人，爲江省儒吏，道光初年爲沭陽令，頗著循聲。公餘喜鐫刻，深得曼翁法。一日與祝君二如弈，觀者謂兩君誠二友如花，以其品而稱其號也。

項綬章，字芝生，賦棣子，錢塘嘉慶戊寅舉人，官福建同安縣。

史榮，字漢桓，一字雪汀，鄞縣人。善花卉，熟於十七史，尤精小學，工詩文及篆刻。

史煥，字仲晨，吴江人，生長京師。工篆刻，上追秦漢，然不輕爲人作，年甫三十遽卒。

紀大復，號半樵，上海人。鐵筆在文何之間，隸書仿鄭谷口。

李流芳，字長衡，嘉定人，萬曆丙午舉於鄉。工詩善書，尤精繪事，天啟初，會試北上，抵近郊聞警賦詩而返，遂絶意進取。年五十五病咯血而卒。

李文甫，金陵人，《印人傳》：「三橋所爲印皆牙章，自落墨而命文甫鐫之。李善鐫箑邊，其所鐫花卉皆玲瓏有致，公以印屬之，輒能不失其意，故公牙章半出李手。」

李希喬，字遷于，號石鹿山人，歙人。長於竹石人物，工篆刻，鉤勒法帖，斲竹鏤刻如寫生，稱絶技。

李樹穀，號東川，晚號方翁，河南夏邑人。乾隆辛卯舉人，官湖南祁陽縣，有政聲，以讒罷去。清風兩袖，賣畫以食，天性好飲，善寫山水，寥寥數筆，自足生趣。篆刻之妙，直逼秦漢。

李鏞，字山濤，嘉興人。畫蘭法何其仁，能取其長而滌其習，兼精金石篆刻。

李崇基，字得安，上舍光映孫。父奇昌，字若吾，監生，嗜古工篆刻。崇基亦工鐵書，刀法蒼勁，能入漢人之室，尤善摹古，雜印藪中未易辨也，最爲張解元廷濟所稱。

李汝華，號松溪，鎮洋人。弱齡嗜畫，與其族曉桐大令講貫六法之秘，凡人物花鳥雜品，下筆便得神。山水亦工，善篆隸，精鐵筆。

李聘，字一徵，善隸書，得漢禮器諸碑法，精於賞鑒，兼工篆刻。

李明善，工印篆，摹秦漢法入古，王彝作《印説》千餘言遺之。

李奇昌，字若谷，嘉興人，觀妙齋光映子也。若谷子得安崇基兩世，均善鐵筆。

李弄丸，鍾伯敬云善玉章。

李效白，原名堃，字嘯北，儀徵人。寫生法新羅山人，鐵筆師秦漢，金石竹木無奏刀，亦復各極其妙。

李含光，甘泉人，孝感之子。少工篆籀而隸書尤精。賞之者謂賢於其父，因投筆不書。

李栩，字蝶厂，江西人。工篆刻，能攻堅，所治晶玉與石章無異。以爲翡翠太燥，瑪瑙則堅滑無匹，然亦能治之，不可多得也。

許儀，字子韶，號鶴影子，又號歇公，無錫人，官中書。窮舅氏李采石技，軼出其上。山水、人物、界畫、花鳥、蟲魚無不盡善，没骨點綴得徐熙法，能寫照花下。印章每以手畫成，真絶技也。善篆籀圖章，尤通醫理，卒年七十有一。著詩集甚夥。

許容，字默公，如皋人，官閩中。善山水及著色芭蕉，諱而不作六書小傳，圖章不讓秦漢。著有《印略》、《印鑑》、《谷園印譜》、《韞光樓印譜》，又輯《篆海》數十卷。

許初，字復初，一字元復，吴縣人，官漢陽府通判。工小篆，莊整而秀，兼善楷草。

許奎，號西雲，嘉善之胥塘人。鐵書蒼勁，年五十餘以窮死。

許希沖，原名蔭堂，字子與，一字壽卿，號默癡，青浦人，嘉定錢宫詹婿。善書畫，書於晋唐宋元罔不藪討，畫於梅菊蘭竹外間作設色小品，逸韻天成。又喜作印章硯銘，遊戲奏刀，神與古會。

許瓚，字玉槃，師六太史從孫也。工小篆，善鐵筆，著有《鹵亭印譜》。

浦寶春，字少篁，嘉善諸生。畫山水，兼刻印章，極有功候，惜少神韻，殆天分未超耳。

杜拙齋，葑溪人。工分隸，藏漢人殘刻極多，又善鐵筆，性嗜菊，嘗乞吴下畫家合寫菊花長卷。王惕甫先生題菊隱二字，因自號菊隱散人。

米漢雯，字紫來，宛平人，順治十八年登第。工書畫，仿米南宫，尤工金石刻。

閔雲，字魯孫，錢塘人。善畫蘭，工篆刻，師陳曼生。性好交遊，座客常滿，有漢陳遵之風，後卒於滬。

阮常生，字彬甫，號小雲，儀徵人，芸臺先生之伯子也，以蔭生官至清河道。隸書渾厚，鐵筆古雅，在三橋、修能伯仲之間。

阮惟勤，字拙叟，江蘇奉賢諸生，官浙江主簿。書學魯公，畫宗襄陽，印摹松雪，詩近香山，各極其妙。

阮汝昌，字壽鶴，奉賢諸生，正紅旗教習，官至直隸知府。善摹鐘鼎文字，家藏比干銅盆，治印有漢人風趣。

管平原，又號金牛山人。博古畫，尤精六書，著有印譜。

趙宧光，字凡夫，太倉人，入貲爲國子生，豪華自喜，中歲折節讀書，不肯蹈常襲。故廬居寒山親墓旁，手闢荒穢，疏泉架壑如畫圖，一時勝流争造焉。所著書數十種，尤專精字學，《説文長箋》其所獨解也，篆書亦精絶。

趙彦衡，字允平，漳浦人。有巧思，能作指南針、自鳴鐘，尤究心西洋算法，洞悉其義，兼工篆刻，能詩。

趙煦，號籧樓，揚州人。工繆篆，有浙中鈍丁、曼生諸公風致。著《愛蓮説印譜》。生平重友誼，能緩人之急，花甲將周，未聞伉儷，梅妻鶴子，有和靖之風。

趙大晋，號夢庵，又號夢道人，錢塘人，生於吴門。年甫弱冠即工篆隸，好古棋〔一七〕，篤鐵筆，有丁黄遺意。

趙野，字堯春，號雪蘿，天津人。明經不仕，惟以金石刻畫自娱。其所鐫印稿刀法神似何不違，知其於寸鐵中非草草下筆者。又工詩，有《版扉集》。

趙時朗，字天醉，休寧人。書畫入妙，篆刻蒼健嚴緊。

趙又吕，時朗之姪也。篆刻古樸渾雅。

趙學轍，字季由，號蓉湖，陽湖人，嘉慶己未進士，由御史出守湖州。書學米南宫而上窺顔平原，晚年專學思翁，戲寫墨蘭。篆刻精朱文，自謂得沈凡民秘傳，恐妨於目，三十後即棄去。

趙福，字小莊，銅山人，工詩畫兼善古篆，爲人慷慨好友，官邵埭十年，屢蒙卓異，至瓜洲千户，麟河帥慶嘗稱許之。著有《容止齋印譜》。

趙蓮，字凌洲，號玉井道人，海鹽棲真觀道士。工寫梅，善吟詠，所居盆花拳石位置楚楚，交遊多一時名士。

趙懿，字穀庵，號懿子，錢塘人。摹印學陳曼生，書亦似之，兼工畫梅，學金冬心。

喜飲酒，不治生産，流寓江淮，鬱鬱不得志，以貧死。

趙之琛，號次閑，錢塘處士。精心嗜古，邃金石之學，篆刻得其鄉陳秋堂傳，能盡各家所長。曼生司馬首推之，阮文達刊《積古齋鐘鼎款識》，半出布衣手寫。兼工隸法行楷，畫山水師大癡、雲林，間作草蟲花卉無不佳。終年杜門，棲心内典，時寫佛像，名其室曰補羅迦室。

趙遂禾，字稼雲，號嘉生，又號南徐畫隱，鎮江人，世家子也。工詩，精篆刻，所作花卉筆意秀逸，山水規四王。嘗遊大江南北，名區勝跡靡不周覽，故落墨瀟灑，令人作志在千里想。

趙之謙，字撝叔，號益甫，别字冷君，又號悲盦，會稽人，咸豐己未舉人，旋以知縣分江西，一爲南安縣，卒於官。於學無所不窺，讀書丹黄爛然，書畫奇逸天成，刻印能奪完白之席而獨樹一幟，著《續寰宇訪碑録》。

趙穆，字穆父，號仲穆，毘陵人，流寓杭州。工刻印，幼學吴讓之，後乃追蹤秦漢，别樹一幟，一時從學者甚衆。亦工篆書，有《孔廟先賢姓氏爵里印譜》。

趙于密，字伯藏，號疏盦，湖南武陵人。諸生，署江西建昌府知府。喜收藏吉金樂石，充溢几案。書畫詩文皆有逸氣，工刻印，規摹周鉨秦漢，不尚時趨。

鮑鑑，字冰士。善畫梅，寫牛尤足赤幟藝林，兼工篆刻。

鮑言，號聽香，桐鄉之烏鎮人，淥飲先生之孫也。篆刻仿丁鈍丁。

保逢泰，字極蟠，號仙巖。善寫生，尤長蝴蝶，未冠即工篆隸鐵筆，詩有《仙巖詩鈔》。

馬咸，字嵩洲，號澤山，平湖人。工山水，兼南北兩派，倣小李將軍，尤渲染工細。兼工繆篆，精小楷，凡番舶入市必購其畫以歸。

馬文煜，字起留，吴江人。工書畫篆刻，兼精於醫。

馬行素，字稼儒，晚號南漁。讀書好古，精於篆刻。

蔣仁，原名泰，字階平，號山堂，又號吉羅居士、女牀山民，仁和布衣。工篆刻而行楷書尤佳，彭進士紹升推爲當代第一手。阿林保官運使時延之入署，偶爲書蘇詩，有「白髮蒼顔五十三」之句，遂以病辭歸，乾隆乙卯卒，年適符其數。

蔣確，字石鶴，松江人。專畫梅花，後學公壽行道，踵門求者日盛，生性放蕩，具見天真，後出天花而歿。

蔣節，字幼節，上海布衣。博雅好古，工詩書畫，嘗執贄何子貞、莫子偲二公之門。兼工摹印，得漢人神髓，有《安蹇劣齋詩文集》。

鈕福疇，號西農，烏程人。家素封而雅嗜篆刻。

鈕樹玉，字非石，吴縣布衣。往來齊魯、吴楚間，然性嗜縹緗，又好校讎考訂，遇有漢碑善本及經世之書，必録而藏弆，并通音律。

沈野，字從先，吴郡人。著有《印談》。其書云：「余昔居斜塘一載，此中野橋流水，陰陽寒暑，多有會心處，鉛槧之暇，惟以印章自娱，每作一印，不即動手，以章法字法往復躊躇，至眉睫間隱隱見之，宛然是一古印，然後乘興下刀，庶幾少有得意。」又云：「余有《印評》二卷，大都類嚴子羽評詩法。因中多有所譏託，付之丙丁。」

沈焱，字殿秋，號瘦沉，華亭人，獅峰先生之曾孫也。其尊人諱堅者，曾官浙江天台，會稽等縣。寬厚慈和，爲上游所推重，其内助尤賢。殿秋幼無紈袴習，長通書善篆刻，寫山水筆意挺秀，頗得獅峰先生流風餘韻。性疎冷，不耐治生産，亦不喜通賓客。居恒相識者，或投以尺縑片石，往往庋閣多時，難得其奏刀揮翰，故其藝之精，即在同郡人知之者亦甚罕。

沈鳳，字凡民，號補蘿，江陰人。受書法於王吏部虛舟，工鐵筆，善山水，以國學生效力南河，歷署同知，七攝縣篆。於吏事非所喜，自言生平篆刻第一，畫次之，字又次之。其畫多乾筆，瀟灑縱逸，志在元人，嘗臨倪元鎮小幅，鑒者莫辨。篆刻有《謙齋印譜》行世。

沈剛，字心源，號唐亭，婁縣人。嘉慶戊午舉人，官寧海縣知縣。工墨梅蘭竹，書法在我鄉董張兩文敏之間，偶作小印，秀飭可玩。

沈潤卿，長洲人，嗜古甚篤，摹孟思之不及見者通計若干，印譜無刻本，潤卿刻之，以孟思與己所摹者併刻焉。

沈心，字房仲，仁和人。厲鶚《樊榭山房集》有和房仲論印詩十首。

沈淮，字均甫，號胎簪，桐鄉人，官山東知縣。曾於郭友三行篋中見其手製，知於此道非率爾操觚者。

沈綸，字石民，常熟人。工書畫，善篆刻。

沈遴奇，字子常，一字觀侯，號章谿，慈谿人。早歲即補弟子員，以好事蕩其家產。工書，尤精篆印，深得梁幼從先生法。

沈翃，字映霞，昭文縣人。善畫菊，工草書，琢硯鐫印，尤愛鼓琴。詩宗唐賢，尤工五絕。

沈道腴，字淡庵，監生。工詩，兼篆刻。子愛蘐，字琴伯，克承家學而鐵筆尤精。馮太史登府跋其印云：「鈍丁不得專美，次閑何足爭長。」非虛譽也。能詩，兼善醫。

沈錫慶，半桐居士之子也。字咸中，號秋巒，後改名桂銑。詩文妍麗，真隸書俱工整，尤工篆刻石印。

沈雷，字筤溪。工篆刻，善隸書。不能家食而遊客九峰三泖間，多攬環結珮之好。

沈壬，字斯立，工隸書篆刻。

沈國淇，號少石，秀水人〔一八〕，善詩詞，尤精篆刻。

沈□□，字石泉，秀水人。能篆刻，惜早卒。

沈近光，字石甫，嘉興諸生。書行草峭拔，喜摹黄涪翁畫，工篆刻。咸豐庚申，全家陷於賊，僅與其子甫十餘齡偕，遁轉徙他郡，窮餓以死。

沈琴伯，字愛蘐，嘉興梅會里人也。工篆刻，出入秦漢，古雅渾厚，專講秦刀，其邊款必署明用單刀法或用舞刀法之類，抑亦奇也。馮柳東太史跋其《卍雲小築印譜》云：「詰曲參差，漢印之妙訣也，鈍丁不得專美，次閑何論焉。」其推重如此。

范風仁，號梅隱，嘉興人，寄寓吴江笠澤上，工畫梅，故自號梅影。其篆刻尤精古。

宋思仁，字藹若，號汝和，長洲人，爲山東糧道。蘭竹雅韻，好鑑古，精篆刻，多蓄古印章。著《印譜》，詩有《槖餘存稿》、《廣輿吟》，兼通星卜堪輿。

宋葆淳，字帥初，號芝山，晚號倦陬，山西安邑人，乾隆癸卯舉人。善山水，精金石考據之學。性傲岸不羈，官隰州，年餘即告歸。遊跡半天下，所至以詩畫名，每自評其藝曰：「畫爲上，詩次之，文次之，字又次之。」善水墨，筆意甚奇肆，兼南北兩宗，得元人古趣。書法唐人，亦遒樸可愛。又聞芝山客京師時，每值坡仙生日，輒于蘇齋設祀。丁丑歲客吴門，年七十矣。吴玉松《虎邱雜詩序》云：「宋芝山晋之老宿也，壿博能古畫。」詩云：「藤杖敲門鬢似銀，鼎彝制古管絃新。雲山一幢貽知己，可是尋常潑墨人。」

季開生，字天中，泰興人，順治己丑進士。少年時輒喜臨仿宋元名跡，後遊蘭溪睹富春嚴灘之勝，故邱壑深邃，山頭俊拔，大得子久三昧。官都諫，以直言著稱。弟振宜，字滄葦，官御史。好古下士，望重中朝，海内有季氏雙鳳之目，詩筆畫筆均俊爽有奇氣。

魏閬臣，號又虞，桐人。所刻紫檀黄楊印甚工緻，文人之作也。

顧藹吉，字畹先，改字天山，號南原，吴縣人，以貢生纂修得官，終於儀徵。學博，精繆篆，工分書，兼長山水。

顧元成，號松谿，吴縣人，秀野太史後人。篆刻秀整，尤工牙章。

顧蕙生，號竹埼，無錫人，國子監生，蘇州學博敏恒子也。家世自明以來世工詩筆，幾於人人有集。竹埼兼精篆刻，酌於秦漢元明之間。素志澂淡，歷遊諸侯幕府，以渡臺勞賜六品銜，然其意泊如也。

顧振烈，字雪莊，昭文人，善山水，又工篆刻，其畫中每作草房三間，人謂之顧三間云。

顧仲清，原名康孫，字咸三，號中村，又號松壑處士，玘徵孫，增生，入太學見賞於王阮亭、湯西厓諸前輩。著述甚富，兼善丹青，以畫蝶擅名，當時稱爲願蝴蝶。篆刻法徐士白。

傅山，字青主，太原人，康熙己未薦舉博學鴻詞。工詩文，善畫，兼長分隸，尤精篆刻。收藏金石最富，辨別真贋百不失一，稱當代巨眼。有《霜紅龕集》。

蔡召棠，字聽香，震澤歲貢生，晚年謁選爲廣文。博學多能，畫法挺秀，兼善隸古。與人酬應所用印章皆自製，精雅絶倫。

蔡照，原名照初，字容莊，蕭山人。善刻畫金石，論者方之新安黄君蒨。他如竹碑版，罔不精妙。任渭長以畫名海内，所繪《列仙酒牌》，君手刻也，其奇巧工細，真有觀止之嘆。

蒯增，字小亭，江蘇吴江人。刻竹治石，皆得天趣，性極脱略。

蒯文廖，字韻春，揚州人。篆隸法鄧完白，與其蕉庵齊名，時稱二蒯。

戴啟偉，字士奇，號友石，休宣人。嗜古好學，以所摹秦漢以逮元明及自刻之印集成一函，名曰《嘯月樓印賞》。

戴熙，字醇士，一字蒓谿，號鹿牀。錢塘人，道光壬辰進士，官兵部右侍郎。詩書畫并臻絶詣，山水尤兼董巨之長，入直南齋，屢邀宸賞。以疾乞歸，咸豐十年，粤賊陷浙，以督辦團練事殉於難，贈尚書，謚文節。有《習苦齋集》。

戴以恒，字用柏，錢塘文節公從子，予受業師也。善山水，得文節公正傳，與滬上楊伯潤、張子祥諸君齊名，弟子滿百人，遠至日本、朝鮮皆願執弟子禮來見，其名重海外如此。夙工刻印，然繪事踵接，不輕爲人作也。著有《醉蘇齋畫訣》行世。

戴並功，字行之，上元人。腕力甚健，能以寸鐵刻玉如畫沙然。有人以碧霞玜小印令刻眉語樓三字，刻成語人曰：世間最剛之物恐無以逾此。周存伯大令鑄鐵笛一枝，行之爲刻龍腸二字，以鐵刻鐵，不覺其難也。

戴滄林，號景遷，蘇州人。喜金石書畫刻古篆，舊藏磁器甚多，金石家之巨擘也。唯境遇迍邅，室無儲積，不免有天阨才人之嘆。

萬允誠，鄞縣人。善書，工篆刻。

萬承紀，號廉山，江西南昌人，以明經入楚佐戎幕，頗著猷略，後官江南南河同知。山水仿小李將軍，篆書有《石鼓》、《繹山》遺意，作印似雪漁、不違。

邵光詔，號飭益山人。師事程松益，工篆刻。

邵潛，字潛夫，自號五岳外臣，江南通州布衣。《漁洋詩話》云：「邵潛，萬曆間詩人，錢牧齋亟稱之，性孤僻，凡數易妻，晚竟無子，僑居如皋，年八十矣。」《池北偶談》云：「邵潛夫，性傲僻不諧，俗人多惡之。所著《友誼録》、《循吏傳》諸書多可傳者。」陳其年云：「古今文人多窮，未有如邵先生者，聽其言愴然如劉孝標所自序云。」

邵士燮，字友園，號范村，又號桑棗園丁，蕪湖諸生。工詩，善分隸篆刻，尤嗜畫。

邵士賢，常熟諸生，汴生中丞族兄。受業趙次閑，好飲酒，善金石，刻浙派，不輕示人。性兀傲不群，爲人所欽。

謝廷玉，字雪吟，金山縣人。好以水墨寫生，仿米氏雲山，世珍之，尤工篆刻。

謝黄山，新安人，手筆逼秦漢，晶玉尤絶。

謝庸，字梅石，吴縣人，楊龍石高弟。工篆刻，尤善鎸碑，爲吴中第一手。歷遊粤東兩浙，所至索者踵接。著有《梅石盦印譜》。

夏允彝，字彝中，華亭人。弱冠舉於鄉，好古博學，工屬文，是時東林方講學蘇州，高才生張溥、楊廷樞等慕之結文會，名曰復社。允彝與同邑陳子龍、何剛、徐孚遠、王光承輩亦結幾社相應和，名重海内。

夏寶晋，字玉延，高郵人，以名孝廉官雁門刺史。精於篆刻，兼長倚聲，著有《琴隱詞》。

華半江，無錫人，精大小篆，兼精鐵筆。其論篆云：「流弊至草篆，識者所心鄙。」守正不徇人，汲古搜奇，根柢秦漢。印歌云：「纖綺怪僻非康莊。」數語盡之。

鄭梁，號禹梅，又號寒村，慈谿人，黄梨洲先生弟子也。以篆刻名，善山水，暮年右臂不仁，以左手作畫，饒別致。有《曉行》詩最佳，人呼爲鄭曉行。

鄭燮，字克柔，號板橋，興化人。乾隆丙辰進士，官山東濰縣知縣。書有別趣，善蘭竹，印章筆力樸古，逼近文何，後以病歸，遂不復出。有手書《板橋詩鈔》行世。

鄭之鼎，字台軒。工於倚聲，得兩宋風格，同時維揚以詞鳴者，如秦玉笙、王寬甫、周雨窗、夏瘦生、周筱雲數人而已，台軒尤精篆刻，用筆雅秀。

鄭公培，字子元，號葭村。善篆刻，徐貞木弟子，有印譜。

鄭魯門，濟寧布衣。精於鐫刻，手摹秦漢官私印文五百種，幾欲亂真。

孟毓森，字玉笙，維揚人。工鐵筆，山水尤妙。庚戌遊袁浦，寓普應禪院，一夕晨起盥水畢，無疾而逝。

鄧琰，字石如，懷寧人。其名避仁宗廟諱，以字行，更字頑伯，又號完白山人。少好刻石，仿漢人印篆甚工，嘗客江寧舉人梅鏐，得縱觀秦漢以來金石善本，每種臨摹各百本。其篆法以二李爲宗，分書則遒麗淳質，變化不可方物。曹文敏稱其四體書皆爲國朝第一。

鄧傳密，原名尚璽，字守之。完白子，懷寧人。敦樸能詩，篆隸有家法，同治庚午年七十餘卒。

繆曰淳，號篔谷，又號熙熙生，秀水人。工畫兼擅篆隸飛白鐵筆，寫真尤得曾波臣法，喜畫桃花，一時有繆桃花之稱。

繆元英，字侶峰，原名綏武，梅里人。工詩，有《髫山樓集》，八分愛江南鄭簠，晚年筆奇横態益秀潤，兼善篆刻，雖細若牛毛而體大法密。

陸鼎，字子調，號鐵簫，吴縣人。放翁先生之裔，以布衣著名吴中。先生詩古文字靡不工，精篆書，尤擅畫法。平生與世寡營，終身不娶，蕭然物外。少嗜酒，酒酣談辯風發，驚駭庸俗，名流鉅公咸心折焉，不知者以爲狂也。所居墨佛菴板閣一間，書史與梵夾錯列，鑪煙静霏，埃壒遠隔，且耳官失職，不司户外事，因得棲心白業，寄志青霞，爲吴中高士云。仁和倪米樓又學云，鐵翁詩文與畫皆不似從人間來，由其胸次高曠，不染一點俗塵，又多讀異書作奇字，乃能脱盡凡蹊，超然筆墨之外。山水宗董巨及元四家，花鳥似白石白陽，人物佛像士女皆原本古人，别具丰格。自篆圖章曰鐵派，蓋亦高自標許，以示獨成一家云。

陸震東，字融伯，德清人。著《陰隲文印譜》。

陸學欽，字子若，太倉人，嘉慶庚申舉人。書從晋人入手，後乃出入於唐宋諸家，尤喜學米南宫。畫則專法元人。君穎悟絶人，詩文書畫外，若篆刻、圍棋、撥弦擫笛之類靡不精絶。著有《藴真居集》。

陸古愚，秉承家學，隸古直追古人，嘗刻金石款識。

陸元珪，號瑶圃，青浦人。精鑒古，工詩詞、篆刻。善寫蘭蕙，師衡山、古白，意氣豪邁，座客常滿。真率弗尚虚禮，酒後高歌，屋瓦爲震。

陸鳳墀，字芝山，海鹽諸生。工分隸，精鐫碑版，過雲廔石刻皆伊一人手筆。

卜楊昌言，字筠庭，複姓也，秀水諸生。治印直窺秦漢，渾雄雅健，一洗姿媚之習，惜不永年，留傳極少。

祝翼良，海鹽人，翼良印譜其自刻一印云：「百八峰間祝埜老，行十八，名翼良，字漢師，自號識字農、有髮頭陀、澹道人。」二十八字〔一九〕。康熙雍正間，與兄兼山均以篆籀名於世。

祝昭，字亮臣，當塗縣。亮臣能詩，善八分書，至鐫一石、彈一調、圖一幅，無不稱絶。遊歷所至，士大夫皆重之。

濮森，字又栩，錢塘人。刻印專宗浙派，秀逸有致，不輕爲人作。

岳鴻慶，字餘三，嘉興諸生。喜吟詠，結社唱酬，晚年專集唐人詩，有《餘三集唐》。小印鐵筆與曹山彦齊名。

屈培基，字子載，號元安，昭文人。嘉慶戊午副貢。淹雅能文，性孤癖，有古畸士風。工隸篆楷法，精鐵筆，畫山水竹石，無所師承，匠心爲之，皆合古人矩矱。

屈頌滿，字子謙，號寅甫，常熟人。生有夙慧，數歲能作擘窠書，畫山水花草竹石，涉筆即古，工行草篆隸，善鐵筆。能吟詠，好古琴。凡所肄習，過目即能，惜早卒。

葛師旦，字匡周，號石村，寶山人。工山水，精篆刻，通陰陽地理。博學多能，詩亦清遠，性澂淡，非素交不易致也。

葛繼常，字奕祺，號莘南。海寧諸生，爲明察院無奇先生之後。精堪輿，工篆刻，善山水。嗜金石，見必手拓，每歲之冬，常命使者負小鐔從行村野間，掩骼埋胔，不憚勞瘁。

葛唐，號西槎，崑山人。工書法，善篆刻，畫花鳥學南田、忘庵兩家。筆意疎老，設色明豔，能手也。

薛龍光，字少文，上海諸生。有《玉屏山房詩選》。

郭紹高，號憩仙，自號棄翁，吴縣人，諸生。八分師曹全碑，篆法工整，製鈕尤精。

郭允伯，關中人。有《松談閣印史》。

郭雲村，工精篆刻，著有《聽鶴廬印譜》。

郭上垣，號星池、止亭子，嘉興諸生。擅篆刻，師於曹山彦先生，惜年不永，猶未入室。

郭家琛，字碩士，海寧人。精繪事，受業於戴用柏之門，亦工刻印。

石韞玉，字執如，號琢堂，又號竹堂。江蘇吴縣人，乾隆庚戌殿試第一人，官山東按察使。歸田後閉户著書，謝絶塵網比數十年。士大夫别有所好，筆墨之事，目爲迂疎。先生以耆年碩德提倡騷壇，靈光巋然，洵足爲後來模楷也。著有《獨學廬集》若干卷。至鐵筆小技亦古雅，如其爲人，擬其品在穆倩、年少之間。

石騏，號巽伯，又號容卿，吴人。自幼即喜篆刻，嘗遊屠琴隖太守之門，得見古名家手跡，故落筆自爾不俗。近喜摹書畫金石文字於竹木器皿之上，亦精雅可愛。

柏樹琪，號玗林，海昌人。讀書外紛華無所騖，以其餘力吟詩作畫摹印仿碑，搜羅既富，拓室儲之，顔曰「四癖」。

弋中顔，字右度，平湖人。工篆書，精印章，爲時所稱。

葉承，字子敬，號松亭，恒齋之姪也。雍正甲辰進士，官常山縣，改教授，不久歸。性地樸懋，學問淹雅，工書，尤善小楷。寫山水極秀靈，然不苟作。《畫寄》云：「宦情空水雲，筆墨無塵垢。八法得盛名，六法爲之掩。」

葉廷琯，號調生，又號苕生，自號龍威鄰隱，吴縣人。爲陳雲伯先生之婿，故討論風雅，確有源流。工鐵筆，蒼勁可愛，論歷代印學，原原本本，殫見洽聞。

法嘉蓀，字莘侶，丹徒人。儲潤書字玉琴，宜興人。皆工詩，館于其家，與應澧齊名。澧字叔雅，仁和人。工詩善書，杭堇浦之婿也。

石橋，保定蓮花池僧，善蘭石。

了學，字小石，杭州人。善詩，工篆法，往來邗上，爲伊墨卿、洪桐生兩太守所賞。康山江文叔觀察欲延之主平山席，不就。時懶堂亦客邗上，工篆刻，名流多樂與交，故邗上有武林兩詩僧之目。

佛眉，自來倔强，篆刻不駑弱，丁原躬法裔也。工詩善書，能左手持巨石，右手握管，腕力愈勁。

宏夢，字遽然，唐解元寅六世孫，居西郊小雲棲。能詩，工隸書，篆刻宗文三橋。竹堂，石莊弟子也，居揚州之桃花庵。工畫，學吴堯圃，兼刻竹根圖書，名與潘老桐埒。

見初，號嬾堂，杭人。與陳曼生大令爲方外交，故亦工鐵筆。

達受，號六舟，海昌白馬廟僧，耽翰墨，精鑒别古器碑版，阮太傅以金石僧呼之。

間寫花卉，篆隸飛白鐵筆并妙。摩拓彝器尤精絶，能具各器全形，陰陽虛實無不逼真。後主西湖净慈寺。

野航，字蓮溪，不知經典，精於繪事、繆篆。好客豪飲，室中客常滿座。

寶珍，佚其姓氏，字伯庭，常熟道士。善墨蘭，精圖章，工書法，有潔癖。

衡山道士，蘇州人，王石香弟子。刻文何派，精於撫琴，惜早卒。

妙慧，本姓張，家金陵南市樓，從假母之姓，姓馬名汝玉，字楚畤。熟精文選唐詩，善小楷八分及繪事。心獨厭薄紈綺，品題花月、指點谿山，名流頗企慕之。後受戒于棲霞法師，名妙慧。

許延礽，號雲林，德清人，爲周生兵部女，即梁楚坐夫人也。夫人博通書史，教諸女以書畫、琴弈、鐫印，無不精妙，花卉仿陳白陽。

周綺，字緑君，小字琴孃，昭文人。工韻語，解音律，精醫。能篆刻，兼山水花鳥，尤精小蘆雁，得蕭遠生動之致。著有《擘絨餘事詩》。

再續印人小傳附印人姓氏

洪健寉聲　上海人
馮春谷遵建　金陵人
馮菉白其章　山陰人
江桐柏琦　烏程人
支玉山元福　鎮洋人
支玉台潤彥　儀徵人
余守白應元　江都人
徐大文汾　滸溪人
徐鞠人保　滸溪人
徐浦芷楚善　德清人
徐星洲
徐子聲鄂
朱震伯鋐　江都人
朱友巖芾　烏程人
朱飯食穀昌　六合人
朱閣臣仁壽　寧波人
吴猷可　太倉人
吴夢生　儀徵人
吴子慎儆　武進人
吴柳塘寶驥　石門人
吴玉侯祥麟　桐城人
俞楚善瀚　紹興人
陳樸生治經
陳六雲同壽　安徽人
陳憨生
陳正叔琮　吴江人
陳鴻緒
陳静山年　山陰人
孫漁仙學淵　餘姚人
顏筱夏鍾驥　連平人

錢閏生德培
姚仲海正鏞　奉天人
高燕庭元眉　嘉善人
何松庵濤　婺源人
張蘭坡肇
張遜先祖翼　桐城人
張初白炤　榆次人
王冠山大炘
方槐　楊州人
黃楚橋　上元人
唐瀚
汪小盦寶榮　全椒人
汪蓮塘際會　壽州人

錢小山潄
陶菊莊
高魚占時豐　仁和人
查紫圭美珂　婺源人
張伯符
張白焦金笈　歸安人
王楚賓湘
王西園
梁曼雲雷
黃濱虹質　歙縣人
汪半聾一槃
汪硯山鋆　儀徵人
汪伯年

錢步瀛文英　紫琅人
高茝舲曾矩　高郵人
高欣木時顯　仁和人
楊序東寶鏞　元和人
張子耕灝
張春帆文湛
王小鶴城　全椒人
王小俟
黃子和允中　江都人
唐月漁瀓　廣陵人
汪小峰　揚州人
汪自庵申　全椒人
汪沚荷曰誠

程壽巖　歙縣人　凌子與霞　烏程人　曾劼剛紀澤　湘鄉人

劉鳴玉鳳岡　山陰人　劉倬雲漢　儀徵人　劉眉伯　瑞安人

周易之孝坤　木瀆人　周確齋儀　震澤人　周織雲士錦　無錫人

林茱生鴻　林二松麃　金鞏伯城　烏程人

金古香鼎　金謹齋承誥　錢塘人　岑午橋丙炎

項少峰　項小果瑞　瑞安人　李海舟潛

李榮舟成　李鐵橋東琪　李古愚鍾

李漢青慶霄　山陰人　許黼周兆熊　光福人　阮石梅銘　儀徵人

阮九如　儀徵人　趙怡亭　趙念因果

趙石農　鮑汝舟濟　秀水人　鮑子年康　歙縣人

馬愛南棠　山陰人　沈鶴生　漳浦人　沈亦香仰曾　湖州人

沈覃九岸登　平湖人　沈健石乾定　長洲人　沈笛漁丹書　山陰人

沈右岑清佐　歸安人　沈寄帆宗昉　山陰人　沈少潭湄

沈伯珊寶柯　桐鄉人　范守白松　山陰人　宋竹亭侃　高郵人

宋人龍雋　季瀛山厚燾　江陰人　魏綱紀耆　湖南人

顧蘆汀文錤　傅香泉沅　萬小庵　揚州人

厲蘊山良玉　錢塘人　蔡鐵耕　戴文圖書齡　直隸人

夏梅生麟　夏紫笙　錢塘人　鄭台軒之鼎

陸花谷廷槐　笠澤人　祝杏南同治　錢塘人　葛南廬振千　華亭人

郭寄莼　嘉興人　郝瑞侯　石西谷渠

葉四可　蘇州人　葉筠潭　葉天池桂　蘇州人

葉墨卿鴻翰　永嘉人

釋朗如兆先　予樵　道敏

静濤　藥根

再續印人小傳補遺

仁和葉銘葉舟采輯

童大年，原名嵩，字幼來，一字醒盦，號心安，别號性涵。江蘇崇明人，松君先生之第五子也，又號金鼇十二峰松下第五童子。精究六書，取法乎上，所作鐵書以漢爲宗，旁及浙鄧各派，靡不神妙。著有《依古廬篆痕》。間作繪事，亦楚楚有致，不恒作而畫理甚明焉。

馮有光，字星仲，號少峰，婁縣人，少眉之弟，廩生。工畫梅，周旋於冬心、兩峰之間。

龐元暉，字銕峰，元和人。善刻銅印，邊款能作行草書，細如絲髮而自見筆意，真絕技也。

鍾紹棠，號南國，江西贛縣諸生。性聰慧，善篆刻，精琴理，能自成聲譜，畫小獅，別有生趣。

鍾以敬，字讓先，號窳堪，錢塘人。少好弄翰，酷嗜吉金樂石，風雨摩抄，孜孜不倦。尤善鐵書，精整雋雅，獨運匠心，善於皖浙兩宗間別闢蹊徑者。其論篆刻，則謂近時名流，輒侈言高古，詡詡然自矜。所學不曰摹三代古鉢，即曰倣兩漢泥封，班駁缺蝕，索隱行怪，是從不能學西子之娥眉秀勁，而作東施之捧心效顰也，余無取焉。嘗槖筆三吴，既又遊海上，皆落落無所合，殆所謂陽春白雪，曲彌高者其和彌寡歟。

余鍔，字慈柏，號起潛，晚號志慈，仁和人。初從奚鐵生學隸，同時有徐秋雪從其學畫梅，苦思力索而兩不成。鐵生笑曰觀二君之筆，皆可成就一轉移間耳。於是慈柏改畫梅，秋雪改學隸，皆知名於時。慈柏筆意秀挺。

徐堯，字雪珊，會稽人。刻印得漢人三昧。

朱一元，字巨山，其所作印神遊于點畫鉤曲之外，邈然自適于得心應手之間。著有《連珠集印譜》。

符翕，字子琴，湖南清泉人。工書畫，學青藤老人，有《蔬筍館印存》二卷。

胡之森，號質谷，江夏人。工篆刻，畫竹得文與可風趣，爲世所珍。與王廉普太史相善，有《青琅玕館摹古印存》六卷。

吴悦，字自怡，江西信豐人。善琴，工篆刻，邑人得其片石，珍如拱璧。

吴隱，字石潛，號遯盦，山陰人。精繪事，工篆刻，悉宗秦漢。嘗集古今名人書聯都凡三百餘家，縮刻於石，名曰《古今楹聯彙刻》，風行於時。又集所藏印爲《遯盦集古印存》，又有《古陶存》、《古泉存》、《古磚存》等書行世。

吴徵，字待秋，號春輝外史，又號鷺絲灣人，石門伯滔先生之次子也。工繪事，後得文後山舊藏漢三斗銷，遂號抱銷居士。亦能治印。

黎簡，字二樵，號簡民，順德人，乾隆五十四年己酉拔貢。工詩，善六法，爲人清狂，徵歌狹邪，日與酒徒醉飲於市。自刻圖章曰：「小子狂簡。」人品高潔，卓然成家，所居名百花村莊。工書法，詩筆幽峭奇警，爲海内推重。

都榮，曾字穉香，一字静庵，海寧諸生。童年於讀書之暇即治印爲樂，稍長究意斯籀古篆，博觀秦漢古鉢。一日得吾杭黄奚諸大家數印，遂竊喜之。心慕手追，造詣益進，深得浙派正宗。間亦規摹頑伯老人、悲庵先生法，不多作也。惜天不假年，賫志以歿，年方三十又五。論者無不贊歎。著有《求古齋印選》。

雷悦，號彝甫，長沙人。篆刻師承甚正，有《鐵耕齋印存》。

陳書龍，字山田，華亭人。善詩畫，工山水，花卉與父石鶴俱有聲名。

陳大齡，號鶴汀，一號鄂町，常熟人，國子生。閒澹性成，惟以琴書自遣，所居有住梅花閣，几無纖塵，圖史尊彝，羅列左右，翛然隱居士也。暇作花卉，雅尚逸韻，近新羅、玉壺兩家。

孫梁，字吟笙，一號苦匏，江蘇吴縣人。善書，性嗜酒，喜金石之學問，作小印，有漢人遺意。

姚汝錕，字飛泉，嘉善人。善刻竹，工琵琶，間作小印亦楚楚有致。

羅□□，字朗秋，又號秋道人，湖南常德人。工篆刻，其室人萬霞女史亦精鐵筆，曾見「人比黄花瘦」一印，秀潤絶倫，不可多得，實巾幗中之翹楚。

何溱，字方穀，泉唐人，蘿花先生之子，亦精刻印。

何維樸，字詩孫，晚號盤止。以孝廉官江南，道州太史之長孫。書法神似乃祖，工詩，寫山水氣韻蒼老，不落古人窠臼，早即名聞海内，少精篆刻，宗秦漢。晚年懶於酬應，故棄之。家藏古印甚多，有《頤素齋印景》六卷。

華復，字松庵，號无疾，錢塘人，錢叔蓋弟子。所作能似其師，人莫能辨。庚申寇亂〔二〇〕，叔蓋闔門殉難，惟次子式得不死，松庵挾之行，人以此義之〔二一〕。

張廷濟，字順安，號叔未，嘉興人。世居新篁鎮，嘉慶戊午舉省試第一人。當時太傅儀徵相國酷嗜金石，孝廉有同癖。一室之内，商周彝器羅列滿前，太傅出所藏，多爲鑒别。《積古齋鐘鼎銅器款識》之刻，孝廉所藏亦半在焉。晚年與太傅合寫《眉壽圖》，交誼之洽可概見矣。又收得漢官私銅印三千有奇，嘗選數百事精拓爲《清儀閣印譜》，以貽同人。書法得襄陽神韻，兼工漢人佐書。著有《清儀閣詩鈔》、《眉壽堂集》。卒於道光戊申，年八十有一。子慶榮，亦舉道光丙午省試第一人，父子領解首，尤爲科名佳話云。

張惟梂，字韻蕉，號半農，亦號桐孫，别字碩甌。仁和諸生，本姓湯，西厓先生之裔也。幼以父命爲姑氏後，少而好古，壯而篤學，詩畫鐵筆類其人品，娟秀樸懋，天趣橫生。

王左，字左侯，剡溪人，有《鈍農印可》。

王宇春，衢州常山人。精篆刻，人品高潔，開化戴敦元先生甚敬禮之。宇春家極貧，戴往返必經常山，戴亦儉約，恒布衣步行，自持雨具，至宇春家，出錢二百文，令宇春買蔬沽酒，談心盡歡而散。其篆刻戴爲之進呈，收入四庫，《常山縣志》紀其事。

王壽祺，字維季，號福盦，仁和人，同伯先生幼子。精九章之術，篆隸悉有法度，蓋家學淵源，搜羅富有，故所學悉有根柢。尤癖嗜印章，搜藏名人舊刻都凡四五百方，爲《福盦印存》。

黄鑰，字魚門，歸善諸生。山水沉着，工隸書，精篆刻，能詩。

黄樹仁，字静園，上海貢生。性拘謹，工書，亦能作印。

唐源鄴，字李侯，號醉龍，小字蒲傭，别號醉石山農，善化人。少失怙，隨叔宦遊江浙，博古多識，凡秦碑漢碣，一入其目無不真贋立判。癖嗜佳石，偶得一石必摩挲品翫，幾欲具袍笏而拜之。工漢隸，尤精篆刻，爲元和相國所激賞，故名重一時。有《醉石山農印稿》。

姜翔，號少白，姜松山之子也。世其學。

汪良澤，字子震，鎬京先生之子。歙縣人，移居江蘇甘泉。工篆刻，具有家法，厚德高風，鄉里矜式。

汪厚昌，字吉門，仁和諸生。精小學，工篆籀，學楊濠叟若有神契。刻印必尊許書，故下筆無俗字，篆法高古，悉有本源，一洗印人陋習。著有《説文引經彙考》及《國朝先正事略三編》。

丁仁，字輔之，號鶴廬，錢塘諸生，松生先生之從孫。其家以藏書聞海内，所藏西泠八家印尤夥。輔之嗜印成癖，摹拓無虚日，有《丁氏八家印選》行世。

程世勛，字心梅，譜名燿采，錢塘諸生。劬學多能，早棄舉業，吟詠之餘尤好填詞，蓋法去瑕先生小紅樓詞祖派也。有《燕支山館詩稿》，藏家未梓，與譚復堂、戴用柏諸先生爲至友。兼善畫梅，鐵筆尤渾渾入古。紅羊亂起，慷慨從戎，偃蹇軍中，僅以松江克復功，獎敘五品翎頂。積勞客死，遺跡離散不克多覯，人皆傷之。

劉懋功，字卓人，蓉峰觀察孫，小峰子也。先世居洞庭東山，觀察營園於郡城花步里曰寒碧山莊，奇石林立，花木交蔭，擅勝吴下，今稱劉園。卓人尤工畫，爲時所重。

林從直，字白雲，號古魚。乾隆甲子舉人。

譚錫瓚，字建侯，湖南茶陵諸生，别號師曼。工篆刻，單刀尤稱絶技，非近時名流所能抗衡也。子蔭祺，號受一，亦善刻，頗有父風。

嚴錦，字晴峰，温州永嘉人。恂恂儒雅，有晋人清致，善吟詠，工六法，精鐵筆，尤善篆隸，爲一時所推許。

李二木，長沙人，性孤癖。篆刻超絶秦漢，人以阿芙蓉鹽薑敬之，即用鐵籤奏刀，無不精妙，至名公鉅卿相求，則秘等金壺髓汁，誠異人也。

李嘉福，字笙魚，一字北溪，浙江石門人。精鑒賞，收藏極富，官江蘇候補知府，罷官後，鋭志學畫，得馬河之、陳居中諸家法，亦參仿小李將軍，曾爲戴文節公畫學弟子。講求詩律，嘗問字蝯叟。篆刻整飭，規仿秦漢，僑居吴中，與潘文勤、吴愙齋、吴讓之、吴退樓、吴苦鐵輩皆友善，於光緒甲辰卒，年六十六歲。

李輔燿，號幼梅，晚號和定居士，文恭公長孫，以中書改官浙江，歷任觀察。博學多才，早歲即知名海内。工詩善畫，八分尤爲當世所珍拱。六十歲始作詞，自號返魂詞人，殆取坡公「當返六十過去魂」詩意。少工篆刻，然不輕爲人作。著有《讀禮叢鈔》四卷，藏書甚富，浩如煙海，非讀崔儦五千卷者，蓋不能入其室云。

趙喆，字琴士，琴川人。善書，工琴，能作印。

趙慈垕，號豈孯，字公顗，別號金鷽山民，武陵人。嗜金石書畫之學，尤癖于印，每見佳者，多方購求，或力不能致，則展轉胸次者累月。課餘之暇，摹倣古印數十册，以漢爲宗。

沈振銘，字藕船，石門人，自號禦兒鄉農。擅長花卉翎毛，山水墨法蒼潤，極見功力。書摹董文敏，頗得神趣，工詩，精篆刻，黄楊木圖章爲諸名流推重。

沈忠澤，字靖康，越籍而蜀居。媚古劬學，收藏金石甚富，尤工摹印，酷嗜鉤勒諸賢名蹟。

鄭叔彝，號樵龕，泉唐諸生。中年作客維揚，精岐黄術，酷嗜倚聲，金石篆刻之學力追秦漢，所鐫款識喜效悲盦，時作漢碑額文，獨饒古趣。著有《樵龕印存》。歿於緑楊城郭，妻殉焉。

郭鍾嶽，號外峰，揚州人。官江浙司馬。工詩詞，能琴，書法各體皆妙。著有《甒天倪齋詞譜》二卷，《東甌竹枝詞百詠東甌小記》一卷。

河井仙郎，字荃廬，日本西京人。善鑒别金石碑版，尤精蒼史之學，刻印直摩秦漢人壁壘，屢遊中國，一時金石家皆樂與締交焉。

滑川達，字澹如，東京人。工書畫，精篆刻，博學能文。僑寓上海最久，都人士皆樂與之遊。

長尾甲，字子生，號雨山，又號石隱，日本香川縣人。善山水，工書畫，尤精鐵筆。著有《古今詩變》、《儒學本論》、《何遠樓詩稿》。

藏六濱村大蟹。

桑鐵城箕。

校勘記

〔一〕「王定」，原缺，據正文補。

〔二〕「再續印小人傳附印人姓氏」，原缺，據正文補。

〔三〕「丁仁」，原次「程世勛」後，據原文順序乙之。

〔四〕「河井仙郎」，原缺，據正文補。

〔五〕「滑川達」，原缺，據正文補。

〔六〕「長尾甲」，原缺，據正文補。

〔七〕「藏六濱村大蟹」，原缺，據正文補。

〔八〕「桑鐵城箕」，原缺，據正文補。

〔九〕「縹湘」，「縹」原作「縹」，據文義改。

〔一〇〕「頡頏」，「頏」原作「頑」，據文義改。

〔一一〕「手自椎拓」，原作「推」，據文義改。

〔一二〕「璧」，原作「壁」，據文義改。

〔一三〕「曉」，原作「嘵」，據文義改。

〔一四〕「趙千里」之「千」，原作「十」，據文義改。

〔一五〕「訒」，原作「認」，據文義改。

〔一六〕「工緻有法」，「工」原作「王」，據文義改。

〔一七〕「好古棋」，原作「奸古綦」，形近致誤，據文義改。

〔一八〕「秀水人」，原作「秀水人生」，「生」當爲衍字，據删。

〔一九〕「二十八字」，原作「三十八字」，據文義改。

〔二〇〕「寇亂」，「寇」原作「冦」，形近致誤，據文義改。

〔二一〕該條下原有「百事精拓爲清儀閣印譜以貽同人書法得襄陽神韻兼工漢人佐書著有」共二十九字，衍文，删。

藝術文獻集成

印人傳合集

下

〔清〕周亮工 等

浙江人民美術出版社

廣印人傳

序

漢都御史有六曹，二曰印曹，掌刻印，魏韋仲將遂以此知名。自唐以下，古意微矣。王俅、吾衍之倫始娟娟蒐集秦漢璽印，有明一代，文何蔚起，力崇漢魏，彬彬可觀。及其流弊，破碎纖靡，識者病焉。櫟下老人集《賴古堂印譜》，顓宗渾穆，兼精鑑别，吴越士夫工繆篆者，樂與之遊。又復薈蕞其印，冠之小傳。周雪客曰：先公每歎漁洋《感舊集》爲未完之書，今《印人傳》不幸而類是，是得其人與印而未之傳，與可傳而未得其人與印者，猶比比也。新安汪訒庵抗志晞古，博求古印，成印存《飛鴻堂譜》不下千餘種，爲自來集印者最。又僑寓西泠，遍交名流，篆刻鉅手咸集其地，因有《續印人傳》之作。其後魏稼孫擬摘畫史中金石篆刻之家，補金石學録《續印人傳》所未及，乃終不果。仁和葉君葉舟，遊心藝苑，敘述摹印，遵周汪之盛軌，駁丁蔣之嗣音，成《廣印人傳》十六卷，督爲之敘。余惟秦漢學者，好事僞託如子雲《太玄》，儗易反謂琱蟲篆刻，壯夫不爲，宋儒講學，尤多偏見，至有玩物喪志之言。由是一技之士，名用弗顯，烏虖，此與孔氏小道可觀之語何其盭歟。爰筆其説，以復葉舟，葉舟其以吾言爲然否？辛亥上巳，吴江陳去病。

葉舟治印垂三十年，頻年與丁輔之諸君結西泠印社於湖上，吴昌碩嘗篆額以張之。余在嘉興，輔之復以印社圖卷見示，余題詩所謂「一藝足千古，龍泓世所尊。人豪推令尹，家學到來孫」者是也。令尹，即輔之之叔祖松生先生。洪楊以後，浙中文獻靡不賴先生傳矣。顧掌録之叢編，專家之饌述，輯録校印，何止數十百種，獨印人之説則未免闕如。今年四月，余將有都門之行，葉舟與余晤於晨風廬席上，道及《廣印人傳》，已蒐羅至千餘人，余乃翕然稱頌，然後知諸君子懷墨裹蠟，結社湖壖，不特椎拓印譜，褎然有三十餘種之巨。而葉舟孤詣苦心，復能遠宗周櫟園、汪訒庵之遺著，舉寰寓之印人，一一闡發而光大之。嗚呼，斯真葉舟之盛業也歟。葉舟善古隸，工鐵筆，尤工刻碑，椎摹彝器得僧六舟及李錦鴻之秘，藏山傳人，已堪不朽，乃更竭數年搜訪之勤劬，流播中原之美術，書既成，校而善刻之，是葉舟之於汪周兩先生固爲衛道之功臣，即於松老亦爲後起之畏友耳。爰不辭固陋而爲之序，餘杭魯寶清。

遠客海上，承乏校務，日與諸生研究新知識，不復知有金石圖書之樂，舊雨葉舟自杭州致書，以新著《廣印人傳》見示，且屬以斠勘之役，余既三復其書，乃與函牘往返商榷討論，越兩月始蕆事。按印人傳書始于周亮工，周氏集印爲譜，即以各印人事跡題識於上。亮工身後，其子在浚鈔録成書，刊以行世，題曰《印人傳》，實則亮工就譜中題跋而已，未嘗爲印人撰傳也。至汪啟淑天生印癖，其家又雄於財，當日海内印人延訪殆遍，遂撰成《續印人傳》八卷，自後作者如林，僅散見於志乘及私家紀載中，西爪東鱗，迄未有薈萃成書者，厚昌竊獨怪之，以爲斯世之大，百十年來殆無真知印者。夫文章藝術之傳，往往起於一二私家之著述，表彰先哲，開示來學，而其人其藝遂足以傳之百世。今葉舟手輯是書，厥功既偉，搜羅尤富，上自元明，下訖同光，諸賢末附方外閨秀，都凡千百餘人。全書仿《畫史彙傳》之例，按印人姓氏依韻編纂，一展卷間，瞭如指掌，而歷代印人至此乃燦然大備。曩者光緒乙巳，同好諸君創立西泠印社，而故家藏印庋置一處，已覺網羅過半，今讀葉舟著書，覺社中所藏尚不及十之二三也。然則刀兵水火之摧殘，及俗儈之銷毁者，蓋不勝其覶縷，試觀周汪所録，其流播於今日者，寥寂已甚。烏虖，後之視今，亦猶今之視昔。葉舟此書之作，又烏可已乎。吾願葉舟持其精進勇猛之心志，益以堅貞不拔之精神，博采群書，一再考索，詳其事實，補其脱略，積力既久，必更有較今日爲完美者。葉舟解人，當不河漢此言。宣統二年秋九月既望，仁和汪厚昌敘於滬上。

葉舟吾摯友，亦畏友也。蚤歲即工鐵筆，嫥宗西泠諸家，刻碑亦臻絶詣，摹拓彝器款識尤得六舟秘傳，其金石之學殆有天授歟。嘗歎印人傳之作自周減齋、汪訒庵兩編後，孯音闃如，爰搜吾史傳，旁參志乘以及私家紀述，露鈔雪纂，孜孜矻矻，用《畫史彙傳》例，不問存殁，悉著於録。竭十餘年之力，上自元明，下迄同光，得千餘人，都爲十六卷。僂指六百年來嫥門名家，浸以大備，網羅之富，編集之工茂矣，娍矣，蔑以加矣。夫今日士大夫方岌岌考求所謂法政經濟之不暇，是今而非古，入主而出奴，而於金石六書之類幾莫或措意，此印學所以式微而尤望拒興提倡之有其人也。葉舟生長西泠，耳濡目染，聞見既博，學養尤深，其篙嗜印學蓋出於天性，程功久，收效顯，日積月累，乃能成此巨觀。以眡因樹屋飛鴻堂，又遑多讓焉。書成爲述其梗概，以告并世同吾好者。宣統庚戌，山陰吴隱敘。

例言

一古來珍襲名品，記人記藝，載籍綦繁，自周櫟園撰《印人傳》而踵其後者，惟汪秀峰先生，自兹以往，賡續未聞，今特復事纂輯，序次古今時代，分姓分韻詳加編列，名曰《廣印人傳》。

一是傳仿《畫史彙傳》，依朝代編次，中間行輩先後及其生卒年月，間多舛異，難免倒置，其不能不實指爲何時人者，暫付闕如，容俟研考得實再爲增補。

一是傳始詳姓氏，次籍貫，次藝術，次事實及著述。凡所稱引必經考訂確實，疑者闕之。

一篆刻家往往有逸姓而存名，或并隱姓名而僅以字行者，謹就所知，甄采入傳。

一緇衣羽士，不乏勝流，華閥名門，尤多淑媛，關於印事，悉備蒐羅。至乃東國同文，盍簪贈縞，尤於周汪兩傳而外，得未曾有，録附縹緗，永播芳碩，略分時代，不拘韻目附青衣。

一凡印人父子兄弟叔姪舅甥間，有雅故足資印證者，悉附入本傳中，或有未詳姑從闕略，非意存軒輊也，閱者亮之。

一是傳補周汪二氏之闕，述近代藝事之工，竭十數年之力，再三易稿，牸成卷帙。唯是局於聞見，囿於方隅，或其人在周汪已前，周汪所遺漏而吾傳未能增補，或其人在周汪已後，吾傳所應收而遺漏等於周汪。或收其人矣，而於其生平事實及其著述關於印故者，缺焉而未備，語焉而弗詳，皆於廣印人傳云云，廣字之誼，滋慙疚焉，補人補事，姑竢異日。

一是傳輯成，聊以自備循覽，非敢問世，印社諸子阿其所好，縱臾付梓，罣漏疏牾恧然。余稟懷大雅鴻達之士，條舉而糾政之，紉佩曷極。

一是傳隨時撰輯，有時未檢周汪兩傳比勘，印人往往複出，以文字有繁簡，事實尤間有異同，未便概從删削，特兩存之，可資互證。

目録

廣印人傳卷之四……四四九

廣印人傳卷之六……四八〇

廣印人傳卷之八……五二〇

廣印人傳卷之十……五五一

廣印人傳卷之十二……五七四

廣印人傳卷之十五……六一九

廣印人傳卷之一

仁和葉銘葉舟輯

童昌齡，子鹿游，義烏人，家雉皋，肄業成均，嘗作古木竹石，風味淡遠，精六書之學，刻印尤工。冒襄《同人集》題其所著《印史》云：「印史焜煌點畫新，射穿老眼見精神。知君絶藝能千古，一册能昭歷代人。」

童鈺，字璞巖，號二樹，又字二如，又號借庵子，山陰布衣。績學能文，早歲棄舉業，專攻詩古文與繪事，畫梅獨絶。所藏古銅印甚夥，尤工篆刻，爲畫名所掩，故鮮知者。乾隆壬寅卒，年六十二。著有《二樹山人詩稿》、《香雪齋餘稿》。

童晏，字叔平，號陶齋，又字劍波，崇明人，松君三子。書畫并摹惲南田，尤工墨梅。餘事刻印，得文何正軌，嘗摹刻何雪漁七十二候印譜。後有心疾，人咸以童風子呼之，光緒壬寅卒，年四十六。

童大年，原名暠，字醒盦，號性涵，又字心安，松君五子，又號金鼇十二峰松下第五童子。精究六書，刻印以漢爲宗，旁及浙鄧各派，靡不神妙，有《依古廬篆痕》。間作繪事，亦楚楚有致。

熊纛，原名寶壽，字晋卿，號守默，錢塘人。有《江山奇氣樓印譜》。

馮行貞，字服恭，號白庵，常熟人。山水有雲林意，能詩工書，精鐵筆，兼習弓馬。曾入滇師幕，出師有功，去之僑居吴門某村落，以經書教授，卒年七十餘。

馮廣端，字昭玉，宣城人。有《竹筠軒印正》五卷。

馮墫，號訥哉，桐鄉人，孟亭之孫。鐵筆深得漢意。

馮麐奎，字木天，號文甫，嘉興人，魯巖曾孫。工鐵筆。

馮大奎，字西文，號涇西，婁縣人。廪生，官福建知縣。鐵筆學文三橋，書法似趙吴興。

馮繼耀，字眉峰，涇西仲子。治經之暇以摹印爲樂事，蚤卒。著有《眉峰遺文》。

馮迪光，字惠堂，幼從涇西宦遊，頗得江山之助。工鐵筆隸楷。

馮登府，字雲伯，號柳東，又號勺園，嘉興人。嘉慶庚辰庶吉士，官寧波教授。生平熟諳掌故，好金石篆刻，著有《石經閣集》。

馮承輝，字少眉，號伯承，婁縣人。嗜篆刻，上規秦漢，旁通畫法，兼善人物花卉，尤喜畫梅。有《古鐵齋印譜》、《印學管見》、《歷朝印識》、《金石箚》等書。

馮有光，字星仲，號少峰，少眉弟。工畫梅，喜治印。

馮遵建，字春谷，金陵人。

馮時桂，原名霦，字璘友，號秋巖。工詩詞篆刻，遊歷西江南粵間，晚寓吴江之平望。

馮其章，字菉白，山陰人。

馮迥，字超然，號滌舸，常州人，生長雲間。童年喜畫，下筆超脱，山水花木，骨力神韻兼備，尤精仕女。好吟詠，偶一刻印，直逼漢宗。

洪髯，青田人。少工詩畫，愛佳山水，屢遊天台雁蕩，所賞一樹一石輒繪之。嘗以青田凍石摹秦漢印數千鈕，皆爲好事者攫去。以髯稱，不著名字，殆高隱之流歟。

洪元長，武林人，兩峰之裔。有印譜一卷。

洪尋，字味須，遊寓六安，擅山水，能詩，工鐵筆。有《指香亭集》。

洪聲，字健鶴，上海人。

翁陵，字壽如，號磊石山樵，建安人。善畫山水人物，工篆隸，作印得古趣。

翁方綱，字正三，號覃谿，大興人。乾隆壬申翰林，官至内閣學士。金石家賞鑒一派，覃谿實開其先。間作印章，姿趣入古。著有《兩漢金石記》、《復初堂集》。嘉慶戊寅卒，年八十六。

翁大年，字叔均，吴江人，廣平子。篤嗜金石考據，刻印工秀有法，與曹山彦同工異曲。著有《古官印志》八卷，《古兵符考》八卷，《泥封考》二卷，《陶齋金石考》二卷，《陶齋印譜》二卷，《瞿氏印考辨證》一卷，《秦漢印型》二卷，《舊館壇碑考》二卷。

翁樂，字均儒，吴江人。與石門李笠漁遊，考訂金石，晨夕無間，刻印尤高古。

翁綬祺，字印若，吴江人。工詩文，辛卯舉於鄉，後官廣西梧州平安等縣。酷嗜金石書畫，尤精鑒古印，摹秦漢古掘中含有秀潤。畫法四王，進窺宋元妙境，著有《漢銅印範考》。

宗澤，字仲凫，次黄入室弟子。幼嫺篆刻，工漢隸，章法古健。

鍾浩，字養斯，號小吾，又號玲瓏山樵。長興人，官安徽、湖南知縣。書工篆隸，畫善指墨，尤長鐵筆。

鍾敬存，李石塘弟子，刻印酷似其師，得鐵書之衣鉢。

鍾沈霖，字雨林，嘉興貢生。工刻印，善鐫碑，兵燹後官廨廟于碑刻多出其手。

鍾紹棠，字南國，贛州諸生。善篆刻，精琴理，能自製譜。畫學小獅，别有生趣。

鍾權，字石颿，諸暨人。早歲獲交陳曼生，故刻印一宗浙派。有《漱石軒印譜》。

鍾以敬，字矞申，號讓先，又號窳龕，錢塘人。少嗜金石，摩挲不倦，尤善鐵筆，精整雋雅，於趙次閑、徐三庚兩家獨有神契。近今刻印宗浙派者，當推巨擘。

龔坤。

江皜臣，婺源人，失其名，善治玉印，用刀如劃沙。嘗云切玉後，覺石如宿腐，不屑爲。實爲刻玉印之祖。

江恂，字于九，號蔗田，儀徵人。江賓谷昱之弟，拔貢生，官鳳陽知府。工詩，善篆刻，喜寫藕花。著《蔗畦詩鈔》。

江德量，字成嘉，號秋史，又號量殊，于九子。乾隆庚寅榜眼，官至監察御史。幼承家學，工刻印，尤工八分，兼能人物花卉。收藏舊拓碑版及宋本書甚富。乾隆癸丑卒，年四十二。著有《泉志》，曾注《廣雅》未成。

江明初。

江德地，字墨君，善隸古，工篆刻。

江源，字豫堂，號修水，歙縣人，後遷松江。精醫理，暇則寓興篆學，追摹秦漢，又善琴。有印譜數卷。

江士鉦，字荔田，徽州人。善琴，能擘窠書，精刻石。住黄山數十年，號天都山人。

江濯之，字漢臣，徽州人。刻晶玉印絶精，曹秋岳延致上賓。後遊閩卒。石刻不概見。

江介，本名鑑，字石如，杭郡學生。工寫生，逼近白陽，書法率更，間作山水，得元人閒冷之趣。工篆刻，與錢塘趙次閑抗手。

江尊，字尊生，號西谷，錢塘人。工篆刻，爲次閑入室弟子。浙中能刻印者多，惟尊生傳次閑衣缽。戴文節、黄穀原均爲作《西谷圖》，名流題詠殆遍。晚寓吴中，卒年九十一。

江標，字建霞，號萱圃，元和人，光緒己丑翰林，官湖南學政。工小篆，能刻劃金石，惜蚤卒，未竟其緒。所輯《靈鶼閣叢書》，多金石目録賞鑒之屬。

江琦，字桐柏，烏程人。

龐元暉，字鐵峰，元和人。善刻銅印，邊款作行草，細如繭髮而自見筆意。

廣印人傳卷之二

仁和葉銘葉舟輯

支元福，字雪樵，號菊庵，鎮洋諸生。能詩，工篆刻，畫昉倪迂。老屋數椽近市，翛然若處深山。卒年七十七，有《雪樵詩稿》。

支潤彦，字玉台，儀徵人。善書畫，工篆刻。

施笠澤，崇禎間人。

施萬，字大千，號汗漫子，錢塘人。以詩名，尤善篆隸，摹印在何震、陳士衡上。

施景禹，字濬原，號南畇，如臯人。性高潔，潛心篆學，習摹印私淑文何，秀逸多姿。有《小停雲館印略》。

施鶴詔，字應徵，號青田，太倉人。山水、花鳥、人物悉所擅長，工篆刻，能詩。

施鞏，字澗芝，石門人。喜吟詠，擅鐵筆，所著詩采入《兩浙輶軒録》。

施士龍，字石農，别號三复生，餘姚人，遊寓杭州。刻印師陳、趙，工整秀雅，兼善製印泥，今人多取法焉。貧瘠無依而處之泰然，卒於杭。

伊秉綬，字組似，號墨卿，汀州人。善分隸，精鐵筆，其所用印皆自製，與桂未谷同，均不輕爲人刻。有《留春草堂詩集》，嘉慶乙亥卒，年六十二。

伊念曾，字少沂，號梅石，墨卿子，嘉慶癸酉拔貢，官嚴州同知。工篆隸、鐫刻，兼寫山水梅花。咸豐辛酉殉難。有《守研齋詩鈔》。

祁豸佳，字止祥，山陰人。天啟丁卯舉人。曹顧菴曰：止祥書不在董文敏右，畫則入荊關之室。詩文填詞皆有致，能歌能奕能圖章。下至意錢、蹴踘之戲，無不各盡其妙。以名孝廉，隱於梅市，蓋異人也。

祁子瑞，字穀士，初名階蓂，字堯瑞，又字孝先，號虛白。婁縣貢生。擅篆刻，工山水花卉，尤工繪貓。

祁天璧。

祁文藻，字浩泉，元和廩貢，官青浦訓導。精篆隸，著有《篆學舉隅》，亦能鐵筆。

韋布，字晴帆，安徽人，官河南知縣。善山水花卉，工篆刻。

威長卿。

歸昌世，字文休，號假庵，崑山人，有光孫。工詩古文，兼工印篆，與李流芳、王志堅稱三才子，蘭花墨竹均臻神妙。順治乙酉卒，年七十二。自訂詩文名《假庵集》。

歸道玄。

余藻，字采芝，莆陽人。工篆刻，有《石鼓齋印鼎》。

余鵬年，原名鵬飛，字伯扶，懷寧人，乾隆丙午舉人。豪飲能詩，工篆刻，善刺擊。有《曹州牡丹譜》、《枳六齋詩稿》。

余鵬翀，字少雲，號月邨，懷寧人。家貧劬學，九歲即善屬文，讀書研求精愔，曾纂《四庫全書》，能刻印，多材藝，有《息六齋稿》。

余煜，字月文，號板桐，一號眉石，又號同人。錢塘人，乾隆壬子舉人。精許氏學，工篆刻，爲朱文正所激賞。

余新民，字四維，徽州人。

余鍔，字慈柏，號起潛，晚號志慈，仁和人。初從奚鐵生學隸，不成，改畫梅及刻印，不久遂名噪一時。

余應元，字守白，江都人，由縣佐從戎，殉節浦口。善刻符，早歲好爲綺麗之詩。

余霖，字子仁，號九峰道人，又號髯仙，又號快園叟，籍長洲。《韻石齋筆談》云：「鐵筆之妙如徐髯伯、許高陽、周公瑕，皆係書家旁及篆體，印文章法心畫精奇，李長蘅、歸文休以吐鳳之才擅雕蟲之技，銀鉤屈曲，施諸符信，典雅縱横。」云云。卒年七十九。

徐念芝，浙人。《嘯虹筆記》云：「念芝善刻印，常遇汪虎文於鄭中丞座，念芝固名手，即席從虎文學焉。」

徐官，東吴人，隱於醫，魏莊渠門人也。同莊渠著《六書精藴》，官又自著《古今印史》二卷。

徐堅，字孝先，號友竹，吴縣人。工丹青，嗜六書，研究鐫印之藝，臨摹秦漢官私印千餘鈕。有《友竹詩鈔》、《西京職官印譜》。

徐貞木，字士白，號白榆，秀水人。性兀傲不苟附時趨，恒青白眼睨天下士。工詩，周篔谷稱其典贍淹貫。小楷法黄庭，篆刻爲海内宗仰，出程邃、許容上。

徐仲和。

徐朴民。

徐起，字仙客，歙縣人。

徐上甫。

徐道舟，德清人。

徐庭槐，海鹽人，用儀父。

徐秉鈞。

徐光，字東皋，蘇州人。

徐視三，字元岳，號無山，有《籠海樓印範》二卷。

徐夔，字龍友，長洲諸生。於書無不窺，詩文悲壯，目空一世。篆刻蒼健秀雅，得何文家法，著《裒爽亭集》。

徐堂，字紀南，號秋竹，又號南徐，仁和人。杭董浦弟子。吟詠之餘閒習篆刻，嘗曰：鐵筆雖雕蟲小技，然必須先識篆法筆法章法而後縱之以刀。其議論頗正。著有《藉豁古堂詩》二卷。

徐堅，字子固，吴門人，家白下。苦心篆籀，奏刀必合古章法。輯《西京職官録》二卷。

徐觀海，字匯川，又字袖東，號壽石，又號幼庵，上虞人。八法、寫生、撫琴、彈棋莫不精妙，暇輒棲情篆刻，古樸蒼勁中具温雅明秀之致。有《看山偶存》、《鴻爪集印譜》、《袖東詩話》。

徐寅，字虎侯，號秋田，白榆子。刻印不墜家學。

徐鼎，字峙東，號雲樵，吴縣優貢。穎敏好學，工鉛槧及篆印，又善山水，得謝林村真髓，識者珍之。著有《毛詩名物圖説》及《靄雲館詩文集》。

徐鈺，字席珍，號訥庵，松江人。通句股，工刻碑碣，波磔處毫髮無遺憾，善鐫晶玉、銅、瓷印。有《訥庵印稿》四卷。

徐年，號漁莊，婁縣布衣。專心繆篆五十年，得何雪漁、吴亦步兩家元朱文之妙。

古逸秀潤，爲潘榕皋、王愓甫所稱賞。

徐暲，字雲倬，號少薇，錢塘人。文敬文穆之後，嘉慶己卯舉人。生有夙慧，人咸以神童目之，精篆隸及鐵筆，文詞尤斐然可誦。年二十四歿於京邸。

徐鴻謨，字若洲，號楷存，一號醒齋，鼒子，仁和附貢。書畫篆隸罔不精妙，鐵筆宗龍泓。著有《薝蔔花館集》。

徐在田，號處山，婁縣人，以孝聞，父母亡，墨衰終身。工刻印及畫梅。

徐鼎，字丕文，號調圃，華亭人。嗜六書，摹印兼習文何兩派，健逸饒古趣。

徐雯，號雲石，永嘉人，善書畫精鐵筆，著《赬桐花館詩鈔》。

徐必達，字東明，號星橋，華亭人。工詩文，旁及篆刻。年四十卒。

徐僖，字松坪，婁縣人，明司寇陟五世孫，工篆刻。子奕蘭，世其學，并擅分書。

徐奕韓，號豫堂，婁縣拔貢，官黟縣教諭。工書，精篆刻。

徐有琨，字維揚，號心禪，婁縣人。工金石篆刻。

徐熙彔，字唐運，上海人。工詩，善書，長於繆篆。性迂僻，乞其書印即素交不肯作，興至縱筆不倦。

徐錫可，字鄰哉，號可叔，嘉興貢生。篆隸鐵筆俱稱能品，著有《得酒趣齋詩草》。

徐家駒，字仲駒，號小魚，海寧諸生。有印譜一卷。

徐鶴，號青田，以訓蒙自給。擅刻竹木，摹鐘鼎款識極精。

徐同柏，原名大椿，字籀莊，嘉興貢生。承舅氏張叔未指授，精研六書篆籀，多識古文奇字。叔未得古器必偕籀莊考證，有《從古堂款識學》十六卷。叔未所用印多出籀莊手，又能詩，著《從古堂吟稿》。咸豐庚申卒，年八十六。

徐汾，字大文，滸溪人。

徐保，字鞠人，汾弟。

徐楙，字仲繇，號問蘧，一號問年道人，錢塘諸生。幼與兄秋巢承叔祖心潛先生之教，嗜書畫金石，精篆刻。著有《問遽廬詩詞》、《漱玉詞箋》。藏商父癸爵、周應公鼎，刻《絶妙好詞箋》，校讐精審。

徐康，字子晋，號窳叟，長洲諸生。工詩畫，篆隸刻印靡不研究，尤精鑒别，凡法書名畫、金石碑帖、古本書籍以及文房古器、珍秘之品，皆洞悉源流。楊藐翁以宋商邱稱之。著有《前塵夢影録》、《神明鏡詩》。兼通岐黄，有《心太平軒醫集》。

徐三庚，字辛穀，號井罍，又號袖海，自號金罍道人，上虞人。工篆隸，能摹刻金石文字，所刻吴皇象書《天發神讖》尤佳。刻印上規秦漢，能於吴讓之、趙撝叔諸家而後别樹一幟，近時篆刻家多宗之。有《似魚室印譜》。

徐堯，字雪珊，會稽人。刻印得漢人三昧，爲趙悲盦私淑弟子。

徐惟琨，字鍔青，平湖諸生。篆書秀逸工整，隸書神似《禮器碑》，兼工治印。光緒丁酉卒，年五十九。

徐士愷，字子静，石埭人，官浙江候補道。嗜金石，精鑒别，清秘之藏足與兩罍軒、城曲草堂相抗。晚寓吴下，與諸名流考訂金石，間亦娱情鐵筆。刻《觀自得齋叢書》，輯《二金蝶堂印譜》。

徐鄂，字子聲，上虞人。三庚族弟，書畫篆刻俱饒思致。

徐熙，字翰卿，號斗廬，子晋子。克承家學，精鑒别，工刻印。

徐錫堯，號嘯疇，又號筱墀，雯姪孫。好吟詠，善篆刻兼精書法，能世其家。著有《孤心桐館詩草》。

徐楚善，字浦芷，德清人。

徐起，字小海，華亭人。工指墨山水，刻印宗文何。

徐立，字德卿，揚州人。鐵筆工整入時，能以柳絮藕絲製印泥，絶精。

徐新周，字星州，吴縣人。篆刻師吴缶廬。

璩之璞，字元璵，號君瑕，江西人，僑居上海。人品高絜，楷法妍雅，善畫山水翎毛及水墨花卉，筆致矜貴。精於摹印，在吴門文氏伯仲間。子幼安，亦工刻印。

屠宗哲，寧波人，《列朝詩選》張宣《鐵筆詩》云「四明乃遇屠宗哲」。

屠倬，字孟昭，錢塘人，原籍紹興之琴隖，即以爲號，晚號潛園。嘉慶戊辰進士，官九江知府。工詩古文，旁及書畫金石篆刻，靡不深造，著有《是程堂集》。道光戊子卒，年四十八。

諸葛胙，字永年，蕪湖人。能鍊銅鋼爲印自鐫之。

廣印人傳卷之三

仁和葉銘葉舟輯

虞集，字伯生，蜀郡人。《輟耕録》云：「文宗奎章閣作二璽，一曰天曆之寶，一曰奎章閣寶，命集篆文。」至正戊子卒，年七十七。

虞潢，字壽安，號倚帆，直隸人。

須仍孫，字來西，常州諸生。留心六書之學，反覆窮究，不得原委不止。嘗曰：「世人不識篆籀，輒欲操刀登作者堂，夫誰欺歟？」甲申之變絶粒死。

朱珪，字伯盛，崑山人。從吴叡授書法，凡三代金石靡不極意規倣，秦人「疢疾除永康休萬壽寧」九字玉印舊藏伯盛家，倪雲林嘗贈以詩，詳《名跡録》。

朱應宸，字文奎，號寄翁，吴江人。洪武初辟掌教。爲文繁而不猥，詩工長句，篆籀法古，嘗命書符印。

朱蔚，字文豹，華亭人。萬曆辛丑武進士。善畫蘭，工篆刻。

朱簡，字修能，號畸臣，休寧人，後更名聞。陳眉公云：修能博雅，尤精古篆，予山中花户鳥巢，悉令題志，璆琳鐘鼎，爛然空谷，發其囊所著金石書數種，又三年而《印品》始成。家黄山蒽蒨，閒有美田園，棄而遠遊。詩宗陰鮑，秘不示人，而獨恣情魚蟲籀跡之學。嘗論刀法云：「刀法者，所以傳筆法者也，刀法渾融無跡可尋，神品也；有筆無刀，妙品也；有刀無筆，能品也；刀筆之外而有別趣，逸品也；有刀鋒而似鋸牙癱股者，外道也；無刀鋒而似鐵綫墨豬者，庸工也。」秦爨公《印指》云：「修能以趙凡夫草篆爲宗，別立門户，自成一家。一種豪邁過人之氣不可磨滅，奇而不離乎正，印章之一變也。」著有《印經》、《印章要論》、《菌閣藏印》、《修能印譜》、《印品》。

朱之瑜，字魯嶼，號舜水，餘姚諸生。穎悟夙成，九歲喪父，哀毁踰禮，及長，精研六經，通《毛詩》，精篆刻，天啟已還，綱紀廢弛，絶志仕進，僑居舟山。清兵渡江，魯嶼義不食清粟，順治己亥，避地日本。康熙壬戌卒，年八十三。

朱鷺，初名家棟，字白民，一號西空老人，吴江人。少有雋才，家貧授徒以資仰事，牀頭恒貯數十錢，曰買笑錢。父死乃謝。青衿芒鞋竹杖，獨遊名山，所至刻印畫竹以自給，常遊華嶽，登天井，結茅蓮華峰下。年八十卒，葬華山，祀三高祠。其爲諸生時，每談革除事輒涕下，網羅遺佚作《建文書法擬》，又著《頌天臚筆》，有「小玉蟾」等印。

朱夼，字公放，初名杏芳，字雲栽。歸安諸生，又號山漁，自號荑稗道人。放情山水，不治生計，肆志金石篆刻，猶不足寄其崎嶔歷落之概，乃從事於音律。著有《摹印篆印譜》、《山漁刻印稿》各一卷，《宫調譜》八十卷。

朱書麟，字詩舲，一字尼瑞，别號胥毋山人，又號大悲庵主，洞庭人。工詩，善畫蘭，鐵筆不輕爲人作，得蔣山堂古茂樸雅之神。

朱榮錫。

朱增川。

朱石臣。

朱永泰。

朱鳴岐。

朱明山。

朱長泰。

朱旭昌。

朱鶴，字松鄰，一作松齡，吴縣人，徙居嘉定。工行草圖繪，尤深篆籀印章之文，刻畫精工，旁及雕鏤小玩，罔不稱絶。

朱纓，字清父，號小松，松齡子。能世其業，精篆隸，擅詩畫。著有《小松山人集》。

朱宏晋，字用錫，號冶亭，長洲人。性好古，尤嗜籀篆，摹印凡金銀瓷竹牙角無不擅長，而刻玉尤精，與江皜臣伯仲。著有《漱芳草堂印商》四卷。

朱上林，字根石，號蒼巖，一號晚樵。錢塘人，乾隆庚子舉人，官安徽知縣。善行楷，工篆刻，卒年七十三。著《寄軒賸稿》。

朱文震，字青雷，號去羨。歷城人，官詹事府主簿。工篆隸，嘗謁曲阜觀孔廟碑刻，遊京師攈抄太學石鼓，自是鐵書益進。會開四庫館，充校對篆隸員，敘京秩。兼擅山水，奪麓臺、石谷之席，年六十卒。著有《雪堂詩稿》。

朱鋐，字震伯，江都人。精隸書，印法完白，筆意生動有士氣，負性傲岸，不屑屑隨讓翁後，又不願見達官殷賈，以是揚人不甚知之。

朱文學，一名瑋，字季珩，一字韋堂，晚號臯亭，嘉定人。績學敦行，家貧客遊四方，多交韻士。詩畫篆刻時稱三絕，兼習分隸。家傳一硯，失而復得，珍護彌甚，客吳門又毀于火，乃自號破研生。嘉慶壬申卒，年五十六。著有《春秋萃要》、《焚餘集》。

朱銘，字石梅，震伯弟。工鐫碑版。

朱欽，號逸雲，吳江人。工篆隸刻印，與之言，冷雋有味，畸人也。

朱德坪，號藉山，字叔玉，碭山人，官處州同知。髫齡嗜篆刻，摹秦漢與古會，嘗聚古銅而自仿鑄，號翻砂。刀法蒼勁，雜之漢印中幾莫能辨。吳槎客騫《論印絕句》云：「能事居然屬使君，印牀深鎖到斜曛。翻砂最憶官齋裏，琢白填朱昉漢文。」

朱彝鑑，字千里，彝尊弟。善畫，精篆刻。

朱衎齋，《雲莊印話》云：「衎齋集漢官私印譜，朱竹垞序而行之。」

朱鑑，字紹九，號曉坡，海寧諸生。工篆刻，著有《紹九詩鈔》、《曉坡印譜》。

朱逢丙，原名伯鳳，號桐生，華亭人。性敏慧，鐫印幾奪簡甫之席。刻竹尤精，所刻吉金樂石圖屏幅流傳頗廣。

朱爚，字郁文，號霞川，明齊王榑十一世孫，世居江寧文德橋，謙厚誠樸古君子也。詩文、音律、鐵筆、篆書俱妙絶冠時。

朱圭，字上如，吴人。善繪事，雕刻、書畫精細工緻，無出其右。

朱方增，號虹舫，海鹽人，嘉慶辛酉進士，官内閣學士。喜刻印，有《求聞過齋詩鈔》。

朱芬，號香初，官别駕。才華富贍，意氣慨慷，尤工篆刻。嘗遊華山，賦四支全韻，人呼爲朱四支。

朱琰，字笠亭，海鹽人。精小學，工摹印，善丹青，乾隆丙戌進士，著有《續鴛鴦湖櫂歌》、《金華詩粹》、《笠亭詩文鈔》、《陶説》。

朱爲弼，字右甫，號茮堂，平湖人，嘉慶乙丑進士，官漕督。金石之學上追歐趙，刻印神似秦漢。又工花卉，得白陽逸趣，隸篆有渾厚勁折之致。道光庚子卒，年七十。

朱堅，號石梅，山陰人。工鑒賞，多巧思，沙胎錫壺是其創製。著有《壺史》一册。尤精鐵筆，竹石銅錫靡不工絶。

朱一元，字巨山，工篆刻，所作印神遊於點畫鉤曲之外，邈然自適。有《連珠集印譜》。

朱熊，字吉甫，號夢泉，又號蝶生，秀水人。工花卉，用筆爽健，可與奚蒙泉頡頏。尤精篆刻，竹石瓷銅，偶一奏刀，無不蒼秀。

朱芾，字友巖，烏程人。

朱穀昌，字飯石，六合人。曾爲周藺渚、沈茝泉作合刻印譜序，内數語云：「淩紙怪發，觸目采騰，灑垂露之字，潤徧雲根，行運風之斤，鋟開山骨。雕今潤古，定此石交，裒瑾握瑜，互從心證。」知其工刻印也。

朱志復，字遂生，無錫人，趙撝叔高弟。工刻印，撝叔嘗以「蝨如車輪技乃工，但期弟子有逢蒙。」之句勖之，又贈魏稼孫詩云：「送君惟有説吾徒，行路難忘錢及朱。」錢謂錢式，朱謂遂生。

朱筱衫，精岐黄，印法吴亦步。

朱仁壽，字閣臣，寧波人。

朱溎，號嘯麓，富陽諸生。吴平齋弟子。工鐵筆，精鑒别，書法顔平原，兼善岐黄術。年五十餘卒於杭州。

朱竹書，號三餘，如皋人。有《陋室銘印譜》，程茝衫爲作題詞，其二云：「邕斯妙體擬磨鐫，機杼新成出自然。千古名人多好學，好從黄石得新傳。」

朱士林，字半亭，號小莊。蚤歲自字貞木，曰非嚴霜不識貞木也。寓江西，拆小屋爲園，以廢木築半亭，因以爲字，别號天悲道人，晚號壺公，或曰壺厂、壺道人。歸安人，官廣東道員。尚氣節，能文章，以才不竟用遂絶意仕進，比年自刻「辛亥逸民」

印以見志。鐵書不規規於古人，而神與古會，直入秦漢之室。邊款或篆隸或行草，有運刀如筆之妙，以識者尠，不肯爲它人刻。西泠吴遯盦索其自刻者，捺而存之。有《漢馬荊印存》。

朱兆蓉，字芙鏡，如皋人。工詩詞，精南田設色花卉。善撫琴，喜治印。爲遂昌令，有政聲。

朱文濤，字雪先，號鐵仙，山陰人。精治印，有《嚼梅盦印存》。

符翕，字子琴，清泉人。工書畫，學青藤老人。有《蔬笥館印存》二卷。

胡鍾，字蘭川，號晚晴，江寧人。乾隆丁酉舉人，官遵義知府。善山水，得大癡法，精篆刻，一時無出其右。

胡正言，字曰從，休寧人，官中翰。工篆刻，旁通繪事，嘗縮古篆籀爲小石刻以行。著有《十竹齋雪鴻散跡》。

胡光筠，字小秋，江都人。博學，精隸古，嗜金石篆刻。

胡其孝，字全子，休寧人。

胡唐，又名長庚，號城東居士，歙縣人。深於篆學，自秦漢而下至程穆倩無不逼肖入微。

胡枚，字梁園，石門人。

胡貞甫。

胡汝貞。

胡阮，字省游，竟陵人。工印學。古郢吴實存先聲論印云：「近代作者，唯程穆倩、胡省游爲最，省游名不逮穆倩而樸老過之，程以文勝，胡以質勝。程有意於奇，胡無心於巧，其優劣辨在幾微。它如十竹齋巧過於法，雅俗共賞，欲追先民，寧爲彼勿爲此也。」

胡志仁，字井輝，號曙湖，晚號華顛老人。山陰布衣。詩有逸才，工篆刻，貧不治產，輒藉此以贍其家。晚年選漢印精者五百鈕，手自摹勒成譜。又喜櫟下《印人傳》，爲各篆名字印二方作譜以傳。會稽童二樹曾同人過訪，有詩云：「碧苔陋巷草，紅茜矮牆梅。中有幽人在，頻隨舊雨來。圖書等趙璧，文字出秦灰。相賞斜陽外，春風引緑醅。」年八十二卒。

胡毅安，號二庵，常州人。

胡琳，字與真，太倉人。工書畫，善刻印。

胡右宏，字仲袁，平湖人。書畫篆刻皆有神韻。

胡本，字潤身，號立齋，海寧諸生。成童即精篆刻，摹秦漢得古趣，嘗讀書武林海月橋側，卒年未二十。

胡栗，字潤堂，號三竹，富陽人。工山水，精篆刻。

胡湞，字克生，錢塘人，工篆刻。

胡馨，字蘭渚，山陰人。

胡培，字養田，西埜孫，廩生。工詩博古，印法曼生。

胡之森，號篔谷，江夏人。工篆刻，畫竹得文與可風趣。有《青琅玕館摹古印存》。

胡圻，字若川，山陰人，官灌縣知縣。嗜篆刻，尤善治黄楊，精製印色。曾牧西陽，廣搜朱砂，每至一處，闔署均研砂礲石，若川顧而樂之。

胡震，字不恐，號胡鼻山人，別號富春大嶺長，富陽諸生。好篆籀八分之學，習摹印，見錢塘錢松所作乃大驚服。嘗自刻「富春大嶺長」朱文印，邊款云：「胡鼻山即富春大嶺，黄子久有《富春大嶺圖》，余號鼻山以姓相合，即以大嶺長作別號焉。同治元年正月十日僑寓上海志。」是年六月，山人即下世，年四十六。

胡義贊，字叔襄，號石查，晚號煙視翁，光山人。同治癸酉舉人，官海寧知州。長金石考證之學，所藏泉幣皆希品，考證精確，與鮑臆園抗衡。書畫皆似董文敏，刻印宗秦漢，收藏書畫金石甚富。

胡良銓，字衡甫，績溪人。精篆隸，工石刻，瓣香趙撝叔，自稱爲入室弟子。

胡钁，字匊鄰，一號老匊，又號晚翠亭長。石門諸生。工詩善書。治印與吴缶廬相驂靳，雖蒼老不及而秀雅過之。嘗鉤摹宋拓《聖教序》、《仙壇記》、《醴泉銘》，均不失神韻。著有《不波小泊吟草》、《晚翠亭印儲》。宣統庚戌卒，年七十一。

胡傳湘，字小匊，匊鄰子。刻印酷似其父。

胡宗成，字夢莊，號止安，會稽人。工文辭及金石之學，收藏漢魏六朝碑版墓志極精，舊拓甚富。善奕棋，能書八分，刻印以秦漢爲宗。

胡錦曦，字蓉初，華亭人。善作唐篆，亦能刻印。

胡然，原名乃堯，字卓哉，號印髯，亦號幻翁，又號可廬居士。錢塘人。嗜古工書翰，尤精治印，有《可廬印存》。

胡希原，名熙，字穆卿，號木盦，又號牧盦。錢塘人。通篆學，治印直逼秦漢。

吾邱衍，字子行，號貞白，魯郡太末人。精許氏學，工刻印，與趙文敏齊名，時承唐宋之弊，六文八體盡失其真，子行力矯積弊，一以玉筯入印，印學爲之一變。著有《學古編》二卷。至大辛亥卒，年四十餘。有《印式》二卷。

廣印人傳卷之四

仁和葉銘葉舟輯

吴福孫，字子善，杭州人。著有《古印史》。至正戊子卒，年六十九。

吴叡，字孟思，號雪濤散人。杭州人，吾邱子行弟子。有《古印譜》，揭汯爲序，略云：自漢至晋，凡諸印章搜求殆盡，一一摹搨。類聚品列，沿革始末，標注其下。至正乙未卒，年五十八。

吴᠎麐，字仁趾，天都右姓，隸籍廣陵。篆刻不規規學步秦漢，而古人未傳之秘每於兔起鶻落之餘，别生光怪，文何所未有也。

吴明圩，字頌筠，一字虎侯，無錫人。篤志學古，留心撰著，作《典林》一百四十餘卷。滄桑後寄情篆籀，戲倣秦漢諸印，砉然有金石聲，駕文何而上矣。

吴山，字仁長，一字拳石。黄山人。往來白門、維楊間，與垢道人爲兒女姻。所作印章未嘗規摹垢道人，蓋筆性所成不可强也。

吴良止，字仲足，休寧人，與何長卿齊名。有評之者曰：「仲足無邪氣，長卿有逸品。」

吴萬春，字涵公，仁長子，垢道人婿，亦能作印。

吴晋，字平子，莆田人。初作印多用莆田派，後從周櫟園得觀名人印譜，遂一洗其習。又善墨蘭。

吴忠，字孟貞，新安人。何雪漁弟子。有《棲鴻館印選》二册。

吴仲連。

吴先聲，字實存，古郢人。著有《敦好堂論印》一卷。

吴綱，字君大，蘭溪人。

吴璿。

吴敦復。

吴天儀，歙縣人。

吴雋平。

吴敘州。

吴鴻，字六漸，海鹽人。工書法，善鐵筆。

吴正暘，字午叔，休寧人。

吴寧，字不移，宣城人。

吴考叔，歙縣人。按，吴一作胡。

吴迥，字亦步，歙縣人。董元宰書其譜曰：「亦步舞象時氣已吞虎，今猶二十許人，試以其印章雜之長卿印中不復可辨，不知異時復作何狀。」有《曉采居印譜》四卷。

吴暉，字秋朗，樵川人。能詩工畫，印章喜倣文何。

吴道榮，字尊生，新安人。善篆籀之學，刻印能自致其情者。

吴鈞，字陶宰，華亭人。工詩，善隸書，刻印專師雪漁。著有《獨樹園詩稿》、《鼠璞詞》、《陶齋印存》。

吴士傑，字雋干，號漫公，歙縣人。幼從吴天儀精通六書，於大小二篆鐘鼎款識靡不研究。家貧，以刻印自給，爲時所重。子士懋，能承其學。

吴晋，字進之，號日三。休寧人，僑居婁縣。精研字學，於二篆分隸皆洞悉源流，不特脱穎超群，即鐵筆亦得雪漁、嘯民正宗。有《分類印譜》四卷，《知止草堂印存》二卷。

吴騫，字槎客，又字葵里，晚號兔牀山人。仁和貢生，世居海寧小桐溪。築拜經樓，貯書甲於一邑。著有《拜經樓詩詞集》、《詩話》、《藏書記》、《陽羨名陶録》，輯《拜經樓叢書》。又有《論印絶句》一卷，自序云：「予少有印癖，偶讀前輩沈房仲、厲太鴻諸公論印絶句，適然有會於中，間亦效顰云。」卒年八十一。

吴觀均，字立峰。有《稽古齋印譜》十册，以十干分集，盡古銅印章三千有奇，用硃砂印色拓原文於譜，章撫功序。

吴枚，字小屏，錢塘人。少孤，母汪玉瑛工吟詠，小屏侍奉極孝，著《明發集》以見志。學畫得南田遺意，兼工鐵筆，以居東園，亦號東園生。有《東園詩鈔》。

吴履，字竹虚，號瓦山野老，又字公之坦，秀水人。善山水花卉，工詩，客山左，與黄楙穀齊名。鐵筆高古，款識絶似何主臣。著有《苫榛庵詩》。

吴青震，字蒼雷，嘉興人。工刻印，有《春暉堂印史》四卷，汪秀峰爲之梓行，邵大業作序，又有《斯翼印譜》四卷。

吴樹萱，初名傑，字少甫，吴縣人。工古文，曾主講蓮池書院，餘事精篆隸摹印。

吴坤，字皆六，紹興諸生。工畫山水及印章。

吴逵，字遇鴻，號心禪，婁縣人。工書畫，長於花鳥人物，尤善篆隸，工鐵筆。

吴肅雲，字竹蓀，號盟鷗，徽州人。爲人磊落不羈，工山水，能篆刻。

吴鑄，號錦江，金匱人。弱而穎，七歲過目輒了了。工詩，精篆刻，年三十卒。

吴晋元，號錫康，又號一峰山人。長洲諸生。善山水，工製印，兼精醫。

吴育，字山子，吴江人，漢槎曾孫，家常州。工篆隸，印墲鄧派，兼精繪事。

吴應筵，字山賓，後名非，應箕弟。善書畫，工鐵筆，每遊山水必自鐫名崖石。應箕殉節，爲撫其孤。著有《三唐編年》、《二十一史異同考》。

吴文徵，字南薌，歙縣人。工書畫，善篆刻，極意摹古，皆得神味。嘗爲阮文達作伯元小印，雅似穆倩手筆。

吴儁，字子重，號冠英，江陰人。以三絶擅長，寫真尤得古法。亦工篆刻，嘗客京華，爲戴醇士、何子貞、張石州諸先生所器重。倦遊返里，不名一錢，賸行詩畫滿篋笥，其高致可想。

吴文鑄，字子襄，廣德州人，寄寓禾城。工鐵筆分隸，學寫花果，濡染有致。

吴咨，字聖俞，武進人。少穎悟過人，從李申耆先生遊。通六書之學，精篆隸鐵筆，畫花卉魚鳥得雲溪外史神韻。著有《續三十五舉》、《適園印印》。咸豐戊午卒，年四十六。

吴廷颺，字熙載，號讓之，以字行。嘗自稱讓翁，又號晚學居士，儀徵諸生。善篆隸，能以碑刻摹印，傳鄧氏衣缽。論者謂鄧派既行而皖派遂廢，理或然歟。偶作花卉，亦有士氣，有《師慎軒印譜》。同治庚午卒，年七十二。

吴儆，字子慎，聖俞弟。亦工篆隸，擅鐵筆。

吴重光，字秋畦，一字秋伊，仁和諸生。早歲猶及與鄉先輩陳曼生諸公遊，故印學有根柢。嘗以極薄劣石兩面摹漢印二千餘方，無不惟妙惟肖。居京師數載，與馬硯香諸名彦交遊倡和。光緒紀元年七十餘，忽忽不樂，一日，肩所摹印徒步出都門。越十餘年，有人遇諸峨嵋，鬚眉皆作紺碧色，後不知所終。

吴獻可，太倉人，梅邨之孫。

吴完夫，獻可子。工鐫印鑿研。

吴名普，江都人。工刻印，不屑苟作而氣韻自勝。

吴樣初，字雪陶，讓之子，官湖北知縣。能世其學，刻印爲時所珍。

吴廷康，字元生，號康甫，又號贊甫，别號晋齋，晚號茹芝，桐城人。篆隸鐵筆直窺漢人，有磚癖，輯《慕陶軒古磚録》。餘事寫梅蘭，寥寥數筆，金石之氣盎然。

吴雲，字少甫，號平齋，晚號退樓，又號愉庭。歸安人，官蘇州知府。嗜古，精鑒别，金石鼎彝、法書名畫、漢印晋磚、宋鐫元槧靡不研究。所藏齊侯罍二、右軍蘭亭二百種，最爲珍秘。間畫山水刻印章，自然迥出凡近，蓋澤古功深矣。著有《兩罍軒彝器圖釋》十二卷，《二百蘭亭齋古鐫印存》十二卷，《古官印考》六卷，《考印漫存》九卷，《焦山志》十六卷，《華山碑考》、《虞温公碑考》、《虢季子盤考》、《建安弩機考》各一卷。

吴鳳堦，字霞軒，仁和人。咸豐己未舉人，官工部員外。工畫蘭，神似板橋，尤工鐵筆。著有《味蘭室詩鈔》。

吴傳經，字伯生，石門諸生。篆隸古雅，精治印。

吴山，字瘦緑，號十二，歸安人，所居太湖之濱。工篆刻，繼嚴粟夫而起，頗得古雅之趣。

吴誥，字子洛，號幻琴，錢塘諸生。工書畫，精篆刻，得丁黄筆法。著有《蘧盧印譜》、《犀香館詩》、《纖嫵詞》。

吴侃，字諤生，歷城人，寓常州。能詩，善篆刻，與吴聖俞、瞿舜石爲友，惜早卒。

吴璠，字菊鄰，湖州人，寓上海。印摹浙派，尤善刻竹。

吴悦，字自怡，信豐人。善琴，工篆刻。

吴夢生，儀徵人。《雲莊印話》云：「夢生爲人高曠不羈，仿秦漢印章頗古雅。」

吴湰，字麗生，平湖人。善金石書畫，工治印。

吴溥，字苓香，退樓子。工篆刻，讓翁入室弟子。惜早卒，流傳絶少。

吴大澂，字清卿，號恒軒，晚號窓齋。吴縣人，同治戊辰進士，官湖南巡撫。收藏彝器與濰縣陳氏、吴縣潘氏相埒，精繪事，工刻印，尤能審釋古文奇字。所著《説文古籀補》十六卷，《古字説》、《古玉圖考》二卷，《恒軒吉金録》二卷，《窓齋詩文集》若干卷。光緒壬寅卒，年六十八。

吴有容，字克誠，號客塵，錢塘人。

吴誦清，原名葆曾，字芷鄰，號毓庭，又號梓林。丹徒人，官安徽布政使司經歷。工篆書，善山水，尤長刻印。

吴俊卿，字倉石，一字昌碩，號缶盧，又號苦鐵。安吉諸生，官江蘇知縣。性孤冷，工詩，能篆籀及刻石，又喜作畫。天真爛漫在青藤、雪个間，時楊藐翁在吴門折節稱弟子，又與吴窓齋善，見聞日廣而氣韻益超。有《缶盧詩存》、《印存》。

吴日法，字審度，歙縣人。工篆刻。

吴隱，字遯盦，號石潛，又號潛泉，山陰人。工篆隸、精繪事，刻印宗秦漢。嘗集古今名人楹帖三百餘家，縮刻於石，名曰《古今楹聯彙刻》，風行海内。又集所藏印爲《遯盦集古印存》，又有《遯盦印話》、《鐵書古陶存》、《泉存》、《塼存》等書行世，更創製仿宋聚珍排印書籍，以保存流通。二者爲宗恉，所編《遯盦金石叢書》尤有裨於來學。

吴寶驥，字柳塘，石門人。精刻扇，兼治印。

吴祥麟，字石侣，號玉侯，桐城人，康甫孫。工隸書，能治印。

吴澂，字待秋，號春暉外史，又號鷺鸞灣人，伯滔次子。後得文後山舊藏三斗銆，遂號抱銆居士。工繪事，亦能治印。

吴涵，字子茹，昌碩子。工篆刻，善詩文詞。

吴在，字公之，金山諸生。宿好摹印，得秦漢骨氣，書似北海。尤工香奩，著詩若干卷。

盧仲章，天台人。陳基《夷白齋稿》有《贈仲章詩》序云：「能刻金石印。」

盧貝乘，鍾伯敬云：「有《語石齋印譜》。」

盧登焯，字晋昌，號書船，又號東溟，鄞縣人。善山水松石，兼工鐵筆，有《抱經樓日課編》《印譜》四卷。

蘇宣，字爾宣，一字嘯民，號泗水，新安人。姚士慎曰：「吾友爾宣縹緗舊業，殘碑斷碣無所不窺，所至問奇字者屨相錯。其印章流徧海内，與壽承、長卿鼎足稱雄。」有《蘇氏印略》四卷。

蘇襄城。

蘇澗寬，字碩人，鎮江人。善摹繪金石拓本，兼治印。

都榮曾，字穉香，一字静庵，海寧諸生。童年即耽鐵筆，稍長究意籀斯古篆，博觀秦漢鉢印及黄奚諸家傑作。心摹手追，造詣益進，深得浙派正宗，間亦規摹頑伯、悲盦。有《求古齋印選》。

瞿元鏡，字端叔，常熟諸生，明忠宣公子。喜花鳥，工篆刻。

瞿中溶，字鏡濤，號木夫，又號萇生，晚號木居士。嘉定人，錢竹汀婿，官湖南藩掾。博綜群籍，尤邃金石之學，藏弆甲於婁東。善花卉，在白石、青藤間。行楷學六朝，篆隸有法度，刻印得漢人神髓。著有《湖南金石志》、《吴郡金石志》、《古泉山館金石文編》、《古官印考》、《彝器圖録》、《弈載堂詩文集》、《歷代石經考》、《錢志補正》。道光壬寅卒，年七十四。

瞿樹本，字根之，木夫子，師承庭訓，書畫皆佳，篆刻尤多古趣。

瞿應紹，字子冶，又字瞿甫，號月壺，晚號老冶。上海人，官玉環同知。書畫皆學南田，精篆隸及刻印。善製砂胎錫壺，與楊彭年合作，往往柄有彭年印記者即月壺手製。

瞿廷韶，字賡甫，又字耕莆，武進人，宛平籍。同治庚午舉人，官湖北布政使。少與吴聖俞友，雅擅刻印，邊款署舜不治石。

殳孔威，《篆學淵源》云：「孔威印師眇狂，晚年太求老到，未免涉俗。」

俞元之，字貞起，號介石，金華諸生。豪邁工詩，寄情鐵筆，高古有致。

俞珽，字君儀，號笏齋，初名培廷，婺源人。印學步趨雪漁，又能作指頭畫。

俞時篤，字企延，號近蘇，錢塘諸生。字學蘇米兩家，畫有石田餘意，尤精篆刻。

俞廷槐，字拱三，號犖山，嘉興人。性躭六書，凡古文鐘鼎石鼓皆手自規仿，摹印宗雪漁、修能，有《犖山印略》。無子，一女亦工篆刻，惜其名不傳。

俞廷諤，初名經，字夔千，又號葵軒。專精篆刻，其得意之作入白榆刻中幾無以辨。

俞寰，字允寧，華亭人。樸願静默，喜讀書，工詞賦，旁通醫卜斲琴刻印，靡所不精，然不求人知。安貧樂志，終歲不一入城市也。

俞企賢，字新巖，仁和人。工書畫，能詩，尤長篆刻。

俞彦，太倉人。

俞鎮，字弇山，會稽人。書法香光，印宗浙派，詩亦清雋自喜。

俞歗，字松榊，仁和諸生，原籍新安。善醫，工治印。著有《續三十五舉》、《鐵筆十三法》，抉摘入微。

俞瀚，字楚善，山陰人。

俞雲，字瘦石，山陰人。能山水，善鼓琴，工刻印。

黎簡，字二樵，號簡民，順德人，乾隆己酉拔貢。工詩，善六法。爲人清狂，日與酒徒醉飲於市，自刻印章曰「小子狂簡」，刀法峻儻如其人。著有《五百四峰堂詩鈔》。

奚岡，字鐵生，又號蘿龕，别署鶴渚生、蒙泉外史、奚道士、散木居士，錢塘人。九歲作隸書，及長兼工四體。詩詞超雋，而畫尤擅長。刻印與龍泓、小松、山堂齊名，號西泠四大家。嘉慶癸亥卒，年五十八。

嵇承濬，字導崑，號小蓉，無錫人。究心六書，以經學證《説文》，與沈凡民、華半江友。得摹印之法，有印譜行世。

倪耿，字覲公，無錫人，雲林之後，郵居蕭然，能以隱世其家。精篆刻，獨醉心薛宏璧父子，洵深於此道者。

倪六通，宜興人。

倪越石，字師魯，江寧人。

柴本勤，字功造，號松崖，烏程人。工指頭書畫及篆刻。

懷履中，字庸安，一字慵庵，號蘭坡居士，婁縣人。精醫理，耽吟詠，善鐵筆。

梅德，字容之，號庾山，南城人。少爲文負奇氣，長孯印學，寢饋其中有年，刀法款識并皆方雅。

雷悦，號彝甫，長沙人。工篆刻，有《鐵耕齋印存》。

來行學，字顔叔，西陵人。序《宣和印史》云：「余有印癖，每抱越楮一帙，遊於齊楚三晋燕趙之墟，得官印四百有奇。已而石箐山畔畊夫從桐棺丹筒獲《宣和印史》，載官印千二百有奇。中間合者什四，爰摹勒石，草莽就緒，其封建姓氏，次弟未遑彙其甲乙，尚竢異日。」

廣印人傳卷之五

仁和葉銘葉舟輯

陳勛，字賢佐，又名卲，崑山人。正統初，以薦授桐盧丞，歷臨江、新淦、金谿知縣。寫枯木竹石，精率更書，旁曉古隸、篆刻。卒年五十六。

陳琮，字正叔，吴江人。能詩，工篆刻，書法遒美，萬曆間名家也。

陳炳，字虎文，吴縣人。性狷介，不肯隨俗，而意致高逸。詩宗王孟，又好鐫印章，類顧云美。晚喜效趙凡夫作草篆。年八十餘卒。

陳巨昌，字懿卜，華亭人。有《古今印選》，董文敏爲之序。

陳于王，晋江人。能詩畫，工篆隸，鐫刻圖章尤精雅絶倫。

陳玉石，字師黄，平湖人，或曰本姓陸。工刻印，必深刓其底光澤如鑑乃止。不肯輕爲人作。嘗目工印章者曰：「爾輩持刀將用以削人足指甲耶？」其傲慢自矜如此。

陳瑞聲，字朝喈，無錫人，世涇子。世其家學，作印頗得古法。

陳鍊，字在專，號西䓁，日安人，遊寓華亭，遂家焉。學鐵筆，悟少陵書貴瘦硬方通神之恉，已得朱修能譜，師其指授，以爲篆刻之能事畢矣。後見秦漢印章數千鈕，於刀法篆法神會手追，遂深造入古。有《印說》、《印言》、《超然樓印賞》八卷，《秋水園印譜》、《西䓁詩鈔》。

陳枚，字簡侯，錢塘人。

陳萬言，字居一。

陳逸夫。

陳伯陽。

陳鴻，常熟人。有《印可》二卷。

陳球，字寄瑶，金山人。

陳惕安，海寧人。

陳鴻緒。

陳秀章。

陳首亭。

陳芳，字芷香。工篆刻，刀法不盭于古。

陳浩，字智周，號芷洲，嘉定諸生。負才超卓，屢試不售，乃㛹力樸學。於三代古文秦漢篆隸靡不精核。摹印取法漢人，有《古藤齋印譜》、《篆隸源流》、《印章典則》。

陳詩桓，字岱門，號破瓢，自稱石鶴道人。華亭人。性孤介，閉門飲水讀書，好古工丹青，善鐵書，著有《稗堂詩略》。

陳賓，字文叔，仁和人。朱高治復呂文倩書云：「弟向有譜序三五通奉之同好，其中原流切要處，已少少盡之，大約此道登堂推文三橋，而何雪漁則敦龐變化，搜秦漢之理而舞蹈之，至陳文叔則精工盡美更秀穩無疵，其原出自何而的系相沿，不得不以瓣香歸之。」

陳渭，字桐野，號首亭，平湖人。究心六書鐵筆，不尚時趣，晚年悟禪理，寄情聲詩，又工隸書。

陳元祚，字師李，號西麓，嘉興人。工刻印，有《西麓印譜》。

陳陽山，不知其名。精篆刻，工雕鏤，與黄約圃善。

陳戴高，字山止，亦稱山朗，號鶴崖，仁和人。其篆刻神似三橋，雖與白榆友善，而實私淑之。

陳聲大，字虚谷，西庵子。印學得之趨庭，所作印章頗爲時流所重。

陳書龍，字山田，華亭人，詩桓子。善詩畫，工山水花卉，與父石鶴俱馳聲印林。

陳洪疇，字畦旃，號息巢，所城人。性聰穎，篆刻精妙入神。

陳杞，字韞川，又字午亭，晚號鞠叟，仁和人。少好讀書，間涉繪事，工大小篆，刻印摹秦漢，刀法入古，奚蒙泉甚推之。乾隆某年卒，年八十四。

陳上善，字玄水，嘉定人，工治印。

陳毓棡，字兩橋，蘭谿人。壬辰進士，授吏部主事。工山水花卉，兼治繆篆。

陳森年，字茂庭，休寧人。工刻印，有《四本堂印譜》。

陳蘊生，字英儒，善畫墨蘭，尤工篆刻。

陳祖通，字小鶴，泰州人。少工刻符，用筆沉著，得種榆遺意。

陳延，字遐伯，安慶人。右臂折，書用左腕，與蕭尺木稱畫院二妙，尤精篆刻。著有《孤竹齋集》。

陳觀瀾，善印章，嘗自論曰：「非僅以秦漢爲師，尤貴師其變動入神耳。」

陳乾初，海寧人，精篆刻。

陳寅仲，海寧人。工篆刻，蒼潤秀勁，雅似鷗波，有《銅香書屋印譜》一卷。

陳成永，號元期，庚辰進士。篆法三橋，惜所作甚尠。

陳豫鍾，字浚儀，號秋堂，錢塘廪生。深於小學，篆籀皆得古法，摹印尤精，與陳曼生齊名。秋堂專宗龍泓兼及秦漢，曼生則專宗秦漢旁及龍泓，皆不苟作者也。秋堂嗜金石文字，氈蠟椎拓積數百本，見名畫佳硯雖重值必購之。工畫蘭竹，嘗輯《古今畫人傳》，著有《求是齋集》。嘉慶丙寅卒，年四十五。

陳鴻壽，字子恭，號曼生，錢塘人。嘉慶辛酉拔貢，官淮安同知。善屬文，阮文達撫浙時方籌海防，輕車往返，走檄飛章千言立就。篆刻上繼西泠四家，浙人悉宗印之。宜興素産砂壺，曼生作宰是邑，辨别砂質，創製新様，自譔銘詞刻之，人稱曼生壺。著有《桑連理館集》。道光壬午卒，年五十五。

陳克恕，字體行，號目耕，又號吟香，一字健清，海寧布衣。著有《篆刻鍼度》八卷，《存幾希齋印存》二卷，《篆學示斯》二卷，《篆體經眼》二卷，《印人彙考》一卷，又有《硯説》、《筆譚》、《銀海金鎞》，均未祥。

陳佑，字維孝，常熟人。工書精刻，善鑒古，有小篆《千文》。

陳均，字敬安，號受笙，初名大均，海寧人，嘉慶庚午舉人。工詩，善篆隸，尤精鐵筆，山水、花卉卓然名家。又嗜金石文字，所至搜訪，手自椎拓。著有《松籟閣集》。

陳鳳，號竹香。西庵孫，虚谷子。亦精刻印，三世家傳，箕裘克紹。

陳春熙，字明之，號雪厂，又號劬安，秀水人。工八分、飛白等書，篆刻直追秦漢，與楊龍石、翁叔均、王石香齊名。

陳大齡，號鶴汀，一號鄂町，常熟人。工花卉及篆刻，所居紅梅花閣，圖史尊彝羅列左右，翛然隱士廬也。

陳務滋，字植夫，湖北人。順天籍，官佛岡司獄。山水蒼勁，工篆隸，鐵筆尤古雅。

陳逢堯，字瞻雲，號樸園，海寧人。性耿介，嗜酒。工篆刻，尤精醫理。著有《樸園韻語》。

陳經，字褎之，號新畬，烏程人，阮文達弟子。喜刻印，家藏尊彝泉印磚瓦甚富，工隸書，精考證。著有《求古精舍金石圖》。

陳塤，字叶箎，錢塘人，寓吳中。印宗浙派，咸豐庚申杭城陷，殉難。周存伯爲譔傳，刻入《范湖草堂集》。

陳蟾桂，號子剛，秀水廩生。嗜金石，工篆刻，禾中自曹山彦後一人而已。

陳洪綬，字息巢，南匯人。性穎敏，於四體書勢及篆刻皆不學而能，并工長短句。

陳祖望，字纘思，錢塘人。工篆刻，師趙次閑，得浙派正宗。尤工鐫碑，琳宫梵宇無不有纘思手跡也。

陳光佐，字賓谷，纘思子，寓居吴中。能世其家學，印派畢肖。

陳其熢，字貴生，歸安人。能古文，工書畫，花卉寫生自成一家。刻印尤妙，蓋其家藏歷代名印甚夥，而又精於鑒别，故運刀入古，妙合靈機。

陳春暉，字寅東，臨海人，官山陰教諭。隸學《禮器》，善刻印。

陳一飛，以字行，晚號壽萱，華亭人。工繪事，精白描，善刻印。有《壽萱室印草》六卷。

陳還，字還之，金陵人，工篆刻。

陳允升，字紉齋，號壺舟，鄞縣人。善山水，工八分書，餘事作印，亦工整有法。著有《紉齋畫賸》。

陳治經，字樸生。《雲莊印話》云：「揚州刻印，在道光間皖浙兩派并行不背，其錚錚首屈，如熙載、茶生卓然名貴，更有陳樸生孝廉，治經之暇亦復爲之。」

陳雷，原名彭壽，字震叔，號老菱，又號瘤道人，錢塘人。書學陳曼生，篆刻尤工。著有《養自然齋詩集》。

陳同壽，字六雲，安徽人。

陳晋蕃，字仲庶，號萊仙，蕭山人。工書，善治印，有《觀月聽琴室印存》。

陳壽彝，字叔盧，亦字叔子，會稽人。少工小篆，仿漢印尤得神似，偶畫墨梅水仙，趣尤奇逸。

陳治，字伯平，山陰人。善申韓之學，兼工小篆，師事歸安孫叔弗。筆力遒勁，能篆刻，精繪事。

陳衡恪，字師曾，自號朽道人，義寧人。曾東遊日本，治博物學，雅好書畫，兼工篆刻。從吴缶盧遊，同時有苦李、石禪、息霜諸友相切礲，藝乃日進。

陳年，字静山，山陰人。摹印繪事均師吴缶盧。

秦漁，字以巽，原名德滋，無錫人。工詩，書法顔褚，刻印遠追秦漢，近取文何。

莘開，字季張，號芹圃，烏程人。家世武科，少補武學，棄去媷志讀書，兼工書畫、篆刻。歸安葉持伯贈詩云：「西京繆篆最矜奇，增損那移總合宜。墨守偏旁拘點畫，可憐未睹漢官儀。」

文徵明，初名璧，後以字行，字徵仲，號衡山。長洲人，官翰林待詔。《蝸廬筆記》云：「待詔印章雖不能法秦漢，然雅而不俗，清而有神，得六朝陳隋之意。蒼茫古樸，略有不逮。今人專事油滑，擘强成字，諸惡畢備，輒曰文氏遺法，夫文氏之作豈如是乎？」嘉靖丁巳卒，年九十。

文彭，字壽承，號三橋，待詔伯子，官南京國博。工刻印，後人奉爲金科玉律，所作多牙章，在南監時，得燈光石乃不復治牙，於是凍石之名始豔傳於世。萬曆癸酉卒，年七十六。

文嘉，字休承，號文水道人，衡山仲子，官和州學正。工金石刻，爲有明一代之冠。萬曆癸未卒，年八十三。

文及先，金陵人。少好篆籀，從金一甫學印，每曰：「吾得之一甫金夫子，夫子得之何主臣先生。」其不忘本源若是。

文鼎，字學匡，號後山，秀水人。精鑒别，收儲金石書畫多上品。偶作小楷，畫雲山松石，則謹守衡山家法。篆刻工秀得三橋遺意。咸豐壬子卒，年八十七。

殷用霖，字柏堂，常熟人，官安吉典史。工篆籀，刻印私淑楊濠叟。

樊紹堂，字硯雲，一字篌香，長洲人。喜賦詩，善丹青，暇則怡情篆刻。曾航海至日本，中途遇風漂入薩摩國。有乞詩畫者，隨手應之，彼國頗珍重焉。

樊恭壽，字銘舫，號繼南，仁和人，光緒己丑舉人。工詩古文辭，間事鐵筆，遒勁古茂，深得次閑神髓。然不輕爲人作，故傳世甚尠。

温純，字一齋，烏程人。受畫法於沈芥舟，好儲古人法書名印，手自臨摹，故兼善篆隸真草鐵筆。詩古文詞亦靡不究心。其生平更喜搜尋秘籍，如《金石史》、《五經算術》、《雲谷雜記》、《敬齋古今黈》、《翁林題跋》等書，均手校梓行。萬曆丁未卒，年六十九。

温汝揚，字鳳庭，錢塘人。刻印師陳曼生，旁款尤精美絶倫，然不輕爲人作，流傳極罕。

孫一元，字太初，號太白山人，印多自製。時有方唯一者眇一目而善詛，孫爲製一印，唯一書輒用之，李獻吉戲題其上曰：「方唯一目，印製甚曲，信是盲人，罔覺其俗。」唯一知而亟毁之。印乃朱文三字相連而横界其中，寓目字也。正德庚辰卒，年三十七。

孫寧，字幼安，有《漱芳齋印苞》二卷，俱摹名人印，成於崇禎間。

孫衛，字虹橋，青浦人。精篆隸，工摹印，能作擘窠大字，兼工山水。

孫韡，字棣英，號漱石，又號怡堂，六合人。嘗得《宣和印譜》原本，簡練揣摩，技遂大進。有《漱石印存》二卷，皆竹根印也。爲人偉岸，有奇氣，負經濟才。工書，善琴，韻語絶佳，弈品第一。爲李書年、張古餘所稱賞。

孫吴，字竹民，秀水人。

孫克述，字汝明，黟縣人。少有文譽，寥落不偶，遂究心六書，棲興鐵筆。梁巘見其書與印皆心折。

孫光祖，字翼龍，崑山人。篆刻書畫爲時推重。著有《六書緣起》、《古今印制》、《篆印發微》各一卷。

孫坤，字慎夫，號漱生，光祖姪。工山水花鳥，長鐵筆，善製硯。

孫星衍，字伯淵，一字季逑，號淵如，陽湖人。乾隆丁未榜眼，官山東糧道。深究經史文字音訓之學，精研金石碑版，工篆隸刻印，校刻古書最精。著有《平津館讀碑記》、《寰宇訪碑録》、《續古文苑》。嘉慶戊寅卒，年六十六。

孫元埈，字瘦石，號畯卿，錢塘諸生。工詩，鐵筆深得漢意。

孫義鋆，字子和，吴縣人。工隸楷，精小學，曼生司馬首推之。山水花草得南田、新羅秘法。尤精天文律象，下至篆刻、陶埴，靡不精曉。

孫雲錦，字質先，吴江人。書宗米董，鐵筆得完白家法。有《印禪室詩集》、《印存》。

孫三錫，字桂三，海鹽人，官盩厔縣丞。花卉學江石如，兼善鐵筆。

孫均，字古雲，文靖公孫，襲伯爵，官散秩大臣。工篆刻，善畫花卉。中年奉母南歸，僑寓吴門，所交多名流，極文酒之盛。

孫錫晋，字次裴，仁和人，次閑弟子。篆刻工整爽逸。

孫朝恩，字受廷，儀徵人。工刻印，喜效種榆，兼參龍泓，才範以法，韻含於刀，秀潤自然。

孫學淵，字漁仙，餘姚人，戴用柏高弟。善刻晶玉紫砂諸印。

孫梁，字吟笙，號苦匏，吴縣人。嗜金石學，間作小印，有漢人遺意。

袁登道，字道生，號强名，東莞人。山水法叔明，後法米顛，篆隸圖書工絶。著有《木竹樓詩》。

袁魯，字曾期，吴門人。性沉實，從其世父籜庵受六書之學，所作印章頗得正宗。

袁雪，字卧生，吴門人。深究六書三倉之學，特於印章見其一斑，然所刻元朱文爲三橋後獨步。

袁三俊，字籲尊，號抱瓮，長洲人。不屑制舉業，唯肆力六書，研究豐豊東宗之譌。在郘塾中即喜篆刻，父師呵責不能止。印章師法秦漢，兼得云美、虎文神韻。著有《篆刻十三略》、《抱瓮印稿》。

袁宫桂，字阮山，無錫人。精小篆，工漢隸，能鐫印，刀法蒼勁，有詩鈔及印譜。

袁桐，字琴甫，號琴南，錢塘人，簡齋從姪。能詩，善隸法，篆刻師鐘鼎漢磚，胎息甚古。爲金碧山水得仇唐遺法，亦善寫意花草。

袁孝詠，字慧音，籲尊子，能世其業。

袁馨，字茶孫，海寧人。工篆刻，竹木尤佳，浙中以刻竹稱者惟茶孫與蔡容莊兩人而已。

袁杏生，雲門布衣，性好潔，善鉤勒，能爲響搨，篆刻入漢人之室。

韓韞玉，字美斯，海寧人。博學好古，刻有《斯美堂印譜》。

韓潮，號蛟門，湖州人。工篆刻，尤精刻竹，蠅頭細字豪髮畢見，幾近鬼工，可稱絶藝。

韓鴻序，字磐上，秀水諸生。印專浙派，刀法修潔，書味盎然，邊款亦工。

韓霖，字雨公，古絳人。

潘恭壽，字慎夫，號蓮巢，丹徒人。山水舊無師承，王蓬心以「宿雨初收，曉煙未泮」八字真言授之，復取古跡證之，其畫日進。能詩，故畫多含詩意。兼寫生濯濯如倚風凝露，善人物仕女，嘗虔寫佛像。晚歲喜刻印章，乾隆甲寅卒，年五十四。

潘西鳳，字桐岡，號老桐，新昌人，王虛舟弟子。識見卓越，客年羹堯幕多所匡助，後有獻不納即拂衣歸，矢志以布衣終。以其餘技鐫印章貽戚友，一時尚之。

潘封，字小桐，桐岡子。善製竹印，能傳家學。

潘廷輿，字驤雲，元和人。癖金石，工鐵筆，折枝花卉尤有致趣，作焦墨蝴蝶栩然飛動。

潘俊，字逸伯，餘姚人。工篆刻，得趙次閑衣鉢正傳，所作酷肖，不差參黍。與笪曉山交最深，曉山印多逸伯所刻。

顔炳，號朗如，婁縣人。爲人恂恂自好，無縱横氣習。山水得王茉畦法，一樹一石無不神似，書亦如之。兼工篆刻，蒼潤有逸致。

顔鍾驥，字筱夏，連平人。喜金石書畫，兼能治印，蒼秀雅健，非曼生、完白所能囿。

廣印人傳卷之六

仁和葉銘葉舟輯

錢選，字舜舉，號玉潭，又號巽峰，自號霅溪翁、清癯老人。湖州人，宋景定間鄉貢進士，元初吴興有八俊之目，子昂稱首，舜舉與焉，沈明臣云善摹印。有《錢氏印譜》。

錢仲，字子仲，善詩歌，精篆籀，嘗遊陸深、文徵明之門。得所贈，輒沽飲盡醉。亦工刻印。

錢履長，字雷中，湘靈子。年未弱冠，留心風雅，所作印章精妙絶倫。

錢思駿，字驤良，善篆書，工刻印，有白榆山人家法。

錢世徵，字聘侯，號雲樵，婁縣太學生。博學能文，工篆刻，尤善寫蘭。有《含翠軒印存》四卷。

錢樹，字寶庭，號梅簃，仁和人。工詩畫，嗜篆刻，私淑龍泓。著有《西陲紀游詩》。

錢坫，字獻之，號十蘭，又號篆秋。嘉定人，乾隆甲午副榜，官乾州州判。工篆書，兼鐵筆，亦善畫。嘉慶丙寅卒，年六十三。著有《説文解字斠詮》十四卷，《古器款識》、《鏡銘集録》各四卷，《篆人録》八卷，其它翼經考史詩文集等書十數種。

錢元章，字子新，號拜石，嘉定人。工古篆隸，承其華宗累世印學之傳，專精鐵筆兼擅山水花竹。著有《書三味齋稿》。

錢適之。

錢德培，字琴齋，號閏生，山陰人，官江蘇道員。

錢潄石，字小山。

錢廷棟。

錢浦雲。

錢昌祚，字燕穀，武進人。

錢志偉，字峻修，號西溪，家吴江之珠溪。性沉敏，凡醫卜音律書數篆刻之學靡不深造，尤精繪事，人物花卉皆工，晚年專寫山水，出入石田、石谷之間，蒼秀有法。著有《無隱處題畫詩》。

錢侗，字同人，號趙堂，嘉定人，辛楣猶子。嘉慶庚午舉人，充文穎館校録，敘知縣。能傳辛楣曆算之學，篆刻不多作，得者寶之。據《嘉定錢氏藝文志略》，所著書共二十九種，有《樂斯堂印存》三卷，《集古印存》八卷，集漢魏古印於官名地名每加辨證。嘉慶乙亥卒，年三十八。按，嘉定錢氏代有印人，竹汀先生之世父楨字滄洲，有《能爾齋印譜》六卷。其猶子繹字以成，有《信芳館印存》四卷，瞿木夫爲之序。其從孫充芸字大田，有《大田印存》八卷。大田子世求字秉田，精篆刻，能世其業，亦有印譜。

錢泳，字梅谿，號梅華溪居士，金匱人。工篆隸，精鐫碑版，作印得三橋、亦步風格。有縮臨小漢碑、集各種小唐碑石刻行世。道光甲辰卒，年八十六。

錢善揚，字順甫，一作慎夫，號几山，又號麂山，秀水諸生，籜石孫。刻印疎密相間，脱去時下町畦，一以漢人爲宗。善畫，墨竹尤得乃祖遺意。

錢以發，字含章，號寄坤，海鹽人。善辨研材及書畫金石文字，兼工摹印。道光乙未卒，年七十。

錢善慶，字蓮士，錢塘諸生，精治印。

錢馥，字廣伯，號緑窗，又號幔齋。海寧布衣。明六書音均之學，著有《小學盦遺稿》四卷，《集古鐘鼎千文》一卷，其《圖書譜》一卷，因吴氏拜經樓有《論印絶句》之刻，特輯之以補諸家所未備，最四十餘則。

錢觀，字盥卿，號百生，又號文萊。仁和人，栻孫，任鈞子。積學能文，工韻語，尤精篆刻。所如不合，竟鬱鬱以終。

錢松，字叔蓋，號耐青，晚號西郭外史，錢塘人。工書畫，嗜金石，精篆隸。嘗手摹漢印二千鈕，趙次閑見之驚歎曰：「此丁黄後一人，前明文何諸家不及也。」咸豐庚申，杭城陷，闔門仰藥死。

錢式，字次行，號少蓋，叔蓋次子。秉承家學，夙工篆刻，後從趙撝叔遊，盡得其奥。與朱遂生并稱撝叔入室弟子。

錢庚，字瑑初，烏程人，徐三庚弟子。年五十餘，以病酒卒。

錢文英，字步瀛，紫琅人。

全賢，字君求，錢塘人。工篆刻，有《集何雪漁印譜》二卷。

田會聰，字荊園，濰縣人。有《邃古齋集印》六卷，大都宋元迄今知名印章，内有蘇東坡印二方，一鐫「密山高處」，一曰「醉漢圖書」。唐伯虎印二方，一「唐寅之印」，一「伯虎」，皆近皖派。説見《雲莊印話》。二公刻印未之前聞，竊疑未必可信也。

田人杰，字蓉墅，蕭山人。精通印學，追摹秦漢，蒼古遒逸。有《紅驢山館印稿》。

田廷瓚，字鹿壺，號石饕，蕭山人。精篆刻，有《石饕印存》。

姚鼒，字季調，號槫園居士，長洲人。工詩文，善草隸。鐵筆宗云美一派，摹漢工整，不輕爲人作。

姚夷叔。

姚凱之，字子襄，歸安人。

姚叔儀。

姚銓，字鶚升，號籧溪，常熟人。嘗從江聲畫竹，間寫花卉，兼工篆刻。

姚寶侃，字叔廉，秀水諸生。幼侍其舅朱夢泉，獲見漢印甚夥，授以刀法，力争上游，不染時習。中年宦遊江蘇，旋棄去，印不輕爲人作。

姚正鏞，字仲海，蓋平人。

姚孟起，字鳳生，吴縣人。工書，兼治印，酷摹山堂秀勁之氣。

姚汝錕，字飛泉，嘉善人。善刻竹，間作小印，亦楚楚有致。

喬林，字翰園，號墨莊，如皋人。工詩畫，善篆隸，山水不拘宗法，有蒼潤罨靄之趣。至刻晶玉瓷牙印各臻其妙，而手製竹根章尤精雅絶俗。

喬昱，字丹輝，號鏡潭，墨莊子。篆刻克承家學，兼長水墨蘭竹。

巢于，號阿閣，蘭陵人。著《江上漁郎印律》，林佶爲序。

饒晊，字貫未詳。洪稚存亮吉題《饒上舍印譜》詩云：「祇今白髮看盈把，姓氏鐫殘賞音寡。宰印寧謁白下羊，隸書不混烏邊馬。先生五十動齒牙，只惜四海還無家。攜將絶技廣南去，炎嶠恐乏窮侯芭。」

包容，字蒙吉，永嘉人。萬曆間官中書舍人。書畫俱工，尤長篆刻，張江陵器重之。一日以玉章相屬，已鐫就矣，促之急，容怒磨去所鐫字而還之，拂衣徑歸。

包世臣，字誠伯，號慎伯，晚號倦翁，涇縣人。完白山人弟子，得鄧派真傳，書法篆刻爲當代所推服。有《安吳四種》，咸豐乙卯卒，年八十一。

包子莊，字虎臣，初名乃錕，歸安諸生。篆隸宗完白山人，亦善治印，與徐辛穀友善。

包承善，字纘甫，虎臣孫，諸生。篆隸鐵書克承家學，後法楊濠叟，益復遒勁。間作大篆，俞曲園極賞之，謂與吳窓齋相頡頏。惜早卒不中壽。

陶碧，字石公，晋江人。學印於江皜臣而不爲皜臣所囿。

陶甗，字若予，號甑夫。巴陵人，或云湘潭人，世襲錦衣，晚居金陵。父泫没於滇之教化長官司，甗攜幼弟徒步六千里歸楚，復隻身奉母扶父柩歸。工詩文，精書畫，能篆刻。年八十餘卒，楊大瓢賓爲作傳。

陶琯，字梅石，號鉏雲，一字梅若，秀水人。自幼工畫，又精篆刻。性高潔，終歲杜門不與外事。

陶計椿，字牧緣，秀水人。工書法，善篆刻，脱胎於讓翁、悲盦而一以工整出之，故所作悉中矩度，一洗印人習俗，旁款亦工緻秀整，能品也。

陶菊莊，《雲莊印話》云：「范雨秋茂才章桐，工書，善畫蘆雁，所用印章皆出郝瑞侯、陶菊莊二人手製。」

曹森，字大木，號羲池，上元人。善山水花鳥，兼草隸鐵筆。

曹均，字大同，一字治伯，號平階，秀水人。嗜金石古文，工六法，印宗秦漢，不落時尚，袁春圃極稱之。

曹運南。

曹成璉。

曹宗載，號桐石，海寧人。修學好古，尤工篆刻，著有《東山樓詩》八卷。

曹世楷，號芹泉，秀水人。精鐵筆，所鐫竹木諸品窮工極緻，聲價日增。

曹世模，字子範，號山彦，世楷弟，諸生。精篆刻，摹秦漢，頗稱能手。

曹大經，字海槎，秀水諸生。工篆刻，碻守文何舊法，刀用中鋒，健勁精卓。

曹贇梅，字肖石，歙縣人，文正族孫。富收藏，精小篆，尤好刻印。

高積厚，字淳夫，錢塘人。工刻印，繼胡克生、林三畏、王若林諸人而起，其平日持論極推崇何雪漁，著《印述》、《印辨》凡數千言，有《我娱齋摹印》行世。

高鳳翰，字西園，號南邨，晚號南阜老人，嘗自稱老阜。濟寧人，官歙縣丞。博極群書，究心繆篆，印宗秦漢，蒼古樸茂。晚歲病痺患孑，以鄭元祐自比，更號尚左生。殆刻印亦左手矣。鄭板橋印章皆出沈凡民及西園手。著有《硯史》、《擊林湖海》、《鴻爪歸雲》等集，乾隆癸亥卒，年六十一。

高秉，字青疇，號澤公，一號蒙叟，鑲黄旗人。喜丹青及摹印，秀嫵蒼勁，兼而有之。著有《青疇詩鈔》。

高翔，字鳳岡，號犀堂，又號西唐，甘泉人。工篆刻，刀法師程穆倩，山水得漸江、石濤之縱恣，梅竹逼金冬心。與石濤友善，石濤死，西唐每歲必掃其墓。能詩書，亦有別趣。董耻夫《竹枝詞》云：「避客年來高鳳岡，扣門從不出書堂。想因誤讀香山句，紙閣蘆簾對孟光。」

高治，字培宗，仁和人。

高雲，號琴山樵者。山陰人，嘗寓錢塘，山陰有琴山，故以爲號。少慕篆刻，留心古文奇字，遂能治印。又善花卉，有《琴山印譜》。

高楨，號飲江，杭州人，以申韓術遊幕江左。工書法，喜爲人作印，有浙中先輩風。嘗與朱桐生縱論篆刻源流，幾忘日之移晷也。

高日濬，字犀泉，錢塘人。陳曼生妻弟，得其指授。篆刻清勁不俗。

高文學，號元眉，字燕庭，嘉善之楓涇人。工詩文，善書，旁及山水，駸駸入香光之室。精篆刻，得漢意。

高攀龍，南阜之孫，工治印。

高徵，號茝舲，高郵人，僑寓邗江。工楷法，揚州所刊《明鑑》是其手書。間爲人作印，不染時下氣習。

高塏，字子高，號爽泉，錢塘布衣。精八法，嘗爲儀徵太傅手寫薛氏鐘鼎款識并釋文考證。偶治印亦秀勁有法。道光己亥卒，年七十一。

高樹銘，字定夫，號幼南，山陰人。篆刻宗浙派，中年以後薄遊閩粵贛皖諸省，所刻印益蒼古有法。

高心夔，字伯足，號碧湄，湖口人。咸豐己未進士，官江蘇知縣。工詩文，善書，又擅篆刻。專主生峭，不落恒蹊，是能於浙皖兩派外別開生面者。

高行篤，字叔遲，號實甫，秀水人，靖節先生子。精於小學，工篆書，能刻印。

高邕，字邕之，晚號聾公，仁和人。工書，得李北海神髓，兼善山水篆刻。少與錢叔蓋友善，因輯其手刻爲《未虛室印賞》。

高時豐，字魚占，仁和人。工書，得褚登善、顏平原神髓，善山水，兼治印。

高時顯，字欣木，魚占弟。工書，善山水花鳥，精刻印。

毛紹蘭，字佩芳，號雲樵，一字溥堂，遂安人。博通經史，能詩，善摹印，一以秦漢爲法，頗自矜貴。著有《雲樵詩鈔》。

毛建會，字子霞，武進人。

毛庚，原名雎，字西堂，錢塘人，再三先生族裔。作書是其家法，尤工刻石。咸豐辛酉之亂，從戴文節籌辦團練駐武林頭，規制嚴密。是年冬，城再陷殉難。

毛承基，原名鴻，字守和，號華孫，錢塘人。有金石癖，工篆隸，兼治印，卒於滬。

羅鴻圖，字文河，掖縣人，康熙壬子拔貢。專精六書之學，工繆篆，自號寓意子。有《鐵筆譜》二卷。

羅坤，字宏載，號蘿村，一字萬化，會稽諸生，康熙己未舉鴻博不赴。精小學，能篆刻，偶作竹木奇石，筆法神似老蓮。著有《半山園集》。

羅王常，字延年，鄖郡人。有《秦漢印統》及《集古印存》。

羅伯倫。

羅聘，字遯夫，號兩峰，又號花之寺僧。江都人，金冬心高弟，揚州八怪之一。工詩善畫，有《鬼趣圖》極爲名流稱賞，刻印亦入上乘。著有《香葉草堂詩存》，嘉慶己未卒，年六十七。

羅枚，字聲甫，富陽諸生。能文善書，精鑒别，工刻印。

羅浚，字朗秋，又號秋道人。常德人，工篆刻。

柯怡，字陶庵，號南柯，杭州人。工書，善治印。

何通，字不違，太倉人。有《印史》六卷，蘇爾宣序云：「余初自學書擊劍，暨脱身走江淮，曳裾大人先生門，操刀爍石，所接勝流有年；所梯層厓縋重淵有年；所手捫緑圖青字龍畫螺書有年；所遇銅章玉璽，斑駁繡蝕，寶氣生白虹有年；所見好事家裒古綴今，點染丹素，曰格曰譜，爛然成帙，盛於海内有年；所其于此道不愧三折肱，未有如不違《印史》之獨絶者。」

何震，字主臣，號雪漁，一號長卿，婺源人。文壽承得燈光石，皆倩主臣刻之，其工可知。嘗曰：「六書不精義入神而能驅刀如筆，吾不信也。」晚歸秣陵，主承恩僧舍，著有《續學古編》一卷。姜紹書論印云：「雪漁如絳雲在霄，舒卷自若。」程孟長元素父子，其同鄉後進也，收得所刻印五千餘鈕，拓爲譜，有《印選》四卷以傳。

何濤，字松庵，又字海若，主臣子。亦能印。

何鐵，字龍若，小字阿墨，鎮江人，遊寓泰州。精詩畫，工篆刻。

何延年，字大春，桐城人。

何叔度。

何巨源，有《印苑》。

何琪，字東甫，號春渚，錢塘布衣。與丁硯林善，故刻印類之。著有《小山居詩集》。

何元錫，字夢華，錢塘人。博洽工詩，藏古印最富，與江秬香爲金石交。道光己丑卒，年六十四。

何溱，字方穀，錢塘人，夢華子。工刻印，與張叔未、徐籀莊諸君考訂金石，著有《益壽館吉金圖》。

何其仁，字元長，號樗庵。海鹽人，官崖州知府。善畫蘭，亦精篆刻。

何嶼，字子萬，號紫曼，又號印丐，松江人。工鐵筆，善篆隸，皆有古趣。

何昆玉，字伯瑜，高要人。精岐黄，篆刻宗浙派，尤善摹拓彝器，與吴中李錦鴻并稱。客濰縣陳壽卿家，賞奇析疑，見聞日廣，鑒别尤精。輯《吉金齋古銅印譜》。

何維樸，字詩孫，晚號盤止，道州人。同治丁卯副貢，官江南道員。蝯叟之孫，書法克傳祖硯，寫山水深遠秀喆，不落窠臼。少精篆刻，宗秦漢，晚年倦於酬世，不復作。收藏古印甚多，有《頤素齋印景》六卷。

花榜，字玉傳，長洲人。究心六書，摹印宗三橋、杲叔，娟秀淵雅，溢於書卷。

沙神芝，號笠甫，嘉興人，青巖子。工篆隸，刻印有鶴千、六泉風韻。青巖所著《藝文通覽》，經神芝博考碑版，繼志編校而成。

車基，字笠齋，大興人。宦遊雲間，性嗜書畫，鑒别亦精。刻印皈依皖派，畫在南田、白陽，偶一揮灑，頗有逸致。卒於官。

巴慰祖，字雋堂，號予籍，歙縣人。富收藏，工書畫，印宗穆倩，尤精覈古今文字。乾隆癸丑卒，年五十。

查璇繼，字寅工，號介庵，晚號髯仙，海寧人。積學工篆籀，還有印譜。自大小二篆，上迄三代，下逮六朝，書學源流靡不賅貫。陳仲魚論印云：「介龕工鐵筆，爲初白所稱。姪舜俞、孫若農并傳家法。」

查光熊，字子祥，號渭卿，海寧諸生，聲山六世孫。善楷法，兼精篆刻，體素癯，劬學致疾卒。

查鏞，字蘭如，華亭人。工隸，兼能刻印。

查稚圭，譜名美珂，字紫圭，婺源人。世居鳳山之寒溪，號寒溪生，又號鳳麓山人。幼穎異，嗜藝術，善書畫，尤工篆刻。子忠厚、忠堯，皆有父風。

佘國觀，字容若，號竺西，又號石癲，宛平人。父熙璋，善畫，爲麓臺高弟，石癲能世其學，尤工蘭竹，兼善鐵筆。有《石癲印草》。

廣印人傳卷之七

仁和葉銘葉舟輯

楊琚，字元誠，號竹西居士，錢塘人，居松江之鶴沙。《輟耕録》云：「明仁殿寶、洪禧二印，琚所篆也。」

楊遵，字宗道，浦城人，徙居錢塘，有《集古印譜》。漢官私印見於《嘯堂集古録》者廑十數枚，《七修類稿》所摹更少，且皆縮小，彌失本真。至宗道譜出，始爲集古銅印專書。

楊當時，字漢卿，甬東人。按《潘氏印範》成於萬曆丙午：潘雲杰集印，蘇爾宣、楊漢卿同摹有《秦漢印範》六卷。

楊玉暉，字叔夜，長汀人，孝行爲鄉里所推。詩文皆戛戛獨造，於印不甚留心，偶一爲之，輒臻上品。

楊褒，字聖榮，號古林，嘉定人。少多疾病，好學不倦，書畫雜藝靡不究心。家貧不克卒業，乃以意創刻竹章藉資事，蓄其鈕製，悉遵秦漢。著有《寓意集》。

楊恩黻，字子佩，吴縣人。維斗裔孫，嘗館劉小峰家，得見所藏名印，因工篆刻。有印譜，陳雲伯爲之序。

楊謙，字筠谷，號吉人，嘉定人。年少力學，究心詩文，精岐黄，工篆刻，得李陽冰法。尤工牙竹，有《吉人印譜》，金壇史梧岡爲之序，有《練濱草堂印譜》。

楊汝諧，字端揆，號柳汀，華亭人。讀書目數行下，尤嗜説部典故之學，能詩畫，精音律，篆刻迴異流俗。著有《沖簡草堂詩鈔》。

楊剛，號毅堂，吴江人。精摹印，頗自矜重，不輕爲人奏刀，以故流傳頗少。

楊心源，字復夫，一字修堂，號自山，金山人。精穽篆隸之學，家藏碑版及明人印譜甚富，工刻印。著有《修吉齋詩文類》十卷，《文秘閣印稿》、《芸軒鐵筆》各四卷。

楊璣，字玉璇，漳海人。《閩小記》云：「雕刻鳥獸龜魚之鈕，比方漢人，唯漳海楊玉璇稱爲絶技。」

楊長倩。

楊漁山，蘇州人。

楊利從。

楊陞，字幼清，松江人。書法二王，工金石刻。

楊式金，常州人。鐵筆有逸致，有《渥雲堂印譜》。

楊敏來，吴縣人。《嘯虹筆記》云：「敏來，汪虎文弟子。」

楊法，字己軍，上元人，寓居揚州。工篆隸，精篆刻。

楊大受，字子君，號復庵，嘉興人。工隸書，嘗以鬻篆流寓婁東。印章多作邊款，頗得疎古之趣。

楊士鏞，號兩湖，江寧人。善山水，工篆書鐵筆，精鑒別。

楊澥，原名海，字竹唐，號龍石，吴江人。於金石考據之學靡不精覈，刻印以秦漢爲宗，力救嫵媚之習，真印學之圭臬也。晚病偏孑，不利捉刀。道光庚戌卒，年七十餘。

楊慶麟，字振甫，龍石子。道光庚戌翰林，官廣東布政使。能治印，克承家學。

楊辛庵，以字行，刻印專學趙次閑，得其神似，旁款亦幾與真亂。浙中刻印學次閑者不乏其人，要未有如辛庵之逼真也。

楊沂孫，字詠春，號子與，晚號濠叟。常熟人，道光癸卯舉人。工篆隸，與完白山人頡頏，晚年所作直欲駕而上之，偶刻印，亦彬雅邁倫。

楊峴，字見山，號季仇，晚號藐翁，歸安人，咸豐乙卯舉人。工漢隸，多藏舊書，終日手不釋卷。光緒丙申卒，年七十八。

楊寶鏞，字序東，一字篴盦，元和人。工篆刻，嘗以陽羡砂製印，精鑒別，藏書畫金石甚富，有漢元朔三年龍淵宮熏爐尤爲寶貴，有《篴盦題跋》。

章壽彝，字伯和，善化人。精鐫碑版，書宗板橋，畫學白陽。篆刻亦師板橋，少遊日本習藝事，能以木製紡織機器。

章綬，字滁山，臨清人。善書畫，尤工篆刻，遊江右三十年。

張恂，字穉恭，涇縣人，崇禎癸未進士。能詩畫，與黃山程穆倩遊，故畫與印皆神似穆倩。

張淵，字子静，號夢坡，吴興布衣。《書史會要》云：「子静守道安貧，善行楷，而所用印章皆自刻，仿何雪漁者秀爽渾雅，絶無流俗氣。」

張風，字大風，上元人，自稱上元老人，學道不茹葷。善畫工刻印，秀遠如其人。

張湛孺，字若水，恂子，嗜書畫印章，有父風。

張宗齡，字江如，無錫人。工制舉業，旁及印事，亦臻佳妙。

張貞，字起元，號杞園，安邱人。康熙壬子拔貢，官翰林院待詔薦舉博學鴻詞。能鑒别書畫鼎彝之屬，精金石篆刻。著有《杞田半部》、《潛州娱老》等集。

張在辛，字卯君，號柏庭，安邱人，康熙丙寅拔貢，有《隱厚堂遺稿》。《畫石瑣言》云：「工鐵筆，鐫小印甚精，家有墨寶樓藏書畫古玩，後燬於火。有《相印軒印譜》。」

張日中，字宦千，毘陵舊家子，學書不成棄而執藝，從蔣列卿學雕刻鳥獸龜魚之鈕，以牙木爲之，比方漢人。其刻印摹文國博，爲三吴名手。

張慶燾，字裕之，一字拙餘。嘉興諸生，童時即不好弄，九流百家之説靡不心遊目覽，工詩古文，善水墨花卉，兼精六書。治印專學文氏，有《拙餘印譜》、《古藤齋印譜》。

張平憲。

張我法，字雪歐，武進人。

張西瑞。

張嘉，字休孺。

張泌，字長源，華亭人。

張韻笙，失名，號子建，海鹽人，受之姪。

張叔治，字葆生，號澗谷，歙縣人。

張錦芳，一名芝，字粲夫，號藥房，廣東人。《謙受堂詩集》云：「能作雕蟲篆刻之術。」

張燕昌，字芑堂，號文魚，又號金粟山人，海鹽人。性好金石，爲丁龍泓高弟，初及門時，囊負南瓜二枚爲贄，各重十餘斤，丁先生欣然受之，爲烹瓜具飯焉。善飛白書，工畫蘭。著有《金石契》、《飛白書録》、《鴛鴦湖櫂歌》、《石鼓文釋存》、《芑堂印譜》。嘉慶甲戌卒，年七十七。

張鏐，字子貞，號老薑，別字紫磨，江都布衣，舉孝廉方正不就。通篆隸，工鐵筆，善山水，筆意古秀，多參篆法，有《老薑印譜》。乾隆壬寅卒，年七十七。

張鈞，字鏡潭，號右衡，歙縣人。工摹石鼓，兼精刻印，有《鏡潭印賞》十卷。

張廷濟，字順安，號叔未，一字説舟，又字作田，又號海岳庵門下弟子。晚年眉長寸餘，瑩然采澤，自號眉壽老人。嘉興人，世居新篁鎮，嘉慶戊午舉人。時阮文達酷嗜金石，與叔未同癖，一室之内，三代彝器羅列滿前，賞奇析疑，各抒心得。《積古齋鐘鼎款識》之刻叔未所藏亦半在焉，又藏漢官私印三千有奇，嘗撰拓數百鈕爲《清儀閣印譜》。書法得襄陽神韻，兼工漢人佐書。著有《清儀閣詩鈔題跋》、《眉壽堂》、《桂馨堂集》。道光戊申卒，年八十一。

張錫珪，字禹懷，一字雨槐，號雨亭，自號遜雪，吴江人。工小學，兼及鐵筆，尤愛漢銅印章。錢梅溪云是專學顧云美、陳陽山者。著有《印體便覽》、《雨亭印譜》。

張梓，字榦庭，號瞻園，上海人。工詩古文，精堪輿、岐黄術。尤篤嗜鐵書，究心大小篆，積久成譜，著有《印宗》。

張沇，字德容，號仲緩，叔未兄。嗜書畫，尤工篆刻，有《淳雅堂印譜》。嘉慶己巳卒，年四十六。

張上林，字心石，叔未從子。好金石篆刻，喜吟詠，有《和永寧磚詩》，見《清儀閣雜詠》。按《雲莊印話》云：「叔未子某工刻印，道光壬寅癸卯間，隨其父來揚州，爲文達鐫印甚多。」

張奇，字正甫，廣陵人。善畫山水，得巨然法，工人物花卉，尤長篆籀印章。

張日煊，字載之，號小同。叔未從孫。長身玉立，聰穎過人。詩文之外兼善設色花果，妙解管絲竹，尤精篆刻。著有《同隱書屋印存》、《半野堂畫景》、《金石小補》。道光甲午卒，年二十六。

張濬，號春水，吴江人。工詩畫，精刻印，輯有《玉燕巢印萃》。其論印云：「秦漢之印存世者剥蝕之餘耳，仿其剥蝕以爲秦漢，非秦漢也。譜之所載，優孟面目耳，擬其面目，優孟之優孟矣。舊印可珍者，翫其配合之確，運斤之妙，樸實渾雅，法律森嚴，即本來之元氣也。」

張敔，字虎人，號芷園，一號芷沅，又號雪鴻，又號木香，晚號止止道人。江寧人，乾隆壬午舉人。畫無不妙，寫真尤神肖，往往不攜圖章，竟率筆作印亦精妙。蓋印學精熟，幾於入化矣。精四體及飛白書，至若左手竹箸、指頭書畫，無不窮工極詣。嘉慶癸亥卒，年七十。

張熙，字子和，號紫禾，山陰人。家巨富，寄居金陵，其別墅陶俗有六朝梅一本，湯貞愍爲繪圖。後家中落，官知縣，歷繇劇，非其志也。素愛填詞，兼善隸書，鐫印乃其餘事，顧亦雅近三橋宗派。

張模，字東巖，號靈谿，平湖人。工篆刻，善蘭竹。子烜，字掌秋，號淡山，能世其學。有喬梓合刻《蕭閒居印章》二卷。

張圻，字仕一，吴興人。篆刻多巧思，製硯尤良，百工技藝試手皆能，意匠優於師法。

張智錫，字學之，號藥之，松江人。以鐵筆著稱，渾老遒勁，有蠆尾盤曲之勢。有《存古齋印譜》。

張琛，字貞白，松江人，寓泖上。工刻印，不輕爲人作，故流傳甚稀。

張宏牧，原名弘牧，字柯庭，號白陽山人，桐川人。刻印仿白榆，但刀法略異耳。

張濤，字青田，號子白，嘉興人。能篆刻，尤精刻竹，間點染花卉，亦多韻致。

張安保，字石樵，儀徵人，博古工書，鐵筆法浙派，詩饒唐賢矩矱。著有《味真閣詩集》十八卷。子丙炎，字午橋，亦通六書，工倚聲，多藏印。

張純修，字子敏，號見陽，古涇陽人。畫似北苑，書法晋唐，工倚聲，與納蘭容若唱和，兼精篆刻。

張慶善，字心淵，嘉興人。篆刻工潤，有《安雅堂印譜》八卷。

張溶，字鏡心，號石泉，婁縣人。工花鳥，精篆刻，鐫銅玉章稱絶，製鈕亦妙。

張文燮，號友巢，吴縣人，以醫名。工摹印，圓整秀潤是其所長，晚年頗自矜重，不輕奏刀。

張曙，號玠庵，上海人，篆刻甚蒼老。

張與齡，字芳遐，號杏初，又號涵虚子，吴江人。寫生似惲甌香，兼習分隸篆刻，藏古人名印甚夥，輯《清承堂印賞》，趙次閑爲之序。

張逢源，字石渠，僑寓昭陽。印漢秦漢，筆意老到，曾爲阮雲莊摹皇象書，尤爲古秀，鄧完白後當爲嗣響。

張春雷，字安甫，邵埭人。畫梅法金壽門，善刻石，工穩秀麗，爲曼翁所賞。因以篆隱名其居，毛秋伯以爲出於種榆，而善學種榆者。

張開福，字質民，號石匏。晚號太華歸雲叟。海鹽諸生，芑堂子，家貧常遊吴會，所至搜訪殘闕於荒煙叢棘中，偶有所獲必手拓以返，故其學亦以考證金石爲深，少工韻語，頗爲前輩激賞。畫蘭刻印克傳家法。著有《山樵書外紀》一卷，表章《鶴銘》，爲焦山紀勝。

張辛，字受之，海鹽人，芑堂從子。嘗爲叔未刻印極賞之。叔未清儀閣中收藏金石文字甚富，受之得窺珍秘，其業日進。後客京師，刻《楊忠愍諫馬市疏》，甫竣歿於松筠庵。

張子和，石匏子，工篆刻，能鐫碑。

張瑜，字瑶圃，揚州人。篆刻古雅可喜，與吴讓之友善，得力於攻錯者多。

張定，字叔木，婁縣人。善篆，工畫，刻印得秦漢法。

張熊，字壽甫，號子祥，又號鴛湖外史。秀水人，居毛家坊至道堂。堂右小室有銀藤一本，因名銀藤花館。藏名跡珍甗甚夥，工繪事，山水人物花果蟲鳥無一不精，篆刻八分乃其餘技。光緒丙戌卒，年八十四。

張光洽，字又峰，錢塘人。好金石，工篆刻，與次閑在師友之間。畫山水入鐵生之室，時戴文節以書畫名重海内，見又峰畫，稱爲畏友。片楮尺幅，至今人争寶之。

張國楨，字鼎臣，錢塘人。幼丁亂離，以巡檢需次閩省。工吟詠，善鐵筆，時趙撝叔在閩名重一時，故刻印以撝叔爲師，頗有具體之譽。性簡傲，不輕爲人作，中年玉折，流傳尤少。

張文湛，字春帆，號壽萱生。

張崇懿，字麗瀛，婁縣人。通六書，工小篆及刻印，性孤介，無家室。

張金笈，字白焦，歸安人。

張寶璞，字小舟，江寧人。

張嗣初，常熟諸生。私淑楊詠春，刻印得漢人法，早卒。

張灝，字子耕。

張嶼，字玉斧，江陰人。工鐵綫篆，刻印宗顧云美一派。摹拓金石碑版尤精，館吴氏兩樞軒凡數十年，其父萃山，曾刻《適園宋元明畫册》，喬梓多材，後先輝映，金石家侈爲美談。

張伯符，居邵伯埭，深六書，與其兄竹友明經齊名，時稱二張。

張炤，字初白，號匏龕，榆次人，官龍游知縣。精鑑别，善治印，有《匏龕印存》。

張肇，字蘭坡。

張景祁，字韻梅，錢塘人。工小篆、行草，嗜長短句，治印工雅。

張祖翼，字逖先，又號磊盦。桐城人，文端九世孫。髫年即好篆隸、金石之學，篆宗石鼓鐘鼎書，隸法漢碑，刻印師鄧完白。著有《磊盦金石跋尾集》、《書漢碑範》。

張惟棶，字韻蕉，號半農，亦號桐孫，別字碩風，仁和諸生。本姓湯，西厓之裔，幼以父命爲姑後。少而好古，壯而篤學，詩畫鐵筆類其人品，娟秀樸茂，天趣盎然。曾手摹漢印數百鈕，精拓成譜。

張昌甲，字雋生，金山諸生，豪於詩文詞，善刻圓朱文，得宋人遺法。有《印林從新》二卷。

張韞玉，字琢成，華亭人，好事翰墨，尤工山水，刻印甚工，直逼漢室。

張延奐，字仲甲，又字公美，祖翼次子，篆隸楷法皆有可觀。未弱冠，所臨漢魏唐碑已不下八百種。刻印私淑悲盦，能得其用筆之妙，論者以爲撝叔復見也。有《蝸廬印稿》。

張師憲，原名聯瑛，字子華，號詩孫，婁縣人。工詩文，摹漢印，偶作山水，造意幽迥，筆極冷雋。弟聯珠，字子明，工詩刻印；聯奎，字郎如，善畫能刻印。

王冕，字元章，號煮石山農，又號竹堂，元諸暨人。《七修類稿》：「冕始以花乳石刻印。」明永樂丁亥卒，年七十三。

王寵，字履仁，後字履吉，號雅宜山人。吴縣人，以諸生貢太學，隨筆點染，深得倪黄墨外之趣，詩文書法皆超勝時流，又工篆刻，與三橋齊名。著有《雅宜山人集》。嘉靖癸巳卒，年四十。

王穀祥，字禄之，號西室，長洲人，嘉靖己丑進士。寫生渲染有法度，中年絶不落筆，傳者贋本居多。書倣晋人，篆籀八體以及摹刻印章并精妙絶倫。隆慶戊辰卒，年六十八。

王夢弼，字叔卿，歙縣人。

王言，字綸子，休寧人。

王人龍，字靈長，錢塘人。

王賓，字仲光。

王玉唯。

王開度。

王澐生。

王修之。

王晉卿。

王元微，蘇州人。子少微，名幼朗。

王蘭坡，海鹽人。

王藻，字載陽，吴江人，乾隆丙辰舉鴻博。好蓄宋板書及青田石章，有友借觀誤墮於地，載陽垂泣三日，其風趣如此。

王孟安，字伯琴，烏鎮人。

王厚之。

王元楨。

王守，字函章，雅宜兄。

王時敏，字遜之，號煙客，又號西廬老人，太倉人。文肅孫，官太常，兵後隱於歸村。畫山水法大癡，得其神髓，爲一代畫苑領袖。工分隸，名山古刹，無留題不爲重。精鑒藏，工篆刻。著有《西田集》。康熙庚申卒，年八十九。

王尚廉，字清宇，金壇貢生。寫菊得孤芳之神，有巧思，製銅簫、印章俱精絶。

王士禛，字貽上，號阮亭，自號漁洋山人，新城人。順治乙未進士。博學好古，能鑑別書畫鼎彝之屬，精金石篆刻，間歲出遊吴越，與高士名僧邂逅山水間，觴詠爲樂。康熙辛卯卒，年七十八。

王宛虹，《五丁集》云：「宛虹淡泊於世故之紛華，而孜孜焉臨徵仲之書，仿三橋之印，其性情亦已過人矣。」

王錫奎，字荔亭，工書，善刻印。著有《嘉藻堂詩集》十二卷，《荔亭文鈔》八卷。

王玉如，字聲振，號研山，松江人。自題印譜云：「余幼好觀古文奇字，既長愧學業無所就，輒因性所近，摹擬金石篆籀，試之以刀筆，聊用自娱。既又請益于從父曾麓翁，尤得擴所見聞，秦漢以來鐘鼎碑版暨元章、子昂、徐官、吾衍諸公所論著有通悟，親友因以朱白圖記見屬，謬爲稱譽。」又云：「吾家雪蕉中翰延曾麓翁刻《花影集》爲圖章，名其譜曰印賞，唐堂黄宫允序之。」有《研山印草》、《澄懷堂印譜》。

王槩，字安節，其先秀水人，久居白下。工詩文，旁及繪事，刻印直追秦漢。

王蓍，字宓中，安節弟。刻印古逸有致，繪事亦精，與安節可并驅，人以元方、季方目之。

王裕曾，字芝泉，仁和人。乾隆丁丑進士，官襄陽知縣。工畫梅，繁枝亂蕊，極疎落蹇傲之致。刻印蒼勁秀雅。

王定，字文安，無錫人。留心圖章，得元方、令和兩家神髓，更能製鈕，與漳海楊玉璇、毘陵張寉千齊名。

王順曾，字青山，宛平人。任情不羈，放懷山水，棲情篆刻，弋志丹青，詩賦文詞并臻上乘。

王燮，字理堂，號小山，蕪湖人。性豪俠，使酒罵座，旁若無人。篆刻師程穆倩，得其遺意，挾三寸鐵遊，燕南趙北楚尾吴頭，蹤跡殆遍。有《理堂印譜》八卷。

王轂，字禦軨，號東蓮，黟縣人。少嗜臨池，精賞鑑，訪求周彝秦鼎法帖碑版不遺餘力，復從事六書，棲情鐵筆，章法刀法默與古會。

王世宇，字蘭亭，號寫蕉，東湖人。工彈棋投壺丹青諸藝，尤嗜金石文字及篆刻，有《自若堂圖書譜》四卷。

王睿章，字貞六，一字曾麓，號雪岑翁，松江人。家貧，藉鐵筆給饘粥。有《印言》、《醉愛居印賞》、《花影集印譜》。

王游，字景言，號鏡岩，一字素園，金匱人。工書，善鐵筆，有《青箱閣臨古帖》二百餘種及《四本堂印譜》。

王梧林，工刻印，與歸文休齊名，張瞻園嘗學之。

王道淳，字利仁，別字巖求，江南人。少工篆隸，不輕以酬應，朱竹垞請見不可，人咸以爲迂，細詰其情，乃曰：「吾寶吾技，人知何爲哉？」後竟不復見人。悉心篆刻，删定史籀，以布衣終，年四十六。

王兆辰，字康民，吴縣人，丁丑進士，官潁州教授。工書法，摹印亦雅整。猶子心谷，諸生，亦擅是藝。

王澍，字虛舟，號若林，一字篛林，金壇人。查岐昌《論印絶句》云：「鄭徐絶技擅名同，程許他時號國工。最愛金壇王吏部，雕蟲遊戲亦神通。」乾隆癸亥卒，年七十六。

王錚，原名鑑，字幼瑩，號鞠人，上海人。工詩，善蘭竹，精篆刻。

王瑾，字亦懷，常熟人。畫筆入古，王翬極稱之，篆刻亦高出時輩。

王光祖，字雲湄，吴縣人。山水清腴，兼長點染，工篆刻，尤精玉印。精通琴理，審音律，術數、岐黄亦擅聲譽。嘉慶年卒。

王旭，字赤城。書法類董香光，鐫印似文三橋。畫不多作，露蟬煙柳，深得晚風殘月之致。

王桐孫，字穉堅，號約夫，長洲人。工刻印，弱冠遽殁，名未甚彰。

王蔚宗，字亦顯，號春野。優貢生，官宣城主簿。篆刻在雪漁、亦步之間。

王世永，號琴舫，真定人。椒園次子，工鐵筆。

王諧，字宜秋，鎮洋人。喜篆刻，師王寄亭具體而微。有清操，家貧不干人，嘗以藝應人請，然少不合輒拂衣去。一宦家緘白金餽之，請書其堂，艴然叱使者曰：「而主視我何等耶？」竟不往，其負氣如此。

王錫泰，號秋水，吴江人。以孝廉官助教，摹印蒼莽中有逸致，深自秘重，不輕爲人奏刀。

王錫璐，字均調，號墨癡，震澤諸生。畫法白陽山人，兼工篆刻。

王恩浦，字渭陽，自號海濱逋客，常熟人。善畫竹，篆刻蒼勁古雅。

王左，字左候，號鈍農，剡溪人。著有《鈍農印可》。

王爲，字少猷，初名子猷。刻石參以浙皖兩派，澮逸秀整，惜其懶，不肯多作也。

王宇春，常山人。品高操潔，摹印尤工，其所篆刻編成譜帙，戴敦元爲之進呈，收入《四庫》，事載《常山縣志》。

王霖，字雨蒼，鏡岩子，能世其家學。翠華南幸，刻古稀天子印進呈，曾邀睿賞，故其所作聲價頓增。

王澤，字潤生，號子卿，蕪湖人，辛酉翰林。擅山水，精篆刻，著有《觀齋集》。

王用譽，字士美，號鷺客，嘉定人，以副貢就職副指揮。昔玉溪有畫狀元之目，君承家學，妙於點染，作印章亦古茂。

王素，字小某，揚州人。善工筆士女花卉，篆刻倣法漢印，爲畫名所掩，人鮮知者。

王應綬，一名曰申，字子若，麓臺裔孫。世傳畫學，篆隸鐵筆皆入古人堂奥，嘗應萬廉山之聘，爲摹百硯漢碑，與原刻不差毫黍。道光辛丑卒，年五十四。

王雲，號石薌，蘇州人。雅擅刻印，專法宋元明，嬝娜宛轉，别具標格，爲吴中名手。性孤介，終身不娶，嘗以道院爲家。

王禮，字禮仲，江都人。嗜古學，究心鐵筆，篆宗張謙仲、吴承嘉，八分行楷擘窠正草靡不精妙，一時隴墓碑版金石之文多出其手。

王西園。

王潔，一名沅，字芷香，號養雲，錢塘人。性疏曠，工畫，精篆刻，客遊十載，筆墨自贍。卒於滬上。

王城，字小鶴，全椒人。

王爾度，字頊波，暨陽人。篆書刻印一以完白爲宗，嘗摹仿鄧印爲《古梅閣印賸》，絲毫無間，張玉斧嶼爲雙鉤邊款，摹刻於木，時稱雙絶。

王湘，字楚賓。

王繼香，字子獻，山陰人。工篆隸，精鐵筆。

王同，字同伯，號肖蘭，晚號呂盧，仁和人，光緒丁丑進士，官刑部主事。工篆隸，精小學，摹臨石鼓及曹全碑尤得神髓。長於校讐之學，兼工刻印，著有《塘棲志》、《呂盧文集》。

王昌，字星齋，東台人。書工鐘鼎，畫擅花卉，尤能治印。

王椒生，華亭貢生。善隸書，寫禮器碑極能神似。刻印刀法得馮少眉遺意。

王龍光，字蕉聲，華亭人。篆隸刻印學力甚深。

王壽祺，字維季，號福盦，又號屈瓠，同伯季子。精算術，工二篆八分，性喜蓄印，自稱印傭。十三四歲即能搜求名人刻印，至弱冠已得精而佳者數百方，拓爲《福盦藏印》十六卷，故所刻印章皆有師承，能兼各家之長，近益研究小學，不尚時趨。

王大炘，字冠山，號冰鐵，吴縣人。善篆刻。

王慧，字小侯，山陰人。工篆刻。

王世，字匊昆，餘杭人。精算術，善畫，喜刻印。

王思睿，原名景恒，字石生，號輔仁，又號頑石，别署夢花生，平湖人。工詩文，書法懷素，酒酣耳熱，每作狂草，刻印亦深入漢室。

王秉槐，字梅僧，華亭諸生。書學鷗波，并能刻印，尤工寫蘭。

廣印人傳卷之八

仁和葉銘葉舟輯

方仲芝，失其名，歙縣人。工刻牙及黄楊印，周櫟園所用印都出其手。

方其義，字直之，以智弟。精遁甲，善書工詩，又善治印。子中發，字有懷。

方元常，白下人。

方雲施，字彦博，桐城人。

方雲聃，字東來，桐城人。

方薰，字蘭坻，號樗盦，石門人。早歲清寒，能勵志讀書，然性不浮慕，布衣疏食，晏如也。愛丹青，苦學數年，得畫家三昧，刻印入文何之室，又能上窺秦漢。著有《蘭坻詩鈔》八卷，《山静居緒言》二卷，《井研齋印存》四卷。嘉慶己未卒，年六十四。

方維翰，字南屏，號種園，大興人。嘗與黄小松、仇霞村、吴子聰討論印學，遂臻堂奥。印識小楷尤精妙絶倫。

方成培，字仰松，號後巖，歙縣人。精詩古文，又工詞，暇則託興鐵書，然非書畫家及賞音不爲奏刀。著有《聽弈軒詞》、《後巖印譜》。

方貞吉，字屋滋，平江人。工鐵筆，善鎸碑，又能影寫書法，摹繪人物、翎毛、花卉於瓷器上，刻之不爽銖黍，時稱絶技。

方絜，字矩平，號治庵，黄巖人。工治印，其刻竹尤爲絶技。凡山水人物小照皆自爲粉本，陰陽均突，鉤勒皴擦，心手相得，運刀如運筆。

方隣，字玉裁，號雲泉，晚號頤翁，錢塘諸生。著有《疏影庵詩》，亦善刻印。

方濬益，字子聽，桐城人。書法六朝，藏弆金石甚富，又工刻印。

方槐，揚州人。

方鎬，字仰之，號根石，又號敩讓生，儀徵人。篆隸刻印悉仿讓翁，橐筆吴門，師事吴缶盧，能得其奥窔，鏤金刓玉，工雅殊絶，摹北魏碑拓亦佳。有《敩讓生印譜》。

方文嶲，字嘯琴，新安人。工八分書，尤精鑑别，收藏秦漢印譜數十種，每一奏刀，駸駸入漢人之室，惜不多作。

梁袠，字千秋，維揚人，家白下。繼何主臣而起，故刻印一以何氏爲宗，惟拘守何氏之法，不能如其弟子之運以己意。然其流傳之作，世人亦多争寶之。有《印雋》四卷。

梁年，字大年，千秋弟，流寓白門。每構一印，必精思數時，然後以墨書之紙得當矣，而後傳之石。故所鐫皆有筆意，又能辨别古器款識。

梁登庸，號愓庵，高郵人。刻《陋室銘》、《九如百壽印譜》行世，著有《篆要八則》。

梁雷，字曼雲，泉唐人。工書，深於金石之學，兼精篆刻，又旁通繪事，偶作寫生花卉，以南田設色太濃，每以淡遠相勝，零縑片楮，人争寶之。

梁于渭，字杭叔，番禺人，光緒己丑進士。博雅工篆刻，金石之學海内罕匹，惜患心疾不能成家。

梁清平，字詔雲，號夷若，端州人，所居曰「是岸盦」。名列泮宫，有聲黌序。善刻印，師浙派。

莊元錫，字廷占，號浣躬，梧桐里人。刻印專師白榆，結構矜嚴，時或過之。

莊冋生，字澹庵，晉陵人。有《漆園印型》十六册，許珊林、張叔未爲之序。

莊慎和。

莊東暘，字賓隅，號悔庭，亦號悔人，嘉定人。詩詞、書畫、篆刻罔不精妙。嘉慶庚辰卒，年五十九，著有《叢悔詩古文詞稿》。

莊能，字芷庭，震澤人，工治印。

黄正卿，詩筆清超，而篆刻摹印自成作者。

黄周星，字九煙，江寧人。崇禎庚辰進士，官户部，以文章品節自任。性骯髒難合，雖處困窮，不改其操，所作印章流傳於世者，亦蒼勁有風骨。康熙庚申卒，年七十。

黄宗炎，字晦木，一字立谿，餘姚人，人稱鷓鴣先生。忠端次子，崇禎時明經，後隱石門、海寧。工繆篆，善製硯，畫宗小李將軍。趙千里、吴孟舉嘗約交遊，中挾一長一技者共賣藝，戲作賣藝文，其中列賣印者，晦木也。著有《周易象辭》、《尋門餘論》、《學圃辨惑》。康熙丙寅卒，年七十一。

黄仍玉，字雲沼，號隱齋，又號拜石道人。工書及篆刻。康熙丙申卒，年七十五，著有《隱齋集》。

黄璞，字素心，錢塘人。倪首善印元《論印絶句》云：「絶藝吾鄉真絶妙，素心名又噪錢塘。」

黄經，字濟叔，一字山松，如臯人。善畫，高簡得倪黄遺意，留心篆籀之學，故印章入神品。

黄恩長，字宗易，一字奕載，號蒼雅，長洲人，官縣尉。工繪事，尤精篆刻，著有《敦好齋印譜》、《千頃堂畫譜》。

黄樞，字子環，漳海人。以工印名，凡金石典册，靡不辨證精審，其譜名《款識録》。

黄炳猷，字克侯，子環子，亦善刻印，手筆一如其父。

黄應聞，字起聲，莆田人。著有《問字編》。

黄棠，字思蔭，號蔭人，仁和人。學印於龍泓隱君，而兼精繪事，六法皆工，寫真尤妙，年二十三而歿。隱君索其遺墨數幅，都未署款，欲以名印識之，得其自刻印章，恐未善，擬爲修琢，反覆詳視竟無所改易而止，蓋於龍泓鐵筆已詣其極矣。

黄表聖。

黄聖期，工篆籀之學，刻印規摹秦漢，章法刀法悉中矩矱。周櫟園稱其與壽承、雪漁相伯仲，信不誣也。

黄孝錫，字備成，號約圃，吴縣木瀆鎮人。與陳陽山友善，討論古今，析其源流支派，棲情鐵筆，宗尚云美，專精三十年而藝益工。著有《棣花堂印譜》、《篆學二種》。

黄吕，字次黄，號鳳六山人，歙縣人。精繪事，山水人物花鳥魚蟲皆臻絶妙，書法晋人，晚益樸茂。所製印遒勁蒼秀，有秦漢遺風。

黄庭，字夢珠，號寶田，大易兄。工刻印，著有《蔗餘》、《緑萍》兩集。

黄易，字大易，號小松，又號秋盦，仁和人。父樹穀，字松石，精於篆隸。小松能承其學，摹印爲丁龍泓高弟，有出藍之譽。嘗謂：「小心落墨，大膽奏刀」。一語可爲刻印三昧。又善鑒别及考據金石碑版之學，著有《小蓬萊閣集》。嘉慶壬戌卒，年五十九。

黄德源，字茂椒，號鐵簫，鄞縣諸生，洞曉音律，嘗於市中得鐵簫，品之有異聲，因以爲號。工山水、蘭竹、寫生，善篆刻，兼通堪輿術。

黄景仁，字仲則，自號鹿菲子。武進人，幼孤貧，母課之書，能刻苦力學。弱冠遊京師，與朱文正、翁覃溪唱和，兼長鑒古，旁通篆刻，有《兩當軒詩集》、《西蠡印稿》。

黄掌綸，字展之，號吟川，龍溪人。酷好金石文字，《嘯堂集古》、吾邱《學古》諸書枕葄其中，故所作鐵筆輒與古會，有《吟山詩》。

黄鉞，號左田，一字左軍，當塗人。工畫山水、花鳥，究心六書。摹印師承秦漢，秀嫵中具剛勁之致。著有《左田詩鈔》。

黄塤，字振武，號丙塘，歙縣人。工二篆及八分，畫墨菊、蘭竹頗饒幽致，兼精篆刻，蒼勁古樸。

黃海，字卧雲，婺源人。工篆刻，善書畫，松桐最擅長，多用水墨。晚歲尤工小楷，喜用雞毫，卒年七十九。

黃壽鳳，號同叔，吴縣諸生。刻石仿文何，篆書學錢十蘭。

黃鑰，字魚門，歸善諸生。善山水，工隸書，精篆刻，能詩。

黃鞠，字秋士，號菊癡，華亭人。工花卉、士女，兼長篆刻，著《湘華館集》。

黃學圯，字孺子，號楚橋，如皋人。輯《歷朝史印》十卷。嘉慶道光間，朱文正、陶文毅、石琢堂、梁茝林爲之序。

黃樹仁，字静園，上海貢生。工書，亦能作印。

黃少雲，婺源人。亦工治印，橐筆吴江，頗有盛名。

黃允中，字子和，江都人。

黃福珍，字賓儒，號保如。仁和人，官直隸同知。精究醫理，善畫蘭，工篆刻，間爲小詩。

黃士陵，字牧父，安徽人。好金石，工篆刻，客吴窓齋幕中。窓齋輯《十六金符齋古銅印譜》，撰集摹拓皆出牧父與尹伯圜手。

黄鐘，字晏臣，婺源諸生。詩文宗歐蘇，上溯六朝，曾爲江小襄鐫「志士多苦心」五字印，古趣天然，無姿媚之習，不屑輕爲人作。

黄質，字濱虹，號樸存，歙縣人。精鑒别，收藏金石書畫甚富，善刻印，著有《冰𢂀雜録》。

黄石，字少牧，一字問經，牧父子。隨侍遊幕京師，繪拓彝器全形，分陰陽向背，逼近六舟陶齋。《吉金録》半出其手，摹印力求工穩，能傳家學。

黄鼎，字秋園，婺源人。工詩畫，善篆隸，治印古雅。嘗與其族人黄廷甲深究篆籀之學，無虚日也。

唐英，字雋公，號叔子，晚號蝸寄老人。漢軍鑲黄旗人。工山水人物，能書工詩，長於篆刻。曾主官窑事，製器甚精，今稱唐窑。嘗以自製詩畫及各體書付之陶人，製成屏對，尤爲精雅。著有《陶人心語》。

唐材，字志霄，號半壑，嘉定人。家徒四壁，泊如也。年十三，自知向學，執經忘倦，長習鐵書，博考篆隸及秦漢唐宋以來諸印譜，析其源流。所製印章爲王虚舟所賞，著有《游藝贅筆》四卷，《摹印説》一卷。

唐澂，字月魚，揚州人。長於詩翰，兼工刻印，輯有《印人姓氏》，參以朱聞《印經》、周陶庵《賴古堂印譜》，有明一代宗工略備。

唐村。

唐翰題，字蕉庵，號鷦安，嘉興人。工治印。

唐詠裳，字健伯，號蘧公，錢塘人。工篆刻，以漢銅印爲宗，所用印皆自作。著有《疏花深夢》、《草堂媚鐵》。

唐源鄴，字李侯，號醉龍，小字蒲傭，别號醉石山農。善化人，少失怙，隨宦居浙。博古多識，秦漢碑碣，一入其目真贗立判。工漢隸，精篆刻，留心印材，偶得佳石必摩挲品甄，幾欲具袍笏而拜之。有《醉石山農印稿》。

强行健，字順之，號易窗道人，上海人。精醫，工書，意薄時趨，輿與古會。篆刻師何主臣、蘇泗水。著有《印管》十二卷，《印論》二千餘言。

姜正學，字次生，蘭溪人。性介縱酒，酒之外寄意刻印。欲倩刻印必飲以酒，倪印元《論印絶句》云：「飲酣晋白林晋見後意縱横，雅韻終輸姜次生。夜半打門真快事事見周傳，一枚印换酒千罌。」

姜恭壽，字静宰，如皋人。

姜煒，字若彤，上元人。性嗜篆籀，於六書八法研究甚精，摹印之學，自先秦兩漢而下，靡不肆力，遂蜚聲藝苑。其子若女，目染耳濡，莫不工鐵筆焉。

姜貞，字羊石，金華人。

姜燮鼎，字理夫，遂安人。工畫善書，尤精篆刻。年八十，無疾而終。著有《高山集》。

姜翔，號少白，松山子。工刻印，能世其學。

姜瑩，字又白，工書畫，能詩，精篆刻。

湯燧，字仲炎，號古巢，仁和人。少慧好學，星文算術，推測最精。兼熟古今印法，里居時，與奚蒙泉、陳秋堂、余慈柏爲文字交。有《寶古齋印譜》。

湯綬名，字壽民，武進人，貞愍長子，襲雲騎尉。精四體書，工鐵筆，善畫墨梅山水，又善鼓琴。年四十五卒，有《畫眉樓摹古印存》。

汪炳，字虎文，休寧人。甲申後，僑居武林，見朱修齡印譜輒仿之，一捉鐵筆即能度越其妙。再遊維揚，遇程穆倩，彼此出印譜相證，穆倩歎服，握其手曰：「子既以此得名矣，吾又攘其美，吾不爲也。」

汪徽，字仲徽，婺源人。詩極壯麗，工八分，好篆刻。性傲岸，時以方盧梗云。

汪關，字尹子，黄山人，家婁東。原名東陽，字杲叔，後得漢汪關印，遂更名。其手製印章爲時所重，陳芷洲嘗摹其印。著有《印式》四卷。

汪以滂，休寧人，篆刻爽秀精勁，尤工鐘鼎。

汪濤，字山來，休寧人。多膂力，人呼爲夢龍將軍。四體書法無所不精，諸家法書悉具其美。大則一字方丈，小則徑寸千言。鐵筆之妙，包羅百家，前無古人。岳陽樓額字徑丈，即濤所書也。

汪泓，字宏度，尹子之子。其刻印皆收入《學山堂譜》中，吴人傳汪氏父子皆不羈，而宏度尤風流自命。

汪銛，字先之。

汪如，字無波，休寧人。

汪不易。

汪夢弼，字叔卿，歙縣人。

汪曰誠，字沚荷，號子和。

汪皜京，字宗周。刻印以朱修能自比，頗自矜負。

汪士慎，字近人，號巢林，休寧人，遊寓揚州。善畫墨梅，兼精篆刻，與張乙僧、金劻齊名，著有《巢林詩集》。

汪啟淑，字慎儀，號秀峰，又號訒庵，自稱印癖先生，歙之綿潭人。官兵部郎中，僑寓杭州。家有開萬樓，藏書數千種，尤酷嗜印章，搜羅自周秦迄元明印至數萬鈕。嘗於巨珠上刻作篆文，以補諸品未備。錢梅溪有漢楊惲二字銅印，秀峰欲得之，錢不許，遂長跪不起，錢不得已，笑而贈之，其風趣如此。著有《集古印存》二十四卷，《飛鴻堂印譜》五集,《漢銅印叢》、《漢銅印原》、《退齋印類》、《錦囊印林》及其它各譜最二十七種,《續印人傳》八卷。

汪斌,子宸瞻,號芥山,秀峰族弟。居錢塘,與方維翰遊,因從事篆刻,臨摹文何,不落窠臼,頗饒書卷氣。

汪芬,字桂岩,自號蟾客,秀峰族姪。工詩文,精篆刻。

汪成,字洛占,秀峰族姪,嘗從之摹印,研究六書,得印學正宗。

汪志曾,字養可。工詩,能以箸代筆。畫竹入神品,山水尤多逸致。百技精妙,篆刻奇古,年開八褎,猶善行草。

汪古香,《謙受堂集》詩云:「我學繇羲徒刻鵠,君宗皇象富雕蟲。書傭石友神仙妬,不到窮時不得工。」

汪一橥,字柱天,號半聾,仁和人。工篆刻,有《印學辨體》。

汪際會,號蓮塘,壽州諸生,官浙江縣丞。善畫能詩,體格傲岸,亦工鐵筆。

汪士通,字宇亨,號東湖,黔人。官蕭山知縣,有循聲。山水仿巨然,精四體書,工鐵筆。卒祀鄉賢，私謚文潔先生。

汪鋆，字硯山，儀徵人。著《十二硯齋金石過眼録》十二卷。

汪鴻，字廷年，號小迂，休寧人。陳曼生官溧陽，小迂客幕中，故其鐵筆多得力於曼生。凡金銅磁石竹木磚瓦之屬，無一不能奏刀。花鳥尤擅長，以南田、新羅爲師。

汪寶榮，字小盦，全椒人。

汪之虞，本名照，字騶卿，桐鄉人，徐問蘧婿。嘗從西梅、石如、次閑諸君遊，書畫鐵筆俱有師承，惜早卒。

汪申，字自庵，全椒人。

汪潭，字静淵，號夢鶴，錢塘人。工刻竹，與同里虞君倩相伯仲，所作金石章亦佳，采入《十六家名人印譜》。

汪小峰，揚州人，以刻石爲生活。嘗繪《山居賣篆圖》。

汪立功，字懋齋，錢塘人。髫齡嗜學，脱口成吟，書仿晋唐，天然韶秀。偶寫花卉，有南田逸韻，鐵筆亦精絶可喜。

汪西谷，歙縣人，又字快士。以賣印篆貲爲遊費，既足，即不能得矣。著《黄山印篆》一册，《紅朮軒印譜》。

汪文錦，字繡谷，善詩詞，工篆籀，精於鐵筆。

汪籛，字伯年，晚自號碉廣居士，又號年道士，南湖老漁。錢塘人，官福建知縣，殉洪楊之難。生平於書無所不讀，工詩畫，尤精篆刻，力追秦漢，與吴聖俞、趙撝叔稱三傑。著有《樽山韻水草堂詩文集》。

汪鑅，原名蔚，字嘯霞，寧鄉人。精鐫碑版，善篆刻，嘗以丁黄印摹刻爲帖，并旁款，均不差參黍，名曰《壽石山房印存》。

汪行恭，字仲行，號子喬，錢塘人。光緒乙亥舉人，官内閣中書。善篆刻，精許氏學，下筆無俗字，説經專主鄭司農。庚辰卒於都門，年僅二十九。著有《景高密齋經説》。

汪洵，原名學瀚，字淵若，陽湖人，光緒壬辰翰林。擅書名，尤工小篆，少時喜刻印，非舊友不知也。所用印皆自作。

汪厚昌，字吉門，仁和諸生。精小學，工篆籀，學楊濠叟若有神契。刻印必依許書，故下筆無俗字，篆法高古，悉有本源，一洗印人陋習。著有《説文引經彙考》、《再續國朝先正事略》、《後飛鴻堂印存》。

汪佩玉，字韞輝，歙縣人。工篆隸，精刻印。

汪洛年，字社耆，一字鷗客，錢塘人，戴用柏先生之入室弟子。書畫篆刻皆守師法，大江南北皆震其名。求者踵相接，然不輕易捉刀也。

常掄秋，名貫未詳。《雲莊印話》云：「掄秋刺史兼通摹印。」余曾和其贈某郎詩有「雅調倉山傳妙句，玉連環憶印雙紅」之句。

廣印人傳卷之九

仁和葉銘葉舟輯

彭年，字孔嘉，號隆池，吴縣諸生。書法初工小楷，繼習行草，酷類長公，兼精治印。嘉靖丙寅卒，年六十二。

彭興祖，王衡集云：興祖篆刻工雅。

荊青，字藥門，丹陽人。能詩，工篆刻。

程遠，字彦明，無錫人。著有《印旨》一卷，《古今印則》四卷。

程齊，字聖卿，海陽人。有《稽古齋印鑑》二卷，陳繼儒爲序。

程邃，字穆倩，號垢區，一字朽民，又號垢道人，自稱江東布衣。歙縣諸生，早從漳浦黄公道周、清江楊公廷麟遊。晚年僑居江都，長於金石考證之學，刻印精研漢法而能自見筆意，天都人皆宗之。善畫山水，多用乾筆。工詩，有《會心吟》。王文簡冶春詩云：「白嶽黄山兩逸民。」謂孫無言與垢區也。

程大憲，字敬敷，休寧人。有《程氏印譜》四卷，後附自藏漢印一卷。

程大年，字受尼，長洲人。有《立雪齋印譜》四卷。

程原，字孟長，一字六水，新安人。自何主臣繼文國博起，而印章一道遂大昌明，至孟長尤醉心主臣之學，故得主臣嫡傳者推孟長父子云。

程樸，字元素，孟長子。刻印能得何氏嫡傳。

程潄泉，揚州人。

程林，字雲來，歙縣人，移家武林。精醫善畫，好刻印章。

程其武，字與繩，雲來子。稟承庭誥，書畫圖章皆合古法。

程雲巖，名待考。倪印元《論印絶句》注云：余師程雲巖，蓄印石最富，尤愛凍石，曾語余云：「吾所貯石，當今如薛用敏者刻作鐘鼎篆爲佳。」

程瑶田，字易田，一字易疇，號伯易，又號讓堂，晚號辨穀老民，自號葺荷，歙縣人。工八法，精音律，善篆刻。著有《琴音備考》、《論書五編》。嘉慶甲戌卒，年九十。

程以辛，字萬斯，穆倩仲子，工篆刻。

程荃，字蘅衫，懷寧明經，鄧石如弟子。工山水，精篆刻，有《篆隱園集》。

程士璉，字商始，號松庵，常熟人。能詩，工水墨蘭竹，精篆刻。

程德椿，字受言，號壽巖，歙縣人。精六書，工篆刻，有《十友齋印賞》、《四執園印林》、《述古堂印譜》二十四卷。

程坎孚，吴江人，居平望。嘗從錢籜石學花卉，并善人物，工篆刻。

程立伯。

程孝直。

程爲儀，福建人，有《印苑》。

程士魁，原名文穠，字杓文，號牧邨，晚號蓮茄子，雷溪人。工篆刻，有《春卉艸堂印存》。

程東一，字桐生，號萍鄉，吴江人。工分隸，善鐵筆，尤長於畫山水花卉人物，靡不佳妙。

程晉，字少山，號稚昭，杭郡諸生。善八法，工鐵筆。

程庭鷺，字序伯，號蘅薌，嘉定諸生。畫筆清蒼渾灝，逼近檀園，輯《練水畫徵録》一書，尤有裨於文獻。兼擅鐵筆，由丁黄上溯秦漢，有《小松園印存》。咸豐己未卒，年六十三。

程祖慶，字忻有，號稺蘅，嘉定人。畫學以停雲爲宗，工分隸，精篆刻。著有《練川名人畫象傳》、《吴郡金石目》、《練水文徵》一百卷，《隸通》十四卷，《无罣礙庵隨筆》、《小松園閣詩文集》。

程嶠，字方壺，歙縣人，官浙江鹽場。工摹印，師事趙撝叔。

程份，績溪人。有《紅蕉館編年印譜》。

程培元，字浣芝，嘉善諸生。工書畫，富收藏，治印喜仿元人。

程兼善，字達卿，嘉善明經。工詩文，精篆籒，治印以工緻見長。子康年，茂才，有父風，惜早世。

程世勛，字心梅，譜名耀采，錢塘諸生。蚤棄舉業，吟詠之餘尤好爲長短句。有《燕支山館詩稿》。與譚復堂、戴用柏爲至友，兼善畫梅，鐵筆尤渾樸入古。

程兆熊，字孟飛，歙縣人。工書翰，於二篆八分行草皆妙，兼精刻印。

程文在，字郁卿，休寧人。善人物仕女，精治印兼刻竹。

丁元薦，號長孺，長興人。有《名山言海印譜》二卷，崇禎戊辰卒，年六十六。

丁元公，字原躬，嘉興布衣。工書，精繆篆，善寫意山水。晚年爲僧，名瀞伊，字願庵。嘗遍訪歷代佛祖高僧真容，迄明季蓮池大師，繪爲巨册。周氏《印人傳》列其名，未詳其顛末。

丁良卯，字秋平，又號秋室，自號月居士。錢塘人，又云濟陽人。

丁敬，字敬身，號龍泓山人，自號鈍丁，亦號硯林，錢塘布衣。丰姿癯秀如鶴立，耆古拒奇，於書無所不闚，尤究心金石碑版，嘗偕厲樊榭搜尋古跡，擘蘿剔蘚，不以爲勞。篆刻直追秦漢，於文何外别樹一幟，力輓矯揉嫵媚二者之失，世所稱浙派之初祖也。晚年家愈貧，而品愈高，方制府觀承索一二方不可得。乾隆戊子卒，年七十一。

著《武林金石録》，其印譜冠西泠八大家之首，海内奉爲圭臬，即東瀛名彦亦餅金購之，仰止景行，何止吾浙人而已。子三，健、傳、佺。

丁介祉。

丁柱，字瀓庵，錢塘人。刻印蒼勁，賣篆市中，問奇者屨常滿。

丁仁，原名仁友，字輔之，號鶴盧，錢塘諸生，松生之從孫。其家以藏書聞海内，所藏西泠八家印尤夥。輔之嗜印成癖，摹拓無虚日，有《丁氏八家印選》、《杭郡印輯石刻》、《龍泓遺翰》二卷、袖珍本《丁氏秦漢印緒》二卷。

丁尚庾，字二仲，通州人。

經亨頤，字子淵，號石禪，上虞人。篆刻有家學，童時已能治印，三十後技乃益進。書法小爨，兼工篆隸，好古精於鑒别，所藏書畫金石皆精品。

凌霞，字子與，烏程人。通小學金石，多藏精本。

凌有章，字叔英，號素行，海寧人。工八分書，尤喜治印。

昇禄，字雲皋，滿洲鑲黄旗人。嘉慶丙子舉人，善書，尤工鐵筆，山水小景有逸趣。

曾紀澤，字劼剛，湘鄉人，文正冢子。自幼究心經史，喜讀莊騷詩古文辭，卓然成家。兼通小學，旁涉篆刻，丹青、音律、騎射，靡不通曉。光緒庚寅卒，年五十二。

曾衍東，自號七道士，山東人。善寫意人物花鳥，兼治印。

劉衛卿，字夢仙，休寧人。博識古篆，刀筆古樸。

劉渙仲，漳海人。工刻印，與黄子環齊名，與周櫟園友善。

劉運鈐，號小峰，吴縣諸生。嘗延王茱畦於家，肄書讀畫，討論風雅，小峰耳濡目染，遂以翰墨名家。刻印古雅有法，得其鄉先輩停雲風韻。

劉淳，字叔和，號虛白，鐵嶺人。生而穎慧，雅好讀書，習詩賦，學篆隸，兼究心於印章。專意師法秦漢，高古蒼健可方駕龍泓，且善琢硯。有《虛白印稿》、《虛白詩鈔》。

劉懋功，字卓人，小峰子。能世家學，於印章之外尤工畫。

劉應麟，字機生，閩縣人。有《友書堂印譜》一卷。

劉維坊，字言可，號樂山，山東人。喜治印，有《樂山印萃》。

劉紹藜，字玉田，嶺南人。

劉履丁，字漁仲，漳浦人。

劉穉孫，字復孺，又號七芝居士，吴縣人。工書，得蘇眉山之奥。尤工秦漢篆刻，名擅一時。

劉漢，字倬雲，儀徵人。善摹漢印，得古峭之致。

劉鳴玉，字封山，號鳳岡，山陰諸生。能詩繪畫工篆刻，有《詠菜花》句云：「半畝自邀貧士賞，一生不上美人頭。」

劉慶祥，號玉溪，平陽人。平陽自乾嘉間，大雅山房蘇石緣璠以金石篆刻鳴一時，先生酷嗜其學，與瑞安許啟疇、永嘉馬元熙皆篆刻，所論篆法，謂當上規鐘鼎，下摹秦漢宋元印譜間，資取則以矯時尚。有《金文識誤》一卷，《鐵耕小築印集》四卷。光緒壬辰卒，年六十五。

劉眉伯，瑞安人。

游旭，字穉生，績谿人。山水人物蟲鳥花卉種種奇絶，兼善秦漢篆刻，且能詩，雖短篇殘箋，人争寶之。

周天球，字公瑕，號幼海，長洲人。文待詔弟子，萬曆乙未卒，年八十二。

周亮工，字元亮，號櫟園，又號減齋，又號陶庵，祥符人，移家白下。崇禎庚辰進士，官户部右侍郎。好古圖史書畫彝器，編《賴古堂印譜》，爲篆刻楷模，又撰《印人傳》三卷，以譜中諸人各爲小傳，首載文信國、海剛峰、顧憲成及其父其弟與其友，次爲文彭已下六十人。附見三人，不知姓名一人，有名無傳者六十一人，其例與《讀畫録》同。又著《字觸》、《書影》、《讀畫録》《入閩記》、《閩小記》、《賴古堂文集》、《文選》、《監書》、《同書》、《蓮書》、《尺牘新鈔》、《藏弆集》、《結鄰集》，删定《虞山詩人傳》、《耦儁》等書。康熙壬子卒，年六十一。

周顥，字晋瞻，號芷巖，又號雪樵，别號堯峰山人，晚號髯癡，嘉定人。工書，精篆刻，其竹刻山水樹石叢竹，用刀如用筆，當時以爲絶品。乾隆癸巳卒，年八十九。

周紹元，字希安，松江人。蚤孤，攻苦積學。年二十，困於病，杜門學詩，隱居藻里。工八分，精篆刻，著《我貴編》。

周應願，字公瑾，吴江人，著《印説》。

周應麟，字九貞，秀水人。著《印問》二卷。

周道，字瑶泉，華亭諸生。工書畫印章，所居有看山讀畫樓，昆季讀書其上。王子卿爲繪圖，名流題詠殆遍。

周茂漢，字晋上，華亭人。

周翼微，婁東人。陳其年曾索翼微刻印，作四六啟有云：「摛文則翡翠盈箱，織句則蒲桃竟幅。聊爲遊戲，何妨暫運郢客之斤；姑與周旋，何須更刻宋人之葉。」

周廷增，字仔曾，會稽人。有《青蓮館印譜》。

周整，字頓庵，仁和諸生。性不喜帖括，惟專力古文及六書，與穆門徵君京爲雁行，晚耽禪悦，珠宫梵宇，一笻一笠，往往托跡焉。年八十卒。

周蓮，字子愛，號己山，婁縣人。戊辰副貢。鐵筆秀潔，婉折多姿，書兼四體，工畫山水。

周芬，字子芳，號蘭坡，錢塘人。工鐵筆，善製鈕。

周靖公，櫟園弟。嗜刻印，嘗從梁大年問刀法，所用印章均自奏刀。惜年不永，未得名世。

周以先，字爾森。工刻玉，與江皜臣齊名，惜不諳篆籒，故章法筆法稍遜於皜臣耳。

周咸，字啟賢，錢塘人，子芳子。亦能刻印。

周文在，字振之，號了閒，海寧人。有印譜一卷，自爲序。性孝友，嗜書史。嘗手鈔秘籍逾千卷。晚不戒於火，惋恨而歿。著有《長慶集選》、《香山詩評》各二卷。

周恒，號松崖，富陽人。道光壬午恩貢，官寧波教授。工山水，兼刻印。

周庚，字□□，陳秋堂弟子。曾見善因二字印，秋堂爲加記云：「周生庚從余遊，課餘之暇喜事篆刻，頗具清朗妥適之致。」

周源，字錦泉，南滙人。敦品誼，工吟詠，書畫皆宗董文敏。尤善寫蘭，密葉叢花，秀勁絶俗。尤工篆刻。

周昉，字浚明，崑山人，原籍錢塘。工詩文，書得褚虞之神韻，以顔柳爲筋骨。善寫山水人物花鳥，兼能篆刻。

周閑，字存伯，秀水人。官新陽令，善畫花卉，尤工篆刻。性簡傲，喜遠遊，鄉人鮮識之者。著《范湖草堂詩文稿》。

周丹泉，吴門人。能燒陶印，以堊土刻印文，或辟邪、龜象、連環、瓦鈕，皆由火範而成，色如粉定，文亦蒼古。

周經，字權之，揚州人。與北湖楊秋江以寸石刻《陋室銘》，誠鬼工也。

周儀，字確齋，震澤人。工蠅頭楷，精鐵筆，兼善刻器。揚州北湖孚佑庵碑出其手。

周士錦，字織雲，又號質雲，無錫人。

周孝坤，字易之，木瀆人。

周之禮，號子和，長洲人，王石香入室弟子。專刻牙竹，性懶，故刻甚少，吴門舊家間有藏者。

周德華，字小舫，一號贅庵，又號方舟，丹徒人，愛蓮之裔。嗜古學，精鑒別，所蓄古印及自刻印幾及萬鈕，顔其齋曰「萬印山房」。篆刻宗浙派，隸學《石門頌》，畫梅學黄小松，胡石查亟稱之。著有《自怡堂印存》、《沁西吟社詩詞稿》。

周承德，字佚生，海寧人。博學好古，書宗六朝，上規漢隸。以其餘暇戲弄鐵筆，所作印章，饒有秦漢六朝神韻。

周容，字梅谷，吴縣人。刻印宗秦漢，有《壽石齋印存》。

邱旼，字令和，吴縣人。作印倣顧元方。

邱均程，字泗舟，青浦人。工篆刻，好鼓琴。

邱欽，字竹泉，湖州人。精刻碑文硯銘，尤善鑒别拓本真贋，刻印宗漢。久客雲間，以鬻藝自給。

裘春湛，原名洵，字寄疎，號茮雪。錢塘廪生，能治印。

裘翰興，字翀曼，嵊縣諸生。精於數理星象，尤好鼓琴，工治印。

仇愷，字遐昌，自號霞邨，歸安人。負不羈之才，肆力聲詩，久工鐵筆，有《霞村印譜》。

仇堧。

鄒牧邨，武進人。

侯文熙，字曰若，一作越石，無錫人。篆刻宗文三橋而蒼勁過之。都下王宗立度得其傳，前此以鐵筆名者，有倪雪田以晶玉擅能者，吕柏庭、高培治青田凍石尤妙絶古今。

樓邨，原名卓立，字肖嵩，號新吾，亦號辛壺，縉雲人。善畫山水，書學顔柳，篆刻則力摹秦漢，深得古媚之致。

廣印人傳卷之十

仁和葉銘葉舟輯

林黼，字質夫，號石峰，閩縣人。正德丁丑進士，官大理評事。通篆籀，深於印學。

林皋，字鶴田，一字鶴顛，常熟人。虞山張若雲序其印譜曰：「林君少躭古芬，長具逸翮，吞丹篆一卷於夢中，走青蚓百枚於腕下，五都索猒，時呼抛磚，半夜鐫狂，輒欲撾鼓。蓋人之求者如鐵網珊瑚，而君之秘焉等金壺髓汁矣。」

林晋，字晋白，莆田人。善鐫晶章，既工又甚敏。性嗜酒，醉後縱橫任意，自乃不知有晶，往往擊茁其鈕，曰：「不飲則腕殊無力，奏刀遂昏昏有俗心耳。」然終以病酒卒。

林熊，字公兆，莆田人，家檇李。刻印以漢人爲法，不妄奏一刀。詩畫及分書皆工。

林從直，字白雲，號古魚。乾隆甲子舉人。

林應龍，字翔之，永嘉人。精篆隸及刻印。

林霔，字德澍，號雨蒼，别號洞魚人，晚號晴坪老人，侯官人。工刻印，有《印商》二卷。

林鴻，字茱生，江都人。刻印法陳曼生，善畫。

林曼。

林鹿，字二松。

欽蘭，字序三，吴縣諸生，清癯如不勝衣。工詩畫，尤留心於印章，得文氏之傳。當時推元方、令和、序三爲華岳三峰。

欽岐，字維新，號支山，吴興人。嘗從族人序三學鐵筆，遂工篆刻。

欽羲，字師王，維新從子。工刻印，輯《寶鼎齋印譜》。

金湜，字本清，號太瘦生，又號朽木居士。鄞縣人，正統辛酉舉人。以善書授中書舍人。竹石甚佳，鉤勒尤妙，兼工篆隸，行草綽有晋人風致，善摹印篆。

金申之，工詞賦，善篆刻。

金逖，字祖生，吴縣人，順治庚子舉人。工篆刻，善騎射，爲詩不假雕飾。

金農，字壽門，號冬心，又號稽留山民，錢唐布衣。書得古趣，在隸楷之間。工畫梅，寫佛像，自署昔耶居士、心出家盦粥飯僧。爲揚州八怪之一。印章擺脱文何，浸淫秦漢。著有《冬心集》。乾隆甲申卒，年七十八。

金光先，字一甫，休寧人。家擁雄貲，乃多雅尚，究心篆籀之學。嘗謂刻印必先明筆法，而後論刀法章法，故所作得秦漢遺意。

金嘉玉，字汝誠。新寧人，僑寓仁和，自號静齋居士。工鐵筆，古勁嚴整，尤善擘窠篆書。

金汝礪，字佩新，號香雨，海寧人。治《説文》，工篆刻，有《香雨印譜》二卷。張梅屋贈詩，有「從此開奩鈐紙尾，何妨爾雅注蟲魚」之句。

金鏐，字肅臣，號墜山，山陰人。性嗜古文藝，愛蓄古硯，能詩善鐵筆。

金守正，字子則，號芷衫，蘇州人。書法從莫直夫，兼工篆隸，刻印喜效漢人古逸之品。

金銓，字汝衡，號野田，天津人。善六書、章草。工篆刻，一以秦漢爲宗，董小池嘗稱之。著《野田印宗》。

金棫，字挺之，號松崖，杭州人。喜收藏名人書畫，嗜漢印，積千鈕爲譜六册。

金作霖，號甘叔，吴江諸生。詩書皆工麗，篆刻仿漢。平生不妄交，不輕奏刀，以故知者頗少。

金闇公，蘇州人。

金子謙，名貫未詳。文用和汝梅題其印譜句云：「常將真力運精心，自使寶光飛石髊。」

金峴亭，蘇州人。

金雲門，失其名。精於鐵筆，鐫石刻竹，均能摹古，而筆法之妙，結構之精，人皆稱絶。

金邠居，字嘉采，號曹門。善金石學，出遊東瀛，以賣字爲生計。生平爲人落拓不羈。

金度，字公度，嘉興布衣。業醫，名重一時。書畫篆刻皆出自天然，力矯時習。

金鑒，字明齋，號奕隱，錢塘人。性耽書畫，精鑒别，立辨真贋。工書似梁山舟，善圍棋，江浙幾無匹敵。亦能刻印，得浙派正宗，不輕爲人作。宣統辛亥卒，年八十。

金桂科，字小琴，休寧人。工畫仕女，精小楷。刻印婉轉流麗，刀法莊整。

金龔源，字仲白，西安人。性情豪放，詩文别具機杼。幕遊吴門有年。治印初師趙老鐵，迨客雲間費龍丁家，得博覽其所藏而藝大進。未幾謝世，身後蕭條，經龍丁滌舸爲理喪葬，卒年三十六。著有《蝸盦詩》、《蝸盦印存》。

金鼎，字古香。

金爾珍，字吉石，號少芝，又號蘇盦，秀水人。書法鍾王，尤喜學蘇。山水有宋元人風格，嗜金石，工刻印。有《梅花草堂詩》。

金承誥，字謹齋，號恭度，錢塘人。善山水，工鐵筆，喜仿漢人粗朱文不加修飾，得渾厚之氣。蓄舊青田石甚多。

金鼎，字耐青，大興人。工書，善花卉，精刻印。

金城，字鞏伯，歸安人。收藏甚富，工畫，精篆刻。

金廷黼，字漱仙，金山貢生。博學好古，建雪鴻樓十間，滿儲書籍。尤愛金石，精鑒別，所藏商周彝器百餘種。著《雪鴻樓彝器録》、《印存》等書。

金夢吉，以字行，秀水人。善人物花卉，篆刻專宗浙派。

岑丙炎，字午橋。

任淇，字竹君，號建齋，蕭山人。精篆刻，金石、竹木無不擅長。

任預，字立凡，蕭山人。從趙悲盦遊，得其指授，刻印似之。

任壽祺，字恭甫，海鹽諸生。工書法，精刻竹，兼治印。

譚君常。

譚錫瓚，字建侯，别號師曼，茶陵諸生。工篆刻，神似文何，單刀尤稱絶技。

譚蔭祺，字受一，建侯子。善刻印，有父風。

南光照，字麗久，號鏡浦，一字曉莊，昆明人。博學好古，嗜金石文字，寓情摹印，別有天趣。

談維仲，鎮江人。

談懷壽，字壺山，德清人。善八分，絶似伊墨卿，能治印。

談瀠，字韻泉，餘杭布衣。性緘默，不好口辯，邃於醫學。工分隸書，尤好治印。

甘暘，字旭甫，號寅東，江寧人。著《甘氏印正》，自爲序曰：「顧氏《印藪》摹勒精工，第翻倣滋多，舍金石而用梨棗，令古人心畫神跡湮没失真。」其書後曰：「暘癖古印久矣，摹擬間有不得者，雖廢寢食，期必得之。」又著《印章集説》。

甘源，字道淵，號嘯巖，漢軍。善詩古文詞，工行草書及山水，餘力摹刻秦漢印章，頗自秘惜，非其人不輕與。

藍漣，字公漪，閩縣人。詩情畫筆，蕭疎高寄，兼精篆刻。

嚴栻，字子張，晚號髻珠頭陀。崇禎甲戌進士，有文武才略，能詩，工書畫篆刻。卒年七十九。

嚴坤，字慶田，號粟夫，歸安人。工繆篆，詩筆倔强。著有《溲勃叢殘》。爲人沖和樸實，論印以鈍丁、曼生爲宗。

嚴翼，字晴川，號退廬。工人物、翎毛、花卉，兼善篆隸鐵筆。惜不永年，所作寥寥，得者珍之。

嚴源，字景湘，號素峰，常熟人。工詩古文詞，嗜金石文字，究心《説文》、《玉篇》等書，工篆刻，師尚秦漢。

嚴誠，字力闇，一字立庵，號鐵橋，仁和人。工詩文，山水得大癡法，隸及篆刻皆古致秀勁。晚年摹鈍丁能亂真，但不輕爲人作。有《小清凉室遺稿》。

嚴煜，字雲亭，號敬安，嘉定人。工畫山水花鳥，尤究心金石六書之學。摹印宗何主臣，蒼古有法。善竹刻。

嚴尊，字客子，海鹽人。善楷書隸篆，尤工鐵筆。其叔止峰，名岳，善詩。其弟學川，名訏，工畫，人稱嚴氏三絶。

嚴錦，字晴峰，永嘉人。恂恂儒雅，有晋人清致。善吟詠，工六法，精鐵筆，尤善篆隸。

嚴冠，字四香，仁和諸生。著《茶壽龕詩稿》。

嚴漢生，失其名，鄞縣人。以篆印名於時。

閻詠，字左汾，太原人。王文簡《蠶尾集》跋左汾印譜云：「左汾文章妙一世，遊藝篆刻，不肯屈曲以趨時好，而唯古是師，其於文章亦猶是矣。藝云乎哉！」

詹漢卿。

詹泮，善刻銅章。

廣印人傳卷之十一

仁和葉銘葉舟輯

董元鏡，字觀我，號石芝，漢軍正黄旗人。工八體書，專摹漢印，爲汪文端所稱賞。

董漢禹，字滄門。善寫松竹，精治硯，工刻印。

董洵，字企泉，號小池，山陰人。官通判，罷官後落拓京師，以鐵筆自資給。所作絶無時習，一以秦漢爲宗。同時輦下有印癖者如仁和余秋室學士，當塗黄左田尚書，上海趙謙士侍郎，揚州江秋史侍御，江寧司馬達甫舍人，及紅蘭主人與英寥禪董石芝、趙佩德，皆有綈袍之誼焉。著有《小池詩鈔》、《董氏印式》。

董熊，號曉庵，烏程人。善篆刻，爲人誠謹真率，無趨炎之態，每有所作，必精心摹仿。咸豐辛酉卒於滬。有《玉蘭仙館印譜》。

孔千秋，號瑶山，江陰布衣。敦行好古，精究六書，著有《説文疑疑》。偶遊城市，見漢銅印一方曰「孔千秋」。愛不能釋，解襆被易之歸，遂自名千秋。又得奇石高尺許，巒壑甚美，文徵仲署刻瑤山二字其上，因自號瑤山。其刻字與俗工異，畢氏《經訓堂帖》多出其手。以鐵筆世其業。子昭孔，號味茗，孫憲三，字省吾，省吾之子曰慶鬍，爲李申耆弟子。

項炳森，字友華，嘉興人，天籟閣後人也，官沭陽知縣。書用鷗波法，篆刻神似陳曼生。又善弈，與祝茂才二如爲中表，嘗二人對弈，觀者曰：「兩君真二友如花也。」其風度可想。

項朝藁，字壽芝，號秋鶴，仁和人，乾隆己酉舉人。學印於蔣山堂，秋鶴刻印，山堂嘗爲記之云：「項三此印掃盡作家習氣，綺歲已臻此境，真可畏也。」其推許如此。所刻印款亦神似山堂。

項綬章，字芝生，錢塘人，嘉慶戊寅舉人，官同安知縣。其刻印頗具浙中諸大家風格。

項金宣，字少峰，友華子。濡染家學，亦能篆刻，惜不永年。

項鳳書，字桐隱，少峰弟，諸生。工八分，能篆刻，兼通畫學，作士女有費子苕遺意。

項瑞，字小果，瑞安人。

紀大復，字子初，號半樵，又號迷航外史，上海人。善山水，工隸書，尤長鐵筆。道光辛卯卒，年七十。

史榮，字漢桓，一字雪汀，鄞縣人。善花卉，尤精小學，工詩文及篆刻。卒年七十九。

史致謨，字彰聖，號幹輔，陽湖人。善篆隸，工刻印，有《雲深處印存》。

史焕，字仲晨，吴江人，生長京師。篆刻上追秦漢，不輕爲人作，與胡石查相友善，年甫三十卒。

李流芳，字茂宰，又字長蘅，號香海，又號泡庵，晚稱慎娱居士。嘉定人，萬曆丙午舉人。工詩善書，亦能刻印，尤精繪事，爲畫中九友之一。崇禎己巳卒，年五十五。著《檀園集》。

李潛昭，字海舟，明諸生。宋丞相庭芝十四世孫，鼎革後隱居黄子湖之野牛灣，築斗室以花竹自娱，足跡不入城市。同學顯貴，未嘗通一札，素有潔癖，長於刻印。著《半萬樓史要》、《泡庵樂府印譜》共若干卷。

李耕隱，自號破屋老人，維揚人，家白門。古致蕭然，精鑒别，好畫竹，以印名霸大江南北。得漢「耕隱」章，喜其與己名合，已得一子母篆曰「李悦己」，復得一篆曰「李尊」，因以爲其子孫。

李榮曾，字耕先，南通州人。其印譜序云：「其父岑村有《城南草堂印譜》，耕先能繼其家學焉。」

李根，字阿靈，又號雲谷居士，閩縣人。性沉静，愛閉户獨坐，工詩。小楷得晋唐遺意，畫山水不妄涉一筆。尤工刻印，頗自矜重，不恒爲人作。有《雲谷堂印譜》二卷。

李石英，字文甫，金陵人。善治牙印，文壽承所作牙章往往出自李手，又善雕篔簹，所鐫花卉皆玲瓏有致。

李潁，字箕山，海陵人。少精篆籀之學，嘗考古金石文，多人所未見，深思窮研，豁然有得。故點畫刀法之妙，洞癥穿穴，人巧極而天工出，其性情高澹，超然塵俗之外，尤不可及，觀命名可知其人也。

李希喬，字遷于，號石鹿山人，歙縣人。長於竹石、人物，精篆刻、鉤勒法帖。斲竹鏤刻如寫生，稱絶技。

李樹穀，號東川，晚號方翁，夏口人。乾隆辛卯舉人，官祁陽知縣。善寫山水，寥寥數筆自足生趣。篆刻之妙，直逼秦漢。

李德光，字復初，號石塘，華亭人。絶意進取，耽玩篆刻，銅玉牙石，莫不精妙，爲丁龍泓所稱賞。

李鏞，字山濤，嘉興人，工畫蘭。兼精篆刻，有《印學集成》。

李元闓，號中泠，山陰人。與姚江都素修俱受業於師黄之門，兩人所刻雖與今之板弱者迥别，然不及其師遠矣。

李奇昌，字若谷，嘉興人。好學，嗜古，工篆刻。

李崇基，字德安，若谷子。亦工鐵書，刀法蒼勁，能入漢人之室。尤善摹古，以所刻雜諸印藪中，未易辨也，最爲張叔未所稱。

李明善，工刻印，篆摹秦漢，刀法入古。王彝作《印説》千餘言遺之。

李渫，字貫未詳。江陰何悔餘栻敘其印譜略云：妙斟肥瘦，變錯方圓，陽紆陰縵，左折右旋，信能截曼生之腕，拍穆倩之肩，動則破乎五玉，貧不名乎一錢。

李汝華，號松溪，鎮洋人。弱齡嗜畫，工篆隸，精鐵筆。

李聘，字一徵，善隸書，得漢禮器諸碑法。精於賞鑒，兼工篆刻。

李弄丸，忘其名。鍾伯敬云：「善玉章，可媲美鎬臣。」

李效白，原名堃，字嘯北，儀徵人。寫生法新羅山人，鐵筆師秦漢，金石竹木，每奏刀各極其妙。

李宗白，鳳陽人。工山水，善篆籀之學，尤精鐵筆。

李石伴，楚中人。

李瀅，字稼軒，桐鄉人。

李瑛，字渭珍，江寧人。

李東琪，字鐵樵，一字鐵橋，長洲人。

李含光，甘泉人，孝感子。少工篆籀，而隸書尤精。孝感工篆隸，賞之者謂賢於其父，因投筆不書。又能刻印。

李栩，字蜨厂，江西人。工篆刻，能攻堅，所治晶玉與石章無異，以爲翡翠太燥，瑪瑙則堅滑無匹，然亦能治之。

李宜開，字肇叔，號鏤雪，撫州人。以摹篆世其家學。有《師古堂印譜》五卷。

李成，字榮舟。

李嘉福，字笙魚，一字北溪，石門人。精鑒賞，收藏極富。鋭志學畫，曾爲戴文節畫學弟子。講求詩律，嘗問字蝯叟。篆刻整飭，規仿秦漢。光緒甲午卒，年六十六。

李允泉，字雲卿，號伯濤，休寧人。嗜古，有金石癖。偶得文三橋、何雪漁遺印數方，發奮治印，然不輕爲人作。所藏舊拓善本碑帖甚夥。殁後，旅橐蕭然，盈笥者惟碑帖印章而已。

李輔燿，號幼梅，晚號和定居士，湘陰人。以中書改官浙江，博學多才，工詩善畫，八分尤爲當世所珍。工篆刻，然不輕爲人作。著《讀禮叢鈔》四卷。

李慶霄，字漢青，山陰人。治印酷肖秦漢，畫學惲東園。善鼓琴，且能修補，亦絶技也。

李繼翔，字賓甫，華亭人。少時穎悟絶人，弱冠舉孝廉。工書，善詩古文詞。篆刻摹秦漢，不輕爲人作，卒年三十六。其孫名修則，號文來，篆刻能傳家學。

李息，字叔同，號息霜，又號壙廬老人，平湖人。工書，嗜篆刻。中年失恃，病狂，居恒鬱鬱若有所思，因自謚哀公。

李二木，長沙人。性孤癖，篆刻超絶秦漢。

李鍾，字古遇，常熟人，工篆刻。

李巨千，嘗爲梁小曙鐫「十二硯齋平生珍賞」小印，筆法雄健。又善弈，稱國手，周小松已下一人也。

李鍾瑛，字潄昌，上海人。能詩，精弈，工摹印。

李禎，字苦李，山陰人。善畫，工刻印，均師苦鐵。

呂柏庭，無錫人。

呂留良，字光倫，又字東莊，石門人。明儀賓呂熯之孫，與黄晦木交善，著書講學，望重一時。遊隱海昌，賣畫及篆刻自給。

褚成烈，字蓮生，餘杭人。性瀟灑，不拘於俗。髫齡作書即秀勁有法，於金石篆刻丹青音律靡不精美。著有《玩花軒詩草》，遊幕卒於皖。

褚成憲，字孟章，號孝矩，餘杭諸生。其弟叔雲、伯約、稚昭。孟章宦遊江蘇，精篆書擘窠，尤精鐵筆，性情高亢，鬱鬱以終。子德巘，字以韋，號同堂，別號大滌山人，亦善篆刻，有父風。

褚成棟，字松生，號粱叔，餘杭諸生。少有奇氣，工詩，書畫似惲草衣，尤精篆刻。隱於酒，壯而不娶，嘗假館嘉興，不合，拂衣逕去，然自此竟不知所終。

褚德彝，原名德儀，字守隅，號禮堂，别號漢威，孟章猶子。精篆刻，沉著遒勁，筆力横絶。

許初，字復初，一字元復。吴縣人，官漢陽通判。書法二王，尤工小篆，莊整而秀，兼善印章。

許宷，字有介，原名宰，又更名友，字介壽，亦字介眉，侯官人。性疏曠，以晋人自命，詩文字畫恒多逸致，年四十餘卒。

許儀，字子韶，號鶴影子，又號歇公。無錫人，官中書。工山水人物、花鳥蟲魚，無不盡善。没骨點綴得徐熙法，能寫照花下，印章每以手畫成，真絶技也。善篆籀刻印，尤精醫理。年七十一卒，著有《鶴槎詩稿》。

許容，字寔夫，號默公，如皋人，官閩中。善山水，作印上追秦漢，著有《説篆》、《印略》、《印鑑》、《谷園印譜》、《韞光樓印譜》，又輯《篆海》數十卷。

許奎，號西雲，嘉善人。鐵書蒼勁，年五十餘卒。

許鉞，字錫範，歙縣人。性穎敏，嘗爲幕僚。工篆刻，規摹雪漁、穆倩、修能諸家，而能自出機杼，脱去作家窠臼。

許詮。

許士宗。

許至，字芳墅，無錫人。善詩，精篆刻并習醫，恒製丸劑，活貧病者不責其報，士大夫多敬禮之。

許希仲，原名蔭堂，字子與，一字壽卿，號默癡，青浦人，錢竹汀婿。善書，於晋唐宋元罔不蒐討，畫於梅菊蘭竹外間作設色小品，逸韻天成。又喜作印章硯銘，遊戲奏刀，神與古會。

許光治，字龔悔，號龍華，海寧諸生。工書畫篆刻，辨别金石，精通漢隸，常患王蘭泉《金石萃編》各碑釋文筆畫舛譌，手摹原刻校勘，閲十寒暑，已縮臨三册，因病而輟，年四十八卒。

許兆熊，字黼周，光福人。

許瓚，字玉粲，江都人。工小篆，善鐵筆，有《鹵亭印譜》。

許威，字子重，號鐵珊。婁縣廪貢，官歸安知縣。搜藏金石甚富，著有《碑版目録》、《古泉録》、《秦漢印存》。工篆隸，兼繪蘭，偶治印。

魯友柏，以字行，餘杭人。分隸蒼古，楷書法顔魯公，擘窠巨字尤有魄力。旁及圍棋、卜筮、彈絲品竹，靡不精究，嘗於琵琶上手寫《琵琶行》全篇，爲時稱誦。喜爲小詩，工篆刻，自署風塵逸客，蓋紀實也。

浦寶春，字少篁，嘉善諸生。畫山水兼刻印章，極有功候，惜少神韻，殆天分未超耳。

杜拙齋，葑溪人。工分隸，藏漢人殘刻極多，又善鐵筆。性嗜菊，嘗乞吴下畫家合寫菊花長卷，王惕甫題菊隱二字，因自號菊隱散人。

杜世柏，字參雲，自號葭軒，嘉定人。嗜篆刻，研究八體，探討石鼓、壁經及各碑版。又能鑄銅印，直逼秦漢。有《葭軒印品》四卷，《浣花廬印繩》。

杜正源。

杜聖源。

杜超，字越倫，一字月艑，號南岡散人，婁縣人。究心六書，耽篆刻，凡《秦漢印藪》、《印統》、《宣和印史》諸譜，搜羅購覓，晴窗臨摹，深得古法。有《鏡園印譜》及

《鑑定顧商珍冰玉齋印譜》。

杜就田，忘其名，山陰布衣。善篆刻，私淑撝叔。

鄔鎬臣。

米漢雯，字紫來，宛平人，順治辛丑年進士。書畫仿米南宮，工金石刻。

底雲，字奇峰，鹽城人。工美術，精篆刻。

閔貞，號正齋，南昌人，以孝聞。工繪事，其白描羅漢綫亂龍眠之真。寄情篆刻，專宗秦漢，朱竹君、翁覃溪極器重之，咸有閔孝子傳云。

閔澐，字魯孫，錢塘人。善畫蘭，篆刻師陳曼生，性好交遊，座客常滿，有漢陳遵之風，後卒於滬。

惲彥彬，字次遠，號樗園老人，陽湖人。善繪花鳥，别饒風趣。尤精鐵筆，然不輕爲人作，故知之者絶鮮。

阮充，字實齋，號雲莊，儀徵人，文達之弟。善篆刻，纂有《雲莊印話》一卷。

阮常生，字彬甫，號小雲，文達伯子，官清河道。隸書惲厚，鐵筆古雅，在三橋、修能伯仲之間。著有《印譜》、《團雲書屋詩鈔》。

阮九如，儀徵人。

阮惟勤，字拙叟，奉賢諸生，官浙江主簿。書學顔魯公，畫宗米襄陽，印摹松雪，詩近香山，各極其妙。

阮銘，字石梅，儀徵人。

阮汝昌，字壽鶴，奉賢諸生，官直隸知府。善摹鐘鼎文字，家藏比干銅盤，治印有漢人風趣。

管平原，號金牛山人。善畫，尤精六書，著有《金牛山人印譜》，文衡夫爲題詞。

廣印人傳卷之十二

仁和葉銘葉舟輯

趙孟頫，字子昂，號松雪，湖州人，宋宗室。幼聰穎，讀書過目成誦，詩文清遠，操筆立就。畫入逸品，尤以書名天下，真行篆隸皆造古人地位，刻印與吾邱衍齊名，專尚玉箸，一洗唐宋陋習。至治壬戌卒，年六十九，謚文敏，有《印史》二卷。

趙宧光，字凡夫，太倉人，國學生。中歲折節讀書，不肯蹈常襲故，廬寒山親墓旁，手闢荒穢，疏泉架壑，一時勝流争造焉。所著書數十種，尤專精字學，《説文長箋》其所獨解也。能刻印，作草篆，創古人未有之奇。天啟乙丑卒，著《刻符經劫草篆》。

趙時朗，字天醉，休寧人。書畫清妙，篆刻蒼健嚴緊。

趙端，字又吕，時朗姪。亦工篆刻，古樸渾雅。

趙彦衡，字允平，漳浦人。有巧思，能作指南鍼、自鳴鐘。尤究心西洋算法，兼工篆刻，能詩。

趙煦，字笛樓，揚州布衣。工詩，擅篆刻，性情古樸，終身不娶。

趙大晋，號夢庵，又號夢道人，錢塘人。生於吴門，年甫弱冠即工篆隸及鐵筆。

趙野，字堯春，號雪蘿，天津人。明經不仕，惟以金石刻畫自娱。其所鐫印稿，刀法神似何不違，知其於寸鐵中非草草下筆者。又工詩，著有《版扉集》。

趙學轍，字季由，號蓉湖，陽湖人。嘉慶己未進士。書學米南宫，而上窺顔平原。晚年專學思翁，戲寫墨蘭。篆刻精朱文，自謂得沈凡民秘傳，恐妨於目，三十後即棄去。

趙嘉淦，字雁湄，又字燕謀，仁和人。工書，尤精小楷，雖細如麻粟而雍容寛展，儼然有搢笏垂紳之度。兼善鐵筆，竹頭石乳，宏我漢京，人争寶之。著有《閣帖源流考證》四卷。

趙完叔。

趙祖歡，廣東人。

趙福，字小莊，銅山人。工詩畫，兼善古篆及刻印。著有《容止齋印譜》一卷，詩二卷。

趙丙棫，字芃若，號養拙居士，一字仰才，山陰人。嘗從胡曙湖、劉楓山、童二樹遊，故所學有自。工小篆及摹印，皆能超出時流。尤篤好古書，不惜重資購之。

趙之琛，字次閑，號獻父，錢塘人。精心嗜古，邃金石之學，篆刻得陳秋堂傳，能盡各家所長，曼生首推之。阮氏《積古齋彝器款識》半出次閑手寫。兼工隸法、行楷，畫山水師大癡、雲林，間作草蟲花卉無不佳。終年杜門，棲心内典，時寫佛像，名其室曰「補羅迦室」。咸豐庚申年七十餘年。

趙懿，初名祖仁，字穀庵，號懿子。錢塘人，次閑從子。摹印學陳曼生，書亦似之。兼工畫梅，學金冬心。喜飲酒，不治生産，流寓江淮，鬱鬱不得志，以貧死。

趙喆，字琴士，琴川人。善書，工琴，能作印。

趙之謙，字撝叔，號益甫，又號憨寮，别字冷君，亦號悲盦，晚號无悶。會稽人，咸豐己未舉人，官江西知縣。於學無所不窺，讀書丹黄爛然，書畫奇逸天成，刻印窮數十年之力，天資人事各盡其妙。光緒甲申卒，年五十六。著有《二金蝶堂印譜》、《補寰宇訪碑録》。

趙榮，字子木，别字懷公，丹徒諸生。工山水秀潤，尤精篆刻，有《研妙室印譜》。

趙遂禾，字稼雲，號嘉生，又號南徐畫隱，子木從子。工詩，精篆刻，所作花卉筆意秀逸，山水規四王。嘗遊大江南北，名區勝跡靡不同覽，故落墨瀟灑，令人作志在千里想。

趙果，字念因。

趙穆，字穆父，號仲穆，毘陵人，流寓杭州。工刻印，幼學吴讓之，後乃追跡秦漢，别樹一幟，一時從學者甚衆。亦工書。有《孔廟先賢姓氏爵里印譜》。

趙怡亭。

趙于密，字疏盦，一字伯臧，武陵人。喜收藏吉金樂石書籍字畫，一經寓目，立辨真贋。書法疏秀，兼通六法，有石濤遺意，隨筆揮灑，天趣盎然。所刻印章直追秦漢。

趙慈㢠，號豈孷，字公顗，别號金鷖山民，疏盦子。嗜金石書畫之學。尤癖印，每見佳者多方購求，或力不能致，則輾轉胸次者累月。課餘之暇，摹倣古印數十册，以漢爲宗。

趙時棡，字叔孺，寧波人，以同知需次於閩。收藏吉金如叔氏寶芩鐘、中五父敦蓋、漢藍田鐙、魏帳構銅等，名其室曰「雙弩機」。篆刻以悲盦爲師。

趙石，字石農，號古泥，常熟人。吴缶廬入室弟子，工篆刻。

趙增瑛，字仲窪，華亭人。博學好古，所藏金石書畫印譜甚富。能鼓琴，篆刻規仿漢印，畫仿南田、白陽。

鮑鑑，字冰士。善畫梅，兼工篆刻。

鮑言，號聽香，桐鄉人，渌飲之孫。篆刻仿鈍丁，具體而微。

鮑炅，字旭昭，餘杭人，乾隆己卯歲貢。善詩文，工篆刻，著有《春江日詠》、《越中懷古》諸詩。

鮑逸，號問梅，錢塘諸生。性沖澹，不求仕進，與湯雨生、陳曼生、趙次閑、吴平齋諸君遊。工書，善畫梅，兼精鐵筆。藏有「東坡讀書堂」銅印。

鮑蘅，字逸農，歙縣人。收藏金石碑版甲於東南。工小篆，喜治印，藏有安素軒石刻。

鮑康，字子年，歙縣人。著有《觀古閣泉説》。

鮑存叔。

鮑濟，字汝舟，秀水人。

鮑天成。

保時，字升甫，通州人。性高潔，沉酣子史，善詩畫，工六書，尤精篆刻。作古文碑記磊落不可一世。著有《逋園集》、《梅花吟》。

保逢泰，字極蟠，號仙巖，通州人。善寫生，尤長蝴蝶。未冠即工篆隸鐵筆。有《仙巖詩鈔》。

左亭，字筠溪，江寧人。善八法，工六書，尤精篆刻。嘗客汪秀峰家。

馬思贊，字仲安，又字寒中，號衎齋，又號南樓，海寧人。工繪事，精篆刻，有《衎齋印譜》五册，朱竹垞跋。著《道古樓藏書目》、《道古樓歷代詩畫録》、《寒中詩集》。

馬麟，字生白，仁和人。

馬駿，字西樵，山陽人。

馬德澄，字若水，號雪林山樵，平湖人。精書畫篆刻之學。

馬惟陽，字嶧桐，號秋客，海寧人。能詩，工篆刻。有《洗硯詩稿》、《紅葉山房文稿》、《石居印略》。

馬咸，字嵩洲，號澤山，平湖人。工山水，兼南北兩派，仿小李將軍尤渲染工細。兼工繆篆，精小楷，凡番舶入市必購其畫以歸。

馬文煜，字起留，吴江人。工書畫篆刻，兼精醫。

馬俞，字笏堂，號附飛，善治銅印。

馬行素，字稼儒，晚號南漁。讀書好古，精於篆刻。

馬子高。

馬拱之，字頡雲。

馬棠，字愛南，山陰人。

馬衡，字叔平，鄞縣人。工八分書，喜刻印，收藏書畫碑版甚富。

賈柄。

蔣仁，號山堂，原名泰，字階平。於揚州平山堂得古銅印曰「蔣仁之印」，因易名。又號吉蘿居士，女牀山民，仁和布衣。工篆刻，與丁龍泓、黄小松、奚鐵生齊名。行楷書尤佳，彭進士紹升推爲當代第一手。阿林保官運使時延之入署。偶書蘇詩有「白髮蒼顔五十三」之句，遂以病歸。乾隆乙卯卒，年適符其數。

蔣元龍，字乾九，一字雲卿，號春雨，秀水人。篤學嗜古，工詩文，精賞鑑，究心金石書畫。出其餘技寄興鐵筆，喜用釘頭隨意鐫刻，不假修飾，頗饒古趣，蓋私淑丁龍泓者。嘉慶己未卒，年六十五。

蔣宗海，字星巖，號春農，丹徒人，乾隆壬申進士。工古文及漢隸，精賞鑑，善畫。篆刻文秀精雅，頗得漢人遺意。

蔣開，字徑三，號冰壺，海寧人。工書法，精篆刻。著有《西園草堂印譜》、《冰壺吟稿》。

蔣確，字叔堅，號石鶴，松江人。專畫梅，兼工鐵筆，光緒己卯卒，年四十二。

蔣田，字稻薌，浙西人。工書畫，精篆刻，蒼勁古逸，不趨時好。八十餘猶能作巨幅山水，魄力雄厚，蒼莽中具疏秀之氣。

蔣節，字幼節，上海人。工詩，善八分，精篆刻。受業莫子偲，又能作花卉，疏秀有致。

井玉樹，字丹木，號柏亭，文安人。博覽群書，工八法，精篆隸，善山水，有《柏亭鐵戲印譜》。

耿葆淦，字介石，華亭諸生。豪放好騎，自幼好刻印。弱冠遊庠，橐筆遊四方，傭書自給，後入都，爲人稱賞。

歐龍光，字劍客，龍津人。

鈕福疇，號西農，烏程人。家素封而雅，嗜篆刻，收藏尤富。

鈕樹玉，字非石，吴縣布衣往來齊魯吴楚間。性嗜縹緗，好校讐考訂，遇有碑版精拓及舊書善本，必傳録而藏弆。并通音律，尤工小學，旁及刻印。著有《説文新附考》、《説文段注訂》。

鈕承慶，字小雲，號小蘿，吴興人。

沈溝，字逢吉，婁東人。工刻印，一以和平爾雅出之，而又不失古法，故世極推重之。

沈世和，字石民，常熟人。工書畫，而於刻印尤三折肱焉。一以國博爲宗，驅刀如筆，故能名重一時。

沈野，字從先，吴縣人。著有《印談》。其略云：「昔居斜塘一載，此中野橋流水，陰陽寒暑，多有會心處。鉛槧之暇，惟以印章自娱。每作一印，不即動手，以章法字法往復躊躇，至眉睫間隱隱見之，宛然是一古印，然後乘興下刀，庶幾少有得意。」

沈炎，字殿秋，號瘦沈，華亭人。工書，善篆刻，寫山水筆意挺秀。性疎冷，不耐治生産，亦不喜通賓客。居恒相識者或投以尺縑片石，往往庋閣多時，難得其奏刀揮翰，故其藝之精，即在同郡，人知之者亦罕。

沈樹玉，號籛夫，杭州人。善花鳥，鉤勒及細輭設色極鮮麗，翎毛不特得飛翔之態，而且曲盡飲啄神情。兼工篆籀，客都門，乾隆丁未歲，召入南薰殿寫鵪鴿百隻，宛然如生。

沈鳳，字凡民，號補蘿，江陰人，官南河同知。虬髯古貌，廣顙方頤，世人稱爲古君子。受書法於王虛舟，淹通博鑒。工鐵筆，善山水。自言生平篆刻第一，畫次之，字又次之。畫多乾筆，嘗臨倪元鎮小幅，鑒者莫辨。有《謙齋印譜》二卷，乾隆某年卒，年七十一。

沈心，字房仲，號松阜，仁和諸生。性落拓，不事生産。精篆刻圖繪，旁及星遁卜筮，脈訣葬經，無不洞曉，而尤精於詩。著有《孤石山房集》。

沈皋，字聞天，歸安人。生而警敏，絲竹篆刻無不精妙。其刻印尤工白文，絶類何雪漁、蘇明民。有《六泉印譜》四卷。

沈世，字卜周，又字瘦生，錢塘人。世爲伍伯，賦性孤介，無塵俗氣。於古文篆籀，源源本本，頗爲淹貫。所作印蒼秀淳樸，七君子不以身賤而輕之。

沈祚昌，字乘時，原名御天，自號虹橋居士，吴縣諸生。嗜古文，研討六書，究心碑版，金石篆刻蒼秀雅勁，深得古趣。詩及漢隸、楷書，靡不精美。有《虹橋印譜》。

沈承昆，號硯亭，烏程人。世世力田讀書，硯亭則兼習丹青，篆刻頗能深入堂奥。然自矜貴，不輕爲人作，又能絲竹管絃，彈棋六博，性兀傲，不稍入時，落落以終，古所謂獨行君子也。

沈剛，字心源，號㾑亭，又號㾑堂，婁縣舉人。山水宗王時敏。尤善蘭竹，間作小印亦秀勁。

沈潤卿，長洲人，嗜古甚篤。工摹印，嘗摹孟思所未見之漢印若干，與孟思所摹者併例入譜焉。

沈淮，字均甫，號胎簪，桐鄉人。官山東知縣。工刻印，與郭友三刻者甚夥。

沈遴奇，字子常，一字觀侯，號章谿，慈谿人。工書，尤精篆印，深得梁幼從法。

沈翃，字映霞，昭文人。善畫菊，工琢硯、鐫印及草書，尤愛鼓琴。詩宗唐賢，尤工五絶。

沈賓，字永嘉，號雪齋，仁和人。精鐵筆，善蘭竹，工書法。

沈鶴生，漳海人。工刻印，與黄子環齊名。

沈學之，上海人。工篆刻，文秀嫣潤，張瞻園嘗摹仿之。

沈道腴，字淡庵，嘉興人。工詩，兼篆刻，善醫。

沈工，字康臣，書法王柳顔歐，鉤畫摹脱，盡變極神。旁通篆籀，偶刻石爲印記，士林寶之。

沈伯鎣，長洲諸生。善漢隸，精篆刻。室人湯坤，善畫蘭，人稱雙絶。

沈千秋。

沈六泉，字竹溪，烏鎮人。

沈慶餘，字子雲，錢塘人。

沈沅，字芷庭，石門人。鐵筆蒼古秀勁，得何雪漁遺書。

沈松年，字季申，號紀子，平湖人。精寫真，工山水及篆刻，又能仿鐫古鈕。

沈愛蘐，字琴伯，淡庵子。工篆刻，出入秦漢，古雅渾厚，專講奏刀。其邊款必署明用單刀法或用舞刀法之類，亦創例也。馮柳東太史跋其《卍雲小築印譜》云：

「詰曲參差，漢印之妙訣也，鈍丁不得專美，次閑何論焉。」其推重如此。能詩，善醫。

沈壬，字斯立，工隸書及篆刻。

沈國淇，號少石，秀水諸生。善詩詞，精篆刻。

沈石泉，秀水人。失其名，能篆刻，蚤卒。

沈近光，字石甫，嘉興諸生。書行草峭拔，喜畫，工篆刻。咸豐庚申，全家殉難。僅與其幼子偕遁轉徙他郡，窮餓以死。

沈錫慶，字咸中，號秋鑾，後改名桂銑。詩文妍麗，真隸書俱工整，尤精篆刻。

沈雷，字筤溪，善隸書，工篆刻。不能家食，遠遊作客九峰三泖間，多攬環結珮之好。

沈兆霖，字尺生，號朗亭，又號子菉，錢塘人。道光丙申進士，官陝甘總督，贈太子太保，謚文忠。博通經史，工詩古文，旁及篆隸、刻印、弈棋、子平，無不通曉。

沈振銘，字藕船，石門人，自號禦兒鄉農。擅長花卉翎毛山水，墨法蒼潤，極見工力。書摹董文敏，頗得神似。工詩，精篆刻，所作黄楊木章爲諸名流推重。

沈眉，字少潭。

沈忠澤，字瘦楳，號靖卿，錢塘人，遊寓成都。年未弱冠，印學有成，凝勁工秀兼鄧浙二派之長，後乃進而愈上，直入秦漢之室。刻牙印尤工，有《莊泉簃印譜》。蜀多古物，靖卿尤癖嗜古泉，嘗得新莽壯泉四十真品，因以爲名也。

沈乾定，字健石，長洲人。

沈銛，字元咸，號誠齋，婁縣廪貢。工山水，得天真爛漫之趣，刻印亦然。著有《阿蘭那館印草》十二卷。

沈岸登，字覃九，平湖人。性恬淡，工鐵筆，詩詞書畫皆精妙。有《墨蝶齋詞》。

沈宗昉，字寄凡，山陰人，工篆刻。

沈寶柯，字伯珊，桐鄉人。

沈清佐，字右岑，號筤村，歸安人。

沈丹書，字笛漁，山陰人。

沈唐，字雪廬，吴江人。工山水花卉，亦善篆刻。

沈拱宸，字春江，婁縣人。清貧力學，多才藝，尤工鐵筆。

范永祺，字鳳頡，别字莪亭，鄞縣人。乾隆丙午舉人。工篆隸及刻印。所藏明代名人尺牘甚多，足資掌故。

范安國，字治堂，廣陵人，僑居秀水。天資穎異，博學多通，旁及操琴彈碁、寫生八法、風鑒堪輿、方診六微、河洛推步，莫不悉心研會。其鐵筆尤與古合，即專門名家不能過也。

范摹，字行式，涉獵經史。善詩歌，多藝能，於書畫、刻印、弈棋無不精通，凡金石款識、篆刻書畫，皆能别其時代，定其真贋。

范業，字立芳，沈虹橋弟子，能傳其業。虹橋殁後，立芳爲之輯《虹橋印譜》傳世。

范穎，字若傾，仁和人。

范潛夫。

范西漢。

范風仁，號梅隱，嘉興人，寄居笠澤。工畫梅，自號梅影，其篆刻尤精古。

范松，字守白，山陰人。善山水，工草聖，精刻印。

廣印人傳卷之十三

仁和葉銘葉舟輯

宋珏，字比玉，自號荔枝仙。莆田人，流寓金陵。山水脱盡畫史習氣，寫松尤秀。工八分，善摹印，後人稱爲莆田派。海寧周春《論印》詩云：「聞説莆田宋比玉，創將漢隸入圖書。」

宋思仁，字藹若，號汝和，長洲人。好鑑古，精篆刻，多蓄古印章成印譜。詩有《槖餘存稿》、《廣輿吟》，兼通星卜堪輿，年七十八卒。

宋聖衛，字漪園，商邱人。工篆刻，與李光耀合刻《雙松閣印譜》，汪容、李文燦爲之序。

宋葆淳，字帥初，號芝山，晚號倦陬，安邑人，乾隆癸卯舉人。精金石考據之學，性傲岸不羈，官解州學正，年餘即告歸。遊跡半天下，所至以詩畫名善山水，筆意奇恣，兼南北兩宗，得元人古趣。書法唐人，亦遒樸可愛。曾於王福庵齋中見芝山刻印數方，超邁絶倫，故知其能篆刻也。

宋寯，字人龍，高郵人。嘗以徑寸壽山石摹禊帖，筆意工緻，幾欲駕玉枕而上之。

宋心芝，失其名，台州人。性喜搜羅古磚，工篆刻。與許鐵山友善，著有《瓴甋録》四卷。

宋侃，字竹亭，高郵人。刻有《積古山房印譜》，奏刀運腕綽有慧業，同里王石臞、夏澹人敘而行之。其族人實甫中翰，亦深篆隸之學。

季開生，字天中，泰興人。順治己丑進士。少時輒喜臨仿宋元名跡。後遊蘭溪，睹富春嚴灘之勝，故邱壑深邃，大得子久三昧。又喜治印。

季厚燾，字瀛山，江陰人。善山水，精鑒賞，富收藏金石書畫，工治印。

費錫奎，字亦洲，石門人。

費皞，字太初。治印兼善狂草。

費淞，字小漁，號菊壽，華亭人。少好弄弦曲，擅山水花鳥，雖淡墨簡筆而氣韻沉厚，并嗜治印，惜未永年。

費成霞，字孫裳，鐫石印及各器箴銘，工雅絶倫。

費硯，字劍石，華亭人。工篆刻，能詩，善畫，有《甓廬印存》。

費源深，字潤泉，劍石姪孫。早歲能文，亦嗜篆刻。

魏植，字楚山，一字伯建，莆田人。

魏閬臣，號又虞，桐城人。刻紫檀黄楊印甚工緻。

魏兆琛，字璇叔，錢塘人。咸豐辛亥副貢。得其世父半芋之教，詩學頗深。工書，善篆刻，時譽日起。辛酉城陷後避於山陰之下方橋，壬戌春，以病没。

魏本存，字道門，又字稻門，號性之，錫曾子，仁和諸生，官福建縣丞。家學淵源，夙工楷法。時趙撝叔在閩，書宗北魏，及刻印頗得其傳。尊甫稼孫所編《績語堂金石文字》，性之摹寫登木，絲髮不走，傳布藝林，足承先志。家貧，母老急於禄養，年才四十，卒於閩。

魏耆，字綱紀，湖南人。

顧瑛，别名德輝，字仲瑛，號金粟道人，崑山人。年三十始折節讀書，舉茂才，署會稽教諭。辟行省屬官皆不就。以資雄吴下，所居界谿别業名「玉山佳處」，集四方文士相與歌詠篇什，其後更名完璞。所著詩曰《玉山璞稿》，洪武二年卒，年六十。

顧藹吉，字畹先，改字天山，號南原，吴縣人。以貢生充《書畫譜》纂修，任儀徵教諭。精繆篆，工分書，兼長山水。著有《隸辨》。

顧聽，字元方，亦字元芳，吴門人。性好潔，室中器具皆有别致。其刻印直接秦漢，意欲俯視文何。

顧光烈，字開周，號楓林，錢塘人。幼即研究六書篆刻，凡有所作，務取合古，故求之者不可驟得。

顧苓，字云美，又號濁齋居士，吴縣人。負奇癖，自闢塔影園，隱於虎邱。工書，留心漢隸，凡漢碑皆能默識。作印得文氏之傳，吴中印人多宗之。

顧樸，字築公，一字山臣，又字琢公，錢塘人。立品高迥，不屑頫從流俗，作印恥雷同，不輕視人，故流傳甚稀。

顧貞觀，字華峰，一字梁汾，無錫人。官中書，以理學文章世其家。文藝棋酒，無不勝人，戲爲圖章，遂臻妙境。其營救吴漢槎一事，風義卓絕古今。著有《楚頌亭詩文集》、《扈從詩》、《纑塘集》、《清平遺調》、《彈指詞》，唯《彈指詞》有刻本。

顧文鉷，字蘆汀，長洲人，精鐫刻。

顧奇雲。

顧亓山。

顧藩，字六雲，湖州人。

顧汝修。

顧溥，字子將，錢塘人。

顧湘，字翠嵐，號蘭江，常熟人。喜治印，集有《小石山房印譜》。

顧元成，號松谿，吴縣人，秀野後人。篆刻秀整，尤工牙章。

顧蕙生，號竹琦，無錫人。工詩，精篆刻。

顧振烈，字雪莊，昭文人。善山水，工篆刻，其畫中每作草房三間，人謂之顧三間云。

顧仲清，原名康孫，字咸三，又字閑山，號中村，又號松壑處士，嘉興人。善丹青，以畫蝶擅名，時稱爲顧蝴蝶。又善篆刻，師法徐士白。

顧超，字子超，華亭人。工詩，善畫，兼精篆刻。

顧恩來，原名鳳起，字竹賢，仁和諸生。性嗜飲而豪，以筆耕爲諸侯上賓。善鐵筆，工八法。

顧有凝，字□□，奉賢人。工書，善篆刻，深得古趣，與鞠石農相友善。

顧祖詒，字劬孫，吴縣人。篆刻宗浙派。

傅山，又名真山，初字青竹，尋改青主，又字僑山，别號公之他，亦曰石道人，又號嗇廬，太原人，康熙己未薦舉鴻博，未與試，授中書。工詩文，善畫，兼長分隸，尤精篆刻。收藏金石最富，辨别真贋百不失一，稱當代巨眼。著有《霜紅龕集》。康熙庚午卒，年八十二。

傅潛，字麗臣，山陰副貢。篆刻有漢法，書學蘇長公，更善山水。

傅孔彰，山陰人。

傅雲龍，字懋垣，德清人，直隸候補道。工文詞，通小篆，亦工刻印。著有《日本金石志》。

傅沆，字香泉。

傅萬，字一凡，南皮人。精治印，兼刻竹木。

計芬，初名煒，號小隅，又號儋石，秀水人。

衛聞遠，字承芳，中州人。有《存古齋印譜》。專用埋刀法，不下二百方，均摹昔人詩句及成語，間架之妙，無能過之。

衛鑄，字鑄生，常熟人。工書，兼治印。

桂馥，字未谷，又號濆井復民，曲阜人。少嗜小學，研究八體源流，寄興鐵筆。慨摹印一燈欲絶，譌僞日多，作《繆篆》五卷，存印學一綫。又撰《續三十五舉》，補吾子行之不及，爲文何功臣。嘉慶乙丑卒，年七十。

厲小庵，揚州人。

厲良玉，字蘊山，錢塘人。工刻印。

賴熙朝，字得位，汀州人。

蔡泳，字珠淵，號一帆，金壇諸生。篆隸真草皆精，刻印尤工，絶似雪漁、三橋諸名手。乾隆己丑庚寅間卒，年幾七十。

蔡召棠，字聽香，震澤貢生，晚年謁選爲廣文。博學多能，畫法挺秀，兼善隸古，所用印章皆自製，精雅絶倫。

蔡振龍，字海瀾，仁和諸生。喜吟詠，精篆刻，好摹鐘鼎文字，有神似處。以攻苦得疾，甫弱冠卒。

蔡照，原名照初，字容莊，蕭山人。善刻畫金石，論者方之新安黄君蒨。旁及碑版竹木，罔不精妙。任渭長所繪《列仙酒牌》，君手刻也，其奇巧工細，有觀止之歎。

蔡雲，字鐵耕，元和人。工篆刻，嗜古鐵，著有《癖談》。

艾顯，字無山，嗜奇若鶩，尤痼於金石篆籀。力抉根荄，獨遊繩契，避囂入桃源深谷，誅茆架屋，插槿編籬，署曰「石耕小隱」。性孤岸，扃户不與世接，上溯金石之傳，自斯冰已還，不絶如綫，先生獨深入篆室，與古相見，匪人力矣。

蒯增，字小亭，吴江人。治印刻竹，皆得天趣，性極脱略。

蒯文醪，字韻春，揚州人。篆隸法鄧完白，與蕉庵齊名，時稱二蒯。

戴啟偉，字士奇，號友石，休寧人。嗜古好學，以所摹秦漢元明及自刻印，集成一函名《嘯月樓印賞》七卷。

戴厚光，字滋德，號花癡，休寧人。工詩，善山水人物花鳥。考究六書，仿古秦漢印，著有《花癡印鏡》、《江湖賸集》。

戴熙，字醇士，一字莼谿，號鹿牀，錢塘人。道光壬辰進士，官兵部右侍郎。詩書畫并臻絶詣，偶亦作印，頗有古趣，山水尤兼董巨之長。咸豐庚申，杭城陷殉難，年六十。贈尚書，謚文節。有《習苦齋集》。

戴以恒，字用柏，錢塘人，文節從子。山水得文節正傳，與楊伯潤、張子祥齊名，從學者百餘人。遠至日本、朝鮮，皆願執弟子禮來見，其名重海外如此。夙工刻印，然繪事雲涌，無暇爲人作也。著有《醉蘇齋畫訣》。光緒辛卯卒，年六十六。

戴并功，字行之，上元人。腕力甚健，能以寸鐵刻玉如畫沙，常有人以碧霞玈小印屬刻「眉語樓」三字，刻成語人曰：「世間最剛之物恐無逾此。」周存伯鑄鐵笛一枝，行之爲刻「龍腸」二字，以鐵刻鐵，不覺其難也。

戴滄林，號景遷，蘇州人。喜金石書畫，善刻古篆，藏舊磁器尤多，金石家之巨擘也。

戴書齡，字文圖，大興人。善書，精小學，工刻印。

印學禮，字曰庭，又號茅齋，嘉定人。工吟詠，善書法，究心摹印之學，所製多天趣。

萬壽祺，字年少，彭城人。爲人風流豪邁，傾動一時。滄桑後冠僧冠，衣僧衣，自名明志道人、沙門慧壽。癖嗜印章，精六書，作玉石章，俯視文何，一一精好，對客每自摩挲，愛護如頭目云。

萬光泰，字循初，號柘坡，秀水人。乾隆丙辰進士，薦試鴻博，工山水。尤精篆刻，兼精周髀之學，工詩。有《柘坡居士詩集》、《篹莊印樸》。

萬允誠，鄞縣人，善書，工篆刻。

萬承紀，號廉三，字𤳷五，南昌人，以明經佐楚戎幕，頗著猷略，後官南河同知。山水仿小李將軍，篆書有《石鼓》、《繹山》遺意，作印似雪漁、不違。道光丙戌卒，年六十一。

萬青選，字少筠，承紀孫。工篆刻。

邵光紹，號飭益山人，師事程松益，工篆刻。

邵潛，字潛夫，自號五岳外臣，通州布衣。《漁洋詩話》云：「邵潛萬曆間詩人，錢牧齋亟稱之。性孤僻，僑居如皋，年八十餘。」《池北偶談》云：「邵潛夫性傲僻不諧，俗人多惡之，所著《友誼録》、《循吏傳》諸書，多可傳者。」陳其年云：「古今文人多窮未有如邵先生者，聽其言，愴然如劉孝標。」所自序云有《皇明印史》四卷。

邵詠，字子言，號芝房，電白優貢，官曲江訓導。山水倣黄鶴山樵，能詩，工篆刻。

邵士燮，字友園，號范村，又號桑棗園丁，蕪湖諸生。工詩，善分隸篆刻，尤嗜畫。

邵士賢，常熟諸生。性兀傲，嗜金石，受業趙次閑，印宗浙派，不輕視人。

賀千秋，著有《印衡》。董文敏序云：「昔顧氏《印藪》不如今之《印衡》，《印衡》雖一家之書，具有血氣。《印藪》則百補之衲，都無神明。」

賀緒仲，海鹽人，善晶玉印。

賀萬統，平原人。

謝杞，陳繼儒《妮古録》：「杞能刻印章，元貞錢翼之有二私印，爲吾衍所篆而杞刻之，翼之特識於衍手跡後焉。」

謝廷玉，字雪吟，金山人。好以水墨寫生，仿米氏雲山，世多珍之。尤工篆刻。

謝黄山，新安人。工刻印。汪淇《尺牘新語·陸敏樹》云：手筆逼秦漢，晶玉尤絶。

謝庸，字梅石，吴縣人，楊龍石高弟。工篆刻，尤善鐫碑，爲吴中第一手。有《梅石龕印譜》。

謝仰曾，字省三，一字東石，山陰人。工詞翰，尤善屬聯，又精鑒别，富收藏，善行草，得《十七帖》法，隸學《禮器》。篆刻仿曼生，專用切刀，别具一種逸趣，惜不多作。

夏儼，字守白，秀水人。能詩，工鐵筆，又善仿製古硯。著《寒碧齋集》、《桐下雜鈔》、《萡譜》、《畫眉譜》。

夏允彝，字彝中，華亭人。弱冠舉於鄉，好古博學，工屬文。是時東林方講學蘇州，張溥、楊廷樞等慕之，結文會名曰復社。暇時偶作印章。

夏一駒，字昂千，江陰人。著《古印考略》一卷。

夏寶晋，字玉延，高郵人，以孝廉官刺史。精於篆刻，兼長倚聲，著《琴隱詞》。

夏鸞翔，字紫笙，錢塘諸生，官光禄寺署正。性穎悟，善詩文，旁及音韻、天文、卜筮、星命、績事、篆刻，皆究其奥。

夏麟，字梅生。

夏龍，字悦周，華亭人。其族兄桂甫，工山水花卉，間嘗從事鐵筆，每一印成，必摹仿之。久之，所造日深，遂得盛名。

夏孫穧，字稻孫，江陰人。廣搜金石，極工篆刻。

夏鑄，字丏尊，號悶庵，又號夏蓋山民，上虞人。自幼穎悟，及長，嗜古，久與石禪遊，間亦從事篆刻。

華半江，無錫人。精大小篆，兼精鐵筆，其《論篆》云：「流弊至草篆，識者心所鄙。守正不徇人，汲古搜根柢。」《秦漢印歌》云：「纖綺怪僻非康莊。」數語盡之。

華學本，字道生，號惺子，仁和諸生。工篆刻。

華復，字松庵，號无疾，錢塘人，錢叔蓋闓弟子。所作能似其師，人莫能辨。庚申之亂，叔蓋闓門殉難，松庵挾其次子式出，得不死，人以此義之。

況祥麟，字皆知，號花矼，桂林人，嘉慶庚申舉人。砥行劬學，年開九秩猶能伏案。精篆籀六書之學，間作印章，蒼勁入古。著有《經述》四卷，《六書管見》二十卷，《紅葵齋詩》四卷。

況仙根，初名桂本，以字行，號幼楳，自號味道人，花矼孫，玉楳詞人之從兄也。廩生，官昭平訓導。篆摹彝器款識，隸學《禮器》、《史晨》。精研刻印，媲宗秦漢，鐵綫滿白尤所擅長。

上官周，字文佐，長汀人。工詩，精畫，兼善篆刻。所交盡當世名士，每遊歸題贈盈帙。與查慎行、黎士弘尤善。著有《晚笑堂詩集》、《畫傳》、《印譜》。

鄭基相，字宏祐，歙縣人。印章得何氏之傳，隱於秦淮，挾技不肯示人，竟以貧病終。

鄭梁，號禹梅，又號寒村，慈谿人，黄梨洲弟子。以篆刻名，善山水，暮年右臂不仁，以左手刻印，作畫尤饒别致。有《曉行詩》最佳，人呼爲鄭曉行。

鄭基成，字大集，號東江。長泰人，遷居青浦。性耽金石文字，窮巖絶壁，披榛剥蘚，手自摹搨，證以志傳，以故篆刻印字字師承秦漢。有《花甲》、《壽言》印譜二種。

鄭際唐，號雲門，侯官人。早入詞垣，暇喜摹印，貫穿六書，覃思研精，章法刀法，文秀絶倫。

鄭燮，字克柔，號板橋，興化人。乾隆丙辰進士，官濰縣知縣。書有别趣，善蘭竹，印章筆力樸古逼文何，有手書《板橋詩鈔》行世。

鄭錫，字彝章，號雲叟，山陰人。年三十餘始折節讀書，潛心小學。精篆隸，工刻印，好畫能詩。嘗遊京師，買朝鮮布爲衣，人稱鄭布衣。

鄭簠，字汝器，號谷口，上元人。以八分擅名，又能刻印。康熙甲戌卒。

鄭之鼎，字台軒。工倚聲，得兩宋風格，同時維揚以詞鳴者秦玉笙、王寬甫、周雨窗、夏瘦生、周筱雲數人而已。台軒尤精篆刻，用筆雅秀。

鄭埴。

鄭公培，字子元，號葭村。善篆刻，徐貞木弟子，有印譜。

鄭魯門，濟寧布衣。精鐫刻，手摹秦漢官私印五百種，幾欲亂真。

鄭家德，字叔彝，號樵龕，泉唐諸生。中年作客維揚，精岐黄術，酷嗜倚聲。金石篆刻之學力追秦漢，所鐫款識喜效悲盦。時作漢碑額文，獨饒古趣。著有《樵龕印存》。

孟毓森，初名金輝，字玉笙，又號玉簫，甘泉人。工鐵筆，山水尤妙。庚戌遊袁浦，寓普應禪院，一日晨起，沃盥甫畢，無疾而逝。

鄧渭，字德璜，號雲樵山人，嘉定人。善鐫印章、筆筒、臂閣，得羊欣法。顧性嗜酒，非極乏之時，不輕奏刀，以故人甚珍之。

鄧承渭，字定丞，江陵人。工書畫篆刻，喜收藏金石字畫，有石濤和尚、戴文節畫册，皆精品。

鄧琰，字石如，懷寧人，以字行，更字頑伯，又號完白山人。少工書，嘗客江寧梅鏐家，得縱觀秦漢已來金石善本，每種臨摹各百本，曹文敏稱其四體書皆爲國朝第一。工刻印，出入秦漢各碑，而自成一家，世稱鄧派。嘉慶乙丑卒，年六十三。

鄧傳密，原名尚璽，字守之，號少白，完白子。敦樸能詩，篆隸有家法，同治庚午卒，年七十餘。

繆曰淳，號篔谷，又號熙熙生，秀水人。善畫，工篆隸、飛白、鐵筆。寫真尤得曾波臣法，喜畫桃花，有繆桃花之稱。

繆元英，字佀峰，原名綏武，嘉興人。工詩及八分，愛江南鄭簠筆法。晚年態益秀潤，兼善篆刻，有《髻山樓集》。

壽季眉。

廣印人傳卷之十四

仁和葉銘葉舟輯

陸天御，字漢標，鹿城人。工刻印，能運以己意而復妙得古人之意。

陸惠，字仁父，仁和人。

陸鼎，字子調，號鐵簫，吴縣布衣。詩古文辭靡所不工。精篆刻，擅山水花鳥人物。性嗜酒，酒酣談辯風發，不知者以爲狂也。

陸焜，字復華，號吟竹，太倉人。工篆刻，書宗吴興，善畫蘭竹，究心岐黄。著有《吟竹齋詩草》。

陸雋，字升璜，仁和人。能詩，工篆刻。

陸擎宇，字子安，玉溪人。

陸震東，字融伯，德清人。有《陰隲文印譜》。

陸學欽，字子若，太倉人，嘉慶庚申舉人。書從晋人入手，後乃出入唐宋諸家，尤喜學米南宫，畫則專法元人。旁及篆刻、圍棋、撥絃、擫笛諸技，靡不精絶。有《藴真居集》。

陸繩，字直之，號古愚，吴江人。幼工篆隸，直追古人，善刻金石款識。晚居蘆墟，道光辛巳卒。

陸元珪，號瑶圃，青浦人。精鑒古，工詩詞篆刻，善寫蘭蕙，師衡山、古白。意氣豪邁，座客常滿，真率弗尚虚禮，酒後高歌，屋瓦爲震。

陸鳳墀，字芝山，海鹽諸生。工分隸，精鐫碑版，過雲廔石刻皆芝山一人手筆。

陸泰，字岱生，長洲人。擅篆刻，繼楊龍石而起，爲吴中名手，尤善岐黄。

陸廷槐，字花谷，號蔭亭，笠澤人。有《問奇亭印譜》四卷。

陸安清，字似梅，嘉興人。官長蘆運使，亦能刻印。

陸費墀，字丹叔，一字磴士，號頤齋，晚號吴涇灌叟，桐鄉人。官至侍郎，罷歸。自幼讀書，即寄興丹青，究心篆刻，深入古人之室。有《頤齋賦稿》、《枝蔭閣詩文集》。

陸費林，字彦青，丹叔之孫，同治間客河南雙鳳岩幕，工篆刻，尤精署款，書學趙文敏。

陸費垓，字熕陔，號蘧盦，桐鄉諸生。善篆隸，精鐵筆，不拘成法，别創一格。

卜楊昌言，字筠庭，複姓也，秀水諸生。治印直窺秦漢，渾雄雅健，一洗姿媚之習，惜不永年，留傳極少。

祝灊，原名翼銘，字兼山，又字緘三，號野亭長，又號初陽山人，海寧人。少有孝行，張楊園極重之。家貧鰥居，以篆刻名，有《初陽印譜》，竹垞爲之跋後。

祝翼良，字漢師，嘗自刻一印云「百八峰間祝野老行十八名翼良字漢師自號識字農有髮頭陀澹道人」二十八字。康熙雍正間，與兄兼山均以篆籀名於世，又雜取字之有關於漢師二字者，更仿古各爲百印，名《自娱集》。

祝昭，字亮臣，當塗人。工畫，能詩，善八分。彈琴、鐫刻莫不精絶。

祝同治，字杏南，錢塘人，精治印。

祝有琳，原名震，字靖叔，號玉生，又號吟廬，海寧增生。詩詞書畫皆有聲，尤工鐵筆，挾技走四方率不偶，年甫强仕，侘傺以歿。

濮森，字又栩，錢塘人。工刻印，專宗浙派，秀逸有致，不輕爲人作。

鞠履厚，字坤皋，一字樵霞，又號一草主人，奉賢人。夙耽六書，尤精摹印，著有《印文考略》一卷，《坤皋鐵筆》三卷。

鞠曜秋，字石農，奉賢諸生。工漢隸，兼精篆刻，嘗師事山左史兆炷，盡得其傳。

郁石麓。

畢宏述，字既明，號念園，歙縣人，後遷海鹽。能詩文，工書。印章棋畫靡不精妙冠時，篆隸尤直逼秦漢，嘗手寫《六書通》篆文以行。

畢星海，字崑圃，宏述孫。歲貢生，善屬文，兼工篆隸鐵筆。著有《六書通摭遺》。

岳高，原名載高，號雨軒，歸安人。世業醫，暇輒棲情篆刻，規摹秦漢，偶亦作畫，有《雨軒小稿》。

岳鴻慶，字餘三，嘉興諸生。工鐵筆，與曹山彦齊名，喜吟詠，結社唱酬。晚年專集唐人詩，有《餘三集》。

屈培基，字子載，號元安，昭文人。嘉慶戊午副貢。淹雅能文，性孤癖，有古畸士風。工篆隸楷法，精鐵筆，畫山水竹石無所師承，匠心爲之，皆合古人矩矱。

屈頌滿，字子謙，號寅甫，常熟人。生有夙慧，數歲能作擘窠書，畫山水花草竹石，涉筆入古，工行草篆隸，善鐵筆，能吟詠，好古琴。凡所肄習，過目即能，惜早卒。

葛定功，字城武，海寧人。有《種瑶居士印譜》二卷，郭濬序，張燕昌古印品所列，又有《懶庵印譜》。

葛濳，又名起，字振千，號南廬，華亭人。有印譜，朱竹垞爲之序，末云：「予見葛氏之譜，凡攻乎堅者益工深，合夫秦漢之法，獨有會於心而序之也。」

葛洪業，原名覃，字方夏，海鹽人。工詩文，精篆籀行楷，不輕落筆，鐵筆得漢刻精意，有《無隅館集》。

葛師旦，字匡周，號石村，寶山人。工山水，精篆刻，通陰陽地理，博學多能，詩亦清遠。性澂淡，非素交不易致也。

葛繼常，字奕祺，號莘南，海寧諸生。精堪輿，工篆刻，善山水，嗜金石，見必手拓。

葛唐，號西槎，崑山人。工書法，善篆刻。畫花鳥學南田、忘庵兩家，筆意疏老，設色明豔。

葛問源，奕祺子。能書畫篆刻。

葛元煦，號理齋，仁和人。少工篆隸，不輕以酬應。家藏書畫甚富，嘗輯刻叢書，兼擅鐵筆。

葛同原，名起同，字青伯，通州人。邃於金石之學，篆隸行楷近魏晋人筆法，工刻印。年逾而立，遽歸道山。

薛居瑄，字宏璧，其先晋江人，後籍侯官。工刻印，直入秦漢人室。

薛銓，字穆生，宏璧子，侯官諸生。其癖印章，一似宏璧，世有羲獻之目。

薛龍光，字少文，上海諸生。工詩文，精摹印，得秦漢法。有《玉屏山房詩選》。

郭啟翼，字鳳舉，號蓮溪，濰縣人。工刻印，有《松雪堂印萃》。

郭紹高，號憩仙，自號棄翁，吴縣人。工八分，能篆刻，專尚工整，製鈕尤精。

郭麐，字祥伯，號頻迦，又號白眉生，一號蘧庵居士、苧蘿長者，吴江諸生。書法逼似山谷，工篆刻。最後畫石又畫竹，詩人之畫，偶一爲之，别有天趣。著有《金石例補》、《靈芬館詩集》、詩畫詞集雜著、《蘅夢詞》。道光辛卯卒，年六十五。

郭以慶，號怡雲，華亭人。有《方竹居印草》，姜皋文小枚爲之序。

郭允伯，關中人。有《松談閣印史》。

郭雲村，精篆刻，有《聽鶴廬印譜》。松江張子白若采題詞云：「勝事傳來煮石農，雷同腕底破春風。郭香香察從人辨，家世曾窮汗簡工。劉棻不是無奇字，竵扁還須悟上乘。何日秋窗同聽鶴，翦燈重與話斯冰。」

郭上垣，號星池，嘉興諸生。擅篆刻，師曹山彦，得其神髓。惜年不永，其名未張。

郭偉績，字芸亭，濰縣人。

郭家琛，字碩士，海寧人。精繪事，工刻印，受業於戴用柏之門。

郭鍾嶽，號外峰，揚州人，官浙江同知。工詩詞，能鼓琴及刻印。書法各體皆妙，著有《龢天倪齋詞譜》二卷，《東甌竹枝詞百詠》、《東甌小記》一卷。

郭似壎，字友柏，號季人，一號寄純，秀水人。工人物花卉及篆刻，頗自矜貴，不輕奏刀。著有《續藝林悼友録》。

郭蘭枝，字起庭，寄純次子。書畫篆刻皆得力於庭訓。

鄂曾，字幼輿，仁和人。本姓岳，宋武穆王之後。躭吟詠，工篆刻。

郝瑞侯。

逩朗，字輝庭，號卍川，吴江諸生。善畫，工鐵筆，私淑張雨亭、顧云美、陳山陽一派，有印譜，著《繪事瑣言》八卷。

石韞玉，字執如，號琢堂，又號竹堂，吴縣人。乾隆庚戌狀元，官山東按察使，歸田後閉户著書，謝絶塵網。偶弄鐵筆亦古雅如其爲人，擬其品在穆倩、年少之間。著有《獨學廬詩文集》。道光丁酉卒，年八十二。

石渠，字西谷，歸安人，善分隸。

石麟，號巽伯，又號容卿，吴縣人。幼嗜篆刻，嘗遊屠琴隖之門，得見古名家手跡，故落筆不俗。喜摹書畫金石文字於竹木器皿之上，亦精雅可愛。

柏樹琪，號玗林，海昌人。讀書外紛華無所騖，以其餘力吟詩作畫，摹印訪碑，搜羅既富，拓室儲之，顔曰「四癖」。

翟潢生，字容清，號岸舫，涇縣人。敦篤孝友，且耕且讀，不慕榮利，究心六書，尤善刻印。著有《岸舫詩鈔》、《語古堂印存》。

翟賞祖，號懋齋，容清子。天性淳樸，能讀父書，亦工鐵筆。

弋中顔，字右度，平湖人。工二篆，精印章。

葉森，字景修，錢塘人。早歲從吾子行遊，古文詩歌咸有法度。著有《漢唐篆刻圖書韻釋》。

葉承，字子敬，號松亭。雍正甲辰進士，官常山知縣。品性敦樸，學問淹雅。工書，尤善小楷，寫山水極韶秀，善刻印，遒勁古茂，然不苟作。

葉焕，字士和，號華岳山人，上虞人。精石鼓、斯籀、大小篆文，鐫刻銅石印章，古雅絶倫，見者莫不疑爲秦漢間物，弈棋亦工。

葉廷琯，號調生，又號苕生，自號龍威鄰隱，吴縣人。工鐵筆，蒼勁可愛，嘗論歷代印學，原原本本，殫見洽聞。著有《吹網録》、《鷗陂漁話》，間涉印故。

葉熙錕，字匀生，歙縣諸生。精醫學，尤工鐵筆，有《説劍庵印存》、《學漢印存》各四卷。

葉錦，字魏堂，嘉定南翔鎮人。有古猗園在鎮西，極池亭水木之勝，本李泡庵別業，後歸魏堂。有《澄懷堂印證》。

葉伯武，熙錕子，以孝廉仕江蘇。工詞翰，能製印。

葉日就，字未詳，南匯人。書法趙承旨，尤工篆刻。

葉筠潭。

葉羽遐，蘇州人，與葉四可合作《名山堂印譜》。

葉桂，字天池，蘇州人。

葉德榮。

葉原，新都人。

葉鴻翰，字墨卿，號硯農，永嘉人。天性孝友，喜吟詠，工篆隸，精治印。有《榴蔭山房印譜》。

葉德焴，字小漁，號簡庵，爲余族叔祖。工書，兼刻印。

葉希明，字璋伯，號鷗侶，一字松雪，西楣叔祖之長子。性沖淡，善鼓琴，工篆隸。蓄金石小學書甚夥，兼治印，絶精。著有《松雪盧詩草》。

聶際盛，號松岩，長山人。篤志好學，閉户下帷，留意六書，寄情鐵筆，以蒼深雅健爲宗旨，高自標許，不輕爲人奏刀，遇書畫家則欣然鐫贈。有《司空表聖詩品印譜》。

法嘉蓀，字莘侶，丹徒人，工篆刻。

廣印人傳卷之十五

仁和葉銘葉舟輯

方外

興儔，字心越，金華人。性聰敏，善書，尤工水墨花卉，又能撫琴，精篆刻。初住杭州永福寺，於西湖得關壯繆銅印，永以珍佩。康熙丁巳遊日本，住水户岱宗山天德寺，後爲祇園寺開山初祖。元禄八年即康熙三十四年卒，臘五十七。

明中，初名演中，字大恒，號烎虚，桐鄉人，俗姓施。工繪事，嘗主西湖聖因寺。尤長於詩，與樊榭、堇浦、月田、龍泓結吟社相唱酬，暇亦寄興篆刻。著有《烎虚詩鈔》。

湛性，字藥根，一作湛汎，字藥庵，俗姓徐，丹徒人，揚州祇園庵僧。有文字結習而尤嗜詩。書法精美，兼工篆刻，頗自貴惜，不輕爲人落墨。著有《雙樹堂詩鈔》。

篆玉，字讓山，號嶺雲。能詩，與大恒結西湖吟社，間涉摹印，别出機杼，能以心印印世。著有《讓山語録》、《墮話集》。

芝田，德清人，住明因寺。誦經之暇，以篆刻繪事自娱，間涉吟詠，風度雅潔，文士多樂與遊。乾隆丁未怛化。

湛福，字介庵，能參文字禪。方望溪嘗稱之善八分，精鑒别，間亦寄興鐵筆，别饒天趣。

續行，字德源，號墨花，俗姓羅，崑山人。禪學之餘，得印心之解，遂工摹印，宗文何法。集生平所篆印爲《墨花禪印譜》。王述庵稱其於篆學淵源，頗有心領神悟之妙。

佛基，字瞿曇，號糝花道人，歙縣人。俗姓葉，爲靈隱寺僧，工詩詞及刻印。

佛眉，丁原躬法裔也，篆刻一如其師。工詩，善書，能左手持巨石，右手握管，腕力愈勁。

石橋，保定蓮花池僧，善蘭石，工篆刻。

見初，號嬾堂，杭州人。與陳曼生司馬爲方外交，故得工鐵筆之學。

了學，字小石，杭州人。善詩，工篆書，精刻印。往來邗上，爲伊墨卿、洪桐生所賞。康山江文叔欲延之主平山席，不就。

宏鏝，字籛然，唐六如六世孫，居西郊小雲棲。能詩，工隸書，篆刻宗文三橋。

竹堂，石莊弟子，居揚州桃花庵。工畫，兼刻竹根圖書，名與潘老桐埒。

兆先，字朗如，號虛亭，隱西湖。寫山水宗北苑，變出己意，峰巒深邃，幽遠多姿。尤善鐫印及隸書。

達受，字六舟，自號萬峰退賓，俗姓姚氏，海昌白馬廟僧。耽翰墨，精鑒别古器碑版，阮文達以金石僧呼之。間寫花卉及篆隸、飛白、鐵筆，并皆佳妙。摩拓彝器精絶，能具各器全形，陰陽虛實，無不逼真，時稱絶技，又善刷拓古銅器款識。嘗遊黄山，爲程木庵剔竟寧雁足鐙，自厲太鴻、翁正三已來，所疑爲殘蝕漫漶者，一旦軒豁紙上，纖豪畢見，因作《剔鐙圖》，徵海内詩人歌詠之。行脚半天下，不受禪縛，後主杭州西湖淨慈寺。著有《寶素室金石書畫編年録》。

野航，字蓮谿，不知經典，精於繪事，工篆刻。好豪飲，座客常滿。

趙蓮，字菱舟，號玉井道人，海鹽棲真觀道士。工寫梅，善吟詠，能篆刻。所居盆花拳石位置楚楚，交遊多一時名士。

實珍，佚其姓，字伯庭，常熟道士。善墨蘭，精鐫章，工書法，有潔癖。

衡山道士，蘇州人，王石香弟子。印仿文何，精於撫琴。

朱鶴，字松齡，吴縣人。工行草，尤深於篆學。印章刻畫精甚，旁及雕鏤清玩，罔不稱絶。

秀琨，姓馮氏，字子璞，英廉從孫。山水取法虞山婁東。工詩詞，精篆刻，有《聽秋堂集》。

吴潤，字大潤，婁縣人。幼孤廢讀，不克自立，粥身廛存，得侍秀峰先生，遂習摹印，所作楚楚可觀。畫山水學陸日爲，蘆雁草蟲，頗得散逸雅趣。

魏喬，字喬年，號壽谷，如皋人，降爲青衣，自知向學，遂粗通文義。小楷甚整齊，畫蘭竹亦具蕭疏之致。能摹印，不染江湖習氣。

張守岑，字勤訪，又字琴訪，吴山文昌閣道士。工書，善篆刻，尤好鼓琴。

妙慧，本姓張，家金陵南市樓。從假母之姓，姓馬，名汝玉，字楚峙，熟精《文選》、唐詩，善小楷八分及繪事，兼工篆刻，後受戒於棲霞寺。

閨　秀

韓約素，字鈿閣，梁千秋侍姬也。幼識字，能擘阮度曲兼工琴，嘗從千秋篆，遂能奏刀，頗得梁氏家法。名流巨公以爲鈿閣圖章較重於千秋云。

賀桂，字秋安，號竹隱居士，蓮花廳人，龍有珠知縣室。工詩，善鼓琴，兼精篆隸治印。有《竹隱樓詩草》。

何玉仙，自號白雲道人、金陵史癡，翁忠字廷直姬人。

孫鳳臺，字儀九，崑山人，吴宗萬諸生室。得其家傳，好吟詠，尤長鐵筆，頗有漢人神趣。有《水南繡餘草》。

高元眉，字燕庭，嘉善人。山水入香光之室，精篆刻。

許延礽，號雲林，德清人。爲周生兵部女，梁楚生夫人也。博通書史，教諸女以書畫，琴棋鐫印無不精妙。花卉仿陳白陽，與顧太清春友善。

方若徽，字仲蕙，桐城人，敏恪孫女，仁和汪秋田元炳室。能詩善畫工琴，尤精篆刻，并世名人得其一二印章，雖結緑、縣黎不啻也。

周綺，字緑君，小字琴孃，昭文人。善韻語，解音律，精醫，能篆刻兼工山水花鳥，得蕭遠生動之致。著有《壁綉餘事》。

楊瑞雲，字麗卿，號静娥，吴縣人。幼穎慧，嗜學，鍼黹之餘輒臨池弄柔翰，摹小歐《道因碑》，書態娟勁多逸致，喜六書，學篆刻亦秀潤可觀。

金素娟，長洲人，幼多病，偶以鐵筆遣興，殊有可觀。

孫錦，字織雲，山陰人。山陰吴石潛隱繼室。工篆刻，尤精小印，善拓旁款，又能拓石彝器款識及全形，可與陽湖李墨香齊名。

卍霞女士，常德羅朗秋浚室。精鐵筆，秀潤可愛。

熊巧男，字襄如，錢塘守默女。刻印宗漢，工花卉。

廣印人傳卷之十六

仁和葉　銘葉舟采輯

日　本附

池永榮春，字道雲，號一峰，江户人。以鬻藥爲業，餘暇好篆學，工鐵筆。著有《一刀萬象印譜》四卷。

細井知慎，字公謹，號廣澤。淹貫群籍，於藝無所不知，曾受知遇於柳澤侯，致仕後專以墨池自娱，當時書家奉爲圭臬。尤長鐵筆，著有《觀鵝百譚》、《紫薇字樣》、《篆體異同歌》、《奇文不載酒》諸作。子知文，字九皋，承家學，亦工篆刻。

趙養，字仲頤，號陶齋，長崎人，原籍中國。性豪宕不羈，好遊歷。工詩，精書法，篆刻雄健逼似蘇嘯民。有《耒耨幽期》、《擊壤餘遊》、《清閑餘興》諸作。

池無名，字貸成，號九霞山樵，世稱大雅堂者是也，京師人。襟度蕭散，有嵇阮之風。五歲能大字，長則規摹晋唐，結體飄逸。畫法仲圭、雲林兩家，零縑尺楮，人争寶之。亦能鐵筆，别饒逸趣。

高孟彪，字孺皮，號芙蓉，本姓大島，甲斐人。資性聰穎，博涉衆藝，好作書畫。先是日本篆刻一道不過窺明人之一斑，芙蓉出，而印章制度遂溯秦漢淵源。另皆川淇、園柴栗山推爲印聖，從學者極衆，舊學由此一變。著有《漢篆千字文》四卷，《古今公私印記》一卷。

葛張，字子琴，號螙庵。博綜群書，尤工詩翰，刻印醇雅，不亞芙蓉。

曾谷之唯，字學川。善詩，刻印宗芙蓉。著有《印語纂》、《印籍考》。

三雲孝，字子孝，號仙嘯，京師人，篆刻師芙蓉。著有《快哉心事》若干卷。

稻毛直道，字聖民，號屋山，讚岐人。長詩古文詞，受篆刻於芙蓉之門。著有《紅霞印影》、《飲中八仙歌印譜》。

濱村藏六，繼業五世，皆稱藏六。初世者名茂喬，字君樹，芙蓉弟子；二世名參，號賁齋；三世名籍，號訥齋，又曰龜禪；四世名大澥，號薇山，善書，精六書之學，著《晚悔堂印識》六卷；五世名裕，號无咎，曾遊中國，與諸名士結金石緣。

源常德，字伯行，小笠原氏南紀人，官事鞅掌。猶有篆刻之癖。得程彥明《印則》、程受尼《立雪齋印譜》，即摹之，名曰《二程印譜》。

田中正容，號良莽，常陸人。精篆刻，工力絕倫，其半生所刻幾五萬之數，有《笠澤印譜》、《古今印式》、《鐵筆人名譜》、《自珍印譜》十餘種。

杜澂，字澂公，號松窠，平安人。詩書畫琴印皆擅長，自號曰五適道人。山水具元明風格，刻印宗秦漢。著有《徵古印要》七卷，《徵古畫傳》三卷。

田邊憲，字伯表，號玄玄山人，京師人。風流跌宕，善書畫，旁及鐵筆，尤工製瓷印，以堊土刻印文作鈕，由火範成白定青華，莫不如意，蓋東方之周丹泉也。著有《玄玄瓷印譜》。

細川潔，號林谷，氣宇清高，工鐵筆，廣江殿峰極器重之。善詩畫，獨標新意，不落恒蹊。著有《詩鈔印譜》。子訒，號林齋，亦工刻印。

立原任，字遠卿，號杏所，堂陸人，翠軒子。爲人慷慨，尚氣節，重然諾。工書畫，有明人風格。善篆刻，尤長元人朱文法，富收藏，鑒别尤精。

曾禰隼，字翔卿，號寸齋，肥前唐津人。工漢學，從益田勤齋學鐵筆，雖病不廢，其篤嗜如此。著有《古今印例》、《皇朝古印考》。

山本竹雲，備前人，住京師，有盧陸之風。兼工書畫篆刻，晚病狂，投池死。

篠田德，字直心，號芥津，美濃人。工詩，精刻印。性豪逸，多奇行，而於事極謹密。凡作一印，必搆思慘澹數日始成，尤喜規摹丁黄刀法。

中井兼之，字資同，號敬所，江户人。幼好鐵筆，從濱村龜禪、益田遇所，遂有出藍之譽。晚作帝室技藝員，博涉群書，善鑒識，著有《日本古印大成》、《皇朝印典》、《日本印人傳》、《印譜考略》。

山本拜石，伊豆人，明治初遷居東京，嘗遊佐藤一齋之門。博學多文，工填詞，尤精刻印，直摹秦漢，渾厚入古。

石川鴻齋，三河豐橋人。天資穎敏，於學無所不窺，工山水，精篆刻。會何如璋授日本公使，獲與幕中諸名士遊，學益進。晚歲著述尤富，行世者已有四十餘種。

益田厚，字香遠，江户人。能書畫，尤工篆刻。祖濤，號勤齋，父肅，號遇所，皆長詩書，以篆刻名世，香遠繼承家學，克紹箕裘。

圓山大迂，自幼好治鐵筆，以中日篆法不同遂遊中國，師事徐三庚，盡得其秘。著有《篆刻思源》四卷。

日下部東作，字鳴鶴，爲舊彦根藩士，元治慶應間，從征討逆，明治初，歷官太政大書記。書學印學悉有工力，鄰蘇老人極推重之。嘗遊中國，諸名士目之爲東海書聖云。

木村香雨，陸前仙臺人。工書善畫，山水初學四條派，後專法南宗，周遊各國十三年，畫益進，卓然成家，又巧刻印鈕。

松木偉彦，字五峰，伊勢山田人。工書，善刻印，受業於福井端隱之門。端隱爲芙蓉第四世傳統。

永阪石棣，名古屋人。善詩畫，工篆刻，書法劉石庵，居室服御純仿中國，嘗充帝國大學醫學部教授。

高森碎巖，上總廳南人。受漢學於服部蘭石，學六法於山本琴谷，精鑒賞，嗜硯石，收藏尤富。家於市河米庵，七松亭菡萏池邊，清風拂拂，令人作出塵世想。

西川春洞，世居江户，龜年孫。篤嗜金石，書承家學。相傳幼年曾書隸楷二體《千字文》呈幕府，當時已目爲神童，星使李文忠極贊許之。

前田默鳳，播州龍野人。癖嗜金石，書法蒼勁古茂，得漢魏遺韻。著有《書鑒》、《書海》、《五體字書》、《印文學書訣》、《東亞新字》、《書畫研究法》。

梛川雲巢，名古屋人。篆法超絶，賞鑑精審，爲金嘉穗衣缽弟子。

今泉雄作，字文峰。博學能文，長於美術，精鑑賞，酷嗜金石，現官帝室博物院部長。

南静山備，後福山人。工六法，精篆刻，受知於梅本古鐵，葛巾野服，蕭然塵外。

木内醉石，曾充海軍技師。喜書畫，好金石，嘗摹何雪漁《七十二候印譜》。

久志本梅莊，系出名門，性耽翰墨，工蘭竹，氣韻飄逸，擅長行草，筆勢遒婉。曾充學習院教授，餘事作印亦精整。

中村蘭臺，別號香草居主人。嗜古研篆籀，曾受知於高田緑雲。治印刀法奇古，直逼秦漢。

山田寒山，或謂名古屋人。善書畫，工詩詞，精鑄銅鐵，篆刻尤佳。喜被緇衣，誦佛經，自稱中國寒山寺僧。

加藤有年，名古屋人。精篆刻，幼即見賞於富岡永年，復見知於圓山大迂，尤喜收藏法書名畫。

高田竹山，東京人。學問淵博，書法超逸，精《説文》六書之學。有《行草字彙》、《朝陽閣字鑒》、《漢字原理》、《漢字系譜》、《説文捷要》、《漢字詳解》、《古籀篇》、《説文段注辨疏》。

岡村梅軒，東京人，爲中井敬所衣缽弟子。醇雅清雋，恪守師承，歷充美術協會及美術展覽會審查員。

長尾甲，字子生，號雨山，讚岐高松人。性愛石，又號石隱。善山水，工詩書，尤精篆刻。著有《古今詩變》、《儒學本論》、《何遠樓詩稿》。

田口米舫，爲醫學博士和美長子。氣宇倜儻，性嗜古，工書畫，嘗遊中國錢塘，朱硯臣爲題齋額曰「米舫」，因以爲號。

杉溪言長，字六橋，爲伯爵山科言繩第三子。工書畫，善吟詠，與人交無城府，華胄中未易多得者也。

桑名鐵城，長於鐵筆，名震京畿。明治間兩遊中國，與蘇杭士夫相往還，搜採秦漢古銅印譜甚夥，刻有《天香閣印譜》十二卷，《九華堂印存》四卷，《續編》二卷，《九華印室集古》四卷，《鐵城袖珍印譜》二卷。

宗重望，號星石，舊對馬之藩主也。學畫於大倉雨村，兼工篆刻。初仿明印，後改摹秦漢，充朱白印會長。嘗語人曰：「篆刻一道，非金石書畫融會貫通，不能得其真趣。」識者推爲知言。

三井聽冰，伊勢松阪人，爲半癡翁子。幼承庭誥，善書，精金石學。收藏之富，埒於清閟，鑑别之精，亦一時無兩。

落合東郭，爲槐南詩社祭酒。性和而介，品學兼優，喜金石書畫，所藏文玩極多。娟古劬學，鄉里無閒，歷充高等學校造士館教授，官宫内省云。

黑木安雄，字飛卿，號欽堂，讃岐高松人。漢學深粹，吐屬風雅，工古文詞，善篆刻，摹古尤佳。

菊池惺堂，爲大橋訥庵孫、陶庵子。好古力學，私淑陽明。工詩，善刻印，尤喜收藏，東都罕有其匹。

高橋檑堂，爲吉田東伍之弟，出嗣高橋氏。善畫，工寫真，篆刻亦精。

大西拜梅，讃岐人。三世收藏，秘笈頗夥，拜梅書法超邁，詩才雋雅，篆刻宗明人。得宋拓《寶晋齋法帖》，自號小寶晋齋。

岡本椿所，美作津山人。父堅堂，以篆刻名家。椿所内承家學，復問業於中井敬所，技益進，時人目之爲敬所門下之千里駒。

伊藤古屋，名古屋人。家學淵源，建築極精。篆刻專宗徐三庚。

河井仙郎，字荃廬，西京人。精倉史之學，工篆隸，善鑑別金石碑版。數遊中國江浙間，曾入西泠印社，受知於吴倉石，刻印專宗秦漢，渾厚高古，金石家樂與締交焉。

江上景逸，字瓊山，號希古，長崎人。精六法，工刻印。

片岡高立，備前人。豪於貲，以琴棋書畫自樂，治印亦精整。

奥村竹亭，日向高鍋人。工篆刻，以書名家。

香取秀真，上總人。主講東京美術學校金工史，好金石之學，研究銅印尤有心得。

三村竹清，東京人，私淑狩谷掖齋。性嗜古，以蒐羅古書古印考證爲樂。

福田循誘，主深川本誓寺席，精於鑒別古錢，尤以精書梵文名，兩京從遊者極衆，喜治印。

釋宗活，爲宗演高弟，人以禪界鳳雛目之。工書，善鐫刻，又長丹青。

欣欣女史，爲江木冷灰博士夫人。博學能詩，性閒淡，居恒惟以書畫篆刻自娱，爲近今巾幗中不可多見者。

廣印人傳補遺

仁和葉銘葉舟輯

馮時明。

馮塤，字瀞江，東海人，有《餘清閣印譜》。

馮漢，字師韓，號鄧齋，鶴山人。喜畫蘭，工篆書。

豐道生，原名坊，字南禺，號存禮，鄞縣人。精法書，工篆刻。

洪昇，字昉思。

洪石田，黄山道人。

洪復初。

容肇新，字千秋，東莞人，鄧爾疋之甥。六書篆隸之學，無所不闚，刻印師其舅。

容肇庚，字朗西，肇新之弟。工山水，喜篆刻。

容肇祖，字液調，肇庚之弟，偶治印。

江道文。

江之澐。

江造舟，字仲槳，號澹尋居士，新都人。有《印歸》二卷。

江星羽，字右軫，天都人。刻《游藝集》二卷。

江萬全，字昌符，新安人。刻有《姓苑印章》二卷。

麗達。

施于俊，字去私，有《印正集》。

歸道山。

徐象梅，字仲和，武林人，善書畫。

徐霏。

徐而化，字君重，桐邑人。

徐元懋，著《古今印史》。

徐易，字觀復，刻《鳳凰村印譜》一册。

徐照，字城玉，貞木孫。有《對山草堂印譜》一卷。

徐江，松江人。

徐松齡，字青侯，平湖人。有《印稿正宗》。

徐浩，字雪軒，松江人。有《扶清閣印譜》二卷。

徐坦邨。

舒竑，字伯度。

諸文星，字紫隣，語水人。

諸葛祚，字子倫。

諸葛紀。

虞訪。

朱廷柱，江南人，有《印是續集》。

朱含生。

朱昌祺，字仲子，語水人。

朱必信。

朱元公。

朱煌，字笑菴，語水人。有《怪石供印譜》六卷。

朱長統。

朱勇均，字粹也，號灌園，桐溪人。有《愛古樓印譜》。

胡兆鳳，字翙羽，燕越人。

胡全。

胡聚五，有《嗜古齋印譜》。

胡右寅，平湖人，仲袁之兄。

胡曙湖，新安人，有《印籍》一卷。

胡曼，字漢秋，號洞雪，番禺人，以橄欖核刻印極精。

胡毅生，番禺人。

吴啟泰，字子元，海鹽人。
吴丘愚。
吴端，字定元，平原人。有《古今印選》。
吴可賀，字汝吉，新安人。有《古今印選》二卷。
吴本忠，字貴一，號秋水。
吴琛，字西珍，武林人。
吴潤，字大潤，婁縣人。善山水及寫生。
吴泰。
吴于河。
吴魯峰。
吴家鳳。
吴東發，字侃叔，號芸父，海鹽人。工書畫，精鑒賞兼篆刻。有《耘廬詩鈔》、《石鼓讀》等書。

蘇應制。

俞嶔奇，字丹嶼，平湖人。有《衡素齋印稿》十二卷。

俞遜，字廷輔，仁和人。

黎錫侯，順德人。世精醫學，喜摹印。

喻天錫。

倪灝，字元潁，語水人。

陳汝秩，字惟寅，自號大髯。

陳古凡。

陳詢，字士問，海鹽人，善山水。

陳林道。

陳繼儒，字仲醇，一字眉公，華亭諸生。善書畫，工梅竹。

陳雷，字古尊，杭州人。

陳瑶典，字文曉。

陳瑍，字復生，有《延緣齋印概》四册。
陳棣，字郁唐，黄山人。有《望古遥集》。
陳齡，字介亭，海寧人。
陳士倜，山東人。
陳雲岩。
陳九南，海寧人。
陳曾貽，海寧人，乾初曾孫。
陳伯鍾。
陳魯公。
陳少逸，字少和，漳州人。精篆刻，善人物山水。
陳元孝，字恭尹，廣州人。
陳明暘，字錫龕。
陳之達，字大我，號微塵，番禺人。

陳協之，番禺人。喜治印，續《續語堂論印詩》百章。

陳景濂，字蓮舫，號華庵，順德人。書仿趙悲盦，能治印。

文士英，號白華老人。

温伯堅。

温其球，字幼菊，順德人。

孫文石。

孫仲微。

孫樸。

孫太初，號太白山人。

孫毓雲，字峻瞻，燕山人。有《汲古齋學印》。

孫暎槐，字月卿，桐鄉人。

孫長壽，字蘭子，號琴秋，別號琴隱，桐城人。能詩書畫，善鼓琴，刻印師陳曼生。

潘思安。

潘璠璵。

潘魯珍。

潘茂弘，字元道，新都人。著有《印章法》二卷。

潘穌，字至中，南海人，嗜金石書畫，喜摹印。

闞九思，字仲通，一字虛白，烏程人。善書畫。

錢封，字軼秦，號松崖，杭郡諸生。善山水。

錢若芬。

錢循周。

錢東塾，字學仲，號晐田，晚號石丈，嘉定竹汀宫詹次子。工詩，善分隸，尤精篆刻。

蕭雲從，原名龍，字尺木，號無悶道人，當塗人。工山水。

蕭世瑢。

姚子琰。

姚覲元，字彦侍，歸安人。喜治印，集《漢印偶存》一卷，輯《咫進齋叢書》。

包桂生，字子丹，丹徒人。有《問經堂印譜》八卷。

高深。

何世基，字雲石，吴縣人。有《篆摹印譜》一卷。

何魯，字伯良，宛平人。

何尹，字允谷。

何瑗，字蘧盦，昆玉弟。工寫梅，善摹印。

查岳原，名聖俞，字勝子，介龕之姪。

查若農，介龕之孫。

楊伯奇，新會人。

巴雪坪。

楊其光，字崙西，番禺人。工倚聲，刻印摹丁黄。

張玄鈞。

張成吾。

張夢錫，自號破屋先生，有《漪蘭館古印選》。

張子魚，字公魯，甬東人。

張君玉，武林人。

張覲垣，字在宇，梁溪人。有《芙蓉館印言》。

張紫庭，嘉定人。

張翼房，字瑶石，吴山人。有印譜二册。

張文奎，字星次，有《友文堂印譜》。

張坤，字南山，華亭人。有《我樓偶篆》，又《五馬金章印譜》。

張鈞，字平圃，號寫樵，儀昌諸生。有《繫古齋印存》。

張在乙，字亶安。

張鶴佺，號洞三，福建人。

張孝尋，字憶鱸，吴江人。好金石收藏，古人名印甚夥，輯《清承堂印賞》。

王玄陽。

王無穎。

王成龍。

王策。

王章。

王晉之。

王安石。

王子萱，松江人。

王夢璋。

王基。

王長春，福建人。

王璋，字赤玉，錢塘人。有《雕蟲技印譜》。

王融。

王統理，字文聚，有《足佩堂印譜》。

王度，字立中，有《偶村印譜》。

王大集。

王鷹，字陬生，吴興人。

王翠嵐。

王石經，字君都，有《西泉印存》。陳簠齋、潘伯寅所用印章皆出其手。

王祖光，字心齋，大興人。

王虢，字雙治，號介庵，閩縣人。

王聲，字振聲，與董洵、胡唐、巴慰祖合刻印存一卷。

方雲嶠。

方筠。

方耕緣。

方德醇，字劍潭，桐城人。工篆刻，善詩詞。

梁曉山，武林人。

梁清，長洲人。

梁星堂，新會人，工治玉印。

章有成。

章皋，字鳴九。

姜應鳳。

姜文炳。

姜筠，字穎生。

黄上元。

黄元初，字象珠，越客人。

黄子仁。

黄古喬，南海人。

黄文錦，字錦泉，三水人。**梁淑貞子。**

黄雲紀，字禹銘，號叚釋，晚號清遺，南海人。工詩歌，通篆隸，精治印，有《百忍齋印稿》。

黄君選，蒼梧人，耽金石，工鐵筆。

唐仁，玉山人。

强體乹。

强運開，字夢漁，溧陽人。

桑豸，江都人，工書，兼篆籀刻畫之學。

湯焕，字堯文，一字隣初，仁和人，山陰教諭。工書法，兼工篆刻。

莊公馭。

汪元範。

汪雲。

汪買生。

汪枚，字卜參，天都人。

汪之元，字體齋，海陽人。有《印藝》一卷。

汪雨山。

江稚川。

汪楷，字仲范，陽湖人，淵若猶子。喜刻印。

程鴻緒，字石琴，號蘿裳，休寧人。著有《印述》及《瑶原十六景印譜》。

程元見。

程景宣，字竹韻，南海人。解詩畫，通篆隸，工鐵筆。

丁雲鵬，字南羽，號聖華居士，休寧人。善寫佛像。

丁日新，字又新，綏安人。有《寶籀齋文玉》一册。

丁筠溪，有《莊譚》一卷。

曾景鳳，字木庵，古郢人。有《印擬》一卷。

凌雲，字見龍，臨清人。有《印紀》二卷。

凌霄漢，精醫卜星相、詩詞書畫，喜刻印。

劉光祖，字亦有，刻《印選》六卷。

劉雯。

劉杰人，泉唐人。

劉慶崧，字聘孫，號萍僧，南城人。

周朗生。

周元會，字環生，錢塘人。

周蓮亭，武林人。

周時舉。

周桐邨。

周蘭齋。

周易。

周理山。

周懋泰，字階平，績溪人。有《松石齋印譜》。

周籲雲，博羅人。收藏金石書畫甚富，喜治印。

金允迪，字叔向，吴縣人。有《媚清居印聞》一卷。

金一疇，字抽田，號月波。有《珍珠船印譜》四卷。

金德樞，字月笙，號希農，泉唐人。善書，工墨梅，精治印。

林穆，與徐天池友善。

嚴闇。

嚴乘，字佛宣，閩中人。有《秋閒戲鐵》八卷。

詹淑正。

詹敬鳳。

董光國，字觀之，海鹽人。

董青芝。

董士標，有《真賞齋印林》。

項聖謨，字孔彰，號易庵，又號胥山樵，嘉興人。善山水枯木。

項魯青。

項道瑋。

項懷述，字愓孜，歙縣人。有《黄山印藪》。

史惟德，松江人。

李穎，字考叔，仁和人。

李眉州。

李鵬，字九扶，福建人。有《雪齋印選》二卷。

李兼，字山西，吴江人。有《印宗》。

李彬。

李其焜，字光耀，大興人。與宋聖衛合刻《雙松閣印譜》。

李峻，字子峻，陽朔人。喜治印。

李尹桑，字榠柯，號壺父，吴縣人。

許彦輔。

許當世。

許光祚，字靈長，仁和人。善書法。

許文濤。

許之衡，字守白，番禺人。工吟詠，喜治印。

尹右，原名世右，字啟宗，號青喬，又號滋亭老人，順德布衣。善花卉，精刻印，有《五葉堂印存》。

褚嚴，寉洲人。

伍德彝，字懿莊，南海人。工書畫，善詩詞，偶治印。

阮煜，字亦張，有《花甲重周》一卷。

阮明。

簡經綸，字琴齋，番禺人。分書古致似曼生，篆刻亦似之。

趙徵士，東嘉人。

趙蹇卿。

趙聖。

趙璧，一字嬾農，婁東人。

趙杜。

馬翰，字羽樵，西湖人。有《問古齋印譜》四卷。

賈楠。

蔣立樞，字冠中，有《花洲散人篆》。

沈奇，字無奇，語水人。

沈策銘，字炳垂，號能圃，平湖人。有《閒中弄筆》二卷。

沈學鏊，號負暄老人，平湖人。

沈瑞鳳，字鳴岐，號渭川，仁和人。善書畫，精鐵筆。

沈鼎新，字自玉，錢塘人。

范敏。

范文成，號小范，有《篬園摹印存稿》四卷。

宋嶸，字峻華，有《檜巢印編》。

魏喬，字嵩年，號壽谷，如皋人。

顧名端，字正卿，海鹽人。有《澹煙館印削》。

顧隆三，字企賢，西湖人。有《點筆軒山水篆》。

傅雲癡。

傅鑑。

計元孺。

蔡士桐，字琴緣，順德人。工墨梅，喜治印。

蔡守，原名有守，字哲夫，號成城子，又號寒道人，順德人。工書畫，富收藏，喜篆刻。著有《寒宬碑目》、《寒宬金石跋》、《續説文古籀補》、《宋錦宋紙考》、《補繆篆分韻》、《漆人傳》、《瓷人傳》、《畫璽録》、《印雅》等書。

萬夫。

萬石，南昌人。

邵雍，字康庵，平湖人。有《印確》。

謝雋。

謝善勛。

謝敷遠，平湖人。

謝身汝。

鄭璧。

鄭辟。

鄭濬，字禹卿，新安人。

鄭方，蘇州人。

鄭笻，字雨篁，莆田人。有《硯齋印譜》一卷。

鄭采。

鄧萬歲，原名溥，字季雨，號爾疋，東莞人。精小學，喜刻印。

陸師。

陸遵祐，字耐庵。

陸費炡，字子昌，彦青子，喜篆刻。

葉期，字退庵，南海人。工分書，治印酷似徐三庚。

郁素脩。

葛還初。

薛一鷗。

郭見龍，字德普，芸亭之子。

莫藏，字用行，海鹽人。工詩，善花木翎毛草蟲。

翟賞祖，字懋齋，涇縣人，岸舫之子。

戚長卿，吴門人。

方外附青衣

自彦，字朗若，有《圖書府》六卷。

隆彩，字一素，有《古今印商》二卷。

充文。

曇鍔。

蓮生。

古心。

實旃，字旭林，工書畫，精篆刻。

永光，治印似垢道人。

三明，俗姓馬，臨桂人。善治印。

見如，俗姓陸，番禺人。

陳静囦，西樵道士，刻印仿玉井道人。

李朋亭，饒平黄春海家俊僕。性聰慧，能繪事，喜治印。

曹小漚，順德蔡梧叟之歌童。工琵琶，蔡氏蓄名人刻印甚夥，使拓旁款爲譜，久之能篆刻，喜摹補羅迦室，神似之。

閨秀

張傾城，工繪事，精拓金石全形，偶治印。

梁淑貞，晚號南枝老人，三水人，適黄氏。工詞翰，富收藏，古泉甚夥，摹泉文人印，秀勁絶倫，卒年七十。

黄苑玗，字騷香，南海人。工小楷，善律詩，偶治印。

香紉蘭，字佩香，東莞人。性聰慧，工書能詩，偶摹印。

楊瓊笙，字匏香，順德蔡哲夫守侍姬，善鼓琴，工摹印。

張可，字無可，合浦人。傾城之姊，工篆隸鐵筆。

梁宛素，喜填詞，工分隸治印。

况月媖，字未央，臨桂人，順德周竹雲鴻翊室。耽詞翰，喜篆刻。

李錦襄，字倚仙，香山劉甦堪超武室，工書，喜摹印。

柳七孃，姑蘇人。

歷朝印識

印識序

刻印有書，始《學古編》，印人有傳，始周櫟園。夫印，符也，信也，因也。篆刻合信，古天子諸侯大夫通稱璽，璽節璽書是已。秦漢後，璽專屬乎至尊，《後漢·輿服志》、蔡氏《獨斷》詳之。其在官者謂印，又謂之章，見《漢公卿百官表》、《漢官儀》。唐以寶易璽，寶又專屬乎至尊，惟印爲上下所用之通稱。《抱朴子》有黄越章印，則常人稱印，私印也。《禮正義》封禪封之印璽，宋有内府圖書之印，則至尊稱印。然宋以識圖畫書籍，故既曰圖書，又曰印，而俗謞私印爲圖書。王制金璋，即《考工記》金飾璋，自皇甫氏謂用金爲印璋，而俗謞私印爲圖章。嗚呼，古義湮晦，區區一印有如此。嘗聞心專則事成，事成則名立，然而用心由我，傳名在人。天下有研精覃思，成就德藝，竟聲稱泯泯，不得播遠方而垂後世。雖曰有命，是亦後之人莫爲之傳之所致。吾友馮子少眉輯篆刻及譜録者，名氏里居由秦迄明，得百有九十八人，曰《印識》，合璽與印章一之，且埽圖書圖章諸譌説，遠繼《學古編》，近接《印人傳》，采摭群言爲注，可信可徵。少眉爲人光明磊落，博雅多藝，能偶然寄興篆刻，即思傳篆刻之人，傳譜録篆刻之人，志意蓋已善矣。既來問序，走筆爲之。婁縣楊秉把拜撰。

歷朝印識自序

印肇嬴秦斯，從其朔遡矣，兩漢人習雕蟲而傳者反泯。宋元以來，稍知學漢，明季諸家大暢宗旨，櫟園一傳稱備矣。予酷嗜篆刻，謬邀時稱，竊念小學一途，印爲津涉，讀書識字上可通經，而史氏立傳不載其人，豈以小技而遺之也。暇時檢閲有得，輒録，彙成一書，尚多闕逸，寥寥海宇，有同志者補所未備，予之幸也夫。道光九年三月朔日，眉道人馮承輝書於古鐵齋。

國朝印識自序

余既集自秦至明印人傳爲一卷梓行矣，兹復增輯國朝諸家於後，又以時下鐵書之有名者，自撰小傳，别爲一卷，共得三百餘人。嗣後更有採録，容俟漸次續入。道光十七年，嘉平月少眉又識於梅花樓。

歷朝印識

婁縣馮承輝少眉纂

秦

李斯，字通古，上蔡人。《後漢書》：「秦始皇既定天下，取藍田山玉，命丞相李斯篆，其文曰：受命於天，既壽永昌。」孫壽，崔彧《進璽牋》：「秦始皇得楚卞和之璞，命李斯篆其文，玉工孫壽刻之。」

魏

楊利。

宗養，《魏志傳》注：「《魏氏春秋》曰：允善相印將拜，以印不善，使更刻之，如此者三，允曰印雖始成而已被辱。問送印者，果懷之而墮於厠。」《相印書》云：「相印法本出陳長文，長文以語韋仲將，印工楊利從仲將受法，以語許士宗。利以法占吉凶，十可中八九。仲將問長文誰從得法，長文曰本出漢世，有《相印》、《相笏經》，又印工宗養以法語程申伯也。」

《梅菴雜志》云：「印章之妙莫過秦漢，而作印者泯然無聞，蓋斯時皆善摹印書學，增減結構，運臂純熟，刀法沉著，自然合度，悉盡美而非難能，故無傳也。魏晋間有陳長文、韋仲將、楊利，從許士宗、宗養，并系淵源相接，技藝神妙，并能觀印而識休咎。」

唐

祝思言，見下祝温柔注。

宋

祝温柔，《宋史·輿服志》：「乾德三年，太祖詔重鑄中書、門下、樞密院三司使印，先是舊印五代所鑄，篆刻非工，及得蜀鑄印官祝温柔，自言其祖思言唐禮部鑄印官，世習繆篆，即《漢書·藝文志》所謂屈曲纏繞，以模印章者也。思言隨僖宗入蜀，子孫遂爲蜀人。自是臺省寺監及開封府興元尹印，令温柔改鑄焉。」

歐陽修，字永叔，廬陵人。《合璧字類》：「嘉祐八年，英宗即位，作受命璽，命歐陽篆其文曰：「皇帝恭膺天命之璽。」」

舒通，《三朝北盟會編》：「高宗得善開圖書匠舒通，能鎸金銀銅圖書，取鏤塵白字令刊白文爲璽，由是人皆效之。」

姜夔，字堯章，自號白石生，番陽人。著有《集古印譜》一卷。

王俅，字夔玉，一字子弁。按，子弁所著《嘯堂集古録》二卷，其間有古印數十方，論之尤詳。明俞仲蔚云：「王俅《集古録》亦頗采漢印文，而鄭氏又多七十餘印

文，曰漢印式。」[二]

王厚之，字順伯，臨川人。著有《復齋印譜》。

晁克一，著有《圖書譜》，又名《集古印格》。《文獻通考》：「克一，張文潛之甥也。」

顏叔夏，字景周，吴人。有《古印譜》二卷。

元

趙孟頫，字子昂，號松雪道人，湖州人。始創圓朱文，有《印史》一卷。《印史序》云：「一日過程儀父，示余《寶章》、《集古》二編，則古印文也。皆以印印紙，可信不誣，因假以歸，采其尤雅者，凡模得三百四十枚，且修其考證之文，集爲《印史》，漢魏而下，典刑質樸之意可仿佛見之矣。」何震云：「元朱文始於松雪，殊欠古雅，但今之不善元朱文者，其白文必不佳。故知漢印精工，實由工篆書耳。」

吴福孫，著有《古印史》，見《杭州府志》。

錢選，字舜舉，號玉潭，又號清癯老人，湖州人。沈明臣云善摹印。

吾邱衍，字子行，號竹素，又號貞白，太末人。有古印文二册。《珊瑚網》：「先生住杭之先花坊，時年二十七，即不下樓，樓上下分業，子弟客至僮輒止不便登，通焉使登。先生好古，變宋末鐘鼎圖書之繆，寸印古篆，實自先生倡之，真第一手，趙吴興又晚效先生法耳。所著有《學古編》、《字源七辨》、《篆品三十八則》。私印有竹素山房、吾氏子行、我最嬾、懷真、樂飛丹霄數印。印鼻小韋帶，常在手弄之，蓋欲和其四棱，令有古意。」按，俞希魯《楊氏集古印譜》序云：竹房吾子行《學古編》其所收益富，則《學古編》有印也，而今世所傳《學古編》無之。

葉森，字景修，錢塘人。《杭州府志》：「景修早從貞白先生吾子行遊，古文詩歌咸有法度。著《漢唐篆刻圖書韻釋》。」

吴叡，字孟思，號雪濤散人，杭州人，子行弟子也。有古印譜。揭汯序云：「是編自漢至晋，凡諸印章搜求殆盡，一一摹搨，類聚品列，沿革始末，標注其下。吴氏孟思素以篆隸名，而是編皆其手録，尤可寶也。能君仲章得之以示余，余故書此而歸之。至正十五年五月甲子書。」

虞集，字伯生，蜀郡人。《輟耕録》云：「文宗奎章閣作二璽，一曰天曆之寶，一曰奎章閣寶，命集篆文。」

王冕，字元章，號煮石山農，又號竹堂，諸暨人。《七修類稿》：「冕始以花乳石刻印。」

楊琚，字元誠，錢塘人。居松江之鶴沙，自號竹西居士。《輟耕録》云：「明仁殿寶、洪禧二印，琚所篆也。」

楊遵，字宗道，浦城人，徙居錢塘，有《集古印譜》。《書史會要》云：「宗道篆隸皆師杜待制。」唐愚士後序云：「右《集古印譜》四册，其一署曰上之上，皆官印，印文百有六；其二曰上之下，亦官印，文如一册而益其十有四；其三曰下之上，皆私印，文如二册而復益其五十有七；其四曰下之下，亦私印，文視三册而損其五十有二。下之下尾文有吾氏摹印篆官私具一百五十六，去其重複八十四而取其七十有二，復綴以收附私印百有十六，連詩文題跋所識印十五，共凡七百三十一，譜始集於浦城楊遵宗，後歸吳郡陸友仁，今藏西平沐府。余爲前軍左都督李公手摹一過，公覽而愛之，遂裝潢以藏諸篋，其尚友古人之意，爲何如哉。若余所書，目眊手拙，以戊寅歲七月戊戌肇工，八月壬子畢手，歷十有七日而僅得其髣髴云，乃書而識之。會稽萍居道士唐愚士書。」

朱珪，字伯盛，吴人。《蘇州志》：「珪從吴叡授書法，凡三代金石靡不極意規倣。」

明

朱應辰，字文奎。《開國臣傳》：「應辰與楊維楨遊，洪武初辟掌教。爲文繁而不猥，詩工長句，篆籀法古，嘗命書符印。」

文徵明，名璧，一字徵仲，以字行，長洲人。《蝸廬筆記》：「文太史印章雖不能法秦漢，然雅而不俗，清而有神，得六朝陳隋之意。至蒼茫古樸，略有不逮，今之專事油滑，牽强成字者，諸惡畢備，皆曰文氏遺法，致爲識古家所薄。夫文氏之作，豈如是乎。」

文彭，字壽承，號三橋。《印人傳》：「三橋，衡山之伯子，官南京國子監博士。工金石刻，爲明一代之冠。兼工墨蘭，其弟嘉，亦精是藝。」周櫟園《與黄濟叔書》云：「文三橋力能追古，然未脱宋元之習。」馮鈍吟云：「詩句作印，起於近代文三橋。」按，三橋印譜二卷，張其堅字竹村所集。

文嘉，字休承。見前。

徐霖，字子仁，號髯仙，金陵人。《韻石齋筆談》：「鐵筆之妙如徐髯仙、許高陽、周公瑕皆係書家，旁及篆體印文，章法心畫精奇，李長蘅、歸文休，以吐鳳之才，擅雕蟲之技，銀鉤屈曲，施諸符信，典雅縱横。」

許初，字復初，一字元復，吴縣人。董文敏云：「印章一道，復振於文壽承、許元復。」

李流芳，字長蘅，嘉定人。

歸昌世，字文休，崑山人。《印人傳》：「昌世爲有光孫，十歲能爲詩歌，有聲詞苑。與李流芳、王志堅稱三才子。屢困諸生，遂棄舉業，發憤爲古文詞。善草書，精墨竹，風流儒雅，易直近人。」張夷令云：「文休刻印，與文三橋、王梧林鼎足。」

周天球，字公瑕，號幼海，長洲人。文待詔之弟子。

何震，字主臣，又字長卿，亦稱雪漁，婺源人。《印人傳》：「主臣往來白下最久，其於文國博在師友間，國博究心六書，主臣從之，討論日夜不休，常曰六書不精義入神而能驅刀如筆，我不信也。」雪漁論印云：「筆之害三，聞見不博，字無淵源，一也；偏旁點畫，輳合成字，二也；經營位置，疏密不稱，三也。刀之病六，心手相乖，有形無意一也；轉運緊苦，天趣不統，二也；因便就簡，顛倒苟完，三也；鋒力全無，專求工緻，四也；意骨雖具，終未脱俗，五也；或作或輟，成自兩截，六也。」又云：「筆有尖齊圓健，刀宜堅利平鋒。不堅猶之不健，不利猶之不圓，無鋒猶之不尖，不平猶之不齊。用筆有中鋒，用刀亦有中鋒。」又云：「章法要整齊，更要活潑。」《韻石齋筆談》：「雪漁刻印如絳雲在霄[二]，舒卷自如。」丁元薦云：「白下有僧，學篆法於何主臣，主臣秘不與語。從窗竇窺之，詫語余曰：主臣故善酒，置一壺案頭，時時以手畫几上，且飲且畫，或盤礴竹石間，或反手繞屋走，或長卧至酣醉竟日。有促之者，主臣怫然怒。偶意到，頃刻成，鼓掌自快，其運刀重如舉鼎，砉然生風。曲肱道人曰：所謂臣之子，不能受之臣也，凡以技千秋者，無名心故。」

蘇爾宣，號朗公，彰郡人。有《蘇氏印略》四卷。馮鈍吟云：「一兩字大印，蘇爾宣所作多用古人碑額上字，爲得體亦一長也。」

趙宧光，字凡夫，太倉人。有《印統》若干卷。《蘇州府志》：「宧光入貲爲國子生，豪華自喜，故廬居寒山親墓旁，手闢荒穢，疏泉架石，一時勝流争造焉。所著書數種，尤專精字學，《説文長箋》其所獨解也，篆亦精絶。」

梁袠，字千秋，維揚人，家白下。《印人傳》：「千秋印一以何氏爲宗，惜未能變化。」其侍姬韓約素，字鈿閣，喜作小凍石。《韻石齋筆談》云：「千秋受業於雪漁。」

梁年，字大年。《印人傳》：「大年爲千秋弟，精鑒别古器，每搆一印，必精思數時，然後以墨書之紙，熟視得當矣。又恐朱墨異觀，復以朱模之，盡得當矣，然後以墨傳之石，故所鐫皆有筆意。大年生平不奔走顯貴，故蘭隅朱尚書獨欽之。」

朱蔚，字文豹，婁縣人。《婁縣志》：「朱蔚居婁縣之泗涇，工篆刻，兼善墨蘭。」

顧聽，字元方，亦字元芳，吴縣人。《吴縣志》：「元方精於字學，趙宧光纂《説文長箋》，聽相與考訂，其摹古篆鐫印章爲海内冠，又研窮曆數，造漏壺，算刻度數，不爽毫髮。」

王穀祥，字禄之，長洲人。《印人傳》：梁谿鄒督學彦吉曰：「此道惟王禄之、文壽承、何長卿、黄聖期四君稍稍見長，亦時有善敗。」

沈邁，字逢吉，太倉人。《印人傳》：「逢吉篆刻一以和平爾雅出之，而又不失古法，故其里中張夷令於《學山堂印譜》中極推重焉。」《學山堂譜》中皆詩文印，董其昌、陳繼儒爲序。

張奇，字正甫，廣陵人。《無聲詩史》：「正甫善山水人物花卉，兼工篆籀印章。」

朱簡，字修能，休寧人。著有《印書》、《印品》。陳眉公云：「修能固博雅，尤精古篆。凡予山中花户鳥巢，悉令其題志，璆琳鐘鼎，爛然空谷，發其囊所著金石書數種，又三年，而《印品》始成。修能家黄山葱蒨間，有美田園「棄而遠遊，詩宗陰鏗、鮑照，秘不示人，而獨恣討於魚蟲籀跡之學，豈無所存而然哉」。《印人傳》：「斯道之妙，原不一趣，有其全偏者，亦粹守其正，奇者亦醇，故嘗略近今而裁僞體，惟以秦漢爲歸。非以秦漢爲金科玉律也，師其變動不拘耳。寥寥寰宇，罕有合作，數十年來其朱修能乎。」修能論印云：「印文爾雅，惟漢是則，曰字曰章法具而思過半，其異同可言也。至筆力有神，不可得而言。」又云：「唐以填篆作印而印繆，宋元嗣其餘脈，不足觀也。間有三數君子師心好古，力振頹波，其合作婉麗而多姿，雖高古微遜漢晋，而超超越俗，亦荒萊之特苗，鹵田之善秀與。」

楊當時，字漢卿，甬東人。按：潘氏《印範》成於萬曆丙午，共二千六百有奇，潘雲傑所集，蘇爾宣、楊漢卿同摹。

全賢，字君求，錢塘人。有《集何雪漁印譜》二卷。

李弄丸，鍾伯敬云：「善玉章。」

程立伯，見《鍾伯敬集》。

盧具乘，鍾伯敬云：「有《語石齋印譜》。」

何通，字不違，太倉人。張夷令云：「王文肅公世僕也。」按：何通《印史》皆以古人姓名作印，即注本傳於下，有藍格、黑格二種，藍格者，人尤重之。

金光先，字一甫，休寧人。《印人傳》：「光先家擁厚資，乃多雅尚，究心篆籀之學，所作印皆歸顧氏之《印藪》。鄒彦吉曰：此道惟王禄之、文三橋、何長卿、黄聖期稍稍見長，而亦時有善敗。惟金一甫兼四君之長，而無其敗矣。」按金光先有《印選》一卷。

吴迥，字亦步，歙縣人。工圓朱文，著《印印》四卷。按：曉采居《印印》刻於萬曆間，董文敏題序。

胡正言，字曰從，休寧人。《印人傳》：「正言寓於秣陵，官中翰，留心於理學，旁通繪事。縮古篆籀爲小石刻以行，人争寶之。印譜曰《印存》。」又云：「正言印譜舊名《印史》，我友王雪蕉易曰《印存》，以言墨印者曰玄賞。」按，胡正言《印存玄覽》二卷。

丁元薦，號長孺，長興人。其所著印譜二卷，名《山言海印篇》。按：《印篇》自序云：「昔者余在都中，始究同文，好集古今印章，交文三橋，次何長卿，然書馬者與尾而五，則天下尠矣。今吾家《山言海印篇》集三百有奇，方見古人書契大學焉。余轉歎此篇，整頓字法有數，未全人文之望，然篆印紀綱，舍是無皈也。」

丁元公，字原躬，嘉興人。《明詩綜》：「原躬負奇，恒與俗齟齬，書畫俱入逸品，兼精繆篆，詩亦不屑作庸熟語。晚爲僧，號願菴。」

汪關，字尹子，又字杲叔，黄山人。《印人傳》：「汪尹子原名東陽，後得漢汪關印，少自治之，貽人曰吾得漢汪關印，合名關，遂更今字。子宏度，名泓，亦以此名。汪氏父子皆不羈。宏度尤風流自命，得錢不爲人奏刀，必散之粉黛，散盡冀復得錢，始爲人作。故有大小癡之號。」按汪尹子《印式》四卷，以烏絲爲規，而印印於中，前有趙宧光題序。

汪泓，見前。張夷令云：「汪杲叔素不解奏刀，每潛令其子代勒，遂浪得名。」

屠宗哲，《列朝詩選》：「張宣《鐵筆詩》云：四明乃遇屠宗哲。」

吴阮，字省遊，竟陵人。《印人傳》：「省遊印似朱修能。」

郭允伯，關中人，有《松談閣印史》。《感舊集》錢牧齋有詩。

文及先，金陵人。《印人傳》：「及先自少年即好篆籀，從金一甫學印，每曰吾得之一甫金夫子，夫子得之何主臣先生。其不忘本源若是。」

程邃，字穆倩，歙人。《嘯虹筆記》：「穆倩工詩，精四體書，爲陳眉公弟子。少與萬年少諸人遊，鋭意篆刻，醇古蒼雅，篆家不可及。晚遇汪虎文，出其所作相質，汪曰君去奇古，一歸繆篆正派，斯得之矣。穆倩志其言，故暮年所作尤爲海内寶重，年八十餘卒。其次子以辛字萬斯，傳其業。」

程以辛，見前。

方其義，字直之，桐城人。《印人傳》：「其義才氣奔放不受拘縛，書摹顔魯公，兼精石刻。嘗與陳大樽、李蓼齋輩置酒高會，詩歌灑灑數千言立就。公父撫楚，會寇亂，乃破家資募劍術遁甲之士，欲往助中丞。會中丞爲讒言中，事乃無成。中丞卒後，其兄去而遊方外，即青原和尚也。直之鬱鬱家居，以瘍疾卒。」

衍、文彭。」

顧苓，字云美，元和人。《元和縣志》：「云美，太僕卿存仁後，少篤學，尤潛心篆隸，凡金石碑版及鼎彝刀尺款識，皆能誦之。尤精臨摹秦漢印章，見者以爲不減吾

周紹元，字希安，婁縣人。《婁縣志》：「紹元，思兼之子，隱居力學，工八分，精篆刻。著有《我貴編》。」

黄周星，字九烟，江寧人。《今世説》：「周星崇正庚辰進士，官户部，以文章名節自任，擅篆籀，工圖章。性骯髒難合，雖處困窮，不改其操，君子高之，後自溺水死。」

李耕隱，號破屋老人，揚州人，家白門。《印人傳》：「主臣殁，叟繼起，遂以印章覇江南北。好畫竹，爲周墨農所歎服，兼精鑒别古器。寒山子爲傳，虞山爲跋，一時重之。」

欽蘭，字序三，長洲人。《印人傳》：「序三能詩畫，尤工印章，得文氏之傳，與元方、令和爲華岳三峰。」尤西堂詩云：「故國山河驚戰鼓，琵琶千載高麗舞。投筆

看君卧草廬，躬耕帶索良辛苦。金石聲寒滿天地，慷慨常搥鐵如意。尚求館穀飽妻孥，且事雕蟲傳方技。」

俞寰，字允寧，上海人。《松江府志》：「允寧詩詞、醫卜、斲琴、篆刻無所不通。」

萬壽祺，字年少，徐州人。《畫徵録》：「年少，崇禎庚午舉人，國變，儒衣僧帽，往來吴楚間，自號明志道人、沙門慧壽云。世稱萬道人。工士女及白描人物，兼精篆刻，書學顔魯公而變之。著有《隰西草堂集》。」

王槩，字安節，白下人。《印人傳》：「槩與其弟宓草名著，同工篆刻，安節直追秦漢，宓草古逸，無近今餘習。」

姜正學，字次生，蘭谿人。《印人傳》：「次生喜飲酒，無子，常言曰麯蘗我鄉里，我印必傳，即我之嗣續也，我何憂焉。」

璩之璞，字君瑕，上海人。《松江府志》：「君瑕工書畫，尤精於摹印，在吴門文氏伯仲間。人品高潔，不趨榮利，士論多之。」

張恂，字穉恭，涇陽人。《印人傳》：「張進士詩畫皆凌一世，與黄山程穆倩遊，故畫與印皆似穆倩。其子若水，名湛儒，愛書畫圖章與父同。」

張湛儒，見前。

傅山，字青主，太原人。《畫徵録》：「青主，又字公之他，崇禎間袁臨候督學山西，爲巡按御史張孫振誣劾被逮，山橐饘左右伏闕上書白其冤。馬君常作《文士傳》，比裴瑜、魏劭。亂後爲道裝，以醫爲業，工詩文，善山水、分隸書及金石刻。」

黄經，字濟叔，一字山松，如皋人。《印人傳》：「濟叔畫高簡得倪黄遺意，印章入神品，性高潔岸異，惟與杜茶村、紀戇叟交，他不妄造焉。後坐脱于延令季氏家，生平嘗論定六書二十卷云。」

顧卝，字築公，又字山臣，武林人。《印人傳》：「築公立品高迥，不屑俯從，作印耻雷同。」《杭州府志》：「竺公摹印與施萬齊名。」《明詩綜》：「顧卝，字琢公，錢塘人。工繆篆，詩不爲格律所縛，有《今年草》。」

施萬，字大千，别號汗漫子，錢塘人。《杭州府志》：「大千以詩名家，又善篆隸，摹印在何震、陳士衡上。」

江皜臣，歙人。《印人傳》：「皜臣精切玉，用刀如畫沙。嘗語人曰堅者易取勢，吾切玉後恒覺石如宿腐。余贈二絶句云：窺得軒皇寶鼎文，垂金屈玉更藏筋。分明五色仙人筆，劃取黄山一片雲。鳥篆蟲書總擅奇，興酣十指似懸槌。生平不學秦丞相，手搨衡山岣嶁碑。其門人石公亦得其傳。」程嘉燧題《江皜臣印册》云：「皜臣恂恂貞不異俗，和不狥物，無山谷僻陋之氣，無江湖脂韋之態，專精於所事而無矜能争勝之意，昔我邑有汪曼容先生，師何長卿，其技妙絶一時，惜未之見。若皜臣之擅長乎刻玉，比蹤前人，爲所推挹，固無俟余言矣。」

葛潛，字南誾，婁縣人。《婁縣志》：「南誾工金石刻。」按：《曝書亭集》亦有葛南廬，名起，字振千，華亭人，著有《葛氏印譜》。

徐貞木，字士白，又字白榆，嘉禾人。《嘉興府志》：「士白書法鍾王，工篆刻，人争購之。」

程林，字雲來，歙人。《印人傳》：「雲來精醫，能起人於死。好爲圖章，隨手而變，又好寫花卉。子與繩，名其武，爲制舉業有聲，亦精治印。」

程其武，見前。

張風，字大風，上元人。《印人傳》：「大風自稱上元老人，作印章秀逸如其人，兼精畫。」

陳玉石，號師黄。《印人傳》：「師黄自云平湖人，或曰陳非其本姓，亦不籍平湖，未能辨也。工圖章，不肯爲人作，刻必深刓其底，光滑如鑑乃止。嘗目工印章者，爾輩持刀將用以削人足指甲耶，其傲慢自矜如是。或又曰，師黄實本姓陸云。」

胡曰從，號十竹，休寧人。《嘯虹筆記》曰：「從寓南都以印章名，然學有而資分不足。」

周靖公，《印人傳》：「靖公弟亦嗜印，在楊署見粱大年爲余作印，因向大年問刀法，但性躁不略細究源委。又豪於飲，一印未成，醉即磨去。」

包容，永嘉人。《永嘉縣志》：「容善書畫，工篆刻。萬曆間授中書舍人，江陵當國雅愛重之，一日以玉章相屬，已鐫就，促之急，容怒磨而返焉，遂拂衣歸。」

程原，字孟長，又字六水，新安人。《印人傳》：「孟長印學主臣，大索主臣篆滿篋，或購石或蒐譜，復檄四方好事郵寄，共得五千有奇。命其子元素樸選千餘摹爲譜，洵主臣之功臣也。」

程樸，見前。按：樸摹《雪漁印譜》共四卷，陳繼儒爲序。

沈世和，字石民，常熟人。《印人傳》：「石民書畫妙天下，印以毛穎之法驅使銛刀，宜其獨步壇坫，俯視一切也。」

吴麐，字仁趾，《印人傳》：「麐，天都右姓，隸籍廣陵。詩歌超超無凡響，摹劃篆刻不規規學步秦漢，而古人未傳之秘，每於兔起鶻落之餘別生光怪。文三橋、何雪漁所未有也。」

錢履長，字雷中。《印人傳》：「雷中戲作印章，幾幾乎欲登作者之堂。」

李根，字阿靈，號雲谷居士，閩縣人。《印人傳》：「雲谷工詩，小楷頗得晋魏遺意。畫佛像仿吴文中，山水不妄設一筆，恒能引人入净地。尤留心篆學，嘗同福清林朱臣廣《金石韻府》，增入删正，一無譌謬。自言吾不欲以此微技供後來小兒指摘也。其矜慎如此，故不恒爲人作印云。」

徐堅，字子固。《印人傳》：「子固其先吴門人，移家白下。仿古小秦印章，筆法不讓朱修能。」

鄭基相，字宏祐，歙人。《印人傳》：「宏祐圖章得何氏之傳，性孤介，秘不示人。隱於秦淮，貧且老焉。」

劉穉孫，字復孺，吴縣人。《吴縣志》：「穉孫字學蘇眉山，尤工秦漢篆刻，名擅一時，文待詔以兄之子妻之。」劉昌孫《蘇州志》云：「穉孫，號七芝居士。」

林應龍，字翔之，永嘉人。《温州志》：「應龍精於篆隸，爲印局大使。」

李文甫，金陵人。《印人傳》：「三橋所爲印皆牙章，自落墨而命李文甫鐫之。李善鐫箑邊，其所鐫花卉皆玲瓏有致，公以印屬之，輒能不失其意，故公牙章半出李手。」

秦漁，號以巽，原名德滋，梁谿人。《印人傳》：「漁以高閥負異才，少遊馬文肅公門，以制舉業名，中年與華聞修諸公以詩名。書法顔、褚，印章遠追秦漢，近取文、何，真苦心此道者。」

朱鶴，字松隣，華亭人。《思勉齋集》：「松隣徙居嘉定，精圖繪雕鏤之技，以高雅名，爲陸祭酒深客。」按：鞠坤皋《篆文考略》：「松隣，一作松齡，工篆刻。」

彭興祖，《王衡集》：「興祖篆刻工雅。」

來行學，字顔叔，西陵人。著有《宣和印史》。按：《印史》，官印共六十卷，以漢剛卯冠其首，自序云：「余有印癖，每抱越楮一帙，遊於齊楚三晋燕趙之墟，總得官印四百有奇。已而石箐山畔畊夫從桐棺丹筒獲《宣和印史》，更載官印千二百有奇，中間合者什四，爰摹勒石，草莽就緒，其他封建姓氏次第，未遑彙其甲乙，尚竢異日。後尚有私印二册。」

吴考叔，歙人。見《俞仲蔚集》。按：吴，一作胡。

程大憲，字敬敷，休寧人，有印譜四卷。按：程氏印譜四卷，刻於萬曆中，皆詩文摘句及時人名字印，後附自藏漢印一卷。

程遠，字彦明，梁谿人。著有《古今印則》。按：《印則》，彦明摹漢印及同時詩文印，朱之蕃、屠隆、張納陛、董其昌、顧起元、沈灌、何淳之、虞淳熙、丁元薦、馮夢禎爲序。又有《印旨》二卷。

孫寧，字幼安，著有《印苞》。按：《漱芳齋印苞》二卷，倶摹名人印，成於崇禎間。

陸雋，字升璜。《今世説》：雋能詩，工篆刻。

張宗齡，字江如，梁谿人。《印人傳》：「宗齡父嵋，以遴選制舉業名，宗齡於文章之外旁及印事，亦臻妙境。」

陳瑞聲，字朝喈，梁谿人。《印人傳》：「瑞聲父曾爲南陽太守，君能世其家學，諸生中僑扴也。工圖章，能詩。」

沈子雲，見《譚友夏集》。

倪耿，字覲公，梁谿人。《印人傳》：「耿，雲林後，少時左足不良，遂隱居水村，借以謝客，工篆籀。」

王定，字文安，梁谿人。《印人傳》：「圖章似元方令和，更留心制鈕，與漳浦楊玉璇、毘陵張鶴千齊名。」

袁曾期，名魯，吴門人。《印人傳》：「作圖章多正字。」

須礽孫，字西來，毘陵人。《印人傳》：「礽孫制業爲時所推，尤留心於六書之學，甲申之變絶粒死。」

袁雪，字卧生，吴門人。《印人傳》：「精圓朱文。」

吴明玗，字頌筠，又字虎侯，梁谿人。《印人傳》：「明玗爲諸生有名，著《典林》一百四十卷，甲申後棄儒衣冠，爲野人服，不甚與人見。篆籀直追秦漢，文何不得專美矣。」

程大年，著有《印譜》四卷。按：大年《印譜》四卷，分元亨利貞，上二卷摹漢印，下二卷自製。

吴良止，字邱隅。按：《考古正文印藪》六卷，萬曆間江都張學禮誠甫集歙吴良止中足摹，其中所載皆重摹顧氏《印藪》諸印。誠甫自序述摹邱隅吴君、玉谿董君、雪漁何君、島南吴君。

洪元長，著有《印譜》一卷。按：元長《印譜》一卷，祝世禄、陳繼儒、顧成憲爲序。

黄應聞，字起聲，莆田人。著有《問字編》。按：《問字編》分月下、花間、茶顛、酒困四集，中皆時人名印，每印下有跋。

張日中，字鶴千，毘陵人。《印人傳》：「日中初從蔣列卿學製鈕，能出新意，與楊玉璇齊名，篆印全摹文國博。子堯典，能繼其學。」按：堯典《印史》一卷，并無刻本，皆印稿也，前有周清源序。

吴山，字仁長，又字拳石。《印人傳》：「山與垢道人爲兒女姻，作印亦似之。子萬春，字涵公，亦能作印。」

吴萬春，見前。

陸天御，字漢標，鹿城人。《印人傳》：「天御作印能運以己意，而復妙得古人意。」

林晋，字晋白，莆田人。《印人傳》：「晋鐫晶章工而敏，好飲酒，醉後意到神來，目不知有晶，往往驚壞其鈕，然其所鐫之印，縱横任意，一往有奇氣。」

薛居瑄，字宏璧，《印人傳》：「居瑄本閩之晋江人，後籍侯官。其印直入秦漢之室，遠出諸家上。」

薛銓，字穆生。《印人傳》：「銓爲居瑄之子，諸生，其印似之。」按：銓著有《漢燈》一卷。

邱旼，字令和，吴門人。《印人傳》：「旼印仿顧元芳。」

黄樞，字子環，漳浦人。《印人傳》：「樞以圖章名，凡金石典册，靡不精研辨證，其譜名《款識録》。子克侯，名炳，與沈鶴生善，每有印事，互相訂正，一印成即繫一説於上，皆有雋永致。」

黄炳，見前。

陶碧，字石公，晋江人。《印人傳》：「碧嘗從江皜臣學圖章，而不拘拘皜臣一家。」

楊玉暉，字叔夜，閩長汀人。《印人傳》：「玉暉以孝行爲鄉里所推，詩文皆能獨出己意，汀士多從之學。晚以明經作教南靖，印章偶一爲之，遂臻上品。」

童昌齡，號鹿游。冒襄《同人集·題印史册》云：「《印史》焜煌點畫新，射穿老眼見精神。知君絶藝留千古，一册能昭歷代人。」

沈康臣，《今世説》：「康臣書法王、柳、顔、歐，鉤畫摹脱，盡變極神，旁通篆籀，偶刻石爲記，士林寶之。」

洪元長，武林人。洪太保兩峰之裔也，有印譜一卷。

周應麟，字九貞，秀水人。有《印問》二卷。按：《印問》二卷，皆時人名印。

程聖卿，著有《印鑑》。按：聖卿《印鑑》皆用古人名字作印，陳繼儒爲序。

吴晋，字平子，莆田人。《印人傳》：「莆田有宋比玉者，善八分書，有聲吴越間，後人效之，至用於圖章，古無是也。後平子從余遊，遂一洗其舊習。久客都下，名重一時。」

林熊，字公兆，莆田人。《印人傳》：「熊棄家遊吴越間，爲印動以漢人爲法，不妄奏一刀，詩畫及分書皆楚楚可人。」

吴暉，字秋朗，閩樵川人。《印人傳》：「暉能詩，工畫，行楷亦逸致，圖章好仿文、何。」

吴道榮，字尊生，新安人。《印人傳》：「道榮家於閩，工詞，印章能出己意。」

江鎬京，字宗周，歙人。《印人傳》：「鎬京能於主臣、修能之後繼黄山一脈云。」

李潁，字箕山，海陵人。《印人傳》：「潁工詩畫，精篆籀之學，考古金石之文，多人所未見。深思窮研，豁然有得，故點畫之妙，能洞微穿。」

賀千秋，著有《印衡》。董其昌序云：「昔顧氏《印藪》，不如今之《印衡》，《印衡》雖一家之書，具有血氣，《印藪》則百補之衲，都無神明。」按：顧氏《印藪》，上海顧汝修集，凡六卷，玉印一百五十有奇，銅印一千六百有奇。沈明臣、黄姬水爲序，是譜成於隆慶六年，僅印二十本，每本白金十兩，當時珍重若此。後翻以木版，無復生氣，思翁所云或是木本。

甘暘，字旭父，秣陵人。按：暘集古印六卷，許令典爲序。

陳懿卜，著有《集古印選》。按：《印選》，董其昌爲序。

姜貞，字羊石，金華人。以下俱見《印人傳》。

吴正暘，字午叔，休寧人。

胡其孝，字全子，休寧人。

龔坤。

朱石臣。

丁良卯，字秋平，錢塘人。按：《秋室印文》：「丁良卯，又號秋室，自號月居士，清暘人。」注：聖木曾集其印文，今世已尠，篆法何雪漁、朱修能兩家。

王夢弼，字叔卿，歙人。

張平憲。

汪徽。

汪銛，字先之。

程晉，字文叔，仁和人。

陸惠，字仁父，仁和人。

胡湞，字克生，鐵塘人。

俞時篤，字企廷。

高治，字培宗，仁和人。
馬麟，字白生，仁和人。
范穎，字若傾，仁和人。
黄璞，字素心，錢塘人。
李穎，字考叔，仁和人。
周廷增，字仔曾，會稽人。
胡鏊，字蘭渚，山陰人。
劉履丁，字漁仲，漳浦人。
羅坤，字宏載，會稽人。
王言，字綸子，休寧人。
陳上善，字元水，嘉定人。
陳枚，字簡侯，錢塘人。
汪如，字無波，休寧人。

倪越石，字師魯，江寧人。
張我法，字雪鷗，武進人。
孫昊，字竹民，秀水人。
何延年，字大春，桐城人。
馬駿，字西樵，山陽人。
顧溥，字子將，錢塘人。
祁天璧。
毛會建，字子霞，武進人。
范西漢。
方雲施，字彦博，桐城人。
李石英，文甫。
方雲聃，字東來，桐城人。
范潛夫。

王人龍，字靈長，錢塘人。

魏植，字楚山，一字伯建，莆田人。

錢昌祚，字燕穀，武進人。

吴寧，字不移，宣城人。

徐光，字東皋，蘇州人。

李瑛，字渭珍，江寧人。

周丹泉，《妮古録》：「吴門丹泉周子能燒陶印，以堊土刻印文或辟邪龜象，連環瓦鈕，皆由火範而成。色如白定，而文亦古。」

校勘記

〔一〕雪漁刻印如絳雲石霄，「霄」原作「宵」，西泠本作「霄」，形近致誤，據改。

〔二〕王俅，原作「王球」，據文義改。

歷朝印識補遺

婁縣馮承輝少眉纂

元

盧仲章，天台人。元陳基《夷白齋稿》有《贈仲章詩序》云：能刻金石印。

顧瑛，字仲瑛，號金粟道人，崑山人。畢氏《廣堪齋印譜》題其自製玉山完璞竹根印上刻邊款，云金粟道人製云：「此印乃顧仲瑛之物，仲瑛元季時以貲雄居吴下，所居界谿別業名玉山佳處，集四方文士，相與詠歌篇什，今所傳《玉山雅集詩》是也。亭館聲伎之奉，圖書彝鼎之多，甲於一時。晚年視天下將亂，盡散其家產，隱於吴興之商谿，得全其身，以浪跡江湖，與倪雲林同一卓識。其後更名完璞，故所著詩曰《玉山璞稿》。印爲老友玉山得之玉峰人家，玉山寶藏篋中幾廿載。已亥冬，玉山下世，余從其弟金山易之，朝夕把玩，如見故人并幸名物之得所歸矣。至於鐫手之蒼秀樸雅，不待余言，當與彝鼎璠璵同一寶貴可也。竹癡道人記。」顧嗣立《元詩選》：「顧瑛，一名阿英，別名德輝，輕財結客，年三十始折節讀書，舉茂才，署會稽教諭，辟行省屬官皆不就，卜築玉山草堂以隱。」

謝杞，陳繼儒《妮古録》：「謝杞能刻印章，元貞錢翼之有二私印，爲吾衍所篆而杞刻之，翼之特識於衍手跡後焉。」

明

沈潤卿，長洲人。黄雲《晋漢印章圖譜》序：「沈潤卿嗜古甚篤，又摹孟思之不及見者，通計若干。印譜無刻本，潤卿刻之，以孟思與己所摹者併刻焉，用繼伯順、子昂。」

金湜，字本清，號太虔生，又號朽木居士，鄞人。《畫史彙傳》：「本清于正統辛西舉于鄉，以善書授中書舍人至太僕丞。竹石甚佳，鉤勒竹尤妙。善法篆隸行草，綽有晉人風致，善摹印篆。」

周紹元，字希安，松江人。《松江府志》：「希安爲思兼子，蚤孤，攻苦績學年二十，困於病，杜門學詩，隱居藻里，性不可一世，憤時激俗，崚嶒不可近人，亮其坦夷久而安之。工八分，精篆刻，所著有《我貴編》。

陳助，字賢佐，崑山人。《姑蘇志》：「正統初，以薦授桐廬縣丞，歷臨江、新淦、金谿知縣，寫喬柯竹石，精率更書，旁曉篆隸、漢晉印章。通理學，里中號爲十鋒。」

孫一元，字太初，號太白山人。徐元懋《古今印史》：「孫太初印多自製，時有方唯一者，眇一目而善謔，孫爲製一印，唯一書輒用之。李獻吉戲題其上曰：方唯一目，印制甚曲，信是盲人，罔覺其俗。唯一知而亟毀之。印制乃朱文，三字相連而横界其中，寓目字也。」朱彝尊《明詩綜》：「太初不知何許人，或曰安化王孫也。嘗西入華，南入衡，東入泰，南入吴，就昏於吴興施氏。與劉麟、吴琉、陸崑、龍霓稱苕谿五隱。有《太白山人漫稿》。」

黄宗炎，字晦木，一字立谿，餘姚人。《畫史彙傳》：「晦木人稱鷓鴣先生，忠端公次子，崇禎時明經。甲申後隱遊石門、海昌，賣畫自給，宗小李將軍、趙千里。工繆篆，善製硯。著有《周易象詞》、《尋門餘論》、《學圃辨惑》諸書。」

陳于王，晋江人。《福建通志》：「于王能詩畫，工篆隸，鐫刻圖章尤精雅絶倫。」

祁豸佳，字止祥，山陰人。《畫史彙傳》：「止祥爲天啟丁卯孝廉，以教諭遷吏部司務，甲申後不仕，隱梅市。山水入荊關室，又善花卉，書學思翁。詩文詞皆有致，至于歌奕圖章百戲俱善。」

黄正卿，李舒章《蓼齋集·黄正卿詩印册序》：「黄子正卿能爲詩，雅逸清超，勝者儲孟之間，而古文摹印自成作者，近代何朱之學無以過之，要不離乎秦漢者近是。」

金申之，《蓼齋集》：「吴門金申之爲弟方外友，其人今之樓君卿也。工詞賦，善篆刻，字皆絶人。」

汪炳，字虎文，休寧人。《嘯虹筆記》：「虎文之先人暨其兄俱官京師，虎文又燕産也。少讀書，過目成誦，其兄既明爲中翰，精四體書，是以虎文於書法特有家學焉。甲申以後，挈家南還，僑寓武林，見朱修齡印譜中即倣之，一捉筆即能度越其妙。再遊維揚，遇程穆倩，彼此出印譜相證，穆倩歎服，握其手曰：始自以爲無踰者，今見子，則此事當與子分任之。」

徐念芝，浙人。《嘯虹筆記》：「念芝遇虎文於鄭中丞座，念芝固名手，即席從虎文學焉。」

汪濤，字山來，休寧人。《嘯虹筆記》：「山來多膂力，人呼之夢龍將軍。真草隸篆以及諸家法書，無所不精。大則一字方丈，小則徑寸千言，鐵筆之妙，包羅百家，前無古人。岳陽樓額字徑丈，乃濤所書也。」

方仲芝，歙人。周亮工《印人傳》：「家大人印多喜歙方仲芝，以其工象牙、黄楊也。」

何濤，《印人傳》：「濤，雪漁子，亦能印。」

陳雷，字古尊，杭州人。見《印人傳》。

翁陵，字壽如，閩之建寧人。周亮工《讀畫録》：「壽如工畫能詩，小楷、圖章、分書，皆有意致。」

朱修齡，休寧人。《嘯虹筆記》：「修齡倣漢銅頗入妙，但生動之中不無太過。」

按：朱簡號修能，亦休寧人。未知是一是二。

楊敏來，吴人。《嘯虹筆記》：「敏來，汪虎文弟子也。」

劉衛卿，休寧人。《嘯虹筆記》：「衛卿博識古篆，刀筆古樸。」

趙時朗，字天醉，休寧人。《嘯虹筆記》：「天醉書畫入妙，篆刻蒼健嚴緊。」

趙又吕，《嘯虹筆記》：「又吕，時朗之姪也。篆刻古樸渾雅。」

趙端，見《嘯虹筆記》。

汪以滂，休寧人。《嘯虹筆記》：「以滂，篆刻爽秀精勁，尤工鐘鼎。」

國朝印識卷一

婁縣馮承輝少眉纂

米漢雯，字紫來，宛平人。王士正《香祖筆記》：「紫來，順治十八年登第，工書畫，仿米南宫，尤工金石刻，以長葛縣行取舉博學鴻詞，官至侍講。」

張貞，字起元，號杞園，安邱人。盧見曾《山左詩鈔》：「起元，康熙壬子拔貢生，舉博學鴻詞。召試授翰林待詔，有《勉厚堂集》。」王士正《半部集序》：「君博學好古，能鑑别書畫鼎彝之屬，精金石篆刻。間歲出遊吴越，與高士名僧邂逅山水間，觴詠以爲樂，既而購書千卷以歸。」

何鐵，字龍若，小字阿墨，鎮江人。陳其年《湖海樓詞》：「龍若，流寓泰州，精詩畫，工篆刻。」

嚴漢生，鄞縣人。鄭梁《見黄集》：「余幼習篆印於同邑沈章谿及族伯父省菴兩先生，皆以余爲能，爲余言其法甚詳。蓋章谿得之鄞邑章君載道，章君得之慈谿姜君應鳳，其法實源於吴中文氏。而我伯父爲章谿密友，其講究大略相同。亡何，章谿物故，伯父亦老，而嚴子漢生遊四方數十年，來歸，一旦赫然以篆印名邑里間。」

鄭梁，號禹梅，又號寒村，慈谿人。《見黄集》：「黄梨州弟子也，幼習篆刻。」《畫徵録》：「鄭梁，康熙戊辰進士，官至高州府，善山水，暮年右臂不仁，以左手作畫，饒别致。詩有《曉行詩》最佳，人呼爲鄭曉行。」

沈遴奇，字子常，一字觀侯，號章谿。《見黄集·沈章谿墓志》：章谿，慈谿人，早歲即補弟子員，以好事蕩其家産。工書，尤精篆印，梁幼從先生時時舉其法以告之。」

羅鴻圖，字文河，掖縣人。《山左詩鈔》：「文河，康熙壬子拔貢生，與即墨楊六謙同爲學使施愚山先生所賞識，稱諸生祭酒，壬子貢入太學，屢試京兆不利，乃專精六書之學。工於繆篆，自號寓意子，其金石刻畫士大夫争購而什襲藏之。有《銕筆譜》二卷行於世。」

王睿章，字曾麓，南匯人。《松江府志》：「曾麓，工鐵筆，學古而無跡，自謂妙處全在神韻。名與莫秉清、張智錫相鼎峙，卒年九十八。有《醉愛居印賞》。」

丁敬，字敬身，一字鈍丁，自號龍泓山人，錢塘人。汪啟淑《飛鴻堂印人傳》：「鈍丁起闤闠中，而矢志向學，於書無不窺，嗜古耽奇，尤究心於金石碑版，著有《武林金石録》，該博詳審，詩古文筆力超雋，有皮陸之遺。以其餘緒留意鐵筆，古拗峭折，直追秦漢。所著詩文集甚富，鄰人不戒，災及其廬，罄所藏弆，所流布者蓋幾希矣。年六十有四。」

蔣元龍，字乾九，一字雲卿，又號春雨，秀水人。汪《印人傳》：「春雨篤學嗜古，工詩文，精貴鑑，究心金石書畫。出其餘技，寄興鐵筆，用釘頭隨意鐫刻，多白文，不暇修飾，頗饒古趣。」陳鱣詩注：「春雨以羚羊尖手刻名號，傳爲韻事。」

王澍，字虛舟，號篛林，金壇人。查昌岐《論印絶句》：「鄭填徐貞木絶技擅名同，程邃許容他時號國工。最愛金壇王吏部篛林先生，雕蟲遊戲亦神通。」

閔貞，號正齋，江西人。汪《印人傳》：「正齋，山水花鳥設色別具幽趣，而潑墨尤高古雅淡，其白描羅漢士女則幾奪龍眠之席，又寄情篆刻，專宗秦漢。」

萬允誠，鄞縣人。鄭梁《五丁集》：「允誠善書，工篆刻。」

沈鳳，字凡民，江陰人。鄭燮《板橋集》：「凡民，官盱眙縣令。」王箬林太史門生，工篆刻。

朱奔，字公放，歸安人。汪《印人傳》：公放，初名杏芳，字雲裁，諸生。屢困塲屋，遂改今名，字漁山，自號黄稗道人，蓋自寓其意也。放情山水，肆志篆刻，尤精音律。辛未春，翠華南幸，莊滋圃大中丞撫全吴時，延譜《迎鑾新曲》，一時爲之紙貴，盧雅雨運使再至兩淮館於署齋，月餘成《玉尺樓傳奇》，授之梨園。著有《摹印篆》一卷，《印律》一卷，《漁山刻印稿》一卷，《宫調譜》八十卷。

徐夔，字龍友，長洲人。汪《印人傳》：「龍友，著有《裒爽亭詩集》，寡女以女工所入，壽剞劂而行之，歸愚宗伯爲之序。龍友於書無不窺，詩文悲壯，間作金石篆刻，蒼雅秀健，得文、何二家法。」

周整，字頓菴，仁和人。汪《印人傳》：「頓菴棄帖括而專力於古文及六書，與穆門徵君京爲雁行，相與切磋，隆譽日起。爲文有孫樵、劉蜕遺風，彈琴詠歌，寄情篆刻，壽至八旬而卒。」

王宛虹，《五丁集》：「宛虹入孝友，出謹信，淡泊於世故之紛華而孜孜焉。臨徵仲之書，倣三橋之印，其性情亦已過人矣。」

陳炳，字虎文，吴縣人。《吴縣志》：「虎文性狷介，不肯隨俗而意致高逸。詩宗王、孟，又好鐫印章類顧苓，晚喜效趙宧光作草篆，八十餘卒。」

沈龢，字石民，常熟人。《虞山畫志》：「石民，工書畫，善篆刻。」

巢于，號阿閣，蘭陵人。《江上漁郎印律》，阿閣著，林佶爲序。

閻左汾，王士正《蠶尾文集·跋左汾印譜》云：「左汾文章妙一世，遊藝篆刻，不肯屈曲以趨時好，而唯古是師。其於文章亦猶是矣，藝云乎哉。」

顧藹吉，字晼先，改字天山，號南原，吴縣人。《吴縣志》：「南原以貢生纂修得官，終於儀徵學博。精繆篆，工分書，兼長山水，爲宋駿業、王原祁所稱賞。」

楊陞，字幼清，松江人。《婁縣志》：「幼清，工金石刻，書法二王，沈文恪公徒步往訪焉。」

沈心，字房仲，仁和人。厲鶚《樊榭山房集》有《和房仲論印詩》十首。金農，字壽門，又字冬心，錢塘人。沈房仲《論印詩》：「隻眼只推金壽門。」張庚《畫徵録》：「壽門好古力學，工詩文，持論不同流俗，精鑒賞，工書畫，著有《冬詩鈔》。」

祝潛，號兼山，又號野亭長，海寧人。周春《和論印絶句》注：「楊園先生極重兼山，世人但知精篆刻而已。」張宏牧《篆學淵源》：「兼山，號初陽山人，名譟儒林。刻印亦倣白榆，但刀法欠精神耳。」

祝翼良，海鹽人。《翼良印譜》其自刻一印云「百八峰間祝埜老行十八名翼良字漢師自號識字農有髮頭陀澹道人」三十八字。康熙雍正間，與兄兼山，均以篆籀名於世。周春《和論印絶句》：「兼山猶子漢師，能於徑寸石上作數百言。」陳鱣《和論印絶句》注：「兼山之弟，嘗取字之有關於漢師二字者，更倣古各爲百印，名《自娱集》。」按：漢師，周云兼山猶子，陳云是弟，未知孰是。

徐寅，號虎侯。《篆學淵源》：「虎侯，白榆之子，名重京師，過於乃翁。其所刻印雖多斧鑿痕，未造自然，然循循乎規矩，不失家學之傳。」

韓韞玉，字美斯。陳鱣《和論印絶句》注：「徐虹亭《南洲草堂集》有海寧韓美斯印譜跋，稱其博學好古，美斯與余家隣近，爲先君子刻圖章最多，今莫能舉其姓氏矣。」

查介龕，陳鱣《和論印詩》注：「介龕，工鐵筆，爲初白所最稱，姪舜俞，孫若農，并傳家法。」

陳乾初，海寧人。陳鱣《和論印詩》注：「余六世叔祖乾初公兼精篆刻，曾孫曾貽能世其學，又九南高叔祖得文氏三昧，子即目耕先生。」

黄樸，字素心，錢唐人。倪印《元和論印詩注》。

萬光泰，字柘坡，秀水人。蔣元龍《論印詩注》：「篔莊印樸乃柘坡萬孝廉手刻印存，惜不可問矣。」

江濯之，字漢臣，徽州人。《篆學淵源》：「漢臣所刻晶玉印甚佳，名重公卿間，曹秋岳先生延之上賓。後遊閩卒，石刻不概見。」

陳戴高，字山止，亦稱山朗，號鶴崖，仁和人。《篆學淵源》：「山止贅於濮，因家焉，書法鍾太傅。其篆刻的真三橋，雖與白榆友善而實私淑之。」

俞廷諤，初名經，字夔千，又號葵軒。《篆學淵源》：「葵軒因眇一目遂號眇狂，桐之鳳棲里人，工書法，耑精篆刻，其得意作，入白榆刻中幾無辨也。」

范風仁，號梅隱，嘉興人。《篆學淵源》：「梅隱，寄寓吴江笠澤上，工畫梅，故自號梅隱。書法蒼勁，其篆刻似雪漁。鄭生禹甸寄余《范印》一卷百五十方，今入四先生刻册，四先生，何雪漁、丁元公、蘇嘯民、范梅隱也。」

陳王石，號師黄。見宏覺禪師《印藪》。《篆學淵源》：「師黄爲木陳上人作印三十餘方，秀婉可喜，他亦不多見。觀其款刻，蘇人訪之不可得，雖其人已死，其名何可没也。」

張曙，號玠菴，上海人。見宏覺禪師《印藪》。《篆學淵源》：「玠菴爲木陳篆刻甚蒼老，又不類師黄，余如海上訪之，名藉甚也。」

李元閎，號中泠，山陰人。見宏覺禪師《印藪》。《篆學淵源》：「中泠與姚江都素修俱受業於師黄之門，兩人所刻雖與今之版弱者迥別，然不及其師遠矣。」

莊允錫，字廷占。《篆學淵源》：「廷占，號浣躬，梧桐里人。少師白榆，結構矜嚴，但欠精神耳。」

陳成永，號元期，海寧人。《篆學淵源》：「元期，本世家子，庚辰進士，讀書中秘，篆法三橋，惜所作甚尠。」

殳孔威，《篆學淵源》：「孔威，印師眇狂，晚年太求老到，未免入俗耳。」

魏閬臣，號又虞。《篆學淵源》：「又虞，桐人，所刻紫檀黄楊印甚工緻，文人之作也。」

吴暉，字秋朗，樵川人。彭藴燦《畫史彙傳》：「秋朗工畫能詩，行楷多逸致，圖章仿文氏，以多技稱。」

顧貞觀，字華峰，一字梁汾。周《印人傳》：「貞觀，官中翰，其祖父皆以文章理學名世，中翰能繼之。戲爲圖章，遂臻妙境。」

李根，字雲谷，侯官人。《畫史彙傳》：「雲谷畫有遠致，佛象極静穆，工詩，小楷得晋魏遺意。精篆籀之學，圖章倣秦漢，注《廣金石韻府》。」

李希喬，字遷于，號石鹿山人，歙人。施潤章《愚山文集》：「石鹿山人長於竹石人物，工篆刻，鉤勒法帖，斲竹鏤刻如寫生，稱絶技。」

張在辛，字卯君，號柏庭。《山左詩鈔》：「在辛，貞子，康熙丙寅拔貢生，授觀城教諭。有《隱厚堂遺稿》、《畫石瑣言》。」又云：「先生工鐵筆，嘗爲鐫小印，膠州高西園鳳翰閲予印譜，見即别之，曰此非我卯君不能作也。家有寶墨樓藏書畫古玩，燬於火，詩文集亦燼，故傳世無幾篇。」

林公兆，甫田人。阮文錫詩：「林君巨族出甫田，寄跡燕吴家在魯。篆學一掃庸俗工，擅筆嶄巖勝釵股。」

王遊，無錫人。

吕柏庭，無錫人。二人見《李耕先印譜》。

謝黄山，新安人。汪淇《尺牘新語二編》：「陸敏樹曰：手筆逼秦漢，晶玉尤絶。」

陳觀瀾，《尺牘新語二編》：「善印章，嘗自論曰：非僅以秦漢爲師，尤貴師其變動入神耳。」

沈荻，字殿秋，華亭人。《畫徵録》：「殿秋爲獅峰曾孫，山水得家傳，通六書，精篆刻。」

許容，字默公，如皋人。《畫史彙傳》：「默公曾官閩中，善山水及著色芭蕉，諱而不作。六書小篆圖章不讓秦漢。」《篆學淵源》：「實甫往來京師十年，王公大人聞其名延致之，嘗爲閩吏，因風輸餉舟覆罷官。」按：默公著有《印略》、《印鑑》、《谷園印譜》、《韞光樓印譜》，又輯《篆海》數十卷。

高鳳翰，字西園，號南村，膠州人。《畫史彙傳》：「南村，晚號南阜老人，因右臂不仁，以左手作畫，號尚左生。雍正丁未，以生員舉孝廉端方，任歙縣丞。山水氣勝，不拘於法，草書圓勁飛動。嗜硯，收藏千餘，自銘大半，著《硯史》。繆篆印章全法秦漢。乾隆癸亥年六十一，自譔生壙志。」

高翔，字鳳岡，號西唐，甘泉人。《畫徵續録》：「西唐，山水人法漸江，參石濤之縱恣。能詩，工繆篆，其刀法師程邃。」

聶際茂，號松巖，山東長山縣人。汪《印人傳》：「松巖留意六書，寄情鐵筆，師安邱張卯君，以蒼深雅健爲宗。著《表聖詩品印譜》，北平黄大中丞叔琳爲之序。」按：戴亨通《慶芝堂集》有《題聶松厓印譜詩》云：「爲我購石鐫數方，但覺鴻黄氣邃窈。」時地相同，或集此人耳。

李鏞，字山濤，嘉興人。《畫徵録》：「山濤畫蘭法，何其仁能取其長而滌其習，兼精金石篆刻。」

陳延，字遐伯，潛山人。《江南通志》：遐伯折右臂，書用左腕，與蕭雲從稱畫院二妙。幼而多慧，見技之善即爲摹仿，尤精篆刻。著《孤行齋集》。

侯文熙，字曰若，無錫人。鄒炳泰《午風堂集》：「我鄉侯曰若文熙，精篆刻，宗文三橋而蒼勁過之，都下王中立度得其傳。前此以鐵筆名者，有倪雪田，以晶玉擅能者吕柏庭高培，青田凍石尤極千古。」按：曰若，一作越石，見《李耕先印譜序》。

陳詩桓，字岱門，號石鶴，江蘇華亭人。汪《印人傳》：「石鶴工丹青，善章草，性兀傲不諧於俗。鐵書高古，闖入兩漢閫奧。」

陳龍書，字山田，詩桓子。顧楨詩：「六香父子相挺出，腕力直使千人靡。西庵陳鍊沈皋杜蘅工瘦勁，各以寸鐵争權奇。」

黄孝錫，字備成，號約圃，吴縣人。汪《印人傳》：「約圃家吴縣之木瀆鎮，饒於財，好結客。屏棄一切，專精篆籀三十年，藝益工而家益落，聲名藉甚。吴會間得其一波一磔莫不珍庋，以爲枕秘。著有《棣花堂印譜》、《篆學》二種。」

朱爚，字郁文，號霞川，江寧人。徐承烈《聽兩軒雜記》：「郁文，明齊王榑十一世孫，世居秣陵文德橋，謙厚誠古之君子也。詩文、音律、鐵筆、篆書，俱妙冠當時。」

袁三俊，字籲尊，號抱瓮，長洲人。汪《印人傳》：「三俊工篆刻，章法秦漢兼得顧苓陳炳之神。品高潔，非可以貨得也。著有《抱瓮印稿》，沈歸愚宗伯爲之序。」

袁孝詠，字慧音，三俊子，能世其業。

沈皋，字聞天，歸安人。汪《印人傳》：「聞天鐵筆最工白文，絶類何雪漁、蘇嘯民。所著有《六泉印譜》四卷。」

黄吕，字次黄，號鳳六山人，歙縣人。汪《印人傳》：「次黄，白山先生之嗣君也，白山著作等身，名藉藉大江南北間。通六書，工篆刻。鳳六舞象時即秉庭訓，所製印多遒勁蒼秀，有秦漢遺風。兼精繪事，山水、人物、花鳥縱所如皆臻妙。」《畫識》：「次黄作畫成，題詩幀首，以自鐫印鈐之，人謂其四美具焉。」

胡志仁，字井輝，號曙湖，山陰人。汪《印人傳》：「曙湖，晚號華顛老人，能詩，工篆刻。」

顧光烈，字開周，號楓林，錢塘人。汪《印人傳》：「楓林研究六書篆刻，凡有所作，精心擊叩，必窮其根源，務合於古人乃已，風韻在蘇泗水、吴亦步之間。」

嚴源，字景湘，號素峰，常熟人。汪《印人傳》：「素峰究心金石等書，又親承浩菴徐太史指授，遂以鐵筆名，師尚秦漢，唐宋不屑也。」

强行健，字順之，號易窗道人，上海縣人。汪《印人傳》：「易窗道人書似谷口，詩法劍南，篆刻師何主臣、蘇泗水。著有《印管》十二卷。」

徐堂，字紀南，號秋竹，又號南徐，仁和人。汪《印人傳》：「紀南，仁和諸生，工詩，習篆籀鐵筆，其所製印皆秀整中蒼勁。所著有《藉谿古堂詩集》二卷。」

許儀，字子韶，號鶴影子，又號歇公，無錫人。《畫史彙傳》：「子韶官中書，窮舅氏李采石技，軼出其上，山水、人物、界畫、花鳥、蟲魚無不盡善，没骨點綴得徐熙法，能寫照花下。印章每以手畫成，真絶技也。善篆籀圖章，尤通醫理。卒年七十有一，著詩集甚夥。」

華半江，無錫人。《午風堂集》：「我鄉華半江，精大小篆，兼精鐵筆。其論篆云：『流弊至草篆，識者心所鄙。守正不徇人，汲古搜根柢。』《秦漢印歌》云：『纖綺怪僻非康莊。』數語盡之。」

潘西鳳，字桐岡，號老桐，新昌人。汪《印人傳》：「王虚舟摹十七帖成，命桐岡書丹，以竹簡勒之，名之曰竹簡十七帖。亦工製印。」

潘封，號小桐。汪《印人傳》：「小桐善製竹印，桐岡子也，能傳家學。」

劉淳，字叔和，號虚白，鐵嶺人。汪《印人傳》：「叔和摹古印章，專師秦漢。」

李德先，字復初，號石塘，江蘇華亭人。汪《印人傳》：「復初好金石文字，肆力摹古銅玉牙石，莫不精妙。」

朱笠亭，海鹽人。汪《印人傳》：「笠亭，丙戌進士，官直隸阜成縣知縣，摹印宗何主臣。」

陳浩，字智周，號芷洲，嘉定人。汪《印人傳》：「芷洲，嘉定諸生，棄舉子業養痾林泉，惟考核三代古文秦漢篆隸以寄興。摹印尤得同里張紫庭秘授，王篛林題所著《古藤齋印譜》曰：『吴興復見，洵非虚語也。』」

張鈞，字右衡，號鏡潭，歙縣人。汪《印人傳》：「鏡潭，刻印蒼勁，著有《鏡潭印賞》十卷。」

徐堅，字孝先，號友竹，吴縣人。《畫史彙傳》：「友竹，山水得子久意，工隸書，善篆刻，挾術遊公卿間，無不倒屣。工詩，有《覞園詩鈔》。」

王瑾，字亦懷，常熟人。《畫史彙傳》：「亦懷，其先自閩遷常熟，畫筆直入古人之室，王翬極稱之。兼篆刻。」

黄德源，字茂叔，馮金伯《畫識》：「茂叔洞曉音律，嘗於市中得古鐵簫，品之有異聲，因爲號。工山水蘭竹寫生，善篆刻。」

黄恩長，字奕載，號蒼雅，長洲人。《畫識》：「蒼雅，花卉宗南唐徐氏，人物山水工細學仇十洲。尤精篆刻，有《敦好齋印譜》、《千頃堂畫譜》。」

吴坤，字皆六，紹興人。《畫識》：「皆六，工山水印章。」

姚鼐，字季調，自號樗園居士，長洲人。汪《印人傳》：「季調工詩文，善草篆，偶寄興鐵筆，宗云美顧氏[一]，摹漢印工整一派。」

張慶熹，字裕之，又字拙餘，嘉興人。汪《印人傳》：「裕之居張山之麓，又號張山樵夫。工詩古文，爲人倜儻有奇氣。善水墨花卉，尤精畫蘭，兼通六書，專參文氏一燈。著有《拙餘印譜》。」

余元之，字貞起，號介石，金華人。汪《印人傳》：「介石，工刻印。」

沈世，字卜周，又字瘦生。汪《印人傳》：「瘦生，書法晋唐，詩臻宋元。工刻印，某方伯俾鐫名印二方，後令重鐫纖媚者，卜周即于廳事前階下磨去，辭以不能，其傲慢如此。」

印學禮，字庭曰，又號茆齋，嘉定人。汪《印人傳》：「茆齋，摹印多天趣。」

余珽，字君儀，號笏齋，婺源人。汪《印人傳》：「笏齋，初名培，有《上諭十六條印譜》行世。」

程瑶田，字亦田，歙縣人。汪《印人傳》：「亦田，生而有文在手曰田，故名之。讀書研求精藴，爲文根於性道。經史餘暇，棲情篆刻，一以秦漢爲法，又留心音律，考辨琴聲，著有《琴音備考》。素工八法，頗得晋人筆致，庚寅舉人大挑，選授嘉定縣教諭。」

黄易，字大易，號小松，仁和人。汪《印人傳》：「小松，習刑名之學，有聲蓮幙。工丹青，得北苑、關仝筆意，刻印專師秦漢。曾問業於丁龍泓，兼工宋元純整諸家，款識亦古雅。」

桂馥，字冬卉，號未谷，曲阜人。汪《印人傳》：「未谷，慨摹印一燈欲絶，遂集古若干，乃以唐韻次之，釐爲五卷，甚有功於藝苑。由明經貢於京師，得官學教習。

撰《續三十五舉》，以補吾子行之不及，洵文、何功臣也。」

欽岐，字維新，號支山，吴興縣人。汪《印人傳》：「支山，族有名蘭者，擅摹印，傳習其章法刀法，遂工篆刻。」

周芬，字子芳，號蘭坡，錢塘人。汪《印人傳》：「子芳，工摹刻，倣古尤逼真，兼精製鈕。」

杜世柏，字參雲，嘉定人。汪《印人傳》：「參雲所著有《葭軒印品》四卷。」

陳渭，字桐野，號首亭，平湖人。汪《印人傳》：「首亭，鐵筆詩格皆淡遠蒼秀。」

徐必達，字東明，號星橋，華亭人。姜兆翀《松江詩鈔》：「東明，華亭諸生，詩文外，旁及陰陽、樹藝，臨摹篆刻。未娶，卒年四十。」

徐熙杲，字唐運，上海人。《上海志》：「唐運，工詩善書，長於繆篆，性迂僻，乞其書即素交亦不肯作，興至縱筆數十幅不倦。」

諸葛胙，號永年，蕪湖人。《松江詩鈔》：「永年能鐫銅章，鍊銅鋼皆自爲之，鹿文啟有詩。」

吴逵，號心禪，婁縣人。《松江府志》：「心禪，禮部儒士，工書畫花鳥，善篆刻。」

祝昭，字亮臣。《當塗縣志》：「亮臣能詩，善八分書，至鐫一石，彈一調，圖一幅，無不稱絶。遊歷所至，士大夫皆重之。」

吴肅雲，字竹蓀，號盟鷗，徽州人。《圖繪寶鑑》：「竹蓀，工山水，能篆刻，爲人磊落不羈，隨父淮陰家焉。」

瞿元鏡，字端淑，常熟人。虞山《畫識》：「端淑，爲忠宣公式耜子，喜花鳥，兼篆刻。」

朱文震，字清雷，號去羡，歷城人。汪《印人傳》：「清雷，初任西隆州，改詹事府主簿。少孤，家寒，肆力翰墨，擅花卉翎毛山水，幾奪婁東、虞山。精篆隸，會館需善校篆隸之員，改京職。」

校勘記

〔一〕「宗云美顧氏」，「云」，原作「雲」，西泠本亦作「雲」，均誤。

國朝印識卷二

婁縣馮承輝少眉纂

沈胙昌，字乘時，吴縣人。汪《印人傳》：「乘時，原名御天，自號虹橋居士。自幼穎異嗜古，不屑爲科舉。學篆刻師顧云美〔一〕、陳虎文，詩宗玉、韋，書學褚、柳。著有《虹橋印譜》。」

張燕昌，字芑堂，號文魚，海鹽人。汪《印人傳》：「芑堂，以丁酉優貢舉於鄉。精金石，集所見爲《金石契》，補前人所未備，嗜篆刻，丁鈍丁徵君弟子。」

王順曾，號青山，宛平人。汪《印人傳》：「青山，爲敬哉相國之曾孫，詩文倚馬立成，屢躓棘闈，屏棄舉業，棲情篆刻，弋志丹青，實嶔嶔磊落人也。」

汪士通，字宇亨，號東湖，黔人。《黔縣志》：「東湖，係乾隆癸酉孝廉，爲蕭山知縣。山水仿董巨，精真草篆隸鐵筆，居官頗著循聲。卒年五十八歲。崇祀鄉賢，私謚文潔先生。」

程士璉，字商始，號松菴，常熟人。《虞山畫志》：「松菴，工寫墨蘭竹，精篆刻，兼詩。」

周昉，字浚明，崑山人。《畫史彙傳》：「浚明，原籍錢塘，寫山水人物花鳥，兼工詩文，書法褚虞參顏柳，能篆刻。」

李榮曾，字耕先，南通州人。《耕先印譜》序：「其父岑村，有城南草堂印譜，耕先能繼其家學焉。」

王燮，字理堂，號小山，蕪湖人。

沈承昆，號硯亭，烏程人。汪《印人傳》：「硯亭，篆刻頗能深入堂奥而厚自矜貴。俗人以金帛餌之，岸然不顧也，以窮餓客死於旅館。」

唐材，字志霄，號半壑，嘉定人。汪《印人傳》：「半壑，習鐵書，所著有《游藝贅筆》四卷，《印説》一篇。」

范安國，字治堂，秀水人。汪《印人傳》：「治堂，博聞强識，書無不讀，凡操琴、彈棋、寫生、八法、風鑑、堪輿、方診、六緻、河洛、推步，皆心領神會。其鐵筆尤動與古會，即專門名家者不能過也。」

金嘉玉，字汝誠，安徽人。汪《印人傳》：「汝誠，祖業鹽筴，因僑寓浙江之仁和縣。印學何雪漁、蘇爾宣，尤善擘窠篆書。」

朱宏晋，字用錫，號治亭，長洲人。汪《印人傳》：「治亭，工鐵筆，凡金銀瓷竹牙角無不擅長，而刻玉尤精絶。著《潄芳草堂印商》四卷。」

嚴誠，字立菴，號鐵橋，仁和人。汪《印人傳》：「立菴，文師韓昌黎，詩法韋蘇州，畫宗王大癡，隸學蔡伯喈，篆刻仿丁龍泓，尤爲逼肖。」

吴士傑，字雋千，自號漫公，歙人。汪《印人傳》：「漫公，刻印金玉晶牙瓷竹，無所不善，其款識尤精絶。」

仇塏，字霞昌，號霞村，歸安人。汪《印人傳》：「霞村，爲滄柱先生曾孫，善刻印，晶玉尤妙。著有《霞村印譜》。」

張錫珪，字禹懷，號雨亭，又號遯雪，震澤人。汪《印人傳》：「雨亭，鐵筆法顧苓、陳炳，著《雨亭繆篆》。」

王轂，字禦軨，號東蓮，黟縣人。汪《印人傳》：「東蓮，以保舉得荷澤縣丞，鐵筆古雅。」

董元鏡，字觀我，號石芝，漢軍正黃旗人。汪《印人傳》：「石芝，以議敘得大理寺筆帖式，又以漢文應試得茂材。刻印專以漢印爲宗，兼師文氏純正一派。」

汪芬，字桂岩，號蟾客。汪《印人傳》：「桂岩，讀書制義之外旁及篆刻。」

王世宇[二]，字蘭亭，號寫蕉，東湖縣人。汪《印人傳》：「蘭亭，工真草隸篆，能刻印。」

懷履中，字庸安，又字慵菴，號蘭坡，婁縣人。汪《印人傳》：「蘭坡，善鐵筆。」

余鵬翀，字少雲，號月村，懷寧縣人。汪《印人傳》：「月村，橐筆從事幕府，蹤跡幾半天下。性機警，習諸材藝。」

汪斌，字宸瞻，號芥山，歙縣人。汪《印人傳》：「芥山，寓居錢塘，臨摹文、何，却不落許有介、李根輩閫中窠臼。」

甘源，字道淵，號嘯巖，正藍旗漢軍。汪《印人傳》：「道淵喜讀書，以騎射爲苦，善詩古文詞，餘力摹印，一宗秦漢，頗自貴惜。」

戴厚光，字滋德，號花癡，休寧人。汪《印人傳》：「滋德，工花鳥山水人物，印以秦漢爲宗。」

汪成，字洛占，歙縣人。汪《印人傳》：「洛占，肆力古學，鋭意摹印，得文國博一派。」

南光照，字麗久，號鏡浦，又號曉莊，昆明人。汪《印人傳》：「麗久，摹印刀法蒼莽，別具天趣。」

方維翰，字南屏，號種園，大興人。汪《印人傳》：「南屏印學程穆倩。」

黄景仁，字仲則，武進人。汪《印人傳》：「仲則家貧，刻苦力學，古文則肆志史漢，詞華則專心《文選》。二十餘，已得詩二千餘首，以其餘技旁通篆刻，惜不永年。著《鹿非子詩集》、《西蠡印稿》若干卷。」

梅德，字容之，號庾山，南城人。汪《印人傳》：「容之，文章有奇氣，四庫館謄録議敘以州倅分發山右。鐵筆仿文三橋。」

俞廷槐，字拱三，嘉興人。汪《印人傳》：「拱三，白文宗程穆倩，朱文宗朱修能，又通星命象數之學。」

嚴煜，字敬安，嘉定人。汪《印人傳》：「敬安，刻印宗何主臣，兼工山水花鳥及刻竹之術。」

黄掌綸，字展之，龍谿縣人。汪《印人傳》：「展之，山水師荊關，鐵筆輒與古合，迥越時流，有《吟川詩鈔》。」

陸震東，字融伯，德清人。《陰騭文印譜》，融伯著。

吴蒼雷，嘉興人。《春暉堂印始》四卷，蒼雷著，汪秀峰爲之鐫板以行，邵大業爲序。

吴鈞，字陶宰，華亭人。《松江府志》：「陶宰，爲懋謙曾孫，性孤癖，見人無寒暄問。窮搜秘籍，刻苦爲詩文，生平未嘗應試。所居賢遊涇，顔其堂曰：梅花書屋。風鈔雪纂，冷韻蕭然，詩不襲雲間舊派，詩餘尤工。篆隸入古，摹古名印雖吴亦步、蘇爾宣未之或先。著有《獨樹園詩稿》、《鼠朴詞》，年逾五十遽卒。」

趙彦衡，字允平，漳浦人。《福建通志》：「允平，有巧思，能作指南針、自鳴鐘，尤究心西洋算法，洞悉其義。兼工篆刻，能詩。」

徐僖，字松坪，婁縣人。《松江府志》：「松坪，明司寇陟五世孫，工篆刻，子奕蘭世其學，并擅分書。」

王錚，原名鑑，字幼瑩，號鞠人，上海人。《松江詩鈔》：「幼瑩，善蘭竹，精篆刻，工詩。」

王光祖，字雲湄，吴人。《畫史彙傳》：「雲湄，工山水，清腴可愛，兼長點染。作篆書，鐫刻玉印，精琴理，通音律，明數術，醫復有名。」

王玉如，字聲振，奉賢人。《松江府志》：「聲振，精繆篆，嘗館洞庭葉錦懷堂中，鐫石千餘方，渲以丹泥，編成印譜四卷，長洲李果、同里黄之雋序之。」

張圻，字仕一，吴興人。《畫史彙傳》：「仕一，篆刻多巧思，製硯尤良，百工技藝試手皆能，意匠優於師法也。高阜評云：張君之可愛處，正在通與不通之間。」

馬文煜，字起留，吴江人。《江震續志》：「起留，工書畫篆刻，兼精於醫。」

馬咸，字嵩洲，號澤山，平湖人。《畫識》：「澤山，工山水，兼南北兩派，倣小李將軍，尤渲染工細。兼工繆篆，精小楷，凡番舶入市，必購其畫以歸。」

鞠履厚，字坤皋，南匯人。《松江府志》：「坤皋，爲王玉如弟子，頗得其傳。著《坤皋鐵筆》二卷，《印文考略》一卷。」

汪啟淑，字慎儀，號秀峰，又號訒菴，歙縣人。《松江府志》：「秀峰官至兵部職方司郎中，居婁縣金沙灘。癖愛古刻，家中開萬樓藏書數千種，兼喜篆籀，窮搜歷代圖章，編成《集古印存》、《飛鴻堂印譜》、《漢銅印叢》、《退齋印類》以及各種印譜共成二十七種。」按：飛鴻堂諸譜中，有秀峰自製各印，篆法似鈍丁，蒼勁秀潤，宜其賞鑑之獨真也。

陳寅仲，海寧人。鍾大源《論印絶句詩》注：「同里陳寅仲，詩翁誰園次子也。工篆刻，有《銅香書屋遺印譜》一卷，松靄夫子序之，稱其蒼潤秀勁，雅似子昂。」

朱藉山，碭山人。吴騫《論印詩》注：「朱藉山司馬，鐫古印一以漢人爲宗，嘗聚古銅而自倣鑄，號翻沙。刀法蒼勁，雜之漢印幾莫能辨，今爲括蒼令。」

張智錫，字學之，上海人。《上海縣志》：「學之，以鐵筆見稱，渾老遒勁，有蠆尾盤曲之勢。自謂秦章漢篆得之心而應之手云。」

弋中顔，字右度，平湖人。《平湖縣志》：「右度，工篆書，精印章，爲時所稱。」

梁登庸，號惕菴，高都人。《垂棘山房印譜》：「惕菴，著《陋室銘》、《九如》、《百壽》共三集，後附《篆要八則》。」

邵光詔，號飭益山人。《嘯月樓印譜》序：「飭益山人，師事程松，益工篆刻。」

徐有琨，字維揚，號心禪，婁縣人。《婁縣志》：「心禪，工金石刻。」

陳鍊，字在專，號西菴，華亭人。《松江府志》：「在專，能詩善書，能以素師法寫古鐘鼎文，高古奇雅，章法絕妙，其得意者遠過金壽門。工篆刻，著有《秋水園印譜》、《適安堂詩鈔》。」按：西菴印譜有《超然樓印賞》四卷，《秋水園正續》兩集共六卷，《屬雲樓印譜》四卷。

吴鑄，號錦江，金匱人。朱海《妄妄録》：「錦江弱而穎，七歲過目了了，工詩，精篆刻，年三十卒。」

蔣宗海，字星巖，號春農，丹徒人。汪《印人傳》：「春農，壬申進士，官内閣中書。古文師汪鈍翁，隸學桐柏廟碑，精鑑賞，工篆刻，仿文國博。」

花榜，字玉傳，長洲人。汪《印人傳》：「玉傳，摹印宗三橋、杲叔娟秀一派。」

徐觀海，字匯川，又字袖東，號壽石，又號幻庵，上虞人。汪《印人傳》：「匯川，八法、寫生、撫琴、彈棋，莫不精妙，籀篆古樸蒼勁。庚辰舉人，官定邊縣知縣。」

許鉞，字錫範，歙縣人。汪《印人傳》：「錫範，工篆刻。」

毛紹蘭，字佩芳，號雲樵，又號溥堂，遂安人。汪《印人傳》：「佩芳，丁酉拔貢，研究經史，博通藝術，摹印一以秦漢爲法。」

杜超，字越倫，又字月輪，號南岡散人，婁縣人。汪《印人傳》：「越倫，摹印與古會，著有《鏡園印譜》。」

井玉樹，字丹木，號柏庭，文安人。汪《印人傳》：「丹木，鐵筆合秦漢法度，刻有《柏庭印譜》。」

姜煒，字若彤，上元人。汪《印人傳》：「若彤，摹印仿秦漢。」

翟潢生，字容清，號岸舫，涇縣人。汪《印人傳》：「容清，工青烏之術，刻印非其人不輕爲奏刀。著有《岸舫詩鈔》、《語古堂印存》。」

金鏐，字肅臣，號燧山，山陰人。汪《印人傳》：「肅臣，諸生，工鐵筆。」

岳高原，名載，號雨軒，歸安人。汪《印人傳》：「高原，篆刻摹秦漢。」

施景禹，字濬源，號南昀，如皋人。汪《印人傳》：「濬源，摹印私淑文氏，饒嫣潤秀逸之致。著《小停雲館印略》。」

張梓，字幹庭，號瞻園，上海人。汪《印人傳》：「幹庭，詩宗盛唐，隸書仿《曹全碑》，刻印宗同邑沈學之，繼仿王梧林、歸文休。」

鄭基成，字大雋，號東江，青浦人。汪《印人傳》：「大雋，刻印仿秦漢，所著有《花甲》、《壽言》二種印譜。」

黄塤，字振武，號丙塘，歙縣人。汪《印人傳》：「振武，少有神童之名，以父業鹽筴於浙，以商籍補博士弟子員。工書畫，篆刻宗蘇嘯民、吴亦步。」

鄭際唐，號雲門，侯官人。汪《印人傳》：「雲門，己丑翰林，書法由歐、顔而米、蔡，刻印章法刀法皆文秀，異於世俗之爲鐵書者。」

黄鉞，號左田，當塗人。汪《印人傳》：「左田，讀書穎慧過人，日以寸計，作時藝不屑爲凡近語。山水花鳥人物點染咸有味外味。摹印師承秦漢，不尚訛缺剥蝕以爲古，頗契文氏真傳。」按：公官尚書子告旋里。

吴樹萱，初名傑，吴縣人。汪《印人傳》：「樹萱，工篆隸摹印，師承秦漢，尤愛顧云美。」

高秉，字青疇，號澤公，又號蒙叟，漢軍鑲黄旗人。汪《印人傳》：「青疇，恪勤公其佩之孫也。好讀書，不染紈綺習，摹印雖不拘拘於學步秦漢，而奏刀皆合古法。」

趙丙棫，字芃谷，號養拙居士，一字仰材，山陰人。汪《印人傳》：「芃谷，工篆隸，摹印初師曙湖，後學朱修能，又一變而宗程穆倩。」

徐鼎，字丕文，號調圃，華亭人。汪《印人傳》：「摹印兼善文何兩派。」

徐鈺，字席珍，號訥菴。汪《印人傳》：「席珍，爲丕文之弟，善鐫晶玉銅瓷印章。著有《訥菴印稿》四卷。」

江源，字豫堂，號修水，松江人。汪《印人傳》：「豫堂以諸生專治喉科，篆刻瓣香修能亦步，又善撫琴。」

朱德坪，字叔玉，號藉山，碭山人。汪《印人傳》：「叔玉刻印摹秦漢，奏刀輒與古會，又工畫。」

楊謙，字吉人，嘉定人。汪《印人傳》：「吉人家素封，入貲授州司馬，篆刻尤工牙竹印。」

方成培，字仰松，號後巖，歙縣人。汪《印人傳》：「仰松，工倚聲，鐵書仿程穆倩。著《聽奕軒詞稿》、《後巖印譜》。」

金銓，字汝衡，號野田，天津人。汪《印人傳》：「汝衡，篆刻一以秦漢爲宗。」

孫克述，字汝明，黟縣人。汪《印人傳》：「汝明，與吴漫公、程瑶田諸公討論，刀法高古渾樸，迥絶時流。」

錢樹，字寶庭，號梅簃，仁和人。汪《印人傳》：「寶庭，爲湘蓴方伯之家嗣，篆刻私淑丁龍泓。」

朱芬，號香初，宋咸熙《耐冷譚》：「香初，官別駕，才華富麗，意氣慷慨。工古篆石刻，嘗從軍黔中，遊華山，賦四支全韻，人呼爲朱四支。」

王桐孫，字穉堅，號約夫，長洲人。王芑孫《淵雅堂文集》：「約夫，鐵夫先生之弟也。工刻印之術，惜弱冠遽殁，名未甚彰。」

吴晋元，號錫康。《淵雅堂集》：「錫康，工製印，兼精醫。」

曹宗載，號桐石，海昌人。《耐冷譚》：「桐石，古道績學，尤工篆刻，著《東山樓詩》八卷。」

葛師旦，字匡周，號石村，寶山人。《畫識》：「匡周，工山水，精篆刻，通陰陽地理。博學多能，詩亦清遠。性恬淡，非素交不易致也。」

宋思仁，字藹若，號汝和，長洲人。《蘇州府志》：「藹若，爲山東糧道。蘭竹雅韻，好鑑古，精篆刻，多蓄古印章，著印譜。詩有《槖餘存稿》、《廣輿吟》，兼通星卜堪輿。」

謝廷玉，字雪吟，金山縣人。《金山縣志》：「雪吟，好以水墨寫生，仿米氏雲山，世尤珍之，工篆刻。」

史榮，字漢桓，一字雪汀，鄞縣人。《畫史彙傳》：「漢桓，善花卉，熟於十七史，尤精小學，工詩文及篆刻。」

鮑鑑，字冰士。《鍾祥縣志》：「冰士，善畫梅，寫生尤足赤幟藝林，兼工篆刻。」

保逢泰，字極蟠，號仙巖。《畫識》：「極蟠，善寫生，尤長蝴蝶。未冠即工篆隸鐵筆。詩有《仙巖詩鈔》。」

嚴翼，字晴川，號退盧。《畫史彙傳》：「晴川，爲兆騏子，工畫，兼善篆隸鐵筆，惜不永年。」

董漢禹，字滄門。《閩中書畫姓氏録》：「滄門，善寫松竹，精治端硯，工篆刻。」

董洵，字企泉，號小池，又號念巢，山陰人。《畫史彙傳》：「企泉，居京師爲四川寶邑主簿。寫蘭竹，習篆刻。落職後蕭然攜琴書遍遊蜀中名勝，詩益鴻放，畫亦雄奇。著《小池詩鈔》、《董氏印式》。」

圖章。」

張純脩，字子敏，號見陽，古梗陽人。《圖繪寶鑑續纂》：「子敏，筮仕邑令，得北苑、南宫之沉鬱，兼雲林之逸淡，蓋其收藏富而多所取資也。書法晋唐，更善圖章。」

陶竄，字若子，號甄夫，順德人。《畫史彙傳》：「甄夫，畫款自署陶者，或云湘潭人。世襲錦衣，晚居金陵。長花卉，初父浤殁於滇之教化長官司地，竄携幼弟徒步六千里歸楚，復隻身奉母歸。工詩文，精書法，能篆刻。年八十餘卒，稱南粤錚士也。」

張溶，字鏡心，號石泉，婁縣人。《畫識》：「石泉，工花鳥，無俗韻，精篆刻，鎸銅玉章稱絶，製鈕亦妙。」

佘觀國，號石癲，又號竺西。《畫史彙傳》：「竺西，熙璋子，以方略館議敘爲曲靖府巡檢。工竹石，長篆刻。謝職後居宣武門外朱太史彝尊之古藤書屋，緑蔭滿徑，瓔珞低垂，酌酒賦詩，操觚染翰，高風可挹。」

戴啟偉，字士奇，號友石，休寧人。《嘯月樓印賞》邵光詔序云：「戴子士奇與汪君秀峰爲莫逆交，秀峰固博雅君子，圖書之富不殊鄴架，然則戴子之獲益多矣。」又方昂序云：「戴君友石嗜古好學，以所摹秦漢以逮元明及自刻之印集成一函，名曰《嘯月樓印譜》。」

楊汝諧，字端揆，號退谷，華亭人。《畫史彙傳》：「端揆以貲授通判，工山水花卉，行楷入香光之室，通音律，能詩，寄情篆刻。著《崇雅堂詩鈔》。」

華開，字秀張，烏程人。《畫識》：「秀張，工八分繆篆，畫爲沈宗騫入室弟子。」

孫衛，字虹橋，青浦人。《畫識》：「虹橋能書，工摹印。」

孫光禮，崑山人。《畫識》：「光禮，篆刻書畫爲時推重。」

錢世徵，字聘侯，松江人。《畫識》：「聘侯，工墨蘭篆刻，著《含翠軒印存》。」

姚銓，字鶚升，號蘧谿，常熟人。《虞山畫志》：「鶚升，構思敏巧，嘗從江聲畫竹，間寫花卉，兼篆刻。」

喬林，字翰園，號墨莊，如皋人。《畫志》：「翰園，工詩畫，善篆隸，至鐫刻晶玉瓷牙圖章，各臻其妙，而手製竹根印章尤精雅絶俗。」

喬昱，字丹輝，號鏡澤。《畫識》：「丹輝，林長子，水墨蘭竹、篆刻克承家學。」

施肇，號澗芝，石門人。《耐冷譚》：「澗芝，喜吟詠，擅鐵筆，其詩阮宫保采入《輶軒集》中。」

胡琳，字與真，太倉人。《畫史彙傳》：「與真，工書畫，又善鐫刻圖章。」

張奇，字正甫，江都人。《畫史彙傳》：「正甫，工山水花卉，兼篆籀印章。」

張敔，字芷園，號雪鴻，又號木者，江寧人。《畫史彙傳》：「芷園先世桐城，遷江寧歷城籍，乾隆壬午孝廉，爲湖北知縣。畫無不妙，寫真尤神肖，往往不擕圖章，畫竟率筆作印亦精妙。爲人聰穎絶倫，精真草篆隸飛白書，至若左手竹箸、指頭書畫，無不造極。工詩。」

蔣仁，號山堂，杭州人。郭麐《靈芬館集題山堂石墨詩》序：「二印杭州蔣先生仁手自刻畫者也，先生性孤介而篤於交誼，書法篆刻妙絶一時，而不以名家。至貧時不舉火，所居老屋兩間欹危殊甚。琴書并竈咸在其側，山妻小女欣然忘貧，雖古之天民，未能過也。」

奚岡，號鐵生，自號蒙泉外史，錢塘人。陳鱣《和論印詩》注引吴騫爲陳目耕《存幾希齋印譜》序云：「當集詩君當印人之會，蓋黄小松、張芑堂、奚鐵生、陳目耕也。」按：錢塘金森襲《山堂印譜》中，集丁龍泓、奚鐵生、黄小松、陳秋堂、陳曼生、屠琴隖、趙次閑所刻印也。

陳豫鍾，字浚儀，號秋堂，錢塘人。《畫史彙傳》：「浚儀，錢塘諸生，精篆刻八分，所畫松竹以篆法通之，殊有典型。」

屠倬，字孟昭，號琴隖，錢塘人。屠倬《是程堂集》：「嚴蕙櫋屬余爲其姬人香脩篆印，并鐫此詩於石：一角葫蘆宛轉絲，生香名字鏡鸞知。水晶宫裡嬰蘭婦，押尾真成倒好嬉。」按：琴隖以翰林出爲知縣，保舉知府。書仿南田，畫學鐵生，刻印神似漢人。

陳洪疇，字畦旃，號息巢，所城人。《畫識》：「畦旃，山水有逸趣，性聰慧，凡真草八分篆刻諸技，皆不學而能，工詩詞。」

吴晉，字日三，號進之。《畫識》：「日三，本新安望族，遷婁縣，精研字學，洞悉大小篆隸源流，篆刻亦得古趣。」

屈培基，字元安，又字長卿。陳廷慶《謙受堂集》：「詩云作書兼八分，家鷄野鶩嗤紛紛。詩句清新庾鮑亞，畫圖佳麗尹邢倫。尤研篆刻爲鐵筆，筆意遠從史籀出。」

陳權，《謙受堂集》：「陳生爲余鐫花乳石相贈，曰書隱。」

汪古香，《謙受堂集》：「汪十三古香，爲我鐫金石交、米舫、長年等印，口占四絶以贈。中有云：我學谿羲徒刻鵠，君宗皇象富雕蟲。書傭石友神仙妬，不到窮時不得工。」

張藥房，粵東人。《謙受堂集》：「詩云張芝起粵東，校讎間試雕蟲術。」

柏樹琪，號玗林，海昌人。《耐冷譚》：「玗林，讀書外紛華無所騖，以其餘力吟詩、作畫、摹印、訪碑，搜羅既富，拓室儲之，顔曰四癖。」

陳鴻壽，字曼生，錢塘人。《畫史彙傳》：「曼生，辛酉拔貢，爲淮安府同知。詩文書畫皆以姿勝，篆刻追秦漢，浙中人悉宗之。居恒著述自娱，延謁名宿寒俊，故人樂與之交。」

王旭，號赤城。陳文述《畫林新詠》：「余童蒙師也。書法類香光，鐫印似文三橋。畫不多作，露蟬煙柳深得曉風殘月之致。」

鍾浩，字養斯，號小吾，長興人。《畫識》：「養斯，歷官全椒桑植縣，以指墨名，工詩，能篆隸，長鐵筆。」

孫坤，字育夫，號漱生。《畫識》：「漱生，工山水花鳥，長鐵筆，善製硯，士林爭購之。」

徐在田，號處山，婁縣人。欽善《吉堂文稿》：「處山，西郊人，工篆刻，畫梅花，作艱澀詩文。父母亡，衣墨衰終身，勿嗜酒，多放言。」

程坎孚，吴江人。《畫識》：「坎孚，居吴江之平夢，從籜石先生學寫花卉，并善人物篆刻。」

張鏐，字紫貞，號老薑，揚州人。《畫識》：「紫貞，善山水，工八分書兼長篆刻。嬾不修邊幅，不飲酒而嘗以詩代飲。」

祁子瑞，初名階蓂，字孝先，號虚白，婁縣人。《畫識》：「孝先，工山水及鐵筆，畫蒼而秀，印勁且古。」

王宜秋，鎮洋人。《畫識》：「宜秋，喜篆刻，師王寄亭。」

郭雲村，張若采《梅屋詩鈔·題郭雲村聽鶴廬印譜》詩云：「勝事傳來煮石農，雷回擘底破春風。郭香香察從人辨，家世曾窮汗簡工。」

胡唐，號城東。張問陶《船山詩鈔》：「胡君鐫石石不死，一片靈光聚十指。淺鏤深刻疑鬼工，精妙直過王山農。黄金一籯鐫一字，紅泥的的真能事。」

孫均，號古雲，仁和人。《畫林新詠》：「古雲，爲相國文靖公孫。工篆刻，善花卉，官散秩大臣，中年辭伯爵，奉母南歸，僑寓吴門。」

程庭鷺，號蘅薌，嘉定人。《畫林新詠》：「工篆刻，山水學李檀園，兼善人物花卉。」

校勘記

〔一〕「師顧云美」，「云」，原作「雲」，西泠本亦作「雲」，均誤。

〔二〕「字」原脱，據《續印人傳》補。

印識補遺卷二

婁縣馮承輝少眉纂

方外

明中，本名演中，字大恒，號烎虚。汪《印人傳》：「明中祝髪於秀水楞嚴寺，有宿慧，過目成誦，雍正甲寅遊參輦下受具皇戒，世宗憲皇帝於千僧中選留根器者四人，師在其列。從而出主席西湖聖因寺，旋移智杖乾峰、天竺、净慈諸道場。翠華南幸，三次賜紫。御製七律，彈指仰賡，并進《南巡頌》，皆蒙睿鑑，得邀賜詩，五十一臘示化。工山水，篆刻古勁中含文潤，尤長於詩。」

湛性，一字藥根，號藥菴。汪《印人傳》：「藥菴，姓徐氏，丹徒人，工篆刻。蒼勁中含秀潤，頗自貴惜，不輕爲人落墨。又工詩，著《雙樹堂詩鈔》。」

篆玉，字讓山，號嶺雲，浙江人。汪《印人傳》：「讓山，工詩善書，摹印不沾沾於仿秦漢，別出機杼，有雪漁、嘯民之趣。」

兆先，字朗如，號虛亭。《圖繪寶鑑續纂》：「朗如，隱西湖山水，宗北苑，變出己意，峰巒深邃，幽遠多姿。更善隸書鐫章。」

湛福，號介菴。汪《印人傳》：「介菴，工隸楷，鐵筆別具天趣。」

續行，字德原，號墨花禪。汪《印人傳》：「德原，挂錫青浦珠溪之圓津菴。摹印宗文三橋。汪杲叔著有《墨花禪印譜》。」

佛基，號穇花道人。汪《印人傳》：「穇花道人，安徽歙縣某氏子，祝髮於古巖寺，駐錫西湖靈隱，工詩及摹印。」

安鏻，字蘧然。《婁縣志》：「蘧然，唐解元寅六世孫，居西郊小雲棲。能詩，工隸書，篆刻宗文三橋。」

佛眉，《篆學淵源》：「佛眉上人，自來掘强，篆刻不駑弱，丁原躬法裔也。工詩，善書。能左手持巨石右手握管，腕力愈勁。」

道　士

吴潤，字大潤，號壽石，婁縣人。汪《印人傳》：「大潤，鐫印楚楚可觀。」

□寶珍，《虞山畫識》：「寶珍，佚其姓氏，字伯庭，常熟道士。善墨蘭，精圖章，工書法，有潔癖。」

國朝印識卷二

婁縣馮承輝少眉纂

女史

楊瑞雲，字麗卿，號静娥，吴人。《畫識》：「麗卿，爲汪訒菴侍姬，居楓江。工畫能詩善書，因訒菴有印癖，篆刻頗秀潤。年二十有八，卒於吴門舟中。」

金素娟，長洲人。汪《印人傳》：「秀峰姬人，工篆刻。」

許延礽，號雲林，德清人。《畫林新詠》：「雲林爲周生兵部女，即梁楚生夫人也。夫人博通書史，教諸女以書畫琴奕鐫印，無不精妙。花卉仿陳白陽。」

國朝印識近編卷一

婁縣馮承輝少眉纂

石韞玉，字執如，號琢堂，又號竹堂，江蘇吴縣人，乾隆庚戌殿試第一人，官山東按察使。歸田後閉户著書，謝絶塵網，比數十年來士大夫別有所好，筆墨之事目爲迂疎，先生以耆年碩德提倡騷壇，靈光巋然，洵足爲後來模楷也。著有《獨學廬集》若干卷，至鐵筆小技，亦古雅如其爲人，擬其品在穆倩、年少之間。

徐奕韓，號豫堂，婁縣人，以拔貢生官黟縣教官。工書，精篆刻。

張模，字東巖，號靈谿，平湖人。工篆刻，亦善蘭竹。子烜，字掌秋，號淡山，能世其學。著有《喬梓合刻蕭閒居印章》二卷行世。

朱爲弼，字右甫，號茮堂，平湖人。嘉慶乙丑進士，官漕運總督。金石之學上追歐趙，刻印神似秦漢。嘗爲余題《古鐵齋圖》，中有云：「我愧少賤亦耽此，手皸始悔多微能。至今夢魂尚勞勩，時到孔壁摹書經。邇來東華被塵鞫，塗鴉判牘何零星。不如見山樓上坐，讀書識字搜奥冥。」云云。觀此可想見其此道之三折肱矣。又工花卉，得白陽逸趣，隸篆有渾厚勁折之致。

楊心源，號自山，金山縣人，歲貢生。刻印仿何不違。

趙之琛，號次閑，錢塘人。通内典，工書畫，鐵筆古雅秀潤，不失漢人規矩，頗自矜貴，不輕爲人奏刀也。

王蔚宗，字亦顯，號春野，我友澹𤔡明府之尊甫也。制義上追熙甫，惜屢躓秋闈，僅以優貢生授宣城主簿。篆刻在雪漁、亦步之間。

朱方增，號虹舫，浙江海鹽人。辛酉進士，官至閣學。爲人謙冲和藹，引掖後進惟恐不及，余弟少峰之請業師也。嘗爲余言少時喜爲刻印之技，筮仕後卒卒不暇，然茶熟香温，偶爾拈得，猶興復不淺。生平最賞余刻印寫生，逢人説項，直以古人相期，至今五十無成，有愧於先生者多矣。

徐年，號漁莊，婁縣人，布衣。專心繆篆者五十年，得何雪漁、吴亦步兩家元朱文之妙。古逸秀潤，兩擅其勝，爲潘榕皋、王惕甫諸先生所稱賞。

沈剛，字心源，號唐亭，婁縣人，與予爲中表行。嘉慶戊午舉人，官寧海縣知縣。工墨梅蘭竹，書法在我鄉董張兩文敏之間，偶作小印，秀飭可玩。

楊剛，號毅堂，吴江人。精摹印，頗自矜重，不肯輕爲人奏刀，以故流傳頗少。

楊澥，號聾石，松陵毅翁之子也。書倣天發神讖碑，刻印似汪尹子暨賴古堂譜中諸作。兼精刻竹，或作人物仕女，或寫其人小像，皆能頰上添毫，栩栩欲活。爲人有奇癖，好龜，如米顛愛石，出入袖中。嘗〔一〕得一大龜甲，自鐫銘詞於其上，日坐卧其中，以爲此身安樂，窩人竊笑之亦不顧也。

陳聲大，號虚谷，西菴先生哲嗣也，篆刻得之家學。子鳳，號竹香，印亦楚楚可觀。

萬承紀，號廉山，江西南昌人。以明經入楚佐戎幕，頗著猷略，後官江南南河同知。山水仿小李將軍，篆書有石鼓、繹山遺意，作印似雪漁、不違。

沙神芝，號笠甫，嘉興人，青巖子也。青巖有《藝文通覽》一書，神芝考據碑版，助父校讎而成。工篆隸，刻印有鶴千、六泉風韻。

徐楙，號問蘧，杭人。工篆書，兼精摹印。

楊式金，常州人。鐵書有逸致，著《渥雲堂印譜》。

孫韡，字棣英，號漱石，又號怡堂，六合人。嘗得《宣和印譜》原本，簡練揣摩且十餘載，技遂大進。所著有《漱石印存》二卷，皆竹根印也。爲人雄偉有奇氣，負經濟才，兼善琴工書，韻語絶佳，奕品第一，爲李書年、張古餘諸先生所賞。

趙懿，字縠菴，杭州人。摹印學陳曼生，書亦似之。兼工畫梅，學金冬心。喜飲酒，不治生産，流寓江淮，鬱鬱不得志，以貧死。憶己卯春，君寓雲間，爲予製名印及馮氏八分印二方，俱款云用敬叟法。磊落奇崛，洵鐵中之錚錚也。

王應綬，號子若，太倉人，麓臺後裔，工山水、隸書，作印亦得君家畫理蒼潤二字之致。

屈頌滿，字子謙，號宙甫，常熟人。善鐵筆，工書畫。

瞿應紹，號子冶，上海人。諸生，援例得同知銜。君生於華膴，恬雅性成。入其室，法書名畫，樂石吉金，羅列左右，一牀一几不染纖埃。暇時藝花分韻，高卧其中，非勝流逸士輒拒不納。工書畫，翰墨流傳人争藏弆，花卉行楷得南田之趣，蘭竹有檀園、板橋之妙。近復專心鐵筆，可與朗公、長孺争一席矣。

阮常生，字彬甫，號小雲，儀徵人，芸臺先生之伯子也，以蔭生官至清河道。隸書渾厚，鐵筆古雅，在三橋、修能伯仲之間。

王兆辰，字康民，吴人。丁丑進士，現官潁州教授。工書法，摹印亦雅整。猶子心谷，諸生，亦擅是藝。

錢詠，號梅谿，金匱人，吴越王裔孫也。工書，隸法尤爲紙貴。一時作印有三橋、亦步風格。

韓潮，號蛟門，湖州人。工篆刻，兼精刻竹。蠅頭細字毫髪畢現，幾近鬼工絶藝也。

高徵，號茝舲，高郵人，僑寓邗江。工書法，揚州所刊欽定明鑑樣本是其手繕，曾蒙睿賞。間爲人作印，能絶去時下氣習，非僅涉筆成趣也。

張澹，號春水，吴江之盛澤鎮人。工詩善畫，兼精刻印。甲午冬，知余雅好篆籀，至松偕毛君山子來訪，譚藝半日，塵懷盡滌，各恨相見之晚焉。輯有《玉燕巢印萃》若干卷。其論印云：「秦漢之印，存世者剥蝕之餘耳，仿其剥蝕以爲秦漢，非秦漢也。譜之所載，優孟面目耳，擬其面目，優孟之優孟矣。舊印可珍者玩其配合之確，運斤之妙，樸實渾雅，法律森嚴，即本來之元氣也。」云云。此非寢饋其中者不能道也。

曹世模，字子範，秀水人，諸生。丙子春，從郭止亭處見示《勉强齋印譜》二卷，規模秦漢，得其神似。張叔未解元題云：「山彦茂材十年前館篁里，與余昕夕道古甚相得，治經史之餘，握寸鐵作印，爲文何之學，既乃盡去舊習，一以嬴劉官私印爲宗。意到筆隨，神來興往，雜之原本中未能指别一二，神乎技矣。」其見賞於時如此。

沈淮，字均甫，號胎簪，桐鄉人，官山東知縣。曾於郭友三行篋中見其手製，知於此道非率爾操觚者。

瞿中溶，字萇生，號木夫，嘉定人，官湖南藩掾，錢竹汀先生之婿也。邃於金石之學，書學歐柳，畫工花卉，篆刻得漢人遺意。子樹本，號根之，師承庭訓，亦古雅可愛。

張文燮，號友巢，吴縣人，以醫名。摹印以圓整秀潤爲宗，晚年頗自矜重，不輕應請。

郭紹高，號憩仙，自號棄翁，吴縣人，諸生。八分師曹全碑，篆法工整，製鈕尤精。

錢善揚，字順甫，號几山，又號麂山，嘉興人，諸生，籜石先生之孫也。刻印疎密相間，脱去時下町畦，一以漢人爲宗，宋元以下不屑也。兼工畫，而寫梅尤爲人所珍重。

朱欽，號逸雲，吴江人，工篆隸圖章。壬辰歲暮，蒙君見訪，以印投余，與之言冷雋有味，畸人也。旋里月餘，遽聞道山之赴，惜哉。

張慶善，字心淵，嘉興人。篆刻工潤，著有《安雅堂印譜》八卷行世。

陳毓棡，字兩橋，蘭谿人。壬辰進士，授吏部主事，未及半載以怪疾卒於都中。工山水花卉，兼治繆篆，贅於雲間丁氏，僦居北倉橋，好遊，往來淮上。歲暮旋里始得相晤，方謂千雲直上正未有艾，豈知玉折蘭摧，遽止于是耶。

石騏，號巽伯，又號容卿，吴人。自幼即喜篆刻，嘗遊屠琴隖太守之門，得見古名家手跡，故落筆自爾不俗。近喜摹書畫金石文字於竹木器皿之上，亦精雅可愛。

丁柱，號瀓菴，吴縣人。刻印蒼勁，賣篆市中，問奇者屨常滿焉。

顧蕙生，號竹埼，無錫人。國子監生，蘇州學博敏恒子也。家世自明以來世工詩筆，幾於人人有集，竹埼兼精篆刻，酌於秦漢元明之間。素志瀓淡，歷遊諸侯幕府以渡臺勞，賜六品銜，然其意泊如也。

鈕福疇，號西農，烏程人。余未之識也，我友葉調生云：西農家素封而雅嗜篆刻。

葉廷琯，號調生，又號苕生，自號龍威鄰隱，吴縣人。爲陳雲伯先生之婿，故討論風雅確有源流。工鐵筆，蒼勁可愛。癸巳夏始獲訂交，書來論及歷代印學，原原本本，殫見洽聞，惟於拙作推許過當，深自愧焉。

高日濬，號犀泉，錢塘人。陳曼生大令妻弟得其指授，故篆刻亦清勁不俗。

高楨，號飲江，杭州人。以申韓之術遊幕江左。工書法，亦喜爲人作印，有浙中先輩宗風。嘗偕朱君桐生見訪，縱論篆刻源流，幾忘其日之移晷也。

朱逢丙，原名伯鳳，號桐生，華亭人。性敏慧，鐫石幾奪簡甫之席，餘如印章刻竹，無不精雅可人，書兼真行隸篆。比來橐筆出遊，有聲蓮幕，洵後來之秀也。余與君相知最深，暇時過古鐵齋中視余作書作印，一見了了，即能指其得失。曾爲余刻吉金樂石圖屏幛，流傳頗廣，凡拙書壙志聯額，出其手鐫者居多。

嚴坤，字慶田，號粟夫，歸安人。工繆篆，詩筆倔强，著有《溲勃叢殘》。君爲人沖和樸實，論印一以鈍丁、曼生爲宗。辛卯夏，來寓西郭門外之三義廟，爲余鐫名字印兩方，酬之潤，却焉。越日，贈予長歌一章，且曰得君篆印一二足矣。予亦刻名字兩印報之，其陽文粟夫二字尤爲君所賞歎。後見君印稿依樣索成小印，何君之傾倒於拙筆而虚懷若谷如是耶。

楊恩潄，號子珮，吴縣人，維斗先生裔孫。嘗館於劉小峰家，所見收藏名印，因工篆刻，其印譜陳雲伯大令爲之序焉。

劉運鈴，號小峰，吴縣人。諸生，蓉峰觀察子也。蓉峰營園林於吴門花步里，曰寒碧山莊，延王茱畦孝廉於家，肆書讀畫，討論風雅，小峰耳濡目染，遂以翰墨自名家。刻印古雅有法，得其鄉先輩停雲風韻。

錢元章，號拜石，嘉定人。工書畫，鐵筆亦古雅。江湖載酒，風雨扁舟，櫜筆依人，蹤跡近在吴山越水之間。我友高鞠裳贈以長篇，中有句云：「潛研無人十蘭死，籀斯文字成雲煙。仙宗繼起有述作，吉金壽石咸精研。篆刻喜摹古符璽，琳瑯一一供雕鐫。砉然奏刀腕力健，石破直欲驚青天。」其見賞於時下如此。

袁桐，字琴甫，又號琴南，錢塘人，簡齋先生之從姪。篆刻得曼生大令之奇縱，隸書仿漢晋磚文，兼工山水花卉。

王錫泰，號秋水，吴江人，以孝廉官國子監助教。摹印蒼莽中有逸致，深自秘重，不輕爲人奏刀。

黄壽鳳，號同叔，吴縣人，諸生。刻石仿文何，篆書學十蘭，嘗從王君井叔處見示印稿。余爲識其簡末歸之，雲水迢迢，無從覿面，往來予懷，烏能已也。

楊大受，號復菴，嘉興人。工隸書，近以賣篆流寓婁東，印章多作邊款，字亦疎古。

顧元成，號松谿，吴縣人，秀野太史後人。篆刻秀整，尤工牙章。

許奎，號西雲，嘉善之胥塘人。鐵書蒼勁，年五十餘，以窮死。

紀大復，號半樵，上海人。鐵筆在文何之間，隸書仿鄭谷口。

張熊，字子祥，嘉興人。工刻印暨寫生。

湯綬名，號壽民，武進人。雨生都督之長子，世襲雲騎尉，現官瓜州守備。篆籀佐書皆有古趣，山水得其家學。又工刻印，有《畫眉樓摹古印存》二卷，爲人恂恂自好，無華胄氣習。

金作霖，號甘叔，吴江人，諸生。與春水諸人結瓣香詩社，詩筆書法皆工，篆刻仿漢。平生不妄交，不輕奏刀，以故知者頗少。

馮塼，號訥哉，桐鄉人，孟亭先生之孫也。自幼即喜弄筆，爲印得漢人遺意。

朱堅，號石梅，山陰人。仿古錫壺，刻書畫其上，不減歸懋德也。我友七香曾爲君作譜，余爲之記。兼工刻印，亦磊落有逸致。

周蓮，字子愛，又號已山，婁縣人，戊辰副貢生。鐵筆秀潔，婉轉多姿，畫兼山水花卉，書兼真行篆隸。

趙煦，號篴樓，揚州人。工繆篆，有浙中鈍丁、曼生諸公風致。著《愛蓮説印譜》，生平重友誼，能緩人之急，花甲將周，未聞伉儷，梅妻鶴子，有和靖之風。

趙野，字堯春，號雪蘿，天津人。明經不仕，惟以金石刻畫自娱。甲午嘉平笛樓過余草堂，出視其所鐫印稿一册，刀法神似何不違，知其於寸鐵中非草草下筆者。又工詩，有《版扉集》。

顔炳，號朗如，婁縣人。爲人虚懷若谷，恂恂自好，無縱横氣習。山水得王茉畦孝廉之傳，一樹一石幾乎神似，書亦如之。兼工篆刻，蒼潤有逸致。

程德椿，字受言，歙縣人。工篆刻，有《十友齋印賞》、《四執園印林》。

王世永，號琴舫，直隸真定人，椒園廉訪之次子也。工鐵筆。

周道，號瑶泉，華亭人，諸生，我友鞠人學博之弟。工書畫圖章，所居有看山讀畫樓，昆季讀書其上，王子卿侍御繪爲圖，一時名流題詠殆遍。

張濤，字青田，號子白，嘉興人。能篆刻，尤精刻竹，間作點染花卉，亦多韻致。

馮廕奎，字木天，又字文甫，嘉興人，魯巖先生之曾孫也。生於華胄，年少翩翩，有雅尚，無紈袴習。工鐵筆，秀潤可喜，君令祖紳泉觀察喬寓雲間所謂凝暉堂者，與余家近隔一水，花辰月夕，往來討論，洵可樂也。

鮑言，號聽香，桐鄉之烏鎮人，渌飲先生之孫也。篆刻仿丁鈍丁。

胡毅安，號二菴，常州人。

張安保，字石樵，儀徵人。刻印以秦漢爲宗。工詩，著有《味真閣詩集》十八卷。

林鴻，字茉生，江都人。刻印法陳曼生，善畫。

趙大晋，號夢菴，又號夢道人，錢塘人，生於吴門。年甫弱冠即工篆隸，好古纂篤，鐵筆有丁黄遺意。

馮大奎，字西文，號涇西，由廪生援例得亳州訓導，保舉龍谿縣丞，署平和、詔安等縣知縣。爲人通達明幹，豪邁自喜。鐵筆學文三橋，書法神似吴興。毛遇順填諱。

馮繼耀，號眉峰，涇西公仲子也，與余同嗣大宗笴山公後。雨窗相對，治經之暇，日以摹印角勝爲樂事。省試得病，未幾遽赴玉樓，可勝浩歎。刻有《眉峰遺文》一卷行世。

馮迪光，字惠堂，號蕙塘。幼時從涇西公宦遊，頗得江山之助。爲人通達明練，工鐵筆隸楷。

方外

達受，號六舟，海寧人，司書記於西湖静慈寺。酷嗜金石，兼工書畫篆刻。見初，號嬾堂，杭人。與陳曼生大令爲方外交，故亦工鐵筆。

校勘記

〔一〕「嘗」，原作「常」，形近誤，據文義改。

印人索引

二 畫

三 畫

四 畫

五　畫

六　畫

七　畫

八　畫

九　畫

十　畫

十一畫

十二畫

十三畫

十四畫

十五畫

十六畫

十七畫

十八畫

十九畫

二十畫及以上

名字未詳者